趙少咸文集

趙少咸 著

經典釋文集説附箋殘卷

二

中華書局

經典釋文集說附箋卷第十下

成都趙少咸

儀禮音義

唐國子博士兼太子中允贈齊州刺史吳縣開國男陸德明撰

覲禮第十

鄭云覲見也諸侯秋見天子之禮曰覲禮

覲禮　其靳反○孜證云舊靳譌覲今改正校勘記云覲宋本作靳按宋本是也校語錄云盧依宋本改覲為靳是也然與廣韻不合陸蓋收靳于震也箋曰禮記曲禮覲其靳反穀梁隱八年傳覲巨靳反切語俱作靳是舊作覲為誤故段校北館本並同盧改今依正之按廣韻覲渠遴切在震巨靳切讀近在焮韻雖異而音讀同陸時讀殆不分矣　壁勞　力到反注同下王勞注勞之勞其以勞請事勞同　之朝　朝服　並直遥反下以意求之　使者　所吏反下放此　為人　如字又于偽反　見侯　賢遍反下侯見卑見同　乘馬　繩證反下乘馬皆同　左驂　七南反　騑　芳非反同　之從

者才用反司空與音餘篇末注月與館與同女順音汝下注猶女同卿為或作鄉非訝者五嫁
反○攷證云舊反譌同今改正校勘記云盧文弨改同為反是也校語錄云盧改同為反是箋曰五嫁為訝之本音聘禮訝大
五嫁反可證則此反舊作同實誤今從盧校正之詺相息亮反先朝悉薦反分別彼列反諸任
音壬裨冕婢支反劉音卑注同○箋曰本經云侯氏裨冕注云裨之為言埤也天子六服大裘為上其餘為裨裨劉音卑即
讀廣韻府移切之裨其義為附謂裨附於大裘也婢支蓋讀作埤其義為副下文言埤毗支反可證以毗支婢支乃用字異耳
陸此以注字之音為經文作釋而列于首者從鄭君之說也周禮春官司服裨衣婢支反又方皮反方皮即此音卑此劉音同
彼又音矣亙詳彼箋衣裨衣上於既反下如字下衣此衣放此而冠古亂反下冠冕同言埤毗支反一
音卑○箋曰毗支為埤之本讀音卑則讀作裨裨本謂衣與埤益之義有殊蓋為別讀故云一音而次于末也公袞工本
反鷩必列反毳尺銳反孤絺丁里反劉本作希張里反○校語錄云張里之里蓋誤周禮司服希冕劉豬原誤
黹履反是也丁張同紐此疊出未詳箋曰書益稷釋文絺鄭陟里反刺也陟里即此丁里則此本於彼鄭讀也周禮春官司服

云祭社稷五祀則希冕注云希讀為絺釋文希冕本又作絺陟里反劉猪履反彼履在旨里在止已為止旨混讀此張里丁里
則為用字之異二種音例陸書具載實非誤也互詳彼箋法云葢誤云未詳者對本書同音有二三切語之條未能明審也
於祧他彫反弧音胡韣音獨有繅音早張縿所銜反又所感反本又作幓下同○箋曰注云弧所以張
縿之弓也按周禮考工記輈人注亦云弧以張縿之幅釋文縿作幓云所銜反本又作縿春官巾車注云縿為旒之正幅釋文
所銜反則此首音為本讀葢謂此弧弓張縿之兩幅而後懸於杠也說文有縿無幓謂旌旗之游也鉉音同則幓為縿之後出
專字此云本又作者葢指彼考工記所列之字矣所感葢為別讀集韵感韵縿幓所感切旌旗正幅或從巾正據本書故陸云
又也侯信音申以藉才夜反下繅藉同韋衣於既反廣袤上古曠反下音茂為璪音早斧
依於豈反注依如同今綈大西反屏風步丁反莞席音官紛純諸允反劉之閏反下同繢
之户內反南鄉許亮反下放此傳丈專反下傳此傳而皆同而上時掌反下而上同四享四依注音
三享音香文反劉虛讓反○箋曰注云四當為三古書作三四或皆積畫此篇又多四字字相似由此誤也大行人職曰諸侯

廟中將幣皆三享其禮差又無取於四也按依鄭説則四為三之誤此以三音四陸即以注文之音為經文作釋故特云依注
者明其不讀四之本音以曉人也香丈為享之本讀易升卦釋文亨馬鄭陸王肅許兩反馬云祭也鄭云獻也許兩即此香丈
虛讓則讀去聲如向詩信南山釋文享許兩反徐許亮反許亮虛讓為用字異則此劉音與彼徐音相同殆方音之轉故於義
無殊也 **積畫** 音獲 **絺纊** 音曠劉古曠反 **卓上** 劉丁角反 **折其** 之設反 **右肱** 古弘反 **奉篋**
苦協反 **大史** 音泰後大史大常大陰皆同 **是右** 音又亦如字注右王之右同○箋曰王原誤主依孫校改注云
右讀如周公右王之右是右者始隨入於井東面乃居其右按如字即讀廣韻云久切之右義與左相對音又則讀作于救切
之佑其義為輔佐此言周公右王蓋引襄二十一年左傳文以證大史佐公而在公右之義陸從鄭故列音又于首而讀本音
於末也 **耋老** 大結反又音鐵○箋曰大結為耋之本讀音鐵蓋讀如鐵此變濁為清也左僖九年傳耋老田節反一音
他結反爾雅釋言耋田結反孫他結反云老人面如鐵色田節田結即此大結他結即此音鐵則此又音本於孫炎之讀矣
毋下 音無 **謂食** 音嗣下同 **壝土** 以垂反後同 **為埒** 音劣 **猶重** 直龍反下同 **監之** 工銜反

巡守音狩下同方琥音虎黄琮才宗反見王賢遍反侯先悉薦反下同四傳丈專反注
同一音孚○箋曰本經云四傳擯注云古文傳作傅儀禮古今
文疏義云案傳與傅聲義皆不相近自由形似而誤周禮訓方
氏誦四方之傳道注故書傳為傅杜子春云傅當為傳書亦或
為傳是也按胡說傅為傳形似之誤是也丈專為傳之本讀音
孚葢讀作敷審此注云公一也侯也伯也各一位子男俠門而俱東
上亦一位也鄭意謂各一位設擯故有四傳擯則此首音正解
傳字之義鄭依今文為釋陸從鄭義則列丈專之音
於首云一音孚者葢謂偏旁有作從尃之傅字也俠門古洽反作
傅音付○校勘記云宋本作傅在俠門上張淳識誤云按經作
傅在俠門下按張云是也惟俠門作傅四字皆注文張云經作
傅亦轉寫之誤箋曰阮校是也王校亦云俠門作傅
宋本倒置而段校江校北館本俱從宋本而誤倒矣作傅音付樊
纓步干反二乘繩證反盟約如字又於妙反詛祝莊慮反如皦古了反燔柴音煩地
瘞乙例反愒苦葢反○攷證云舊愒譌揭今從宋本正注疏校勘
記云愒徐陳通解俱作愒與述注合集釋楊氏毛本
從手按釋文音苦葢反是讀為忨歲愒日之愒明係愒字今本
釋文亦誤作揭唯宋本不誤箋曰盧校阮說皆是也爾雅釋言

釋文愒苦葢反杜預注左傳云忨愒皆貪也廣韵泰韵苦葢切亦無揭則此本從手之揭爲從忄之愒傳寫而誤也今依正之

作殪一計反 之處昌盧反

喪服經傳第十一

鄭云天子以下死而相喪衣服年月親疏隆殺之禮也喪必有服所以爲至痛飾也○攷證云舊隆作降今依注疏本改注疏本喪服下有子夏傳三字引鄭目錄失載喪必有服二句校語錄云降盧改隆箋曰按親疏隆殺俱相對立文則釋文作降葢與隆形近而誤盧依注疏本改之是也今亦依正又按注疏校勘記引疏云傳曰者不知何人所作人皆云孔子弟子卜商字子夏所爲師師相傳葢不虛也若題中本有子夏傳三字則賈氏何必云爾此葢唐石經誤改而後人習焉不察也依阮說則此本無子夏傳三字是也

斬衰七回反字又作縗後皆同斬者不緝也縗以布爲之長六寸廣四寸在心前縗之言摧也所以表其中心摧痛○箋曰云字又作者即指說文有此本字之縗按本經傳曰斬者何不緝也又曰衰長六寸博四寸注云廣袤當心也前有衰後有

負板左右有辟領孝子哀戚無所不在賈疏云以哀之言摧孝子有哀摧之志陸此云云實引用傳注之説以釋經文斬衰之義也

苴七如反有子之麻○攷證云注疏本作七餘反箋曰如餘俱在魚韵此用字異而音無殊也

絰大結反實也

絞帶戶交反後皆同一音如字○箋曰喪服傳云絞帶者繩帶也按戶交爲絞之本讀聘禮絞衣戶交反是也詩豳風七月絞也古卯反即此如字之音其義爲縛陸從鄭説故以如字爲一音而次末也

菅古顔反草也毛詩傳云茅已漚爲菅

屨九具反屨也

明爲于僞反下同

在要一遥反後放此

之缺丘蘂反劉屈綃反○箋曰注云首絰象緇布冠之缺項按士冠禮釋文缺依注音頍去蘂反又音跬劉屈綃反詳彼箋

齊衰音咨緝也後同

不緝七入反下同

有蕡扶云反麻實

大搹音革扼也○攷證云今注作扼也張淳謂當從釋文案説文扼爲搹之重文似不宜以扼訓搹説文搹把也箋曰本經云苴絰大搹注云盈手曰搹搹扼也中人之搹圍九寸段注説文搹下引此經注云此言中人滿手把之其圍九寸則其徑約計三寸也又注扼下云鄭注禮云搹扼也者漢時少用搹多用扼故以今字釋古字非於許有異也審此則盧疑可決矣扼者扼之隸變猶軶隸變作軛也釋文用本字注疏本用隸變字張淳意用本字故謂當從釋文

去五起呂反下同 **各齊**如字劉才計反○箋曰如字為齊之本讀才計則讀如嚌此方音之變故於義無殊也

擔主市豔反注同 **條屬**音燭注同 **六升**眾並如字鄭音登登成也○箋曰注云布八十縷為升升字當為登

登成也今之禮皆以登為升俗誤已行久矣賈疏云布八十縷為升者此無正文師師相傳言之今此注云今之禮皆以登為

升則今古禮皆作升字若然論語云新穀既升升亦訓為成今從登不從升者凡織紝之法皆縷縷相登上乃成繒布登義強

於升故從登也儀禮古今文疏義云鄭既破升為登而諸經注仍用升字者則已經典相承已久不復追改耳按賈疏胡說俱

是也如字即為升之本讀音登則讀作登陸列鄭義于末者蓋亦以經典相承行久故也又按汲古閣注疏本引釋文衆並如

字在升字上當誤盧校未及 **鍛**丁亂反 **菲**扶未反杜預云草屨也 **倚**於綺反 **廬**力居反 **寢苫**失占

反草心○校語錄云案苫無草心之訓心疑也字之譌箋曰法說是也攷禮記檀弓寢苫始占反草也問喪寢苫音義並同本

經既夕寢苫失占反編槀也左襄十七年傳寢苫傷康反編草也俱作也字則此心當也形草書之誤 **枕**之鴆反 **塊**

苦對反土也本又作凷說文云塊俗凷字○箋曰爾雅釋言釋文塊本作凷說文云塊俗凷字也彼不作音互文以見也左襄

十七年傳枕凷苦對反則此言本又作者蓋謂左傳所用之字矣**歠**昌悅反**粥**之六反劉音育**一溢**如字劉音實鄭云二十兩曰溢為米一升二十四分升之一射慈同王肅劉逵袁準孔倫葛洪皆云滿手曰溢○攷證云舊作二十四兩宋本無四字與注合今從宋本校勘記云孔倫宋本脫倫字校語錄云盧刪四字云宋本無四字與注合箋曰依算法總二十兩為溢則盧依宋本刪四字是也今據正段注說文溢下引本經注云按謂二十兩溢者謂滿於一斤十六兩之外也後人因製鎰字按既夕禮一溢音逸劉音實禮記喪大記一溢音逸劉昌宗又音實則此如字即音逸為溢之本讀音實為別讀劉蓋方俗語音雖異而義無殊故喪大記陸即謂又音也此言王肅劉逵等皆云滿手曰溢者明其與鄭義有異耳**柱**丁主反注同**楣**亡悲反梁也**疏食**音嗣又如字**飯素**劉扶晚反今本多作飰字○箋曰爾雅釋言注云今呼餐飯為饋釋文飯作飰云字俗作飯同扶晚反飤也以彼證此飤之義為糧則劉讀飯為糧矣云今本多作飰字者明其所據之本為飯字也**食**如字又音寺**扼也**於革反**為殺**所界反劉所例反**猶著**直畧反下同**以別**彼列反下遠別別於同**右縫**扶弄反下左縫出縫皆同○攷證云此條當在前條屬之下誤脫在後注疏本置於升之下鍛

之前亦非是今移正校勘記云盧文弨云此條當在前條屬之下誤脫在後按盧云非也校語錄云弄謫他處皆作用箋曰盧
校是阮說非按經文云冠帶纓條屬右縫冠六升外畢鍛而勿灰衰三升注云雜記曰喪冠條屬以別吉凶三年之練冠亦條
屬右縫小功以下左縫外畢者冠前後屈而出縫於武也依陸注音條例則此右縫為經文在六升之前盧所謂當在條屬之
下是也左縫出縫蓋為注文下字當為注字之誤此本置於以別之下殆因釋文云下左縫出縫而傳寫者遂誤為注文矣阮
謂盧校非未明審本書經注之文也當移正之於六升前扶弄在送此時送用讀同故弄非謫 **梁闇** 烏南反 **壘** 劣委
反又力水反〇校語錄云壘二音紙旨分部箋曰劣委在紙力水在旨此時紙旨讀同陸言又者正明其不分也 **墼** 古狄
反劉薄歷反〇校語錄云墼不得音薄歷反劉一本蓋作甓也箋曰注云屋下壘墼為之按說文土部墼令適也一曰未燒者鍂
音古歷切墼注云瓦部甓下曰令甓也按令甓即令適也甓適墼三字同韵釋宮曰瓴甋謂之甓陳風中唐有甓傳曰甓令適
也加瓦者俗字也又云上一義謂已燒之專曰墼此一義謂和水土入模范中而成者曰墼喪服注云云此必未燒者也今俗
語謂未燒者曰土墼按段說是也古歷古狄用字異則此首音為本讀薄歷法所謂讀作甓周禮考工記匠人令甓下薄歷反

是其證劉從甓作音字異而義實同也涂塈劉其既反又許氣反一古概反○箋曰說文十三塈仰涂也鉉音其冀切其冀即此其既以其時至未讀同也許氣蓋亦塈之本讀漢書谷永傳凶年不塈塗師古曰塈如今仰泥屋也音許既反許既許氣為用字異故陸云又古概則讀作槩陸時所見本有以槩為塈者此依字作音殆其字從土傳寫誤木確非涂塈之義故次于末而云一也為父于偽反凡為服之例放此意求之長子丁丈反後長子長殤皆同言嫡本又作適同丁狄反○攷證云集釋本作適注同陸氏於後適子始作適云後除適人之類可以意求之其實於此即當作適為正張淳過泥釋文殊不必校勘記云狄宋本作歷按作丁厤與集韵合箋曰段注說文嫡下云俗以此為嫡庶字蓋嫡庶字古祇作適適者之也所之必有一定也凡今經傳作嫡者蓋皆不古按本經注云不言嫡子通上下也依段說則此作嫡鄭用漢時通行字後經云大夫之適子為妻則經用古本字陸於彼云丁狄反本又作嫡與此相應正明二字俱為嫡庶字而音讀亦同故於彼從經文作適於此從注文作嫡恐人不知後女子子適人者之適音義俱異于適子之適因云後除適人之類故復於適人下釋以施隻反之音蓋謂女子嫁曰適人也互文相勘陸言甚悉盧云於此即當作適為正實未審陸依據所本經注之字為

釋也狄歷同在錫韵則此本與宋本爲用字異殺校狄作歷北館本同俱泥于宋本矣所傳文專反與禰乃禮
反爲所爲上于僞反注同下如字布總子孔反箾笄音雞髽側瓜反篠也素了也露
紒音計下同之括如字劉音活如著丁略反幓頭七消反○校語錄云幓依音當作幧箋曰禮記玉藻
注如今作幧頭爲之也釋文幧頭七消反本經注云如著幓頭焉則此讀幓爲幧矣按爾雅釋草釋文繰本亦作繰又作繆可
證從喿從參之字漢時尚無別也故鄭於士喪禮注云如今著幓頭矣亦作幓彼音亦與此同子冠古亂反子
免音問無袵而甚反又而鴆反裳際也長六直亮反後放此厭於一葉反後皆放此家相息亮反
閽寺音昏守門人也寺內小臣牡麻茂后反枲麻思似反沽功音古後同藨皮表反劉扶表反○
校語錄云皮表音和扶表類隔箋曰皮表爲藨之本讀禮記祭義爲藨又皮表反是也爾雅釋草釋文藨孫蒲矯反字林平作原
吴工依校兆反顧平表反俱字異而音同則此首音蓋本孫呂顧諸家而作惟劉用時音不分輕重脣耳非所言音和類隔也詳公
食大夫若編箋蒯苦怪反草也女以音汝下同期矣音基本又作朞後皆放此○箋曰後士虞禮云朞而小祥

白虎通義喪服篇引朞作期是期朞同此言本又作者即指彼經文所用字矣禮記檀弓釋文亦云毋期居疑反本又作朞後

放此居疑音基為直音與反切之異帶緣以絹反注同大子音泰無施以豉反注同從為于僞反

旁尊劉薄浪反下注同又如字胖合普半反則辟音避下注辟大同適子丁狄反本又作嫡後除適

人之類可以意求之遠別彼列反下同而見賢遍反下同將上時掌反孰後如字又音候下放此

何算素管反劉音選大祖音泰注大祖同近政附近之近稷契息列反序昭市遙反又如字下昭

繆皆放此綴之丁劣反適人施隻反妻穉直吏反為之于僞反下為其同敢與音預注同

於朝直遥反注及下章注同者與音餘所寓音遇寄也圻內巨衣反本又作畿同○攷證云注疏本圻

作畿箋曰書傳音釋圻父主封圻圻與畿同則畿為本字圻為假借字注疏本用本字本書用假借字越竟音景恩

殺所界反未冠古亂反文縟音辱不樛居虯反○校勘記引段玉裁云依玉篇引當從手校語錄引段

說同注疏校勘記引瞿中溶云石本原刻作摎從手旁箋曰本經傳云故殤之經不樛垂注云不樛垂者不絞其帶之垂者按

說文十二摎搏殺也鉸音居求切段注云引申之凡繩帛等物二股互交皆得曰摎曰絞亦曰糾周禮夏官弁師雜記注皆云環經者一股纆而不糾丩部曰糾繩三合也喪服及檀弓注摎垂字今本譌為樛木之樛遂不可通矣惟玉篇不誤按段說是也則此作樛從木當為從才形似之誤今依正之居蚪在幽居求在尤此為尤幽不別也猶數音朔下同散帶悉但反為其于偽反姪大結反字林文一反㛮本又作嫂同素早反○箋曰爾雅釋親釋文㛮素早反本今作嫂則嫂為後出字莊子盜跖釋文入嫂先早反與此云本又作之字同人治直吏反注治猶同猶行戶郎反下同卑遠于万反猶傁素口反人稱尺證反之別彼列反下有別並傳同上而時掌反相為于偽反下其為為之下文所為同見恩賢遍反下以見同不復扶又反○攷證云注云不復祀別子也今注作不得誤箋曰盧說是也扶又為復之音則陸所見本為復不云本又作知其時尚未作得也繐衰音歲接見賢遍反注同下章不見並注放此不澡音早治去起呂反後注猶去則去同莩音敷垢古口反無絇其俱反娣大計反姒音似兄弟之妻娣姒或云謂先後亦曰妯娌弟大計反本亦作娣○注疏校勘記云釋文云云

教氏亦作娣按傳意似以弟訓娣以長訓姒教氏謂此句釋娣娣之為長婦也下有脱文此說誤甚娣婦為長婦未之前聞箋曰阮說是也審此注云娣姒婦者兄弟之妻相名也長婦謂穉婦為娣婦娣婦謂長婦為姒婦則姒訓長娣訓弟分别甚明故阮謂教說誤甚觀此云弟本亦作娣則陸亦以娣為失正矣長丁丈反注同孺子而注反有食音飼傳

姆音茂劉音母字林亡又反見於賢遍反則劬其俱反緦麻音緣省文色景反朝服直遥

反後章放此庶孫之中殤依注中音下不見賢遍反末注同則為于偽反下記所為下注必

為相為為其同壻悉計反女之夫縓七絹反范倉亂反〇箋曰注云縓淺絳也一染謂之縓按爾雅釋器一染謂之縓釋

文縓七絹反說文云帛黄赤色則此首音為本讀倉亂蓋讀若竄士冠禮之縓七絹反范散騎音倉亂反詳彼箋緣以絹

反下及注同一染而漸反不見賢遍反嫌其為如字又于偽反若辟音避下同袒徒旱反

免音問字或作絻注同幼少詩召反虞祔音附錫衰思狄反謂墳扶云反屍音尸柩其又

反大斂力驗反〇校勘記云大宋本作其按鄭注云其奠如大斂張氏所見本斂作奠今云其斂則奠又為斂矣皆失

之又云按力驗反正為斂作音不為奠作音也宋本其字誤張氏作大奠亦非注疏校勘記云奠要義作斂按釋文云大斂力

驗反宋本釋文大作其張氏從之改奠為斂與疏不合箋曰阮說是也士喪禮用斂力豔反力豔力驗用字異賈疏云其奠如

大斂者奠即此移柩向新葬之處所設之奠亦如大斂之奠則張本大作其斂作奠俱誤之稱尺證反滑易以豉

反素總子孔反折笄之設反有著丁略反下同櫛莊乙反榛笄莊巾反刻鏤劉音

陋摘頭他狄反大飾音泰劉唐餓反三袧劉音鉤又恪憂反○箋曰注云袧者謂辟兩側空中央也音鉤

為袧之本讀恪憂蓋讀若怵此為別讀方俗語之音變也故廣韵集韵俱未收猶殺色界反劉色例反下同大古

音泰以便婢面反謂辟音壁博歷反下皆同廣古曠反袤音茂袂屬音燭劉又音蜀之肱古弘

反袪尺起魚反併兩步頂反拱尚九勇反

士喪禮第十二

鄭云士喪其父母自始死至於既殯之禮

適室丁狄反注同適室正寢之室也幠火吳反覆也用斂力豔反後皆同者齊側皆反本亦作齋北

庸如字牆也本亦作墉○攷證云注疏本作墉注疏校勘記云墉釋文集釋俱作庸陸曰本又作墉徐本通典通解敖氏俱
作墉箋曰禮記郊特牲北庸本亦作墉音容牆也彼音容即此如字之音段注說文墉下云庸墉古今字也按段說是詩皇矣
以伐崇墉崧高以作爾庸墉庸毛傳俱訓為城是其比則此釋文用古字注疏本用今字當牖音酉窻也衽而甚反曲
禮注云臥席也去死起呂反簪褏側林反劉左南反○箋曰側林讀同廣韵侵韵側吟切之簪左南讀同覃韵作
合切之簪劉音殆方音之轉故於義無殊也左何戶我反又音河扱領初洽反劉初輒反則夏戶雅反後
夏祝皆同純衣側其反纁褏許云反中屋如字劉丁仲反用篚方鬼反本或作篋苦協反○注疏校
勘記云篋唐石經徐本通解楊敖俱作篋釋文集釋毛本俱作篚陸氏曰本或作篋石經考文提要定作篋云喪大記注司服
以篋待衣于堂前可證箋曰方鬼為篚之本讀廣韵云竹器方曰筐圓曰篚苦協即為篋之音廣韵云篋箱士冠禮釋文有篚
方尾反同篋苦協反皆為其證則陸所據本作篚故以篋為或此音依字而作遂相異耳以衣於既反注及衣戶同西
北厞扶未反本或作厞音非○箋曰注云降因徹西北厞按禮記喪大記甸人取所徹廟之西北厞薪用爨之釋文厞扶

味反隱也舊作扉音非門扉也段注説文扉下云室西北隅曰屋漏扉者又西北隅隱蔽之處也以彼證此則此或本葢指舊本字變而音亦隨之異矣**楔齒**息結反**為將**于僞反下並注不為同**含**户暗反本亦作唅後放此○箋曰注云為將含恐其口閉急也按禮記雜記云含者執璧將命釋文含本又作唅説文作琀同胡闇反胡闇户暗用字異依彼音則此户暗即讀含作琀説文玉部琀送死口中玉也鋡音胡紺切段注云經傳多用含或作唅胡紺即此户暗則琀為本字含為假借字唅則為後出字也**綴足**丁劣反劉張歲反**辟戾**音壁下力計反○校語錄云既夕記辟戾音必亦反與此音壁不同必有一誤壁博歷反見喪服篇考工記弓人壁戾亦音必亦反然則此壁乃璧之譌箋曰喪服傳釋文謂辟音辟博歷反音壁博歷為直音反切之異法謂壁博歷反是也博歷在錫必亦在昔此時錫昔讀同故字異而音無殊二者俱非誤也周禮夏官弁師辟積必亦反劉博歷反是其比**以馮**音憑**俠牀**古洽反**亦適**丁狄反**使者至**所吏反**扆者**劉羌據反閉也**三**息暫反**人襚**音遂衣服曰襚**執要**一遥反後放此**言遺**唯季反與也

別彼列反於下皆同**為銘**亡丁反禮記云銘明旌也**䞓末**丑貞反**旗識識之**上音試下音式亦作

試為旆步貝反竹杠音江橦也文江反梠音呂甸人大練反掘坎其勿反又其月反為垼音役東鄉許亮反注同後放此塊竈苦對反劉音苦雷反謂宜用土塊也○校勘記云音古宋本作先苦按宋本先字誤苦字不誤若傆古誤雷反即集韵之苦回切校語錄云古阮校宋本作苦是也苦雷反即集韵之桔回切箋曰苦對為塊之本讀苦雷蓋讀如恢集韵灰韵桔回切塊堛也殆依本書阮校法說俱是也今依正之此言謂宜用土塊也者陸明音由去轉平蓋沿詞由名變動耳廢敦劉音對又都愛反及注下皆同○箋曰音對在隊都愛在代此時隊代讀同周禮夏官戎右玉敦音對劉又都愛反是二音皆為劉讀也詳彼箋重直容反注鬲於重同重鬲音歷下皆放此濯大角反○校語錄云大角乃文角之譌又見下鍛濯條案此卷多用大字如下文軸大六反澹大斬反之類以類隔法御之亦自可通箋曰大角文角為用字之異實非譌也類隔之說起於宋元等韵家何能謂御魏晋之反切乎法說倒置本末矣造于七報反注同五種章勇反以盛音成下同渜濯上奴亂反下直孝反下文放此以汲居及反將縣音玄滌大歷反溉古愛反事遽其據反不綪注作[糸爭]側庚反後皆同說文云[糸爭]縈繩也

○攷證云案說文綪赤繒也非此處義故注讀為⿰糸爭說文⿰糸爭紆未縈繩也多二字十三經音畧六云綪依注作⿰糸爭側庚翻音爭此字本倉甸翻音蒨校語錄云綪廣韻側莖切是也此混耕于庚既夕篇作側耕是也特牲饋食同少牢饋食同箋曰本經云陳襲事于房中西領南上不綪注云綪讀為⿰糸爭⿰糸爭屈也江沔之間謂縈收繩索為⿰糸爭按禮記玉藻齊則綪結佩注云綪屈也結又屈之思神靈不在事也釋文綪側耕反屈也孔疏云謂結其佩而又屈上之也鄭於彼訓綪為屈已明與許音義俱異彼不易字以綪結連文易知而此易字者更所以互文相見耳故此復引江沔方俗語以證易⿰糸爭為綪之恉陸言說文云云引之以證鄭注取⿰糸爭為屈義也說文十三⿰糸爭紆未縈繩鉉音側莖切段注云未縈繩謂未重疊繞之如環者紆者詘也按許紆下一曰縈也此即江沔之間語也審縈義為收卷收卷長繩重疊如環是為縈則此陸引說文但云縈繩者已足明鄭君用屈之訓省文見義也側耕側莖側庚俱為用字異蓋此時庚耕讀同陸亦不分矣

江沔音緬水名也一本作沱大河反江別為沱

謂縈於營反**繩索**悉各反**以親**如字劉音清刃反**鬠**劉音膾又户膾反後同○十三經音畧六云鬠劉音膾古外翻又户膾翻音會案注古文鬠皆為括括即膾之入聲箋曰既夕禮釋文鬠古外反古外音膾為直音反切之異則

此劉音為本讀户膾葢為别音周音會是也集韵泰韵黄外切有鬠云骨擿之可會髮者與説文鬠訓同與本書又音合按後經云鬠用組乃笄注云古文鬠皆為括括説文作髺云絜髮也鋐音古活切殺注云鬠即髺字之異者然則括為髺之同音假借字則鬠括去入相承周所謂括即膾之入聲音隨形異也

纋中音憂一音何侯反〇十三經音畧六云纋音憂一音何侯翻音近尤乃匣影之别箋曰注云纋笄之中央以安髮音憂為纋之本讀何胡歌切侯户鉤切二字雙聲不能為切指掌圖所謂和會徒勞切則此何侯為切同歸一母只是侯字更無切也周云音近尤尤侯音異葢由不識反切之規律所致耳按下文牢中牢音樓孜本經注云牢讀為樓今文樓為纋此或為樓字作音何或為洛之誤

廣袤古曠反下音茂

實為于僞反下同

有惡烏路反

掩練劉音奄

析其西歷反

裹首音果

瑱他見反充耳

白纊音曠劉古曠反緜也

幎依注音縈於營反劉宛名反又武遍反又音緜後同〇十三經音畧六云幎依注讀如葛藟縈之之縈於營翻音英劉宛名翻同又武遍翻亙切音面又音綿又音覓校語錄云宛名與於營同箋曰注云幎目覆面者也幎讀若詩曰葛藟縈之之縈按於營為縈之本讀上文謂縈於營反可證宛名於營為用字異營合口英開口周音開合不分武遍葢

讀如瞑與面有霰線之異音緜則讀如緜俱為幎讀集韻霰韵瞑見切有幎云覆也先韵民堅切有幎亦云覆也引儀禮士喪幎目用緇正據本書惟先仙不別耳陸從鄭說故列縈音於前次幎音於後復云依注以明其異讀也　組繫戶計反下同　葛藟力水反　以絮息據反　為消古玄反　握手於角反劉烏豆反下設握同○箋曰於角為握之本讀烏豆蓋讀去聲如樞劉音由入轉去方俗語之變故於義無殊周禮天官典絲握烏學反劉烏豆反烏學於角用字異詳彼箋　牢中牢音樓出注　若檡音澤　猶闓音開　挾弓音協又子協反　令不力呈反下令可同　挈指苦結反劉本作契苦計反　吒鼠劉音詫○校勘記云段玉裁校本吒作矺校語錄引同箋曰鍛校是也惠校亦同審注云世俗謂王棘矺鼠廣韻鐸韵他各切有矺注引本經鄭說正依劉讀若作吒則其義為嘖為叱怒其音為陟駕與此俱不合矣是吒為矺筆殘之誤今從鍛校正之　冒亡報反後皆同　手齊如字又才計反　輕殺所界反劉色例反注及下注同　韜尸土刀反　而上時掌反　純衣莊其反注同　所衣於既反下所衣同　禒衣他亂反後同　緣之悅絹反下言緣同○校勘記云注宋本作言按緣之二字出注注又云褖之言緣也當作下言緣同校語

錄云緣之二字即出注不當云注緣同注蓋譌又案説絹當作悦綃下文音悦面反可證箋曰阮校法説俱是也注云黑衣裳赤緣之謂褖褖之言緣也則此緣之為注文言緣亦注文也此本言誤作注宋本是矣依釋文例言上當有下字即阮所謂下言緣同又案廣韵薛韵失爇切有説弋雪切亦有説但以悦為建首字法所舉下文縢緣悦面反實緣之本音則此説綃之説字當為悦字形似之譌皆依正之

不襌音丹下同

一稱尺證反

韎音妹又武拜反劉又武八反

韐古荅反又古洽反

緼音温劉烏本反○箋曰注云一命緼韍音温為緼之本讀禮記玉藻緼音温赤黄間色可證烏本蓋讀如穩集韵混韵鄔本切有緼云赤黄色禮士緼紱正依本書此殆方音之轉故於義無殊也

韍音弗蔽膝

竹笏音忽○攷證云舊譌笏作音忽案竹笏見經文注云今文笏作忽陸氏不應捨經而音注而繫於侯荼之後若云笏作忽音忽尤無此理今故移於以璆之上而正之校勘記云笏作盧文弨改為竹笏云云校語錄云笏作條盧移於以璆條上改為竹笏詳攷證箋曰注云笏所以書思對命者儀禮古今文疏義云鄭本儀禮古文作曶今文假忽為之後人盡改經注之曶作笏耳據此則象笏字古作曶音忽即讀作忽此蓋以禮經今文假借字而釋古文改易字盧校是也

以璆音蚪劉巨蚪反○校語錄云巨

糾同糾不能為音蓋巨休之譌箋曰法說是也注云天子以璆玉按書禹貢釋文璆音糾徐又居糾反詩瞻彼洛矣璆音糾又巨樛反又舊周反玉也以彼參證則此劉音上字巨依書當如徐音作居或下字糾依詩則如又音作朻若是即合反切條例矣法作巨休雖與舊周音同然於字形則無所據矣互詳彼箋**文竹**如字劉目眞反○箋曰如字即讀廣韵無分切之文謂竹之美者目眞則讀作武巾切之笢謂竹膚也此義變而音亦隨之變矣**去一**起呂反**珵**他頂反本又作珽同

攷證云注疏本作玦箋曰注引玉藻云天子搢珽方正於天下也按禮記玉藻注云此亦笏也謂之珽珽之言挺然無所屈也引相玉書曰珽玉六寸明日炤釋文珽他頂反本又作珵音呈以彼證此則他頂為珽之本讀此音讀珵為珽珵蓋珽之或體楚辭離騷豈珵美之能當王逸注引相玉書珽作珵然則注疏本用正字釋文用或字蓋本於楚騷矣**侯荼**音舒**皆**

繶於力反**緇純**諸允反劉之閏反注同**組綦**音其一音其記反注同○攷證云注疏本記作計非箋曰注云綦屨係也所以拘止屨也音其為綦之本讀說文綦鋋音渠之切音其渠之直音反切之異是其證其記則讀如忌蓋為別音集韵志韵渠記切有綦云屨飾則依本書記注疏本作計此因霽志讀同故俱可用何得謂非**于踵**諸勇反**士冠**

古亂反以魁苦回反柎方于反馬絆音半于笄音煩於筐丘方反用綌去逆反櫛
莊乙反於簞音丹笥也○攷證云注疏本於作用張淳必改從釋文亦不必注疏校勘記云於唐石經徐陳閩葛釋文
通典集釋通解要義楊敖俱作於毛本作用箋曰按於猶用也書堯典黎民於變時雍此於即用之義言民用變也與盤庚民
用丕變義同故此釋文作於注疏本作用盧謂不必改是也葦于鬼反笥息嗣反通裁在代反又音才○箋
曰注云浴衣已浴所衣之衣以布為之其制如今通裁賈疏云云如今通裁者以其無殺即布單衣漢時名為通裁故舉漢法
為況按賈疏鄭注是也說文衣部裁制衣也鉉音昨哉切段注云制者前裁之謂也昨哉即此音才則此又音為制裁之本
讀在代則讀如載而為此通裁之本音義由動變名其音亦隨而由平轉去也其管人如字劉又音官不說土活
反劉舒悅反注同繘均必反劉俱筆反綆也○攷證云注疏本筆作必非校語錄云繘二音質部分兩類也箋曰禮記喪
大記釋文繘均必反汲水綆也則此首音為本讀按易井釋文繘徐又居密反鄭云綆也居密俱筆均必皆為用字之異故注
疏本筆作必也法氏分類之說沿於切韵攷以為同音不得有二切語其說自生滯礙詳易姤蹢條箋淅米西歷反

汏也徒賴反 受潘芳元反下及注同浙米汁也 用重直龍反 用爨七端反又七亂反○弦證云注疏本注作匃人取所撤廟之西北扉薪爨之無用字注疏校勘記云毛本無用字徐陳釋文集釋通解楊敖俱有用字與疏合按喪大記原文有用字箋曰此注賈疏引有用字按禮記喪大記釋文爨之七逭反陸此摘字為用爨正明爨上當有用字也則毛本漏七逭七亂用字異則此又音為本讀七端讀去為平集韵桓韵七丸切有爨云炊也殆依此讀此義由動變名故音亦由去轉平矣 盛米音成下注盛物巾盛盛笙同○校勘記云張氏曰下無盛笙字有曰啟盛也笙字當也或曰啟盛之盛去聲也按籩豆具而有巾盛之也釋文亦音成與此同爾箋曰王校引張說同按下經注云櫜韜盛物者取事名焉又云布巾籩巾也籩豆具而有巾盛之也又云啟盛也張謂此盛笙誤是矣 處也昌慮反 造冰七到反下同 士併步頂反下皆同 襢之善反下同 笫壯矣反下同牀簀也○校語鏁云笫玉篇壯几切是也廣韵亦誤收止部注云又側几切而旨部則失收既夕篇作側几反箋曰按禮記喪大記釋文笫側里反簀也爾雅釋器笫側士反側里側士與壯矣俱在莊紐止韵則此音不誤既夕記牀笫側几反周禮玉府笫簀側美反側几側美與壯几俱在莊紐旨韵則玉篇音是也而陸止

旨並用者以其時二韻音讀相同也弦方言五云牀陳楚之閒或謂之笫笫音滓又音姊音滓壯矣為直音反切用字之異音姊精紐與側几莊紐等韻家所謂精照互用也則釋文之音俱本於郭璞廣韻收笫於止韻在滓紐下葢以郭首音為正讀注云又側几切而旨韻不收者乃依其所本切語照鈔也廣韻又音有互見於該韻者有不見於該韻者皆此之故耳法氏未察全書音例遂有此妄為譏斥之言也侍從才用反倮裎力果反下直貞反挋用之慎反劉居吝反晞也清也〇校勘記云宋本吝誤元晞作飾按說文飾㕞也挋有㕞義故云飾也今本鄭注亦作晞皆誤校語錄引阮說箋曰注云挋晞也清也賈疏云挋謂拭也而云晞也清也者以其櫛訖又以巾拭髮訖又使清淨無潘瀾拭訖仍未作紒下文待蚤揃訖乃鬠用組是其次也按賈說是也說文挋下段注引本經注云云按晞者乾之也浴用巾既以巾拭之矣而復以浴衣挋之謂抑按之使乾此正釋晞字之義清訓用爾雅按釋詁云挋拭刷清也釋文挋音震之愼音震為直音反切用字之異拭刷皆所以為潔清故訓清為一義訓晞又為一義也鄭兩解之陸引鄭說則此本作晞非誤居各葢讀作槿其義為飾宋本作飾也殆依劉音歟清如字又才性反下絜清同用枓音主作渜劉土亂反蚤依注音爪下鬠蚤同揃子淺反斷

爪[丁管反] 揃鬚[音須本亦作須○注疏校勘記云案須鬚古今字下箋曰說文九須面毛也鉉音相俞切段改作頤下毛也注云俗假須為需別製鬒鬚字然則須為本字鬒為後出專字後人以現行字用作鬒陸從之而云本亦作者殆指說文矣] 大蜡[士嫁反] 扱諸[初洽反劉初輒反下同] 以從[劉才用反下同] 為飯[于偽反下扶晚反下佐飯並下文同] 南首[手又反] 便扱[婢面反] 于跗[方于反] 連絇[其于反] 足坼[丑宅反] 三稱[尺證反杜預云衣禪複具曰稱下放此] 而衣[於既反下同] 不紐[女九反] 不數[所主反] 省文[所景反] 欲見[賢遍反] 捷也[初洽反下同] 于掔[烏亂反○攷證云掔當從說文作掔注疏校勘記云掔唐石經嚴徐集釋俱作掔下及注同鍾本誤作掔通解毛本作掔披掔二字形近易譌即說文掔字注中已誤作掔矣十三經音畧六云掔烏亂翻同腕又作捥⿱夗手⿱宛手並同譌作掔掔苦閑翻說文引詩赤舃掔掔別為一義校語錄云掔當作掔箋曰本經云設決麗于掔原誤掔注同注云掔手後節中也說文十二掔手掔也從手臤聲鉉音烏貫切烏貫即此烏亂段注引本經及鄭注云云後節中者肘以上為前節則肘以下為後節後節之中以上為臂則以下為掔也俗作捥審此則釋文作掔非本經音義]

攷擊之義為固從手取聲爾雅釋詁釋文音牽又却閑反周所謂苦閑翻別為一義阮所謂擊擊形近易訛俱是故法云當作擊盧本直作擊也今依正之大擘補革反劉薄歷反大指也下同為藉才夜反有彄苦侯反擐劉郭犬反一音患○校語錄云鍜校大作犬是也箋曰惠校大亦作犬本經注云設之以紐擐大擘本也因省其彄以橫帶貫紐結於擘原誤作擘之表也按左成二年傳擐甲執兵釋文擐甲音患則擐之義為毋郭犬蓋讀若罥集韵銑韵古泫切擐繫也以鄭意言之謂大指短其著之先以紐繫於大指本劉音本鄭義而作陸從鄭說故立其音于首而以毋義為一音次末也攷工記弓人環之户串反劉郭犬反是其比故鍜惠俱校為犬也今從之作捥烏亂反橐之古刀反劉古道反○攷證云劉古道反注疏本作姑勞反譌箋曰注云橐韜盛物者左宣十二年傳注云橐韜也釋文橐古刀反則此首音為本讀古道蓋讀上聲此方音之轉音雖變而義無殊周禮攷工記函人橐之音羔劉古道反音羔即此古刀按汲古閣注疏本引此劉音作姑勞反則為用字之異依釋文音例蓋非譌為橐音託鬠音舜劉又音旬亂髮也○箋曰禮記喪大記君大夫鬠爪實于綠中注云鬠亂髮也釋文鬠爪音舜亂髮則此首音為本讀音旬蓋讀若旬集韵諄韵松倫切有鬠云亂髮也則據本書按本

經鄭無注此云亂髮也者陸引喪大記注為之釋也辟奠婢亦反又音避重木直容反下及注同縣物音玄下同

鐕孔側林反劉左南反鬻本又作粥之六反一音育餘飯扶晚反注同謂以飯尸之餘米為粥於養羊亮

反冪用本又作鼏亡狄反久之依注音灸用靲劉舉琴反下同說文其闇反○十三經音畧六云靲劉舉

琴翻音今說文其闇翻闇當讀平聲烏南翻其闇翻音近鈐鹽覃黚張氏識誤云監本軨作靲此宋時譌從車也石經作靲廣韵

玉篇並巨金翻音琴今本說文亦巨金翻張爾岐儀禮鄭注句讀云張鳳翔本靲音今字音琴彙校語錄云闇薟音之譌說文巨今切箋曰本經云左衽

帶用靲注云靲竹篾也賈疏云按顧命云牖間南嚮敷重篾席即此靲篾一也謂竹之青可以為繫者按賈疏是也段注說文

靲下謂鄭以為紟紟字紟者係也鬲與重但當以竹篾係之因謂篾為紟紟說文鉉音居音切居音舉琴用字異則此劉音即本

鄭義讀靲為紟陸音其闇反其羣紐闇勘韵勘韵一等無羣紐按廣韵沁韵巨禁切有紟紟帶與段說合又侵韵居吟切有衿

衣小帶也又其禁切與此正同則其闇即讀其禁等韵家所謂寄韵憑切也周謂闇讀平聲烏南翻南亦一等法謂闇薟音之

譌雖同說文靲之讀而義則殊異矣竹篾音蔑辟屈音璧綪絞户交反後同縮從子容反下同頳

裹丑貞反赤也無紞丁敢反被識申志反無別彼列反散衣息但反下及注同袍襺古典反○孜證云注疏本作繭注疏校勘記云繭釋文集釋要義俱作襺箋曰禮記玉藻釋文為繭古典反說文八襺袍衣也鋑音古典切段注云玉藻作繭者字之假借也則本書用正字注疏本用借字盡用津忍反取稱尺證反饌于劉牀轉反一音士眷反後同鍛濯丁亂反下大角反下齊坫丁念反為奠于偽反下為舉為不為麼皆同苴七如反絰大結反大鬲音革又作搹同○箋曰本經云苴絰大鬲注云鬲搤也按喪服經云苴絰大搹注云搹扼也釋文搹音革扼也扼與搤同下文搤本又作扼可證則此云又作正指喪服經文詳彼箋搤音戹本又作扼○箋曰注云鬲搤也中人之手搤圍九寸按喪服經注云搹扼也中人之搹圍九寸段注說文扼下云漢時少用搹多用扼又注搤下云婁敬傳曰搤其亢拊其背楊雄傳曰搤熊羆拕豪豬其咽炕其氣皆謂捉持之師古云搤與扼同依許則搤扼音雖同而義迥別也如段說則搹為古字扼為今字搤其音借字矣此云本又作者正指喪服傳注耳去一起呂反下並注同後放此齊音咨後同易服以豉反宜差初賣反簀也音責殺之色界反劉色例反四鬄

訖歷反解也**去蹄**大兮反**兩胉**音博劉音百又音䚃脅也○箋曰注云胉脅也今文胉為迫按廣雅釋親胉脅
也曹憲音布各布各音博為直音反切之異則此首音為本讀音百即讀作迫禮今文假迫為胉也劉依今文而作周禮醢人
豚拍鄭注云鄭大夫杜子春皆以拍為膊謂脅也今河間名豚脅聲如鍛鎛音䚃則讀作拍陸故云又儀禮古今文疏義云詳
鄭君意似以豚拍謂脅者為是但拍之為脅本屬假借杜子春以拍為膊之訓薄脯膊之屋亦不得為脅故祇取河間方音呼
脅如鎛以證拍字之義其於儀禮則因古文既有胉字即從之胉為正耳陸依鄭意亦以古文胉為正故音博列于首音百次之
以周禮之拍為借字故音䚃列于末與胡說相合矣**扃**古營反○校語錄云營譌當作螢箋曰營在清扃在青此時清青讀
同依本書例則營非譌**肩髀**步啟反又必爾反下文同○校語錄云髀薺紙分部箋曰爾雅釋畜釋文髀甫爾反又步
啟反說文云股外也甫爾即此必爾陸於彼音互易而列者正明其薺紙斯時讀同也**則辟**婢亦反**或傎**本又
作顛丁田反○箋曰注云斂者趨方或傎倒衣裳按穀梁宣十一年釋文傎丁田反本又作顛同此禮記曲禮注云倒顛倒
釋文作傎丁田反廣雅釋言⿰亻顛倒也曹音顛疏證云⿰亻顛通作顛然則⿰亻顛為本字傎為省文顛為其音借字矣**倒衣**丁老

反馮尸音憑皆同後髺髮音括音活劉人免音問放此後雞斯所買反劉霜綺反下作纚同○

箋曰注云始死將斬衰者雞斯按禮記問喪云親始死雞斯徒跣鄭注云雞斯當為笄纚釋文雞斯依注為笄纚纚音色買反

徐所綺反色買即此所買所綺即此霜綺則劉讀與徐同說文十三纚冠織也謂以緇帛韜髮鉉音所綺切則劉音為纚本讀

所買蓋讀若灑此為纚方音之轉也陸取鄭說以彼改字之音釋此誤字之義汲古閣注疏本買譌作西盧校未及而紒

音計下同令著丁畧反下同○孜證云注疏本作今之著幓頭矣此無之字校勘記云今張氏士喪禮識誤作今是也校

語錄引阮說云案今乃之之譌箋曰王校云筠案注作今之著張淳引釋文亦作今而謂當從釋文無之字按禮記玉藻注云

如今作幧頭為之也以彼例此則釋文今為今誤無之字是張說是也故阮王俱從之今依正幓頭七消反作繞

音問髽側瓜反宮縚他刀反爾毋音無下同縱范音揔劉又在紅反○箋曰本經注引檀弓曰南宮縚之

妻之姑之喪夫子誨之髽曰爾毋縱縱爾按禮記檀弓釋文從從音揔高也一音崇音崇牀紭在紅從紭等韵家所謂精照互

用則彼一音即此劉又音此范音依鄭義而作陸從鄭故列之于首也扈扈並音戶侇于音夷鄉賓許亮

反東夾古洽反劉古協反○攷證云劉古協反注疏本古作右譌箋曰盧說是也鄉飲酒禮夾尊古洽反劉古協反是其比錯七故反下及注同其便婢面反為鉉胡犬反劉古頏反又音闕又音玄○校語錄云古頏音闕山刪分部今廣韵頏誤入刪箋曰士冠禮釋文為鉉玄犬反范古顏反劉音闕又胡畎反此古頏音闕為直音與反切之異與彼古顏僅有開合之殊則此劉音與范同又音與彼劉同詳彼箋音玄則讀平聲蓋依偏旁而作非此正音故陸云又而次于末也

乃朼必李反○攷證云舊李作季今從宋本校勘記云季宋本作李是也校語錄云盧阮並云季宋本作李是也然朼李不同部當作履見特牲饋食箋曰殺校北館本季皆作李士昏禮釋文朼者必履反與特牲饋食音同必履在旨為朼之本音必李在止此時旨止讀同陸亦不分李季形近則此本為傳鈔者所譌今依諸家從宋本改之進柢丁計反本也後同

為髀必爾反又毗支反○攷證云此乃音注注疏本作髀是音經文矣誤箋曰盧說是也攷本經云載兩髀於兩端注云古文髀為脾士昏禮為脾必爾反又毗支反是其證必爾為髀之音毗支為脾之音陸列必爾于首者蓋以經音讀注也為胝劉音帝俎從劉才用反巾巾並如字劉下居覲反由重直龍反代更音庚下同憔悴在遙

反下在季反**禮坊**音房本亦作防○攷證云今注作防箋曰說文十四防隄也鉉音符方切段注云引申為凡備禦之偁禮記鄭目錄云名曰坊記者以其記六藝之義所以坊人之失者也防之俗作坊然則注疏本用正字本書用俗字**挈壼**苦結反**縣壼**音玄**不背**音佩**以褶**音牒一特獵反○校語錄云一益又之譌否則下脫音字特獵類隔也即廣韵之直葉箋曰注云帛為褶無絮雖複與禪同按禮記玉藻帛為褶注云有表裏而無著釋文褶音牒袷也則此首音為本讀特獵益讀若牒牒在舌頭直葉舌上既有發音部位之異不能以宋元所定類隔律之一者又也不必有音字**雖複**方服反**與禪**音丹**為燎**力召反或力弔反○校語錄云燎二音笑嘯分部箋曰本經云宵為燎於庭中注云燎火燋力召為燎之本讀力弔則讀作炓廣韵謂火光故陸云或禮記郊特牲釋文庭燎力妙反徐力弔反力妙力召為用字異則此或音用彼徐音矣**大燋**劉哉約反又祖堯反一音哉益反後同本作燭○校勘記云大宋本作火張氏士喪禮識誤曰注曰燎火燋按釋文云大燋從釋文注疏校勘記云火監本釋文集釋俱作大陸氏曰燋本作燭案大字是箋曰賈疏云按少儀云主人執燭抱燋注云未爇曰燋古者以荊燋為燭故云燎火燋也大燭或云以布纏葦以蠟灌之謂之庭燎云大者

對手執者為大也按賈說是也下經燭俟于餕東注云燭燋也執之曰燭彼賈疏謂少儀執燭抱燋皆是人之手執也庭燎且

燕禮亦謂之大燭也此云本作燭者殆指燕禮歟依賈說則此燋為庭燎故陸用大阮從之是也哉約為燋之本讀周禮春官

序官燋哉約反是其證祖堯在蕭正廣韵宵韵即消切之燋彼注引說文云所以然持火也其時蕭宵讀同故耳哉益則讀若

積集韵昔韵資昔切有燋云灼龜炬其音殆據本書**紟**其鴆反劉居鴆反下皆同○箋曰禮記內則衿纓注云衿猶結也釋

文衿本又作紟其鴆反結也按凡結帶皆曰紟則此首音為本讀居鴆蓋讀羣為見劉為方音之轉故於義無殊矣**必盡**

津忍反下注同**又復**扶又反下不復將復復執皆同**瓦甒**亡甫反**毼豆**苦瞎反劉苦割反○十三經音畧六

云毼苦瞎翻音鬝黠韵劉苦割翻音渴曷韵箋曰苦瞎在鎋讀若廣韵枯鎋切之褐音鬝在黠則讀為廣韵之恪八切聲同韵異周

說殊非苦割在曷周音渴是也此時鎋曷讀同則劉音與首音無別矣**蠃醢**力禾反**無縢**大登反**四脡**

大頂反**縢緣**悅面反**柲緄**古本反劉古魂反○校勘記云柲宋本誤作祕箋曰注引詩云竹柲緄縢詩秦風小

戎竹閉緄縢釋文緄古本反繩也則此首音為本讀古魂則讀若昆蓋為別讀劉音蓋方俗語之轉也**為蝸**力禾反又

古華反**掘**其勿反又其月反**肂**以二反劉音四〇十三經音畧六云肂以二翻音異劉音四箋曰注云肂埋棺之坎也按說文四肂瘞也鉉音羊至切段引本經鄭注云棺在肂中斂尸焉所謂殯也肂者所以殯羊至以二為用字異則此着音為本讀若音異則志至韵殊矣音四則讀作肆肆訓為陳謂陳尸於坎鄭因以肂為埋棺之坎也劉音雖異而義則相同矣**見**賢遍反**衽**而甚反**小要**一遙反**用輴**勑倫反〇注疏校勘記云輴宋本釋文從木張氏曰此必後人因禮記之文改從車爾既夕禮注謂之楯同校語錄云阮云張氏識誤引釋文輴作楯宋本亦作楯案盧本於既夕篇亦依宋本張本改為楯王校引張淳云云箋曰注引喪大記曰君殯用輴彼釋文云輴勑倫反檀弓云天子龍輴而椁幬注云輴殯車也釋文音同按說文車部輴一曰下棺車曰輴鉉音敕倫切段注云禮經有輴車玉篇廣韵皆謂輴同字也然則輴為後出專字此本用之廣韵諄韵丑倫切楯木名宋本作楯為同音借字也段校北館本俱改作楯拘於宋本矣**欑至**在官反劉本作挫音同云禮記作欑〇注疏校勘記云毛本欑誤從手下及疏同陸氏曰劉本作挫音同箋曰注引喪大記曰欑至于上按喪大記注云欑猶菆也釋文欑才完反正義云欑至于上者以木欑輴至于棺上欑猶菆也者謂菆聚其木周於外也在完

在官爲用字異集韵桓韵徂丸切蕞挫注云積木以殯或作挫通作欑然則劉本作挫實依禮記鄭義但爲别字故陸注之以

示博閒耳不暨其器反劉本作塈古慨反用軸大六反○孜證云舊本文作大譌今從注疏本改校勘記云大盧文

弨從注疏本改作文是也校語錄云大六盧依注疏本改文六是也箋曰文在澄大在定此正類隔何必改之輁軸九勇

反輓而音晚本又作挽○箋曰說文十四輓引車也鋺音無遠切段注云引車曰輓引申之凡引皆曰輓左傳曰或輓

之或推之欲無入得乎俗作挽按爾雅釋訓注云步挽輦車釋文挽本亦作輓同亡遠反聲類云引也亡遠即此音晚則此云本

又作者正指郭璞所用之字矣熬五刀反蚍音毗蜉音浮令不力呈反下令足同爲舉于僞反下同

鱄市轉反劉市專反○箋曰左昭二十八年傳釋文成鱄音鄟又市轉反音鄟在照爲鱄本讀市專則讀在禪劉音破裂轉

爲摩擦蓋方語之變陸故列之於末也鮒音附左胖音判鋪於普吳反又音孚奉尸芳勇反又如字下放

此爲銘于僞反下爲安爲神祝爲爲葬同設柎方于反從設才用反下皆同于輿一報反鬐

巨之反○校語錄云鬐之不同部箋曰鬐在脂此時脂之讀同陸亦不分闔戶戶獵反下同堊室於各反厭

於一涉反下注同○校勘記云及宋本作反是也屬上讀校語錄引阮說云盧本已改箋曰一涉爲厭之反語宋本及作反是故段校北館本並同今依正之招彌亡婢反又作弭桃茢音列又音例惡之烏路反下天子户嫁反下尊下王同釋菜七代反○攷證云注疏本作采校勘記云張氏曰釋菜士代反按監本士作七是也箋曰阮說是也七代爲菜之本音七清紐士牀紐代一等無牀則士爲七形近之譌人辟婢亦反又音避下不出者同爲謔許略反耆酒市志反○攷證云此與窟室朝至公焉共四條注疏本不全引注文此遂以無所麗删之案集釋本所載條全注云春秋傳曰鄭伯有耆酒爲窟室而夜飲酒朝至未已朝者曰公焉在其人曰吾公在壑谷伯有者公子子耳良原誤之孫良霄字校語錄云耆志不同部箋曰耆即嗜在至此時至志讀同陸亦不分窟室苦忽反朝至直遥反下朝者同公焉於虔反在壑火各反由便婢面反敢讙火官反又許元反下同○箋曰說文三讙譁也鉉音呼官切呼官即此火官則此首音爲本讀許元即讀作喧其義無殊故陸云又也嚻許驕反劉五高反下同聒古活反逡七旬反遁音旬辟位音避下文不辟注同立乘繩證反下文及注乘車同小俛音免

始歠昌悅反粥矣之六反劉音育辟門婢亦反注同拊心芳甫反直東音值下直西同併
於步頂反又必性反啓會古外反注同猶度大各反下文度茲並注同免經如字又音勉注同下放此
○校語錄云音勉即如字也勉疑問之誤箋曰法說是也既夕禮云商祝免袒執功布入注云今文免作絻釋文絻音問儀禮
古今文疏義云桊袒免字古文讀如免冠之免故今文又借冕之或體作絻者為之左氏哀二年傳使太子絻哀十二年傳季
氏不絻皆作絻襄二十五年傳陳侯免又作免釋文免音問按胡說是也禮記郊特牲釋文冕亡展反字林亡辨反亡展亡辨
用字異即此如字之音亦即音勉也故勉當依法校作問之處昌慮反下灼處同少儀詩名反上韇音獨
函也為其于僞反注為其為下同右還劉戶串反一音旋注及下同畫地音獲之竁昌絹反徧
視音遍楚焞存悶反劉吐敦反又徒敦反又子悶反又音純○校語錄云存悶子悶皆焌字之音箋曰注云楚荊也荊焞
所以鑽灼龜者音純在諄為焞之本讀吐敦徒敦皆在魂讀作燋燋為焞之俗下其焌又存悶反又子悶反則此讀焞作焌法
謂皆焌字之音是也周禮春官垂氏楚焞吐敦反又徒敦反又在悶反又祖悶反一音純在悶即此存悶祖悶即此子悶彼首

音用此劉音一音同此又音彼以楚焞釋契故陸列其本音吐敦為首此楚焞所以鑽灼龜焞與焌義同故陸列焌音存悶為首也互詳彼箋以鑽子官反本作灼一炬也音巨菙氏時髓反掌共音恭燋契本又作契苦計反劉苦結反下同○攷證云集釋本作契箋曰注引周禮菙氏掌共燋挈以待卜事按春官菙氏挈作契彼注杜子春云契謂契龜之鑿也釋文契苦計反劉苦絜反苦結苦絜為用字異苦計在齊讀挈為契依周禮作音苦結在屑為挈本讀挈與鍥同依杜注作音劉讀去入相承矣互詳彼箋爇燋人悦反○校勘記云之宋本作人按宋本不誤校語錄云之阮校宋本作人是也案盧本作如悦反箋曰左僖二十八年傳注爇燒也釋文爇如悦反如悦人悦為用字異之在䏰人爇俱在日則之為人之形譌故段校之亦作人北館本同今依正之其焌劉音俊又存悶反又子悶反李作館反○箋曰按周禮春官垂氏注杜子春云焌讀為英俊之俊玄謂焌讀如戈鐏之鐏釋文焌音俊又存悶反又祖悶反李祖館反祖悶即此子悶祖館即此子館彼首音正用此劉音本杜義而作存悶為焌之音與鐏讀同本鄭義而作互詳彼箋族長丁文反注及下同涖音利又音類于闑魚列反閾外音域劉呼逼反有近附近之近

既夕禮第十三

鄭云士喪禮之下篇也既已也謂先葬二日已夕哭時也與葬間一日若上士二廟則既夕哭在前葬三日也

請啟舊七井反〇校勘記云七宋本作士按宋本非也箋曰阮説是也井靜韻士牀紐靜四等無牀七清紐士當為七形近之譌段校七為士北館本同俱惑於宋本誤矣

啟肂以二反劉音四

俟牀音夷本亦作夷〇注疏校勘記云夷唐石經徐本通典要義揚教俱作夷釋文集釋通解毛本俱作俟陸氏曰俟音夷本亦作夷按今本經文及注疏夷俟錯出箋曰注云俟之言尸也賈疏云遷尸於堂亦言夷尸盤衾皆依尸而言故云按禮記喪大記云奉尸夷于堂釋文如字夷尸也陳也本或作俟則此所謂本亦作之字為禮記所用者彼所謂本或作之字為禮經所用者矣

饌于劉士轉反〇孜證云舊于譌子今改正校勘記云盧改子為于不誤校語錄云子盧改于是箋曰本經云俟牀饌于階間則舊作子為于形似之譌故阮法皆謂盧校是也今依正之

朝柩直遥反下朝祖啟朝周朝同〇孜證云今注作朝正柩正字衍張淳云釋文無正字

用蒸之承反薪也

鬠側瓜反

散帶悉但反

為將于偽反下為有為啓為其同

相見賢遍

反子免音問後放此子冠古亂反袒音但止讙火官反䶕許驕反劉五高反聲三息暫
反又如字下放此拂抗本又作仿佛上芳味反下芳丈反○攷證云注疏本抗作仿注疏校勘記毛本抗作仿徐本聶
氏集釋敖氏俱作抗與此本述注合釋文亦作抗云云楊氏拂仿作彷佛通解與毛本同金日追云釋文正作拂抗注云本又
作佛仿今上字既作拂則下字自當作抗且疏云猶言拂拭亦於佛仿義遠案楊氏作彷佛義或與此異按釋文注仿佛二字
金引作佛仿未知何據校語錄云抗字不見玉篇疑拂抗並從彳而誤也箋曰說文人部佛仿佛也仿仿佛相似視不諟也鉉
音妃罔切段注云仿佛或作拂抗俗作彷彿則此大字拂抗陸用或字小字仿佛則為本字法謂拂抗並從彳誤未審禮記祭
義釋文仿孚往反佛孚味反孚往即此芳丈孚位即此芳味噫於其反又於喜反作繞音問後同夏祝戶雅
反下之六反後皆放此于重直龍反後放此憮火吾反拂去起呂反輁九勇反轉轔音鄰為
軹音紙著金丁略反下著之同之輴勑倫反○攷證云舊本作輴注疏本同今從宋本張淳同箋曰段校惠校
並同攷證然輴為後出專字楯為同音借字則舊本不誤何必改之士喪禮用輴勑倫反是其比奠從才用反後以意

求之鄉戶許亮反下鄉水鄉樞皆同巾之如字劉居覲反直柩音值下文同為欒于偽反下為褻為遷為其為載為設為苞同為北輈竹求反辟新音避下同馬鞅於丈反條絲他刀反下同如罽九例反執莢初華反側昳大結反紐女九反桱丑貞反齊三如字劉才計反注同承霤力又反車笭力丁反衣以於既反縣於音玄不揄音遥絞戶交反以聯音連上蕤汝誰反設披彼義反劉方寄反下同○校語錄云披二音改類隔為音和也箋曰彼義方寄為用字異以其時輕重脣用字不分也禮記喪大記釋文纁披彼義反徐甫髮反甫髮即此方寄則劉音與徐同此正一音而有二三反語也為藩方元反屬引音燭注同著也引音胤又如字注引所以引同後屬引皆放此猶著直略反曰紼音弗乘車繩證反注及下注乘車同成味武葛反劉音妹成斲陟角反竽音于笙音生筍息允反虡音巨折橫之設反後皆同猶庪九委反劉居綺反下以庪同窆事彼驗反劉逋鄧反壙上苦晃反又音曠抗席苦浪反劉音剛後皆同苞筲色交反縪於側耕反便也婢面反後放此見善賢遍反

御也魚呂反亦作禦下同○攷證云御今注作禦箋曰注云抗禦也所以禦止土者按詩谷風亦以御冬毛傳御禦也釋文魚據反禦也徐魚舉反魚舉即此魚呂則此用徐音讀作禦矣周禮春官掌蜃注以蜃御溼釋文魚呂反本亦作禦彼阮校記云漢人多用御爲禦詳彼箋加茵音因以藉才夜反下當藉同緣之以絹反上綪側耕反以裹音果畚音本種類章勇反劉之用反○箋曰章勇爲種類之本音禮記雜記下六種章勇反是其證之用則讀去聲如種植之種當非此義誤矣一觳音斛劉又户角反○箋曰音斛爲觳之本讀户角蓋讀若學劉讀乃方音之轉故義相同也甕烏弄反○攷證云注疏本作罋注疏校勘記云罋釋文聶氏俱作甕按疏云罋與甒等字從缶瓦蓋罋字從缶甒字從瓦也聶氏既作甕遂改疏云甕甒二字皆從瓦箋曰注云罋瓦器其容亦蓋一觳賈疏云以罋與甒字從缶瓦故知是瓦器按說文缶部罋汲缾也鉉音烏貢切段注云經傳所載不獨汲水者偁缾罋也罋俗作甕則注疏本用正字釋文用俗字冪亡狄反本又作鼏甒二亡甫反注廡音同木桁户庚反又户郎反久之依注音灸兩敦音對劉又都愛反兩杅音于本又作芋音同○箋曰注云杅盛湯漿按說文皿部盂飲器也鉉音羽俱切段注云杅即盂之

假借字公羊宣十二年傳古者杅不穿何注杅飲水器與鄭注合詩小雅斯干君子攸芋箋云芋當作幠釋文毛音香于反香于羽俱為用字異則此用禮經假借字而云本又作者殆指毛詩矣 **槃匜** 音移劉音徒何反○十三經音略六云匜音移劉音徒何翻音駝箋曰注云匜盥器也音移為匜之本讀禮記內則匜羊支反杜預注左傳云沃盥器也是其證徒何即讀若周音駝集韵戈韵駝紐有匜注云盥器正依本書劉讀 **杅盛** 音成 **為桙** 音牟劉音杅○箋曰注云今文杅為桙按禮記內則云敦牟卮匜注云牟讀曰堥敦牟黍稷器也釋文牟木侯反齊人呼土釜為牟孔疏引隱義云堥土釜也今以木為器象土釜之形葢杅本飲食之器以其形象土釜之堥故得牟名此作桙從木為後出專字正明其以木為器也音杅即讀作杅禮經從古文作杅禮記從今文作牟劉則以古文之音為今文作釋也 **干笮** 側白反矢箙也 **甲鎧** 苦代反 **兜** 丁侯反 **鍪** 音牟 **干楯** 常允反又音允 **矢箙** 音服本亦作服○注疏校勘記云箙楊氏作服陸氏云云按經傳多假服為箙箋曰說文竹部箙弩矢箙也鉝音房六切段注云按本以竹木為之故字從竹國語檿弧萁服韋昭曰萁木名服房也小雅象弭魚服皆假服為箙然則箙為本字此本用之他書多用假字矣 **杖笠** 音立 **翣** 所甲反扇也○攷證云舊作翣

張淳所見是篓字云此非牆翣之翣今據改校勘記引張說云云按字當作簑假借作翣篓者簑之或體注疏校勘記云按說文有翣無篓翣亦翣扇字也牆翣之翣本取象於扇今本釋文作翣張說恐非箋曰禮記明堂位云周之璧翣孔疏云翣扇也言周畫繒為扇戴小璧於扇之上釋文翣所甲反則此音為翣之本讀說文竹部篓簑或從妾簑扇也鉉音山洽切段注云士喪禮下注曰翣扇也此言經文假翣為簑也則舊作翣用假借字張本作篓為或字釋文借字或字並用隨其所見本書之改之何為莊子德充符翣所甲反扇也正與此同

為神于偽反下為將為還為柩為其為哭為行皆同**馮依**音憑後放此

還柩劉音患下還車同**公賵**芳鳳反車馬曰賵**旌繁**步干反**前輅**音路**使者**所吏反下同

公使奠幣如字劉音定**于棧**士板反劉才產反注輚同○校勘記云于宋本作子按宋本誤校語錄云棧二音說見前箋曰本經云賓奠幣于棧注云棧謂柩車也凡士車制無漆飾今文棧作輚賈疏云明此棧車柩車即蜃車四輪迫地無漆飾故言棧也儀禮今古文疏義云臧琳曰左傳成二年丑父寢於轏中注轏士車正義謂轏與棧字異義同說文木部棧棚也竹木之車曰棧輚在車部新附按儀禮今文作輚益俗儒以棧是車名應從車遂改棧為輚鄭康成因字本作棧故定

從禮古經與說文合按臧說是也士板在潛為棧車之本音才産在産即讀作轏轏為士車才産讀同士板才在從以産二等無從等韵家謂之精照互用也孜工記輿人棧車士板反劉才産反正與此同 胥徒 如字劉思斂反 之長 丁丈反下注之長同 相閒 閒廁之閒 復有 扶又反下同 若賻 音附貨財曰賻 則捂 五故反○孜叢云注疏本作捂王校云梧今本作捂張忠甫本於士昏禮注亦作捂箋曰本經云若無器則捂受之注云謂對相受不委地賈疏云捂即逆也對面相逢受也五故亦為捂之本讀依陸音賈義則捂當從手注疏本是本書作梧從木木實為才旁形近之譌今依正之 于陳 如字劉直吝反下同 玩好 呼報反 九行 户郎反下同 書遺 弃戰反注及下讀遺並注同 為燎 力召反 少牢 詩召反 左胖 音判 髀不 步禮反又方爾反 作髀 必爾反又婢支反 挂也 苦圭反 後肫 劉音純又之春反 溷 音患又户困反 腴 音臾 髀析 劉音毗注同一音婢支反下思狄反○校語錄云脾婢支反是也劉音毗混支於脂箋曰注云脾讀為雞脾肶之脾脾析百葉也賈疏云鄭讀之欲見此髀雖與髀臀之髀同正謂百葉名為髀析故讀音從雞髀肶之髀時俗有此語故讀從之也按周禮天官醢人鄭衆注云髀析牛百葉也釋文

脾婢支反析星歷反則此一音為彼首音一音即又音矣音眦與婢支讀同以其時支脂用字無別也星歷思狄為用字異

蜱皮佳反蠃力禾反脾肶尺之反○校勘記云宋本肶頻尸反胵尺之反分為兩條段玉裁云脾不誤肶當作肶禮記注同注疏校勘記云肶徐本作肶釋文通典集釋通解俱作肶案說文膍牛百葉也從肉毘聲或從比徐鍇曰周禮謂之脾析借脾字據此則脾肶實一字此注脾肶連文疑有誤說文膍字下注云一曰鳥膍胵疑脾肶當作膍胵徐本作肶或此至聲近相借耶校語錄引阮校云案據音尺之反則宋本作胵是也胵之不同部廣韵處脂切箋曰惠校與段同按禮記內則鴟與鹿胃注云鴟與脾肶也釋文肶昌私反彼肶亦誤肶俱當依正胵在脂其時脂之讀同阮云此至聲近者謂此至雙聲相轉故宋本作胵也蜯也步講反為蝸力禾反又古華反棗糗去九反粉餌而志反辟醴音避下不辟注同猶併步頂反倚之於綺反後放此由闑魚列反道槀古老反脛骨戶定反劉胡孟反下同○校語錄云脛孟不同部此混諍于映也廣韵下更切收胻即脛之音變則劉音不為無本箋曰戶定為脛之本讀禮記內則釋文前脛胡定反是其證胡孟則讀作胻廣韵下更切胻脛也胡孟下更為用字異劉讀徑於映法所謂胻

即腰之音變是也

三个古賀反

臂臑乃到反

取骼劉音格一音各○箋曰鄉飲酒禮釋文作骼古白反古白音格為直音與反切之異則劉音為本讀音各蓋讀如各此以骼之偏旁諧聲而作乃方音之變故云一音一音者又音也

毋哭音無下同

低仰五郎反

去杖起呂反

說載土活反

於緘古咸反劉古陷反○校勘記云劉古陷反古宋本作市按古字是市字非也箋曰注云更屬引於緘耳按喪大記云君窆以衡大夫士以緘鄭注云衡平也人君之喪又以木橫一貫緘耳居旁持而平之今齊人謂棺束為緘釋文為械古咸反一本作緘則此首音為本讀古陷劉讀去聲如臽集韵陷韵公陷切有緘云棺旁所以繫縴者殆依此劉音阮校是矣

拾踊其葉反劉其輒反後放此○校語錄云拾二音葉葉分部箋曰注云拾更也漢書敘傳注應劭曰拾更也更進也師古曰其葉反則此首音為本讀其輒在葉與其葉讀同此時業葉不分

加見賢遍反注皆同

不復扶又反

堲周子疾反○攷證云集釋所載注檀弓曰夏后氏堲周殷人棺椁今本闕此九字遂併刪釋文此條校語錄云今毛本注不見堲周二字阮本有今韵收即於職而堲則質職兼收此專音子疾反乃古韵之僅存者箋曰禮記檀弓夏后氏堲周釋文作即云本又作堲同子栗反又音稷何云治土為

甎四周於冢曾子問即周本又作堲子栗反子疾子栗為用字異陸此既為堲周作音則有者是檀弓音稷在職與子疾音同
此時質職讀同故也反切起於魏晉其時古音已不存法言為古韻殊未明審容柷尺六反拾更音庚彷音旁
徨音皇離也力智反猶屬音燭下同適寢丁狄反注同東首手又反北墉音庸者齊
側皆反本又作齋後同養者予亮反後兼養並注同○校語錄云于當作予箋曰士昏禮孝養予亮反記注共養同按
養予俱在喻母于則在為母江永云喻母之三四等字不通用則法校是也此依正之去樂起呂反後同皆埽
素到反為有于偽反下放此以意求之穢惡紆廢反劉烏外反下烏路反○箋曰紆廢在廢為穢之本讀烏外在
泰則讀如濊韻雖不同而音別此時泰廢合口讀同故耳無屬音燭下屬幅並注同纊音曠劉古曠反新緜○箋曰注
云纊新絮賈疏云喪大記云纊今之新綿易動搖置口鼻之上以為候亦二注相兼乃具云纊新絮即新綿禹貢豫州貢纖纊
明纊新綿也按賈說是也音曠為纊之本讀古曠則讀塞擦聲為塞聲此蓋方俗語之音變也盡孝子忍反人啼
大兮反○攷證云舊本作諦今據張涪本改諦與啼通管子冢人立而諦荀子禮論哭泣諦號春秋繁露執贄篇羊殺之不諦

淮南精神訓病疵瘺者踡跼而諦皆與啼通校勘記云啼宋本作諦張湻本同盧文弨云云注疏校勘記云按今本釋文仍作啼玩大兮之音乃讀諦為啼也若本是啼不須作音校語錄云啼阮云宋本作諦張氏識誤本同盧依張改為諦與啼通引管子荀子春秋繁露淮南子皆作諦箋曰王校云張氏所據釋文本亦作諦當是譌舛不可從按依法說則作諦為是依王校則作啼為是攷說文口部嗁号也鉉音杜兮切段注云嗁俗作啼士喪禮作諦古多假諦為嗁段說是也禮記喪大記云始卒主人啼釋文啼作諦云大兮反本又作啼則舊本用俗字作啼張本用假字作諦此大兮反則讀啼若作諦即阮所謂讀諦為啼也

纚所買反又所綺反

牀笫側几反○箋曰側几在旨笫在止士喪禮釋文笫壯矣反壯矣即讀笫為笫之本音可證以其時旨止讀同陸故於此不分詳彼箋

衽而甚反又而鴆反○攷證云而鴆反舊而譌西今改正校勘記云盧文弨改西為而是也校語錄云西盧改而是箋曰盧校阮法說俱是也注疏本即作而喪服經釋文無衽而甚反又而鴆反是其比

朝服直遙反後同

執要一遙反後同

衣朝於既反

楔貌悉結反

如軛於革反○攷證云張湻釋文本作軛王校云張氏所據釋文本作軛注本作軛箋曰惠校段校本俱同攷證按說文車部軛轅前也鉉音於革切段

注云自其扼制馬言之謂之軏隸省作軏段說是也軏之隸省為軏猶扼之隸省為扼也則張本用本字此本用隸省綴

足丁劣反劉丁衛反校在劉胡飽反一音苦交反○十三經音畧六云校交上聲劉又苦交翻音敲訓脛者即攷工記骹字

箋曰說文骨部骹脛也鉉音口交切段注云禮多假校為之士喪禮記綴足用燕几校在南注校脛也祭統夫人薦豆執校注

校豆中央直者也此皆假校為骹也苦交口交用字異則此一音讀作骹周音敲是也禮記祭統釋文執校戶教反又下卯反

下卯即此胡飽則劉音同彼又音讀如廣韻下巧切之蔽劉依經注作音戶教與之上去相承陸從注文用假字故列劉音於

首也按汲古閣注疏本苦交反作古敎反則讀為檢校之校非此義矣當是苦交形誤攷證未及辟戾必亦反當

腢五口反劉五侯反○箋曰本經云即牀而奠當腢注云腢肩頭也按說文骨部髃肩前也鉉音午口切段注引本經及注

云腢即髃字凡肩後統於背前為髃髃之言隅也如物之有隅也午口五口用字異則此首音為本讀五侯則讀平聲如廣韻

五婁切之齵集韻侯韻魚侯切有腢注云肩頭也正用本書劉讀或卒七忽反長子丁丈反下注長猶同作

訃音赴別尊彼列反淅米西歷反差盛七何反又初佳反劉藏何反下音成○校勘記云佳宋本作佳

按宋本是也校語錄云佳盧本作佳是也阮云宋本作佳箋曰注云差擇之按爾雅釋詁差擇也釋文差楚佳反楚佳初佳用字異若為楚佳則讀同廣韵楚宜切之差其義為次為等其時文脂不分故阮以宋本作佳為是江校北館本並同則此又音為本讀七何蓋讀如蹉臧何則讀如嵳此殆方俗之音變也

抗衾苦浪反劉音剛 襢之善反 倮力果反○攷證云注疏本作裸注疏校勘記云徐本通解俱作倮程集釋敖氏毛本俱作裸程張氏士喪禮識誤云既夕禮謂其倮程箋曰注云抗衾為其裸程蔽之也左傳二十三年釋文裸力果反士喪禮倮程力果反禮記月令蟲倮同按本作裸為正字此作倮與禮記同為後出字也

袒音但 簀音責 盝音祿 便也婢面反 鬠古外反 褌音昆○校勘記云段玉裁云宋本注宋本疏皆作褌今按張淳本亦作褌與今本注疏合注疏校勘記云毛本褌作褌褌下同通解於注作褌於疏作褌蓋宋時注疏別行黄氏各據本文未暇畫一箋曰惠校與段說同按此注云中帶者若今之褌襂說文巾部褌幝或從衣幝幒也鉉音古渾切音昆古渾為直音反切之異褌者衣不重也其音都寒切與此褌襂音義俱乖則宋本誤 襂音衫 于笲音煩

柱丁主反 巔丁千反 瑱塞他殿反 掘坎其勿反又其月反 從也子容反 為坅五錦反劉

音作感反埤倉云坎也坑也○十三經音畧六云坅五錦翻音吟上聲劉又作感翻音苔廣韵卯甚翻欽上聲箋曰注云今文掘為坅儀禮古今文疏義云坅者掘坎之名故下文甸人築坅坎注云穿坎之名一曰坅後人以穿坎為坅而坎亦謂之坅如闕本空隙之名因而穿空亦謂之闕按廣韵寝韵坅丘甚切坎也實依本書則此首音為本讀五字即為丘字形似之譌當據正作感則讀如苔周音是也集韵子感切有坅云坎也當本劉音此引埤倉者以申鄭注之義也

㙇用 音役

塊 苦內反

塩 普逼反劉音逼也

不辟 必亦反劉又薄歷反注同

及㲉 苦角反又戶角反

足跗 方于反

不見 賢遍反下不見同

不被 皮義反

縓 七絹反范倉亂反

綼 毗支反劉音卑

緆 他計反劉羊豉反

一染 而漸反

緇純 諸允反劉之閏反注同

設握 如字劉烏豆反

中指 如字劉丁仲反

于掔 烏亂反○攷證云于掔當作掔為正校語錄同箋曰盧法校俱是也掔形近而譌士喪禮于掔烏亂反亦誤作掔詳彼箋掔

涅厠 乃結反塞也

復往 扶又反

設棜 於庶反

齊于 如字劉才計反

坫 丁念反

素勺 上灼反注同○校勘記云土灼宋本作上汋案土字誤校語錄云土改上是也箋曰注云素勺二為夕進醴酒兼饌之也按攷工記梓人為飲器勺一升

釋文勺上灼反士昏禮加勺音同則土為上形近之譌宋本是也故阮法並以土為誤段校亦作上北館本同今據正面

枋彼命反及錯七故反辟奠婢亦反劉音芳益反注辟襲奠同○箋曰本經云小斂辟奠不出室注云辟襲

奠以辟斂既斂則不出於室婢亦讀作闢闢者開也謂開奠也禮記玉藻辟又作僻徐芳益反則此劉音與彼徐音同正讀辟

為僻也神遠于万反辟斂音避下辟忌同○校勘記云患宋本作忌按避忌乃下文君視斂注患字非也校語

錄云阮校宋本患作忌是也箋曰下經云不視斂則加蓋卒事注云為有他故及辟忌也賈疏云亦是君有辟忌不用見尸柩

是以加蓋乃來據鄭注賈疏則為辟忌而非辟患也此云下辟患同是患為忌形似而誤宋本是也故阮法俱從之今依正

髻髮音括便離力智反奉尸芳勇反下奉之同人說土活反劉詩悅反下不說同髦音毛為

鬌丁果反劉徒禍反○校勘記云鬌宋本作鬌按說文云從髟隋省聲箋曰注云兒生三月翦髮為鬌男角女羈按禮記內

則曰三月之末擇日翦髮為鬌男角女羈鄭注云鬌所遺髮也釋文為鬌丁果反徐大果反大果徒禍為用字異則此劉讀與

彼徐同蓋方音之轉也段校鬌作鬌北館本同俱從宋本之散息但反外縪音必劉又扶結反○校語錄云據改

工記玉人音則扶乃府之譌箋曰本經云冠六升外縪注云縪謂縫著於武也外之者外其餘也賈疏云古者冠吉凶皆冠武別材武謂冠卷以冠前後皆縫著於武若凶冠從武下鄉外縫之謂之外縪按賈疏鄭義是也攷工記玉人云天子圭中必注云必讀如鹿車縪之縪謂以組約其中央為執之以備失隊釋文鹿車縪劉府結反沈音畢彼府結與此扶結讀音正同因入聲非奉不分扶非府譌則此又音同彼首音而為鹿車縪之本讀矣圭中必為組鹿車縪為索其約束相類故鄭讀如之劉則從鄭作音也音必與音畢同為此冠縫縪之本讀則此首音用彼沈讀以釋鄭注之義也彼縪義為車索陸故列劉音於首此縪義為冠縫陸故列劉音於末劉音兩兩義同而陸列次有先後者正其敘錄所謂首標勝義也**屬**音燭注同**厭**一涉反注同伏也**著於**直略反注同**寢苫**失占反編槀也**枕**之鴆反**編**必連反**槀**古老反**歠**昌悅反**粥**之六反劉音育**一溢**音逸劉音實○攷證云注疏本實作寔非箋曰禮記喪大記釋文一溢音逸劉昌宗又音實與此正同按詩大雅韓奕實墉實壑鄭箋云實當作寔趙魏之閒實寔同聲所謂同聲者實在神紐質韵寔在禪紐職韵神禪質職讀音其時俱無別至今猶然故本書作實注疏本作寔也**靡也**亡皮反**曰蓏**力果反**端衰**七回

反作堊烏洛反一音烏路反狗幦亡狄反覆苓也覆笭力丁反劉音領本或作軨○箋曰禮記曲禮釋文覆
笭力丁反車闌展軨歷丁反一音領盧云車轄頭靼也舊云車闌也力丁歷丁用字異則此劉音同彼一音一音者又音也
其臑乃管反為幕音莫蒲菆側留反劉作侯反牡蒲莖也○校勘記云莖宋本誤作臷箋曰本經云御以蒲
菆注云蒲菆牡蒲莖也側留莊紐尤韵為菆之本讀作侯精紐侯韵讀同側留以其時尤侯之精照讀音相混也木錧
音管為鎋戶瞎反木鑣彼苗反齊如字又子淺反○箋曰本經云馬不齊髦注云齊翦也如字為齊之本讀
子淺益讀作翦此以注字之音釋經文也繅車音早駹亡江反○攷證云注疏本亡譌步案周禮牧人尨亦音亡江反
箋曰盧校是也駹在明亡在微等韵家所謂重輕交互若作步在並則讀若龐而非駹音是為譌字車輿音餘布裧
尺占反猶緣悦絹反下同差飾初皆反○攷證云注疏本勑賣反非校勘記引段玉裁云皆當是賣惠校同校
語錄引段校云云偉案乃佳之譌耳箋曰注云狗皮緣服差飾賈疏云對主人服無緣此則有緣是差也按廣韵佳韵楚佳切
差差殊賈疏謂此有緣與無緣相對是差即為差殊之意其時皆佳無別故此作初皆勑賣為病除與此義乖注疏本誤比

奠必二反注同　諸窔本又作窔一弔反又音杳見爾雅○攷證云注疏本作窔校勘記云窔宋本作突案突字非也箋曰窔段校作突江校作突北館本從江本經云埽室聚諸窔注云室東南隅謂之窔按爾雅釋宮云東南隅謂之窔郭注引本經釋文作窔烏叫反字林同郭又音杳說文云深貌本或作宎又作窔同一弔烏叫為用字異則此首音為本讀音杳即讀作宎宎說文作宎云戶樞聲也室之東南隅銨音烏皎切段注云古者戶東牖西故以戶樞戶樞聲明東南隅也禮經及他書作窔亦作突按戶向南而近東戶樞單扇樞後即宎故以宎為名則此又音用郭讀而義用許說矣莊子徐無鬼釋文出於宎云字又作窔烏弔反徐烏了反一云東南隅鷯火地生鵝也一云窟也郭徒忽反字則穴下犬烏皎烏了即音杳據是則段校窔作突滯於說文江校窔作突而圓於宋本矣　內鬣音獵又以接反○箋曰本經云埽者執帚垂末內鬣音獵為鬣之本讀左昭七年傳注鬣鬚也釋文力輒反力輒音獵為直音與反切之異以接則讀如葉集韵葉韵弋涉切有鬣云帚端正據本書故此云又也　猶先悉見反　供養九用反　洗去悉禮反劉本作淬七對反　聽朝直遙反下文及注同　猶相息亮反下同　之昕音欣　饌于士轉反　近西附近之近　先先柩上如字下西見反　後後

柩上如字下户豆反　乘車繩證反後皆同　革靾息列反　載旜之然反　縣于音玄下注同　夏

毛户嫁反　士齊側皆反　豹犆音直　韇也居良反劉本作繣音獲　槀車古老反劉古到反○箋曰

本經云槀車載簑笠注云槀猶散也散車以田以鄙之車古老為槀之本讀古到劉讀如誥集韵號韵居號切有槀注云散也儀

禮槀車鄭康成讀實據本書此因義別名動故音分上去也　載蓑素禾反　猶散悉但反　用茶大奴反茅

莠　且御魚呂反劉本作衙音禦　易也以豉反　管古顏反○攷證云管注疏本作菅校語錄云古頑他處皆

作古顏寀此與士冠禮之鉉古頑反譌為古顏反正同箋曰本經云菅筲三其實皆淪賈疏云筲用菅草黍稷皆淹而漬之據

是及陸音則此管為菅之誤菅顏俱開口頑則合口故知此頑為顏之誤盧攷法校俱是也皆依正之　筲三所交反

皆淪餘若反　皆湛子廉反劉子廕反○箋曰注云米麥皆湛之湯子廉讀同廣韵鹽韵尖紐之瀸義為漬也子廕

讀作沁韵子鴆切之浸義亦漬也劉讀雙聲相轉殆方語之變音耳　以為如字　還車音患　為鄉許亮反　翫

好呼報反　于垣古鄧反道也　斂服收斂之斂注同　祝説土活反劉詩悅反　蜃車市軫反　之

圜作輇作槫並音市專反又市轉反劉圜及輇市專反槫大官反○校勘記云及宋本誤作反箋曰注云載柩車雜記謂之團或作輇或作槫聲讀皆相附耳未聞孰正按禮記雜記云載以輲車注云輲讀爲輇或作槫許氏說文解字曰有輻曰輪無輻曰輇釋文輲車依注作輇及槫同市專反又市轉反則市專爲輇及槫之本讀市轉蓋讀如廣韻市兗切之腨與市專平上相承大官本爲團之音劉讀團爲市專者依鄭義作音也讀槫爲大官者蓋方音之變也陸亦從鄭故讀團爲輇也

沽功音古有弭面爾反無緣以絹反弓檠音景弛則式氏反緄古本反縢大登反注同爲粊音祕○汝謐云舊譌粊毛注疏本又譌作柴張淳所見是爲柴二字校勘記云粊張淳本本作柴按鄭注本作柴張氏據釋文改作柴然說文無柴字又云按柴是也葉抄本亦作粊注疏校勘記云柴字毛本通解作柴徐本集釋俱作柴與單疏標目合釋文作粊金日追云尚書費誓古文作粊校語錄云柴盧依張氏識誤本改爲柴是也箋曰注云柲弓檠弛則縛之於弓裏備損傷以竹爲之詩云竹柲緄縢古文柲作粊按詩小戎作竹閉緄縢傳云閉紲也釋文竹閉悲位反本一作䩛䩛音悲位反悲位即此音柲考工記弓人鄭注引詩作竹䩛注本經又引作竹柲皆就文易字說文粊訓惡米周書粊誓地名皆

與此弓縈義別故古文枕作柒鄭君不從葢亦同音假借也張氏作柒殆以枕從木而作歟

撻 他達反

為銛 劉音括一音息廉反○箋曰注云今文撻為銛按廣雅釋詁一銛斷也疏證云說文銛斷也從金𠯑聲隸省作銛玉篇廣韻並音古活切古活音括為直音與反切之異銛與撻疊韻劉依之作音說文十四銛臿屬從金𠯑聲段注云臿者舂去麥皮也假借為鍫臿引申為銛利字則此息廉反依銛而作非鍫之音惟與銛隸省字形相混故云一音一音者謂他處之銛有此音也

有

韣 音獨弓衣也

翭矢 音侯又音候○攷證云舊作翭矢張淳云釋文翭上更有一矢字然則必本作矢翭矢後人刪去其上一矢字耳上矢字為下翭矢志矢作目非衍文今移正校勘記云宋本作矢翭張氏既夕禮識誤曰經曰翭矢一乘按釋文翭字上更有一矢字注疏校勘記引張盧云云按今本釋文出翭翭矢二字張氏所見當作矢翭也校語錄云翭矢二字盧乙正作矢翭箋曰惠校云張淳所見如是若如今本則當云上音侯按注云翭猶候也候物而射之矢也周禮秋官司弓矢掌八矢之法凡矢殺矢鍭矢用諸近射田獵鄭注云鍭之言候也可以伺候射敵之近者及禽獸釋文鍭音候劉音侯按鄭君兩注語異義同音侯為鍭矢之本讀音侯葢讀作伺候彼以伺候射敵為勝義故音候列首此以候物射矢為勝義故音侯列

首則此首音用彼劉讀又音為彼首音矣細繹司弓矢文首言八矢次以凡矢一矢字為下枉矢絜矢殺矢鍭矢矰矢茀矢恒矢痺矢八者作目本經僅以猴矢有鍭與志矢無鍭相對為文於前何須更有一矢字張氏云云惑於宋本不免畫蛇添足也故此仍依今本盧阮從張說乙為矢猴俱未明審又按士冠禮釋文筮于市例反朝服直遥反俱不云猴上字惠校謂此當云上亦未攷其音例也

骨鏃子木反一音七木反○箋曰說文十四鏃利也鉉音作木切作木子木用字異則此首音為本讀七木則讀鏃鏑之鏃集韻屋韻千木切鏃注鏑也蓋義有名動之別故音有破裂與塞擦之殊矣攷工記矢人鏃也子木切或此木切則此一音同彼或音也互詳彼箋

射之食亦反

笴古老反又工但反

軒輖音周字林云重也一曰摯也又音弔○箋曰本經云志矢一乘軒輖中按說文車部輖重也鉉音職流切職流即此音周字林義用說文則此首音為本讀廣雅釋詁四輖摯低也曹憲輖音周疏證云說文摯抵也抵與低通輖即摯之轉也輖在照摯在知同發破裂音王所謂轉也音弔蓋讀為低此以雙聲相釋也攷工記輖人輖也音周一音弔則此又音同彼一音矣詳彼箋

輖摯音至本又作贄音同又字林竹二反同○注疏校勘記云按贄即俗摯字因借而誤箋曰注云輖摯也音至為摯之本讀竹二蓋讀作輕

詩小雅六月如輕如軒釋文輕竹二反摯也是其證音至在照竹二在知知知照位同聲轉按廣雅釋詁四輂曹音竹利竹利竹二為用字異惠棟云輂本軒輕字淮南子人間訓置之前而不輂錯之後而不軒依曹音惠說則蟄輕輂並通又按經典未見借贄為軒輕者檢集韵至韵陟利切有輂注云或作輊輖蟄通作摯則此本又作贄當為摯之後出字矣

士虞禮第十四

鄭云虞猶安也士既葬其父母迎精而反日中而祭之於殯宮以安之禮

饋食其位反 側亨普庚反劉虛兩反注同 一胖音判 用鑊户郭反 饎尺志反 冪用亡狄反 苴子徐反劉子都反下及注同○箋曰本經云苴刌茅長五寸束之實于篚注云苴猶藉也子徐為苴之本讀其義為履中草子都蓋讀作廣韵模韵則吾切之藉說文一藉茅藉也段注引本經云云鄭謂儀禮之苴即周禮之藉也按段說是也周禮春官司巫祭祀則及蒩館注玄謂蒩之言藉也祭食有當藉者館所以承蒩釋文及蒩子都反則劉音本鄭義而作也陸不列之於首者蓋從經文用假借字耳 刌七本反 猶藉在夜反後皆同 便其婢面反後放此 別於彼列反 二敦音對劉又都愛反後放此 匜水音移 錯七故反後同 簞巾音丹 作鉉玄犬反 南鄉

許亮反羞燔音煩臨位力蔭反下同髽側瓜反撤帶悉但反絻免音問澡葛音早為
其于僞反下為神同長丁文反下文並注同近南附近之近後放此東縮所六反從也子容反下
文並注同為臧子六反倚杖於綺反注及下同祔杖音附啓會古外反後放此顯相息亮反下
文不相並注同擩衣音宣手發衣曰擩又作擐音患又古患反○攷證云注疏本作擐衣注疏校勘記云擐釋文作擩云
云要義載注及疏亦俱作擩校語錄云音患上盧補又字是箋曰注云鉤袒如今擐衣也賈疏云鉤袒若漢時人擐衣以露臂
按禮記王制釋文擐衣舊音患今讀宜音宣依字作擩字林云擩擩臂也先全反以彼證此則音宣為擩之本讀音患即讀作
擐左成二年傳擐甲執兵釋文擐甲音患其義為毋可見此云又作者實指禮記所用之字彼云依字作者則謂本書所用字
也古患蓋讀作串爾雅釋詁串沈謝古患反其義與貫同少牢詩名反後放此祝祝劉下之又反及註下放此奉
篚芳勇反下方鬼反本亦作筐○校語錄云篚當讀非紐芳蓋方之譌箋曰說文匚部筐匡或從竹匡飯器筥也匪器似竹
匧鉉音非尾切段注云小雅鹿鳴承筐是將傳曰筐篚屬所以行幣帛也按此筐與飯器之筐異名同實故毛訓之曰匪屬也

小雅言匪、禹貢、禮記言匪，古盛幣帛必以匪，匪篚古今字，非尾即此。方鬼，此芳當為方誤。士喪禮用篚，方鬼反，可證。法校是也。今依正。此云本亦作之字，與毛詩所用同。

哭從 才用反。後以意求之。

既封 彼驗反，劉逋鄧反。○攷證云：舊逋譌通，今改正。校勘記云：盧文弨改通為逋。按作逋，盧依集韵改也。箋曰：盧校是也。注引檀弓曰：既封，主人贈而祝宿虞尸。賈疏云：既封者，封當為窆，窆，下棺也。按禮記檀弓注云：窆，下棺也。春秋傳作堋。釋文：窆，彼驗反，徐又甫鄧反；堋，北鄧反。逋鄧、甫鄧、北鄧俱為用字異。劉讀與徐同，皆為堋之注音。左昭十二年傳釋文：堋，北鄧反，徐甫贈反，下棺也，禮家作窆，彼驗反。則此首音讀封作窆，陸依禮記注義作音也。既夕禮窆事，彼驗反，劉逋鄧反，是其比。說文十三：堋，喪葬下土也，周官謂之窆。鉉音方鄧切。然則堋、窆皆謂下棺矣。窆在豔，堋在嶝，此義同而方音轉變，致有堋、窆二形也。

湆尸 之純反，注及下同。○攷證云：宋本之作韋，注疏本作童，皆譌。舊之字亦改刻，與內則同，今從之。校勘記引盧說云云，嚴杰云：韋、童皆章字之誤。之純即集韵之朱倫。校語錄引盧攷、阮校云云。箋曰：特牲饋食淳沃、禮記內則湆熬，並音之純反。此書通志堂本正作之。嚴杰謂韋、童皆章字之誤，章之俱在照紐，是也。盧本作韋，則沿宋本而誤。又通志堂本尸誤戶，今依各本正。

辟執 音避。

妥尸 他果反，劉湯回反。安坐也。

○𢆶謚云坐安也按注作安坐此似誤倒箋曰禮記郊特牲云詔妥尸鄭注云妥安坐也釋文妥尸他果反則此首音為本讀爾雅釋詁妥安坐也釋文妥郭他回反沈他果反湯回他回用字異則此劉音本於郭首音用沈讀矣鄭注取於爾雅陸從鄭說故復以義釋之然則妥俱訓以安坐與注疏本同此獨云坐安當誤倒今依正之

擩人悅反劉而玄反又而誰反○𢆶謚云人悅反舊作韋悅誤今從宋本正校勘記云韋悅盧文弨改人悅云從宋本正校語錄與阮校畧同箋曰盧校是也公食大夫擩于人悅反劉而玄反又而誰反是其比詳彼箋汲古閣注疏本正作人悅惠校作如悅如人同在日紐

墮祭許恚反注同又相恚反○箋曰本經云祝命佐食墮祭佐食取黍稷肺祭授尸佐食舉肺脊授尸注云下祭曰墮許恚讀同廣韻寘韻況僞切之毀墮者毀也相恚讀如廣韻思累切之瀡集韻五寘瀡紐有墮云尸所祭肺原誤肝依方成珪校脊黍稷之屬義用經文音從本書

猶隳許規反

嚌之才計反

湇去及反

胾側吏反

尸飯扶晚反注及下並下注九飯同

啗肉大敢反

舉胳音格一音各

三个古賀反

曰個古賀反

肵俎音祈後同

酳尸以刃反劉侯吝反○校勘記云侯宋本作俟按當作矣校語錄引阮說云案宋本是也周禮鬱人注亦誤箋曰注云

酳安食也以刃為酳之本讀侯各讀同以刃各刃俱在震韵震是三等以在喻侯在匣三等無匣指掌圖所謂匣缺三四喻中求即謂三等韵中之匣當求讀於有喻紐之韵也士昏禮三酳以刃反劉士各反士各即宋本侯各故法云是若作矣在為與酳聲不相通用則阮校非**賓長**丁丈反下賓長皆同**肝炙**支夜反**進柢**丁計反後同**併也**步頂反

以醋才各反本亦作酢**直室**音直**繶爵**於力反**有篆**大轉反**猶養**予亮反下同○攷證云舊予作才今從宋本注疏本同校勘記云才宋本作予按宋本是也予校語錄云才盧阮並云宋本作予是也箋曰養予同在喻紐才則在從紐才當是予形近之譌今依正之**尸諛**所六反起也**前道**音導下前道道尸為道同○王校云後尸注云禫或為導張忠甫據此為道謂導當作道箋曰攷本篇注文無為道王所謂為導是也此釋文讀道作導導為道之後出分別文則導不誤**扉用**扶未反劉音非隱也**為厭**一豔反下同**飫也**於庶反**不櫛**莊乙反**期以**音基篇末同**用棜**於庶反**凡為**于偽反下為淺為神本為圭為同**羹飪**而甚反**臂臑**乃報反

肫音純又之春反**骼**音格又音各**左膉**音益脰肉也後同**脰**音豆頸也後同**殳矛**音殊下莫侯反**鱄**

市專反又市轉反鮒音附髀步禮反又方爾反鬐渠之反為胝音帝下尸戶嫁反以盛音成淺劉音箭一音贊○箋曰注云槃以盛棄水為淺汙人也音箭則讀淺為廣韻線韻子賤切之濺史記藺相如傳相如請得以頸血濺大王矣音贊蓋讀作翰韻則旰切之濽說文十一濽汙灑也鉉音則旰切段注云謂用汙水揮灑也釋玄應曰江南言濽子旦反史記廉藺傳作一濺音子旦反子旦亦即音贊故云一音汙汙穢之汙負依於豈反注同若薇音微用苢音丸苦荼音徒菫類音謹為枯如字又音姑劉本作枯音先古反○攷證云楛舊作枯謌今案音改正注疏本先古作先枯謌注疏校勘記云按劉本疑作姑姑枯古通用易大過枯楊鄭以為無姑山揄校語錄云作枯之枯盧本改楛是也偉棨先乃羗之謌箋曰惠校云當云劉本作姑音先枯反按本經云鉶芼用苦注云苦苦荼也古文苦為枯如字為枯之本讀羗古則讀作苦此以今文之音釋古文莊子人間世此以其能苦其生者也釋文苦如字崔本作枯是其比先羗形近易謌法校是也當依正之音姑即讀如姑易大過九二爻辭云枯楊生稊釋文枯楊如字鄭音姑謂無姑山揄則此又音本於鄭劉從鄭說直易枯為姑耳按爾雅釋木無姑其實夷郭注云無姑姑揄也鄭以枯為爾雅之姑劉以姑為禮經之枯矣

枯姑古通用，阮說惠校俱是也，今故從之。為芣音戶，劉音下。蠃力禾反。不楬苦瞎反，劉苦割反，本或作髺同。〇攷證云注疏本作髺，校語錄云楬毛本作髺。箋曰：注云栗擇則豆不髺，籩有縢也。按苦瞎為楬之本讀，苦割在曷，讀與苦瞎同，以其時鍇曷不分也。士喪禮髺豆苦瞎反，劉苦割反，則此云本或作者，正指士喪禮所用之字矣。不說他活反，劉詩悅反，下說經說首並注同。鄉尸許亮反，下注皆同。踧子六反。踖子亦反。辟退音避，又婢亦反。使適丁狄反。不綏依注音墮，許恚反，劉相恚反。〇十三經音畧六云綏士虞禮又作挼，特牲饋食禮依注並音墮，翾翻規，又許恚翻，音毀去聲，劉相恚翻，音祟。賈云墮與挼讀同，二字通用。箋曰：注云不綏言獻祭終始也，綏當為墮。按周禮春官守祧云既祭則藏其隋，注云玄謂隋尸所祭肺脊黍稷之屬，釋文隋許恚反，劉相恚反，孫氏正義謂隋墮二字義並通，二禮正文自當作隋，至禮經隋或作挼，又作綏者，並聲近字通。按墮，墯之隸變，俗作隳，其本音為許規，上文猶隳許規反可證，即此周云翾規翻是也。許恚則讀作毀。惠士奇云通典吉禮引白虎通云坐尸而食之，毀損其饌，欣然若親之飽，故尸祭謂之隋。隋者毀也。惠釋隋義即此周音相恚，葢讀若灑，俱為墮之音。釋上文墮祭許恚反，又相恚反，是其比。周云音祟，則讀入廣韻六至之雖遂切，非其義矣。按鄭以綏為墮誤故云當為陸以墮與綏通故云依注也互詳彼二箋湆胾莊吏反劉本作酨酢再反○箋曰莊吏為胾之本讀禮記曲禮右胾釋文側吏反大臠側吏即此莊吏禮運內則釋文並云酨才再反其義為醋醬酢再才再為用字異則酢再為酨之本讀此俱依字作音也字形異而義別音亦隨之而不同矣拾踊其業反注下同更也音庚下同牖鄉許亮反亦窻也不復設扶又反下豈復又復同重閉直用反顯相息亮反注及下顯相同悲思息嗣反剛鬣力涉反豕曰剛鬣昧冒亡北反又亡報反○校語錄云案昧無亡比之讀此條誤也比當作北下當作又皆為冒字作音也箋曰本經云敢用絜牲剛鬣注云敢昧冒之辭賈疏云凡言敢者皆是以卑觸尊不自明之意故云昧冒之辭按昧無二讀當不注音本書條例如此故比非背之殘誤比與北形近易譌亡北讀作冒犯之冒禮記奔喪注云侵晨冒昏釋文冒亡北反是其證亡報讀作覆冒之冒月令注云土長冒橛釋文冒莫報反覆也是其證史記韓王信傳索隱冒音墨又莫報反音墨即此亡北惟直音與反切用字異耳是此下字為又字之誤法校極是今依正之香合本又作鄉音同黍曰薌合普淖女孝反劉徒較反普大也淖和也謂黍稷○十三經音畧六云淖女孝翻音鬧劉徒較翻定澄隔標

出切音棹直敎箋曰注云普淳黍稷也普大也淳和也德能大和乃有黍稷故以爲號云女孝爲淳之本讀周音鬧是也徒較翻同則讀如棹集韵效韵棹紐有淳注云和也引儀禮云云義從鄭注音依劉讀正據本書也明齊才計反注同明齊新水也

溲酒所求反注醙同涗齊始銳反明粢音咨一音側其反○校語錄云粢其不同部箋曰注云今文曰明粢粢稷也音咨爲粢之本讀側其則讀如菑祫事音洽爾女音汝下同勸彊其丈反下同報葬禮記音芳

付反下同令正力呈反離也力智反乃餞拔淺反送也○校語錄云拔不成字乃灰之譌箋曰法校是也注云餞送行者之酒聘禮釋文餞之在淺反送行飲酒也在疾俱在從紐疾與拔形相似殆後傳抄誤耳干濟子禮反

于禰乃禮反劉本作泥音同四脡徒頂反又他頂反烏翅申豉反○攷證云舊作烏翅譌據周禮注改正宋本同注疏校勘記云徐本集釋通解要義楊氏同釋文毛本烏作烏下同盧文弨云李與周禮合按釋文作烏恐亦刋本之誤校語錄引盧說箋曰注云乾肉牲體之脯也如今涼州烏翅矣周禮天官腊人掌乾肉注云乾肉若今涼州烏翅矣孫正義云士虞記乾肉注義同烏翅蓋漢時涼州所出乾肉亦解肆牲體而乾之故鄭以爲況然則此注亦同是烏爲烏形似之譌盧

改是也故阮法俱從之今依正從也子容反入臨力蔭反重餞直勇反下重帶同又直用反朐在

其俱反闈門音韋劉音暉不與音預注同隮祔子兮反升也差疏初賣反搔依注音爪揃

子淺反注鬋同頭嗌音益中月劉丁仲反注同而禫大感反猶閒閒廁之閒下同言澹大斬反

某妃豐非反劉又音配

特牲饋食禮第十五

鄭云諸侯之士以歲時祭其祖禰之禮

不諏子須反謀也職褻息列反為詛莊助反來與音預闑西魚列反閾外于逼反又

況逼反為筮于偽反下為神為視皆同作縶魚列反作䖸子六反西塾音孰謂蓍音尸之

長丁丈反下長占並注同言妃音配又芳非反禫月大感反還即音環由便婢面反後放此畫

地音獲其馮音憑主人辟劉芳益反一音避傳命丈專反下同將涖音利又音類有鼏

亡狄反棜在於庶反從也子容反木舉音預鈃音刑兩敦音對劉又都愛反後放此當夾

古洽反劉古協反後皆同近南附近之近下同兄弟從如字又才用反後以意求之濯溉古愛反省
文所景反下文省同以筴初革反羑飪而甚反視饎尺志反注饎同齊坫丁念反亨于
普庚反注及下注不能亨亨者同以鑊户郭反溉之古愛反釜鬵音尋劉側林反○校語錄云鬵誤從
為邪說見前箋曰注引詩云誰能亨魚溉之釜鬵按匪風傳云鬵釜屬釋文鬵音尋又音岑釜屬也說文云大釜也一曰鼎大
上小下若甑曰鬵音才今反爾雅釋器鬴謂之鬵釋文鬵徐林反郭才全反音尋徐林為用字異一為直音一為反切則此首
音為本讀音岑在牀才金在從等韵家謂之精照互用側林在莊則與音岑同位相轉矣是此劉與彼郭之讀皆方俗語之音
變耳藉用慈夜反萑音完細葦也細葦于鬼反尸盥音管匜音移簞音丹不揮許韋反
凡鄉許亮反下同敷席音孚本又作鋪普吳反後同纚所買反又所綺反宵音消依字作綃綺屬○箋
曰注云宵綺屬也此衣染之以黑其繒本名曰宵詩有素有朱宵記有玄宵衣賈疏云此字據形聲為綃從絲省聲但詩及禮
記儀禮皆作宵字故鄭云其繒本名曰宵故引詩及禮記為證引詩者直取字為證引記謂禮記玉藻非直取證字為宵亦以

證婦人宵衣爲玄也按詩唐風揚之水素衣朱繡箋曰繡當爲宵釋文宵音綃本亦作綃禮記玉藻玄綃衣以裼之注云綃綺

屬也釋文玄綃音消綺屬音消綃爲用字異則綺屬以綃爲本字即禮記所用者此云依字作綃是也宵爲假借字即禮經

所用者本書之大字是也猶辨皮莧反少牢詩名反下少牢皆同蝸醢力禾反直室音值賓長

丁丈反下注庭長下賓長弟長並注放此用鮒音附爲其于偽反下當爲不爲爲將爲改同道之音導下以

道猶道同既錯七故反下文及注同朼載必履反刌其若干反○攷證云舊苦譌若今改正校勘記云按盧

改是也校語錄云若盧改苦是箋曰苦刌同在溪紐若則在日紐此當形近而譌故阮法俱云盧改是也今依正之惡桑

烏路反抽扃古螢反東枋音柄本亦作柄下同○攷證云注疏本作柄箋曰注云其錯俎東縮加匕東柄按少

牢饋食云匕皆加于鼎東枋與此加匕於鼎東柄同又云尊覆之南柄鄭注古文柄皆爲枋彼釋文云枋彼命反彼命即此音

柄此用古文以今文之音釋之注疏本即用今文也升肵音祈鈃芼亡報反啓會古外反下並下注於會同

祝曰州又反下文卒祝祝曰同普淖女孝反爲厭一葉反詔侑音又武方音無妥尸他果

反劉湯回反殭之其丈反挼祭依注音墮許恚反劉相恚反後隋祭挼祭皆放此○箋曰本經云祝命挼祭尸
注云挼祭祭食神也古虞禮古文曰祝命佐食墮祭周禮曰既祭則藏其墮墮與挼讀同耳挼許恚在曉紐為墮之讀相恚在
心紐讀墮如瀡本書釋曉心混讀其音無別士虞禮墮祭許恚反又相恚反是其證此本鄭墮與挼讀同作音明二字通用故
云依注也擩醢如悅反劉而玄反又而誰反後同啐酒七內反刌肺寸本反齊敬側皆反共
之音恭菜和戶臥反下不和同容絮丑慮反調和之也湆去及反不嚌才計反先食悉薦
反又如字啗之大敢反三飯扶晚反注及下同膮許堯反炙章夜反下肝炙同胾醢莊吏反
得䋫側耕反舉骼音格又音各後皆同不復扶又反下為復復拜不復並復入同者三息暫反盛
肵音成注同三个古賀反注干個同及臑乃報反酳以刃反又士刃反樂之音洛下大戶嫁
反下下尸同以醋才各反聽嘏古雅反受福曰嘏嘏長也大也摶黍大官反挂于俱賣反一音卦
注同○校語錄云賣乃買之譌見易釋文箋曰俱賣即廣韵卦韵古賣切之挂音卦為直音與反切之異則一音同又音法以

賣為買之譌者以為同音不得有二三反語也本書此類甚多實未明其音例矣奉納芳勇反季少詩名反下
同下少年之少亦放此以燔音煩為主于偽反下為絕為異為將為酬必為同不提丁禮反染汚
而漸反襲處昌慮反之別彼列反之與音餘下為之與燕飲與同位辯音遍後皆同加勺
時灼反鄉賓許亮反獻長丁丈反注下皆同薦脀之丞反殺也所界反下皆同將傳丈專
反孝弟音悌定好呼報反洗散悉但反下皆同猶養羊亮反下同供養九用反尸謖
所六反起也為將餕于偽反下同去之起呂反奠然本或作暮或作⿱艹養食⿱艹養劉子峻反與餕
同有以依注音似或如字○注疏校勘記云注云亦當以之也疏云亦謂亦似其先祖以上皆為以為似者誤也盧文
弨云字作以其義為似陸於經文云以依注音似疏釋此句云謂亦似其先祖下注似先祖之德皆作似字乃復云似誤殊所
不解又云按必有以也毛詩作以不作似鄭注禮時未見毛詩此注引詩必作似後人妄據毛詩改之陸釋經有以云云固以為
騎牆之解矣至賈疏當云已上皆為似為以者誤也今本互易二字遂不可通然疏引詩箋為解亦不合蓋不知鄭氏注禮與

箋詩不同而欲强同之轉覺牽涸箋曰阮謂賈疏引詩箋解禮爲牽涸則是謂陸釋爲騎牆之解則非儀禮古今文疏義云鄭此注所據蓋三家詩然必詩作以而三家讀爲似故鄭讀從之按如字即爲以之本讀正指毛詩之字故云或而次于末音似則讀作似即爲本經鄭氏所讀故云依注而列于首觀其所列次第已顯然似爲勝義也 言女音汝下同 其坐才卧反 親昵女乙反 屝用扶未反 厭一鹽反 飫于庶反 朝服直遥反下皆同 韠音畢 齊服側皆反 順從子容反下南從從横同 饌于牀轉反又如字○校語録云扶當依士喪禮劉音作牀箋曰按士喪禮饌于劉牀轉反一音士眷反士昏禮饌于仕戀反劉仕轉反士眷仕戀用字異即此如字之音牀轉仕轉俱在牀紐則此首音用劉讀扶在奉紐故誤法以扶爲牀者蓋二字形相近也今依正 覆兩芳伏反注同 盝音鹿 瀝音歷 且爲于偽反下爲婦爲篋爲尸爲其同 裹之音果 玄被皮義反 若薇音微 冬荁音丸 苦荼音徒 堇屬音謹 膴膴亡甫反 如飴以之反 爲苄音户劉下又音下 西辟步曆反又音壁 直屋音值 梠音侶 皆去起呂反 近南附近之近 奉槃芳勇反 淳沃之純反劉音純 作激古狄反一本作浮劉

本作徵音敫○攷證云舊敫譌敷今依張淳說改校勘記引張氏曰敷必敫字之誤也注疏校勘記云按浮與淳形相似而誤徵者又尃之誤故其字音敷也校語錄云經義述聞十謂字本作敦由敦譌敫又譌激是也偉案漢王子侯表臨樂敦侯光師古曰敦字或音七灼反是亦敦敫互譌之證又云敷盧改敫張氏識誤亦云敷必敫字之誤偉案敫字僻陸必不取以為音校勘記云云今案此說蓋是惟以徵為敷原譌作尃之誤則形不相近耳箋曰注云今文淳作激古狄為激之本音劉本作徵則以水旁誤作彳旁遂從其字音敫與激僅為去入之異張氏所謂敷必敫字之誤是也故攷證從之王氏以激為敦之譌法引漢王子侯表以申其說殊未審陸音耳阮謂浮與淳形相似而誤是也淳為古文則此云一本作者正指古文淳字矣今俱依正

辟位婢亦反又音避注同**逡**七旬反**遁**音旬**弟婦**大計反或作娣下弟同**姒婦**音似本或作似**燔**

燎力名反或力弔反**肫**時倫反又之春反又之罪反○校語錄云罪誤據士昏禮則罪乃閏之譌箋曰士昏禮肫劉音純又音之春反字林之閏反時倫音純為直音與反切之異則此首音本劉讀檢廣韵集韵十四賄俱無之罪一切之閏蓋讀如稕則此末音用呂讀法以罪為譌是也詳彼箋

有併步頂反**放而**方往反**數奇**居宜反下同**猶**

⿰扌奎苦圭反　不提丁禮反　髀步禮反又方爾反　脡他頂反　觳戶角反又苦角反　辟大音避　長

兄丁丈反注同　皆殽戶交反　見政賢遍反又如字　皆與音預

少牢饋食禮第十六鄭云諸侯之卿大夫祭其祖禰於廟之禮

少牢詩召反後放此養牲所曰牢少牢羊豕也　而芻初俱反猶養也　丁己音祀注皆同○攷證云宋本譌音祀朱子始正之校勘記云紀宋本作祀盧文弨云云注疏校勘記云魏氏曰己音紀陸音祀按今本釋文祀亦誤作紀校語錄云音紀宋本有誤作音祀者大謬見朱子文集記永嘉儀禮誤字篇箋曰本經云少牢饋食之禮日用丁己注云內事用柔日必丁己者取其令名自丁寧自變改皆為謹敬賈疏云曲禮云外事以剛日內事以柔日內事為冠婚祭祀出郊為外事謂征伐巡守之等若然甲丙戊庚壬為剛日乙丁己辛癸為柔日今直言丁己者鄭云取其令名自丁寧自變改皆為謹敬之義故也依賈述鄭義則此己為柔日之名朱子所讀義同按己讀如字則為常用字陸必不注其音蓋本書條例如此也音祀即讀作祀謂少牢之禮柔日用丁以祭祀魏氏所謂陸音祀是也故阮以今本釋文作紀為誤段校正作祀北館本同則宋本存陸書

之舊矣今依正之先諏子須反朝服直遙反後朝服皆放此上韇徒木反大厝音泰下文大筮
大祝皆同著之音尸圜而于宣反○攷證云毛注疏本作圓于舊譌音今改正校勘記云音宋本作于是也注疏校
勘記引魏氏曰圓本作圜校語錄云音盧依宋本改于是箋曰于宣為圓之本讀盧依宋本改音為于是也段校北館本並同
今從之按廣韵删韵有圜户關切仙韵有圜王權切王權即此于宣陸恐人淆混故加音以別之明此與圓之義讀同也禮記
玉藻圜音圓是其比故魏氏曰圓本作圜重以直用反占繇直又反卦兆辭由便婢面反後皆同畫地
音獲命滌大歷反當共音恭且齊側皆反下同滌溉古愛反一本作濯○注疏校勘記引許宗彥云
疏有濯字蓋陸本作溉祭器一本作濯祭器賈本則作溉濯祭器耳盧文弨云濯字衍者非箋曰依陸音則以作溉為正而以作
濯為或與賈所見本溉濯相重為異通志堂本漏一字段校補北館本同今依增之又為于偽反下為此為尸同下
人户嫁反比於毗志反次也注同封羊苦圭反省也所景反人概古愛反割亨普庚
反廩人力甚反注同甑甗子孕反下魚展反又音言劉音彥又魚變反○校勘記云張氏曰甑甗子孕反按監

本盈作孕是也校語錄云彥下又字蓋衍否則變為建之譌箋曰子孕為甑之本音子盈則讀若精故阮以孕為是周禮攷工
記陶人為甗魚輦反又音言一音彥魚展魚輦為用字異則此首音為本讀[illegible]一音正用此劉音音彥魚變為直音與反切之
異法以又字為衍文蓋認魚變為彥之音釋或以變為建之譌則認建在願彥在線二音異部也所以累累如此言者實忽視
本書同音而有二三反語之條例也互詳彼箋**與敦**音對劉又都愛反後皆放此**為烝**之膺反**放于**方往
反注同猶依也**羨定**多佞反**右胖**音判**髀**步禮反又方爾反**臑**奴到反又人于反○校勘記云宋本上有
臂字箋曰王校云朱葉二本臑上有髀字段校北館本並同按本經云不升肩臂臑膞骼則五者義不相連陸從經文為釋故
臑上不取臂字**膞**劉音純說文之允反校語錄云之允音集韻不收再攷箋曰惠校膞疑當作肫按惠校是也音純為肫之
本讀士昏禮肫劉音純是其證之允蓋讀如準集韻十七準主尹切有肫注云頤也主尹即此之允法謂集韻不收實未審
語同音用字異也若作膞廣韻仙韻為職緣切獮韻為旨兖市兖二切俱非此音故惠疑其為誤耳**骼**音格又音各下同
脡他頂反**猶上**時掌反下同**近竅**附近之近下苦弔反**從前**劉子容反**綪**側耕反後同**併也**

步頂反下文同作辯音遍一音皮莧反作脾必爾反又婢支反溷音患又戶困反○箋曰注云豕無腸胃君

子不食溷腴賈疏云禮記少儀注云腴有似於人穢故樂記註云以穀食犬豕曰豢有似人也按賈疏是也戶困為溷之本讀音

患則讀同豢少儀釋文圂腴圂與豢同音患是其證溷為圂之俗豢以人之萎養而言圂以牢中溷濁而言陸從鄭義故以音

患標首而戶困列末也腴羊朱反副倅七內反卒脊之承反鄉內許亮反兩甒亡甫反注

廡同音棜於據反去足起呂反設罍音雷有枓音主斞水九于反劉又苦侯反○箋曰注云枓

斞水器也按說文十四斞挹也鉉音舉朱切舉朱即此九于則此首音為本讀苦侯蓋讀如摳集韻侯韻墟侯切有斞注云挹

也義本說文音依本書為實于偽反下為尸為將為其為神同槃匜以支反與簞音丹于奧烏報

反神坐才臥反道之音導下為道同作枋彼命反以從如字又才用反後放此以相息亮

反注同助也肵俎音祈長朼丁丈反注及下賓長同為刌七本反俎拒音巨進腠七豆反

相見賢遍反用鮒音附令其力呈反被錫依注讀為髲鬄上音皮義反下大計反劉士歷反下同○

校勘記云士宋本作土按土乃先字之誤校語錄引阮云士宋本作土棠作土是也見詩采蘩引箋曰段校士亦作土北館本同本經云主婦被錫注云被錫讀為髲鬄古者或剔賤者刑者之髮以被婦人之紒為飾因名髲鬄焉按大計為鬄之本讀周禮追師髢本又作鬄大計反沈音剃可證土歷則讀作鬄說文九鬄纂髮也鬄音他歷切段注云俗人多識鬄少識鬄且誤認為一字若毛詩采蘩音義云鬄本亦作髢徒帝反劉昌宗吐歷反沈湯帝反夫徒帝為鬄之反語吐歷湯帝二反則為鬄之反語詩音義之云劉昌宗土歷反即少牢音義之云劉土歷反也蓋陸氏於鬄鬄未辨亦溷為一字致後來之誤依段說則宋本作土歷劉正讀鬄為鬄阮謂土為先字之誤實臆說耳

侈袂本又作袳昌爾反○攷證云舊本袳作移今依宋本改校勘記云袳張淯本作移葉抄本作袳唐石經作移自是相傳古本今按徐鍇注說文曰禮言大夫袳袂謂其袂張大則從衣亦非無據說文引春秋傳公會齊侯於袳今左氏穀梁俱作袲袲即袳之別體公羊作侈侈袳古蓋通用注疏校勘記云按袳乃正字移即袳之假借字作侈誤也葉本釋文袳從衤蓋因衣而誤通志堂本從木又音衤而誤段謂釋文當云袳袂本又作侈正與要義合追師注引此經亦作袳表記衣服以移之注云移讀如水氾移之移移猶廣大也此古本作袳之證校語錄云移盧改

移是箋曰惠校云按當作本又作移司服注有移說文移衣張也又引羣經音辨曰移廣也音侈禮主婦衣移袂按昌爾為移
之本音盧校阮說俱是也侈即為其音假字陸取此本故以侈為大字移為小字毛注疏本正作侈葉本釋文作移此本作移
俱為移之誤今依正張淳本作移則與移形近賈昌朝乃云音侈蓋亦讀移為侈周禮追師移袂昌氏反可證故阮謂即移之
假借字矣陸於此用侈以明廣大之義互詳彼箋醓他感反蠃力禾反韭菹側魚反作菹亦同或剔
他計反之紒音計不纚所買反又所綺反亦衣於既反綃衣音消為緆音羊為蝸力禾
反又工華反相從息亮反注及下注同啓會古外反及下同以重直容反注同祝祝下之又反剛
鬣力輒反普淖女孝反皆辟音避又房益反下同後尸户豆反奉槃芳勇反下同沒霤
力又反妥尸他果反不啐七內反而殺所界反後禮殺同隋祭許規反劉相規反下同辯
音遍摡于如悅反劉而誰反○攷證云舊如悅反譌今從宋本改正校勘記云盧文弨改悅為悅從宋本改正校語錄云
悅盧改悅是箋曰公食大夫禮擩于人悅反又而誰反人悅即此如悅按摡悅俱在薛悅則在祭此蓋形似之譌盧依宋本改

是也故阮法俱從之今亦依正作徧音遍後皆同重言直用反直於音值下注直室同○攷證云注疏本
作置于校語錄引盧說箋曰王校經作置于忠甫從釋文然下注之直室今本不誤忠甫所據本亦譌置按直音值即讀為值
值在澄紐置在知紐故王校謂置室為譌皆芼亡報反有栖音四尸扱初洽反用薇音微先食
作歆飲者皆非啗之大敢反嚌之才計反○校勘記云丁宋本作才是也箋曰拔校丁作才北館本朱改同按阮
說拔校俱是也士昏禮嚌肝才計反是其比今依正之羞胾莊吏反臐許云反膮許堯反又復扶又
反下復嘗同小數所角反獨侑音又為祝于偽反下同操以七刀反乃酳音胤又士刃反
旣食音寺又飲於鴆反樂之音洛從也子容反為蹙子六反尸醋才各反以綏
許規反劉相規反並注挼及墮亦放此下皆同受嘏古雅反摶之大官反無疆居良反于女音汝
下同來女依注音釐力之反賜也劉音釐亦音來力代反亦訓賜也下音汝○箋曰本經云來女孝孫注云來讀曰釐釐
賜也力之為釐之本讀陸以鄭義釋經文故云依注力代則讀作賚義與釐同音則與來相承蓋為別讀故云一音猶傳

文專反**抉**音決○攷證云此條有譌錢氏大昕云今本注云古文替為袂袂或為𢧵𢧵替聲相近案袂與𢧵替聲不相近

𢧵正字當作𢧢詩巧言秩秩大猷說文作𢧢𢧢大猷秩乃與𢧢聲相近袂字當作秩然不知陸氏已誤為袂與抑後人妄改與

若作秩則當別有音必不音決明甚校勘記云宋本作抉段玉裁云袂不當有決音儀禮嘉靖本鍾人傑本皆作抉今按五經

文字九經字樣俱無抉字宋人重修玉篇始載之未知是古字否至錢大昕謂袂當作秩陸所見本已譌此又當別論也校語

錄引阮說云云案錢氏大昕謂袂字當作秩而於音決則無說竊意正文當音秩爾雅釋宮柣顧丈一反丈一即音秩也箋曰

音決為抉之本讀方言十三注云抉決音可證故嘉靖本鍾人傑本葉抄本皆作抉段所謂袂不當有決音是也若秩則與𢧢

音同但在澄紐質韻與替透紐霽韻殊異和鄭注相乖盧所謂當別有音是也故錢說難信法以為柣音亦與替相違**𢧵**

大結反劉土結反**挂于**俱賣反又音卦**屬于**音燭**尻**苦刀反**折一**之設反後同**辟人**音避**猶**

養子亮反下文同**尸謖**所六反**為不**于偽反**四人餕**音餕**乃辯**音遍下同**湆于**去及反

有司第十七

本或作有司徹鄭云大夫既祭儐尸於堂之禮○攷證云注疏本有徹字注疏校勘記云

唐石經徐本釋文俱無徹字集釋通解俱有引陸氏云云按此本卷四十九起篇題有徹字他篇注疏引此篇亦多有徹字

有司徹直列反字又作撤○箋曰注云徹室中之饋及祝佐食之俎按論語八佾三家者以雍徹釋文出撤字云直列反本或作徹校勘記引五經文字云撤去也則彼用後出分別字以厭一鹽反於祊百庚反大廟音泰下大窂同為儐于偽反下為尸同少儀詩名反下之少年少同氾埽芳劒反下索到反○攷證云舊氾譌氾今改正注疏本作汎校勘記云索宋本作素按索亦同位同等字校語錄云索阮校宋本作素是也索雖同紐然他無用索字者箋曰王校注作汎埽忠甫從釋文芳劒為氾之本讀禮記王制氾本又作汎孚劒反是其比彼云本又作者即此注疏本之字也索素俱在心紐此為用字之異則無是非可言矣曰拚方問反為聶女輒反燅音尋劉徐鹽反溫也注燖同○箋曰本經云乃燅尸俎注云燅溫也古文燅皆作尋記或作燖春秋傳曰若可燖也亦可寒也賈疏云云古文燅皆作尋者論語及左傳與此古文皆作尋論語不破至此疊古文不從彼不破者或古文通用至此見有人作燅有火義故從今

文也云記或作燖者案郊特牲云有虞氏之祭也當用氣血腥爓祭用氣也注云爓或爲燖今此義指彼記或讀之故云記或
作燖也引春秋傳者案哀十二年左傳服注云尋之言重也温也按賈述鄭義是也說文十䔯於湯中爚肉也鋋音徐鹽切則
此劉音爲本讀音尋即讀作燖聘禮唯燖劉音尋是其證則此首音用劉讀㪷注尋下云古文禮假尋爲䔯引本經及鄭注云
云據是則䔯者正字尋者禮古文借字燖者尋之後出分別字故此云注燖同也肵亦音祈不與音預扃古熒
反注同鼏亡狄反去其起呂反下拂去同禮殺所界反劉色例反下皆同爲鉉玄犬反侑于
音又道尸音導爲蹙子六反並併步頂反後皆同匕湆去及反豕脀之承反長左丁丈
反後皆同麷芳中反熬麥也蕡扶云反熬枲也醓他感反麋臡乃兮反又人兮反○箋曰乃兮爲臡之本讀人
兮讀同乃兮人日紐三等與兮齊韻四等不能作音切乃在泥紐指掌圖所謂日下三爲韻一四定歸泥者也枲也思始
反○攷證云注疏本枲下有實字校語錄云治疑始之譌枲無讀去聲者箋曰王校注作枲實也忠甫從釋文按法校是也喪
服經枲麻思似反思似思始爲用字異則治爲始形近之譌今正檢上文蕡下云熬枲也是陸所取本枲下無實字辟鈃

音避下亦辟辟併辟主同

肫音純

胳音格又音各本亦作骼○攷證云注疏本作骼箋曰說文肉部胳亦下也鉉音古洛切古洛音各為直音與反切之異則此又音為本讀音格即讀作骼謂禽獸之骨也少牢饋食骼音格又音各是其比此云本亦作者即注疏本所用之字陸意讀胳為骼也

臑奴到反

脡他頂反

復序扶又反下不復復言同

折分之設反下皆同

嚌才計反

下尸戶嫁反下注下尸下之亦下下俏下主人下大夫下上大夫同

而摭之石反

加膴火吳反依注音冔況甫反劉呼孤反後同○校勘記云甫宋本作羽校語錄云呼孤同部不可為音紐二字必有一譌箋曰注云膴讀如殷冔之冔賈疏云讀從士冠禮郊特牲周弁殷冔冔覆也可以覆首此亦取魚腹反覆於上以擬祭按賈說是也火吳為膴之本讀呼孤同在模韵指掌圖所謂商量亦莫尋者法校是也況甫即讀冔音士冠禮郊特牲殷冔俱音況甫反可證讀膴如冔則從鄭說故陸云依注羽甫同在麌韵故此本用甫宋本用羽也

刳魚口吳反又口侯反

大

臠力轉反

挩如悅反劉而誰反○攷證云舊作如悅反宋本作人悅反今悅字從宋本改悅校語錄引盧云云案此如字亦剜刻者或本即作人也箋曰盧校是法說非少牢饋食挩于如悅反劉而誰反是其比蓋挩悅俱在薛韵如人俱在日紐

也**執挑**湯堯反劉湯姚反又他羔反一音由又食汝反○箋曰本經云二手執挑注云挑謂之歃讀如或舂或抌之抌賈疏云讀從詩或舂或抌彼注抌抒臼也按湯堯讀同廣韻吐彫切之挑他羔讀同廣韻土刀切之挑俱為挑之本讀湯姚在宵湯堯在蕭劉讀蕭宵不分音由蓋從抌作毛詩生民或揄釋文音由鄭所據韓詩作抌食汝蓋從抒讀抒舀也下文以抒食汝反是其證一音由食汝皆非挑之正讀故云一音云又音也**以挹**一入反**之歃**初洽反劉初輒反下扱同**或作挑**本又作抌劉咸羔反○校勘記云挑宋本作桃誤校語錄云劉於兩挑字既有異讀則必一作挑一作桃可知也釋文於經注並作挑胡氏正義又並作桃皆誤箋曰注云字或作挑者秦人語也今文挑作抌按咸羔即上文之他羔為挑之本讀挑在透紐桃在定紐依陸音經注皆為挑字阮謂宋本作桃誤是也陸此取禮古文挑云本又作者則為今文抌也**飯操**七消反**以抒**食汝反**覆手**芳伏反下同**啐**七內反**羊燔**音煩**由便**婢面反**糗**去九反**與腶**丁亂反本又作段音同加薑桂以脯而鍛之曰腶脩**餌也**音二**擣肉**劉本作擣同丁老反**為斷**丁亂反**之柶**音四**挩手**申銳反注紛帨音同○校勘記云張氏曰監本由作申按由者申之誤校語錄云張氏識

誤云監本由作申是也箋曰申銳讀挩為悅張說是也申悅俱在審紐由在喻紐則由為申形之譌故阮法俱從之今依正

宜鄉許亮反　粉餈在私反　則酏以支反劉書支反　食音寺下同　糝食素感反　膴許云反

膮許堯反○孜證云音與各經同宋本作呼雕反張云監本呼彫反校勘記云許堯宋本作呼彫同也張氏曰膮呼報反監本報作彫校語錄引阮說云云偉案呼報誤箋曰阮校法說俱是也許堯為膮之本讀呼雕呼彫俱為用字異呼報則讀如耗膮無耗音故法云誤

有胾側吏反　以辯音遍注編同後放此　儀度大各反　作羲劉音儀　不別

彼列反　親昵女乙反　為衆于偽反下為不為鬼同　隆汙音烏　延熹許其反　不綏許恚反本亦作隋同

七飯扶晚反後皆同　乃盛音成注及下同　無髀步禮反又方爾反　三个古賀反　為揲之石反劉音與摭同○校勘記云揲宋本作𢶍石當作舌校語錄引阮說云云偉案集韵拓古作𢶍當即據此五經文字亦云𢶍之石反見禮經是作𢶍不誤阮云石當字漏作舌於音理亦合惟無可證箋曰本經云乃摭于魚腊俎俎釋三个注云古文摭為𢶍儀禮古今文疏義云案說文十二拓拾也拓或作摭𢶍撮取也撮取者謂少取之摭與𢶍本非一字因雙聲而借按胡說

是也段注說文拓下云儀禮摭古文作摕此實非一字因雙聲而異注摕下云古文摭為摕俗本作今文摭為摭者非也凡言攈者皆謂少取禮經依古文為是按摕在端紐摭在照紐此為位同故段胡俱云雙聲也依段說則摭當作摕之石本為摭之音此鄭從今文作摭蓋但言拾取陸以今文之音釋古文則依鄭義而作也石摭俱在昔舌則在薛阮校當非

也與音余

酳尸以刃反又士刃反　其綏並注按及隋皆許恚反後放此○校勘記云惠張特牲識誤引作恚校語錄引阮云云是也箋曰阮校法說俱是也惠依本卷俱作恚此亦為恚形近誤今依正

弟婦音娣　觳折苦角反又户角反

尸謖所六反　乃餕音俊　厞扶味反　取敦音對劉又都愛反下同　厭一豔反　飫於庶反　不

令力呈反　作茀音弗

經典釋文附箋卷十下終

經典釋文集說附箋卷第十一

成都趙少咸

禮記音義之一 起第一盡第五

唐國子博士兼太子中允贈齊州刺史吳縣開國男陸德明撰

曲禮第一 本或作曲禮上者後人加也檀弓雜記放此曲禮者是儀禮之舊名委曲說禮之事 禮記 此記二禮之遺闕故名禮記 鄭氏注

毋不敬 音無說文云止之詞其字從女內有一畫象有姦之形禁止之勿令姦古人云毋猶今人言莫也案毋字與父毋字不同俗本多亂讀者皆朱點毋字以作無音非也後放此疑者特復音之

嚴 魚檢反本亦作儼同矜莊貌○攷證云注疏本作儼校勘記云十行注疏本附釋音同葉本貌作皃書內並同注疏校勘記云閩監毛本同石經同岳本同嘉靖本同釋文出嚴云本亦作儼正義本作儼按儼正字嚴假借字箋曰本記云儼若思注云儼矜莊貌人之坐思貌必儼然魚檢為儼之

本讀以其時玦儼混用嚴爲其聲借字阮說是也陸蓋以本字之音爲借字作釋矣臧校貌作皃江同北館本亦同俱依葉本

若思如字徐息嗣反○箋曰說文十思容也鉉音息茲切即此如字之音息嗣則徐讀去聲其義爲念此詞有名動之分故音亦有平去之別也

矜莊居冰反

樞機昌朱反

教五報反慢也王肅五高反遨遊也○注疏校勘記云閩監毛本同石經同岳本同嘉靖本同考文引古本教作傲案古傲多止作教釋文出教字並引王肅遨遊訓遨遊決不作傲字箋曰本記云教不可長孔疏云教者矜慢在心之名長者行教著迹之稱按說文六教游也鉉音五牢切段注云詩鄭風曰以教以游經傳多假教爲倨傲字五高五牢爲用字異則王肅音爲教字本讀五報即讀作傲此所云慢是也陸以傲音釋教者意教爲倨傲之假字也

不可長丁丈反盧植馬融王肅並直良反○箋曰丁丈讀爲長大之長直良讀爲長久之長義別而音亦異矣

欲不如字一音喻○攷證云舊脫一音喻三字撫州本有之毛本官本並同案學記情慾下云如字一音喻此正相同若無一音喻三字則如字二字亦甚無謂此必後人誤刪今補校勘記云撫州公使庫本有一音喻三字十行本同此本一音喻三字脫今據補校語錄云如字下盧補一音喻三字撫州本有之阮校亦據補箋曰盧說是也今四川富

順等縣即讀如喻當依增之**可從**足用反放縱也**樂不**舊音洛皇侃音岳○箋曰本記云樂不可極賈疏云樂者
天子宮縣以下皆得有樂但主歡心人情所不能已當自抑止不可極為按音洛為喜樂之本讀即賈所謂歡心音岳則讀音
樂之樂所謂天子宮縣以下皆得有樂也皇讀作音樂非其義陸從經讀喜樂而列舊音為首是也**可極**如字皇紀力反
桀其列反夏之末主名癸**紂**直丑反殷之末主名辛**狎**戶甲反習也近也**近也**附近之近下注內不
出者皆同**貴戚**音戚本亦作戚○攷證云注疏本作戚云音戚本亦作戚大謬注疏校勘記云閩監毛本同岳本同嘉靖
本同案釋文出貴戚云音戚本亦作戚正義本作戚箋曰注引月令曰雖有貴戚近習案月令仲冬之月省婦事毋得淫雖有
貴戚近習毋有不禁注云貴戚謂姑姊妹之屬廣韵錫韵倉歷切戚云親戚則戚為聲借字手鑑人部入聲戚倉歷切與戚同
則戚為後出分別字此云戚音戚蓋讀戚為戚以聲借字之音釋分別字云本亦作者殆指注疏本所用借字矣**誣人**
音無後並同**有畜**勑六反**以賙**音周**樂氏**音岳謂宋司城樂喜**有害**如字本亦作難乃旦反**咎**
犯其久反○攷證云宋本注疏作舅犯今本同釋文注疏校勘記云閩監毛本同岳本同惠棟挍宋本咎作舅嘉靖本同宋

監本同案作咎者釋文本也作舅者正義本也今正義本亦作咎則後人依釋文改之疏中舅字當仍其舊衛氏集說亦作晉舅犯箋曰注云晉咎犯與姜氏醉重耳而行近之按國語晉語四云逐子犯曰若無所濟吾食舅氏之肉其知饜乎舅犯走且對曰若無所濟余未知死所又狐偃曰韋解云狐偃文公舅子犯也史記晉世家云晉文公重耳有賢士五人曰趙衰狐偃咎犯文公舅也則舅為正字咎為借字釋文用史記宋本注疏用國語矣

重耳直龍反　為傷于偽反下為傷為近皆同　臨難乃旦反　很胡懇反閱也　勝舒證反　分扶問反　鬩呼質反猶鬭也　謂爭爭鬭之爭下文皆同　傷知音智　若夫方于反丈夫也　如齊側皆反本亦作齋音同注同○箋曰本記云立如齊注云齊謂祭祀時孔疏云人之倚立多慢不恭故戒之云倚立之時雖不齊亦當如祭前之齊必須磬折屈身按依鄭賈所說則此作齋齋以從示為本字陸云側皆反是矣首爲為齊陸取其其字故特音之聘禮齊戒側皆反本亦作齋是其比

士丏本亦作匄音蓋○攷證云匄正字俗作丏今書內多從俗校勘記云撫本丏作丏十行本同按丏正字廣韻十四泰云丏同匄本又音緬說文丏字部首在九篇注疏校勘記云閩監毛本同岳本同嘉靖本同釋文出士丏云本亦作匄正義本亦作匄是也丏別為一字

音彌兖切箋曰盧校阮說俱是也音蓋為匃之本讀廣韻泰韵匃古太切可證丏之本音則為緬說文九篇鋑音彌兖切
是也故攷證以匃為正字丏為俗字左成十六年傳釋文范匃本又作丏古害反古害即此音蓋按慧琳音義四十七匃
論文作丏不成字此以蓋音丏陸取六朝之俗寫也乃還音旋後放此使從色吏反牲幣徐扶世反
弗享許兩反夫禮者音扶凡發語之端皆然後放此親疏所居反或作踈決徐古穴反嫌疑
户括反別同彼列反下注下文同說人音悅又始悅反注同佞乃定反口才曰佞媚眉忌反意向曰
媚不辭本又作詞同說文以詞為言詞之字辭不受也後皆放此○攷證云案說文辭不受也受辛宜辭之辭訟
也此所引有脫誤校勘記云葉本細注辭作辤按說文正作辤葉抄是也校語錄引阮云云云偉案作辤雖與說文合然與
正文之作辭無涉盧云所引有脫誤是也箋曰孫改云說文不受之辤從受辛此辭乃辭訟之辭與言詞不通借陸引非
也按本記云不辭費注云為傷信君子先行其言而後從之孔疏云今直有言而無行為辭費則此辭之義正為言詞字
攷段注說文辤下云聘禮辭曰非禮也敢注曰辭不受也經傳凡辭讓皆作辭引世說新語蔡邕題曹娥碑解齏臼所以

受辛辤字也云按此正當作辭可證漢人辤辭不別耳足見此本云辭不受也實本於鄭葉本用許書並非脫誤臧校辭作辤北館本同皆依葉本又注下云詞與辛部之辭其義迴別辭者說也詞者意內而言外也則此當為詞作辭者則為同音假借耳陸謂本又作詞而引說文作釋正明其為借用孫所謂辭詞可通借是也然云陸引非也者實未審陸意曉人經傳用字與說文殊異也

費芳味反言而不行為辭費

侵侮徐亡撫反輕慢也

不好呼報反注同

善行下孟反下行脩同

取於人舊七樹反謂趣就師求道也皇如字謂取師之道○箋曰本記云禮聞取於人注云謂君人者取於人謂高尚其道孔疏云熊氏以為此謂人君在上招賢之禮取於人謂禮之所聞既招致有賢之人當於身上取於德行用為政教故鄭云謂君人者皇氏以為人君取師受學之法取於人謂自到師門取其道藝按七樹則讀同廣韻七句切之趣正此謂趣師求道即熊氏所說招賢之禮也如字則讀七庾切之取正此謂取師之道即皇氏所說受學之法也熊申鄭義陸從鄭說故列皇音於末也

取人如字謂制師使從己

辯訟皮勉反徐方勉反

君臣上下上謂公卿下為大夫士

宦學音患

班朝直遙反

涖官本亦作莅徐音利沈

力二反又力位反臨也○校語錄云涖字沈二音一開口一合口箋曰注云涖臨也音利力二用字具徐用直音沈用反
切俱為涖之本讀詩小雅采芑方叔涖止毛傳涖臨釋文作莅止云本又作涖音利又音類沈力二反臨也音類即此力
位廣韵至韵類紐有隸字說文十隸臨也鉉音力至切段注云臨者監也經典莅字或作涖注家皆曰臨也道德經釋文
云古無莅字說文作隸按莅行而隸廢矣依段說則隸為正字涖為假借字莅為後出字陸取假借字為正本以後出字
為或本涖音本開口沈二讀則開合互用矣**禱**丁老反鄭云求福曰禱**祠**音詞求得曰祠**共給**音恭本或
作供○攷證云注疏本作供注疏校勘記云閩監毛本同石經同岳本同嘉靖本同釋文出共給云本或作供正義本作
供賈誼新書禮篇亦作供給按供給字古亦借共字為之箋曰說文八供一曰供給鉉音俱容切俱容即此音恭段注云
釋詁供峙共具也按共即供之假借字凡周禮皆以共為供尚書一經訓奉訓待者皆作共則此陸取假借字為正本以
說文字為或本蓋從經典所用也**不莊**側良反徐側亮反○箋曰注云莊敬也側良為莊之本讀側亮則讀作壯
徐音由平轉去蓋方音之變陸從鄭說故列徐音為末也**學或為御**鄭此注為見他本也後放此**撙節**

祖本反趨也

猶趨　七俱反就也向也○注疏校勘記引段玉裁云案趨同趣疾也當音促非趨走之趨校語錄云案趨字條音義俱誤箋曰本記云是以君子恭敬撙節注云撙猶趨也孔疏云撙者趨也節法度也言恒趨於法度按趨走之趨即讀七俱趣疾之趣說文鉉音七句切趣向之趣於廣韻遇之韻音相同此言恒趨於法度者依陸說則謂常就向於法度也依段說則謂常促疾於法度也又按周禮夏官敘官趣馬釋文倉走反劉沈清須反清須即此七俱則此音用劉沈之讀蓋亦趣向之義阮法以之為誤俱未細譯其音義耳

嬰　本或作鸚厄耕反

母　本或作鵡同音武諸葛恪同茂后反○攷證云注疏本作鸚鵡官本亦改從釋文不知孔陸本各不同也下皆類此校勘記云十行本同葉本鵡作䳇五經文字云䳇音武又作鵡見禮記是唐人鵡䳇本通用石經字作鵡按䳇鵡古今字注疏校勘記云閩監毛本同石經同岳本同嘉靖本同釋文出嬰母云本或作鸚鵡正義本作鸚鵡按說文作鸚䳇箋曰說文四鸚鸚䳇能言鳥也鉉音烏莖切䳇鸚䳇也鉉音文甫切段注引本書云云按裴松之引江表傳曰恪呼殿前鳥為白頭翁張昭欲使恪復求白頭母恪亦以鳥名鸚母未有鸚父相難此陸氏所謂茂后反也據此知彼時作母作䳇不作鵡至唐武后時狄仁傑對云武者陛下之姓起二子則兩翼振矣其字其音皆與三國時不同此古今語言文字變移之證

也釋文當云毋本或作鴟古茂后反今作鵡音武乃合李善注文選云鵡一作鴟莫口反較明析大徐用唐韻文甫切亦鵡音非鴟音也按段説是也厄耕烏莖用字異鸚爲本字嬰爲借字矣音武即讀毋作鵡文甫音武蓋直音反切之異釋文取借字正義取本字盧所謂孔陸本各不同也

不離力智反下同

猩猩本又作猩音生

禽獸盧本作走獸○攷證云案單文則獸亦可稱禽稱禽即不必言獸今此上明云飛鳥則此自當言走獸何必又贅禽字盧本是也注疏校勘記云閩監毛本同石經同岳本同釋文出禽獸云盧本作走獸案正義云鸚鵡不曰獸而猩猩通曰禽是正義本從作禽之證禽箋曰説文十四走獸總名則禽獸與走獸義無殊異攷證以禽爲贅字非是

聚麀音憂牝鹿也

鹿牝頻忍反徐扶盡反舊扶允反○攷證改允作死云本作舊扶允反譌今從宋本正與他經所音皆合校勘記云葉本允作死十行本同案廣韻五旨有牝字音扶履反死與履聲近此本允字誤也校語錄云允盧改死是箋曰案易坤利牝頻忍反徐邈扶忍反又扶死反彼攷證亦以扶允爲譌校語錄謂扶死反與古韻合則阮以此本允字誤法謂此允盧改死是者殆皆以牝從匕聲扶死反與古韻合詎知漢魏間始造反語其時古音已亡扶允實非誤矣今仍舊互詳彼箋扶忍扶盡爲用字異

大上音泰注同

太上謂三皇五帝之世**施而**始豉反下文同**負販**方万反**輕恌**吐彫反○攷證改恌作佻云舊作恌與注
疏本同案宋本作佻今從之校勘記云葉本恌作佻案恌字與注疏本字同按說文有佻無恌校語錄云恌盧依宋本改佻案
此字忄旁乃剜刻者蓋本亦作佻校者因與今本不合而改之箋曰恌臧校亦作佻按說文八佻愉也鉉音土彫切愉之訓為
薄愉薄與輕佻義近詩小雅鹿鳴視民不恌毛傳恌愉也釋文恌他彫反愉也他彫吐彫為用字異則此本作恌用毛詩宋本
作佻用說文恌非佻剜刻所改明矣**好禮**呼報反下同**不懾**之涉反怯也惑也**猶怯**丘劫反何胤云憚所
行怯**為冠**古亂反**曰艾**五蓋反老也謂蒼艾色也一音刈治也○箋曰本記云五十曰艾注云艾老也賈疏云四
十九以前通曰強年至五十氣力已衰髮蒼白色如艾也五蓋為艾之本讀音刈即讀作刈詩葛覃艾本亦作刈魚廢反小異
毛傳艾治也釋文音刈俱是其證但此為別讀故云一音**曰耆**渠夷反賀瑒云至也至老境也**不與**音預**而傳**
直專反沈直戀反○箋曰本記云七十曰老而傳注云傳家事任子孫是謂宗子之父按說文八傳遽也鉉音直戀切段注云
引伸傳遽之義則凡展轉引伸之偁皆曰傳而傳注流傳皆是也依是則沈音為傳遽之本讀而直專乃此傳轉之義陸列于

首者蓋從經注也又按劉履芬本於沈音直字旁署丁字書尾云丁最是見正誤音辯中攷廣韵三十三線直戀切引釋名釋典藝傳傳也以傳示後人也知戀切引釋名釋宮室傳傳也人所止息去後人復來轉轉相傳無常人也據見沈音亦為正義而作則直字匪誤毛居正賈昌朝之說俱未可信

八十九十曰旄本又作耄同亡報反惛忘也注同本或作八十曰耋九十曰旄後人妄加之○攷證云注疏本作耄注疏校勘記云閩監毛本同岳本嘉靖本同石經耄作耄衛氏集說同釋文出八十九十曰旄云本又作耄注同案耄正字耄俗字旄假借正義本當從作耄釋文又云本或作八十曰耋九十曰旄後人妄加之錢大昕云曲禮有曰耋二字者當是古本而陸氏以為後人妄加蓋失之矣臧琳經義雜記鄭注本則無曰耋二字故曲禮注不解耋字或又益之鄭本陸氏所以斥為妄加也案疏云人或八十而耄或九十而耄或並言二時是正義本無曰耋二字按宋監本作耄後同依說文當作薹從老蒿省聲校語錄云忘加盧本作妄加是也箋曰忘孫改妄王校當作妄北館本用妄改字上今依正之按注云耄惛忘也說文八薹年九十曰薹鉉音莫報切段注云今作耄從老省毛聲按其字亦作旄據此則薹乃正字耄為俗字耄蓋耄之省旄為假借字陸取借字為正本故以俗字為或本又按經義述聞十四云曲禮原文

本作八十九十曰耄釋文曰本或作八十曰耋九十曰耄後人妄加之此說甚確錢以有曰耋二字者爲古本非也並列五證
以明其非王駁錢說是也臧謂鄭注本無曰耋二字阮謂正義本無曰耋二字俱足證曲禮本無明文陸氏謂爲後人妄加之
正存原書之舊所以示人别其真贋也惛音昏一音呼困反〇校勘記云葉本困作困十行本同是也箋曰困北館本朱
改困于字上按廣韵慁韵呼悶切有惛云迷忘也呼悶即此呼困與音昏平去相承是困爲困形似之譌故阮以葉本十行本
爲是也忘也亡亮反又如字將知音知曰悼徒報反謂可怜愛也期頤羊時反養也猶要於遥
反又如字下同養道羊尚反又如字猶聽吐丁反後可以意求皆不音勞苦如字又力報反坐乘繩證
反稱也尺證反長者竹丈反下皆同必操七刀反而夏遐嫁反清七性反從冫冰冷也本或
水旁作非也〇攷證云水旁作毛本改爲作水旁近人語耳陸本不如此箋曰盧說是也七性蓋爲冷清之音其字旁從冫若
作水則爲清濁之清本記云冬溫而夏清清與溫對文故陸以或本水旁作爲非也牀衽而審反徐而鴆反席也〇箋曰
儀禮士昏禮御衽而甚反又而鴆反卧席彼而甚即此而審又音即此徐音詳彼箋儕仕皆反等也沈才諧反〇箋曰說文

八佾等輩也引春秋傳曰吾佾小人鉉音仕皆切則此首音爲本讀才詣蓋讀若嚌集韻霽韻嚌紐有佾云等也殆依此沈讀

四皓户老反四皓園公綺季夏黄公角里先生○攷證云宜本增二字作東園公綺里季案不增亦可角舊作角係俗字今從宋本作角讀爲祿李匡乂資暇錄云漢四皓其一角里先生音祿今多以覺音呼誤也至於改角里爲角里則益謬矣案今所刻隸釋有四老神坐機作角里乃沿俗誤寫必非本來如此校勘記云葉本角作角撫本及十行本並同注疏校勘記云閩本同監毛本角作角引盧文弨云云校語錄云角盧依宋本改角按此角乃係剜改箋曰盧校是也角臧校亦作角孫校云角宜作角角不成字唐宋人不考古始作此按角之本訓爲獸角本音覺而角里先生之角讀祿遂製角字爲分別文是角爲借字角爲俗字則此本用俗字宋本用借字

畀遠于万反 **僚友**本又作寮了彫反同官者○箋曰本記云僚友稱其弟也注云僚友官同者按爾雅釋詁寮官也郭注云同官爲寮釋文寮字又作僚同力彫反左文七年傳云同官爲寮釋文寮本又作僚力彫反力彫即此了彫則此云本又作者殆指爾雅左傳所用之字矣 **其弟**大計反下注同 **之行**下孟反 **必告**古毒反 **冠**工喚反 **惇行**都温反 **差退**初佳反徐初宜反○校語錄云佳當作佳箋曰

初佳在佳為差殊之差初宜在支為差次之差此注云肩隨者與之並行差退則為差殊之意故陸列初佳為首音也周禮春官大宗伯差初佳反沈初宜反則此徐音與沈同是佳為佳形誤法校是也今依正之主與烏報反西南隅也沈於六反○箋曰注云室中西南隅謂之奧按此鄭引爾雅釋宫文郭注云室中隱奧之處彼釋文云奧於耗反於耗烏報為用字異則此首音為本讀於六蓋讀如郁但為別讀故次之於末也尊處昌慮反下同棖直衡反闑也闑魚列五結二反○校語錄云闑薛屑分部箋曰魚列在薛五結在屑其時薛屑無別法此云薛屑分部者則以為同音不當有二三反語也儀禮聘禮于闑魚列反劉魚孑反魚例魚孑即為用字之異此實本書音例也以上時掌反凡言以上皆放此食音嗣饗本又作享香兩反為槩古愛反量也饌具士戀反為其于偽反下注除不為孤皆同茍

訾音紫毀也沈又將知反○箋曰注云人之性不欲見毀訾按音紫為訾毀之本讀段注說文訾下云按呰毀字古作呰與訾別則此訾為假借字陸取當文為釋也將知即讀訾思之訾少儀鄭注兩云訾思也釋文訾子斯反子斯即此將知是其證但為別義故云又音而列于末君子樂音洛瞑本亦作冥莫定反下同○攷證云注疏本作瞑校勘記云撫本瞑作

瞑十行本同按闇瞑字當從日是按依說文當作冥從日六從冖注疏校勘記云闅監毛本同岳本嘉靖本同釋文出瞑云本
亦作冥正義本從作冥通典六十八亦作冥也箋曰注云闇冥也按說文七冥幽也段注云引伸為凡闇昧之偁則正義本所
用字為說文即此所謂或本也莫定即讀瞑之音廣韻經韻正如此陸取當文為釋也從目之瞑為翕目徐鉉音武延實非此
字故阮謂闇瞑字當從日是也**為卒**才忽反〇校勘記云葉本才作子撫本才作七按子七同毋字此本作才非也校語
錄引阮云云偉案子七不同毋倉卒之卒當以七忽為正才蓋寸誤箋曰注云不於闇冥之中從事為卒有非常且嫌失禮也
依鄭說則卒乃急遽之意才與寸形近誤寸七同在清毋子則在精毋法則斥阮校是也臧校才亦作子北館本從臧俱惑於葉
本矣**不純**諸允反又之閏反緣也下及注皆同**純緣**悅絹反**縞冠**古老反沈又古到反**素紕**婢支反徐
補移反**早喪**息浪反**適子**丁歷反**常視**音示**無誑**本或作迋注同九況反欺也〇攷證云毛本誑
作迋又行一誑字誤箋曰誑孫改亦作迋本記云幼子常視毋誑注云以正教之無誑欺阮校本與毛本所引釋文同按詩鄭
風揚之水人實迋女毛傳迋誑也彼釋文云迋女求往反誑也徐又居望反誑也九況反九況居望為用字異則此九況為誑

之本讀云本或作廷正指詩所用字同彼徐又音且記注皆有無誑故此言誑同阮氏亦不為作校記也此本作誑當為誑字形誤遂去廷字耳盧以毛本為之誤殊未可信今依注疏本正之不衣於既反下同大溫音泰徐他佐反便婢面反易也以豉反提大兮反攜戶圭反手奉芳勇反又扶恭反下及注奉扃奉席奉箕皆同辟匹亦反側也徐芳益反沈扶赤反注同○校語錄云匹亦與芳益同辟益古韵同部徐音是箋曰臧校沈音赤當是亦云亦赤同在昔韵按注云辟咡詔之謂傾頭與語匹亦芳益為用字異即讀邪僻之僻為此字之本讀玉藻非辟釋文本又作僻匹亦反又婢亦反徐芳益反婢亦即此扶赤則彼又音即用此沈讀亦赤既同韵何以別是非臧校失審芳益亦非古韵此所謂同音而有二三反語也法說亦誤咡徐如志反口旁也何云口耳之間曰咡挾之音協掩口於檢反鄉尊許亮反本又作嚮後文注皆同○校勘記云撫本嚮作饗按饗字誤十行本亦作嚮箋曰注云習其鄉尊者屏氣也依鄭說則此鄉為向背之借字儀禮士冠禮相鄉許亮反本又作嚮是其比按說文食部饗鄉人飲酒也鉉音許兩切與此音義俱殊阮以撫本為誤是也屏氣必領反從於才用反下皆同拱手俱勇反而上時掌反下同不呼火故

反號叫也**謷內**京領反**二屨**紀具反單下曰屨**言聞**音問又如字下同○箋曰說文十二聞知聲也鉉音

無分切即此如字之音音問則讀去聲少儀聞名徐音問聞是如字為人知我聲音問為我聞人語此注云不于掩人之私也

者則謂户內人語我聞於外而後乃可入也故陸以問釋聞為首音正用徐讀也**視必**常止反下同徐音示沈又市志

反○校語錄云視止不同部箋曰視在旨孝經三才章感應章釋文並音常旨反可證此音常止其時旨止讀同音示神紐至

韵葢讀作示市志禪紐志韵其時神禪至志讀皆無別則沈徐之音相同也**奉扃**古螢反何云關也一云門扇上鐶鈕

瞻無徐如字○攷證云注疏本無作毋此本似誤上無誑與此無字義同彼不音此亦何所疑而加音葢本是毋字故有

音耳校語錄云瞻無之無盧謂本是毋字偉案盧說葢非毋無異讀不必言如字徐讀無為如字不讀作毋耳箋曰盧說是也

攷注疏本記文云視瞻毋回說文十二無亡也毋止之也徐鉉並音武扶切依注疏本即謂視瞻不得迴轉也正此徐讀如字

之音陸此取徐音為釋者意毋與毋形似易混所以曉人當讀為禁詞之毋也周禮地官小司徒毋過音無是其證然此云讀

如字而作無則盧謂毋字之誤是也毋無同音法言異讀實非**户闔**胡臘反**不拒**其許反○校勘記云葉本庶作

許是也十行本同校語錄引阮說箋曰阮校是也注云示不拒人按廣韻御韻其據切無拒語韻其呂切有拒注云拒捍也其呂即葉本之其許其據即此本之其庶則作許爲是故法用阮說臧校北館本並作許今依正之

毋踏在亦反一音席

躐也〇十三經音略六云踏席之踏在亦翻音秦昔翻同音籍從毋一音席邪毋此字尚有三音音迹者論語之蹴踏也音刺七翻夕音鵲七翻畧者小雅執爨踏踏也今曲禮踏字音迹非箋曰本記云毋踏席賈疏云踏猶躐也按在亦爲踏之本讀左莊十九年傳釋文踏席陵在亦反可證廣韻秦昔切爲用字異音席蓋爲別讀集韻席紐有踏云躐也則據本書又按論語鄉黨篇君在蹴踏如也釋文蹴踏下子亦反恭和貌詩小雅楚茨執爨踏踏釋文踏踏七夕反又七畧反爨竈有容也周用直音則與反切字爲異耳攷踏在亦反讀從紐音迹則讀精紐周謂今曲禮踏字音迹非實爲方音所囿而妄非釋文矣

禮**摳衣**苦侯反提也下及注同

趨隅七俱反向也注同本又作走徐音奏又如字〇校勘記云葉本走作𧺆十行本作𧺆閩本同監本以下改從走按說文作𧺆經典相承作走𧺆誤字也箋曰史記伯夷傳趨舍有時正義趨音趨原誤趨趨向也音趨七俱爲直音反切之異蕭相國世家諸將皆爭走金帛財帛之府索隱走音奏奏者趨向之也徐音與小司馬音同說文二走趨也鉉音子苟切即此如字

之音大戴記保傅篇趨行不得盧注云趨或為走正與此言或本所作字同 慎唯于癸反應辭也注以同徐于比反沈以水反〇校語錄云唯字廣韻用沈音此匣喻之變箋曰本記云必慎唯諾注云不先舉見問乃應按于癸為唯之本讀內則男唯于癸反徐以水反于癸亦列為首音是其證于比于癸乃用字異此沈音與彼徐同以水在喻于癸在為其時喻毋三四等讀音已無別矣法謂匣喻之變者實誤以為紐字作匣紐也 諾乃各反 乃應應對之應 由闑魚列反門橛也

門橛求月反門中木 踐閾于逼反一音況域反門限也〇箋曰本記云不踐閾注云閾門限也按儀禮士冠禮釋文閾音域劉況逼反門限音域即此于逼一為直音一為反切則此首音為本讀一音即又音正用彼劉音矣詳彼箋 下賓遐嫁反 斆也芳夫反 道之音導 復就音服後此音更不重出 拾依注音涉 級音急階等 躡女攝反 之併步頂反 以上時掌反下皆同 重直勇反徐治恭反 蹉本亦作差同七何反 跌大結反 相過古臥反後不音者放此 帷薄位悲反帷幔也薄平博反簾也 為其于僞反下並同 迫也音伯 上介音界 並坐如字又步頂反後放此 横肱古弘反 不跪求委反本又作危 授坐本又作俛仰 凡

爲于僞反𢶡本又作糞徐音奮埽席前曰𢶡○注疏校勘記云閩監毛本同石經同岳本嘉靖本同釋文出𢶡云本又作糞正義本從作糞考文引古本作𢶡箋曰說文十三𡊅埽除也讀若糞糞鉉音方問切段注云𡊅字曲禮作糞少儀作拚又皆作𢶡糞即𠦒部之糞字與𡊅音同義畧同拚其假借字也按段說是也𠦒部之糞義爲棄除古所謂除穢曰糞後人則直謂所除之穢曰糞遂別置𢶡字則𢶡爲除穢之後出分別文此正義本所用爲正字陸則以正字爲或本以後出字爲正本攷少儀云埽席前曰拚釋文拚弗運反又作𢶡弗運音奮爲反切直音用字之異陸此所釋正用少儀文加帚之手反於箕音基膺於陵反葉如字箕舌○攷證云注疏本作膺擖足利古本是葉字今管子書作揲注疏校勘記云閩監毛本同嘉靖本同岳本同衞氏集說同釋文擖作葉考文引古本亦作葉山井鼎云古本作葉管子作揲而今此注作擖者蓋涉少儀篇誤耳當以古本及釋文爲證也案山井鼎說非也正義本自作擖故疏中皆作擖字又云按段玉裁云凡柶之盛物箕之底皆謂之葉或作楪譌作揲葉亦謂之𢹬少儀作擖乃𢹬之誤古音巤聲葛聲相近故從巤字或多作葛也校語錄云葉毛本作擖箋曰阮引段說是也鄭注引弟子職曰執箕膺擖孔疏云膺胸前擖箕舌也言執箕之禮以箕舌鄉胷而帚置於箕中

案少儀云執箕膺擖注云擖舌也釋文擖以涉反舌也徐音葉則徐即讀擖為葉儀禮漢讀考士冠禮注古文葉為擖曰擖當作攕字之誤也少儀執箕膺擖亦從古文作攕而誤足證此注疏本作擖實為攕字之誤按巤為閉脣音葛為翹舌音讀音之形狀既殊何云聲相近則從巤之字作從葛者乃為隸書字形之誤管子弟子職作㩤段所謂㩤之譌是也㩤者假借字葉者禮今文字也**以袂**武世反衣袖也**拘而**古侯反徐音俱**謂埽**先報反又先早反○孜證云注疏本作埽是箋曰注云謂埽時也按論語子張篇子夏之門人小子當洒埽應對進退釋文作洒掃云下素報反本今作埽彼校勘記引五經文字云埽經典及釋文多作掃是俗字先報素報為用字異則此首音為本讀爾雅釋詁注云掃刷所以為潔清釋文掃素老反素老即此先早故此云又雖音分上去於義無殊掃說文作埽云棄也鉉音蘇老則注疏本用正字釋文本用俗字何有是非之別哉**擁帚**於勇反**而扱**依注音吸許急反斂也**箕去**丘呂反下注同**如橋**居廟反井上桔槔

令左力呈反**卬**本又作昂又作仰同五剛反又魚丈反下同○孜證云注疏本俱作昂足利古本作仰注疏校勘記云閩監毛本同岳本嘉靖本同衛氏集說同釋文出卬云本又作昂又作仰正義本作昂考文引古本作仰箋曰注云橫奉之

令左昂右低如有首尾然按說文八卬望欲有所庶及也鉉音五岡切段注云卬與仰義别仰訓舉卬訓望今則仰行而卬廢且多改卬為仰矣五剛亦為昂之讀穀梁昭八年傳卬五郎反一音仰本又作昂可證魚文則為仰之讀詩北山卬音仰本又作仰音仰魚文用字異是其比矣此注云左昂右低陸從之故以五剛為首音也

⿰木挈本又作契又作絜同音結槹古毫反挈臯依字作桔槹見莊子○攷證云舊作⿰木挈槹撫本作絜臯與細注合今從之注疏本作⿰木挈槹校勘記云撫本⿰木挈作挈按⿰木挈字與注疏本同按說文無⿰木挈字又云撫本大字作臯按注疏本作槹此下小注云挈臯依字作桔槹明此大字不作槹也葉本挈作絜十行本同按臯字是也校語錄云⿰木挈槹盧依撫本改挈臯是也觀注文自見箋曰本記云奉席如橋衡注云橋井上⿰木挈槹按漢書郊祀志云通權火注張晏曰權火狀若井挈臯矣司馬相如傳云⿱㸚火舉注孟康曰⿱㸚火如覆米⿱竹奠縣着契臯頭則此所云挈臯正用張晏說而以孟康之契字為或本孫改挈作絜藏校北館本並同皆墨守葉本矣莊子天地云其名曰橋釋文槹本又作橋或作臯同音羔司馬李云桔槹也音羔古豪為用字異則挈臯俱為借字⿰木挈槹從木為後出分别文契絜俱為挈字之變異陸意蓋以司馬李說為正故云依字作桔槹而復以⿰木挈槹為大字者則取當文為釋也正與注疏本所見同阮以臯字

為是盧改作挈皋法從之江校北館本並同俱圍於撫本殆非陸書之舊今仍依舊用之請衽而審反臥席也何趾
音止坐在才卧反又如字函胡南反容也丈如字丈尺之丈王肅作杖指畫胡麥反於牖羊九反
重席直龍反注同再辭曰固一本作曰固辭不恙羊尚反爾雅云憂也所為于偽反下同無
怍才洛反慙也去齊音咨注同本又作齎謂裳下緝○箋曰本記云摳衣去齊尺注云齊謂裳下緝也按說文八齎
緶也銍音即夷切段注依韵會補裳下緝三字云論語鄉黨孔注曰衣下曰齊玉藻縫齊倍要正義曰齎謂裳之下畔深衣下
齎如權衡以應平注曰齎緝也按經傳多假齊為之依段說則陸以假字為正本以正字為或本蓋從經傳當文矣下緝
七立反毋撥半末反發揚毋蹶本又作蹷居衛反又求月反行急遽貌○箋曰本記云足毋蹶注云蹶行遽貌
孔疏云蹶行急遽貌也亦謂容初至之時匆得以為行遽恐有蹶蹎之貌也按左襄十九年傳云是謂蹷其本釋文蹷徐求月
反拔也又居衛反則此首音同彼又音此又音正用彼徐音此云本又作者實為左傳所用之字矣又按說文二蹶讀亦若橜士
冠禮橜其月反則此居衛為本讀求月即讀說文之亦音故陸云又也行遽其據反書筴本又作策初革反編

簡也○攷證云注疏本作策注疏校勘記云閩監毛本同石經同岳本嘉靖本同衛氏集説同釋文出書筴云本又作策正義本作策考文引古本作筴按依説文當作册策者册之假借字筴者又策之俗字也箋曰阮説是也編簡之義爲册段注説文策下云馬策曰策經傳多假策爲册筴蓋策之變異則釋文取俗字爲正本而以借字爲或本注疏本即用借字各順當文耳

盡後津忍反後放此　**爲汙**汙辱之汙又一故反後放此　**毋儳**徐仕鑒反又蒼鑒反又蒼陷反暫也○校語錄云蒼鑑蒼陷鑑陷分部箋曰本記云長者不及毋儳言注云儳猶暫也非類雜按仕鑒爲儳之本讀表記儳又仕鑒反是其比蒼鑒蒼陷其音俱同仕鑒蒼鑒在鑑蒼陷在陷其時鑑陷不分案蒼清紐鑑陷皆二等韻内無清廣韻作楚鑒仕陷則是此等韻家所謂精照互用者也　**旣説**音悅　**毋勦**初交反一音初敎反擥取○攷證云舊從力作勦誤岳本從刀今從之注疏校勘記云閩監毛本同石經同嘉靖本同衛氏集説同岳本勦作勦案勦説之勦曹憲謂當從刀與左傳勦民字從力者不同錢大昕云説文勦訓勞鄭訓爲擥即取勞之轉聲而借其義非有異文也説文刀部無勦字曹憲俗儒未達六書之旨故多妄説案五經文字力部勦字云楚交反見禮記當指此文是張參亦不從曹憲説也岳本全改從刀非校語錄云勦盧依宋本

改從刀十三經音畧六云勦初交翻鈔音又初教翻鈔去並穿毋字今通讀子小翻精毋非也勦說之勦與左傳勦民之勦同子小一音乃尚書甘誓勦絶之勦勦說勦民從力勦絶從刀詳廣雅音釋箋曰總上諸說曹憲謂勦說之勦當從刀盧依岳本改同曹說錢大昕謂勦說與勦勞無異文仍從力阮校依之按段注說文剿下云曲禮毋剿說字從刀不從力又注勦下云刀部劋字亦作剿禮毋剿說與此從力字絶不同俗多淆之段氏此語則勦剿二字判然亦言勦說之字當從刀為剿之後出而非勦之通借攷廣雅釋詁一云剿取也曹音策交初孝策交即此初交初孝即此初教又云勦勞也曹音子小反又楚交反下即云疑誤也引禮記左傳以明此訓取之勦則從刀而杜訓勞之勦則從力又訂其從力之勦為正文則不當有初交反之音故云疑誤據是則子小為剿之音非通如此讀也周謂勦說從力與勦民之勦同當誤矣且初交為勦取之本讀即此注所云勦猶擥也謂取人之說以為己說是也初教蓋讀作鈔玄應音義大般涅槃經三抄掠條云古文抄剿據南藏本二形今作鈔同初効切即為其證故岳本作勦從刀今依盧校段說誤正之

說如字注同徐舒銳反

擥也徐力敢反

應也應對之應下同

侍坐才臥反後放此

篇

卷音眷徐久戀反○校語錄云久戀與音眷同箋曰音眷為卷之本讀久戀即音眷此為直音與反切並出之例陸引之者

以徐讀定春之音也法謂二音同者意在同音不當有二三反語也唯而于癸反徐于比反注同○校語錄云于癸與于
比同脣音分屬開口合口故徐以比疊韻陸嫌其不切而易之箋曰于比于癸為用字異上文慎唯于癸反徐于比反正同按
比癸唯俱為合口故比癸同為唯之切語法依等韻家分脣音為有為開合實非陸次徐音於末者正明其同讀非易之也
于偽反下為饌同不見賢遍反跋半末反本也則去起呂反下風去免去同燼多才信反有
厭於豔反下同不叱尺質反狗古口反風去方鳳反不唾吐臥反有穢紆廢反徐烏外
反惡也烏路反欠丘劒反伸音身撰仕轉反猶持也杖屨紀具反下同日蚤音早莫音暮
離席力智反必令力呈反少閒音閑注同探人音貪耳屬之玉反于垣音袁毋噭
古弔反淫視如字徐市志反毋倨音據毋跛彼義反又波我反徐方寄反偏任也○校語錄云方寄與彼義
同箋曰本記云毋跛坐注云跛偏任也彼義為跛之本讀禮器跛彼義反偏任曰跛是其比方寄與之為用字異波我蓋讀作
波易履跛波我反足跛也依字作波是也互詳彼箋毋髢徒細反髮垂如髲毋袒徒旱反露也毋褰起連

反○攷證云注疏本作褰說文作攐注疏校勘記云閩監本同石經同岳本嘉靖本同衛氏集說同考文引宋板古本足利本同本同毛本褰誤蹇釋文出毋騫按騫正字褰假借字箋曰本記云暑毋褰裳孔疏云暑雖炎熱而不得褰袪取涼也按左襄二十六年傳釋文云騫裳起虔反本或作褰音雖同義非也說文云褰袴也詩鄭風騫裳起連反本或作褰非說文云褰袴也按說文手部攐摳衣也衣部褰絝也騫馬腹墊也鉉音俱去虔切段注謂詩騫裳字本用此謂摳衣不使盈滿也俗借褰絝字為之又謂詩言褰裳當作攐是也起虔去虔起連俱為用字異則攐為正字釋文作騫注疏本作褰並為同音假借耳皆為于偽反下為妨為于皆為為其為後同號户高反本又作嗁字呼火故反又如字○箋曰注云噭號呼之聲也按火故為呼之音如上文不呼釋文火故反號叫也是矣說文口部嘑號也鉉音荒烏切荒烏即此如字之音段注謂若衡枚氏嘂呼歎鳴大雅式號式呼以及諸書云叫呼者其字皆當作嘑則呼為嘑之假借字此音雖分平去義實無殊故陸亦以本讀為又音也睇大計反眄莫遍反伏覆芳伏反髮皮義反袪丘魚反為肆以二反餘也不上時掌反為妨音芳猶著丁畧反同杝羊支反衣架也枷本又作架徐音稼古本無此字○攷證云注疏

本作椸古本注疏本作古文誤注疏校勘記云閩本監本毛本同石經同岳本嘉靖本同衞氏集說同釋文出同枷又出枷云本又作架徐音稼古本無此字正義此句闕疏其本無可考臧琳經義雜記云案注云椸可以枷衣者然則經無枷字矣今內則亦有枷字疑誤衍鄭箋鵲巢云鵲之作巢冬至架之至春乃成記注枷字與詩箋同意並是運動之言非實指器物之名也釋器竿謂之箷亦單稱箷郭注云衣架與鄭合據徐音知此字晉以來已衍本古無此字陸當據徐本云然耳箋曰按內則云男女不同椸枷彼注云竿謂之椸釋文椸亦作杝云本又作椸以支反枷音稼爾雅釋宮注釋文箷羊支反字林云竿也本或作椸音同則郭注釋器之箷為衣架與鄭注曲禮之椸為衣枷也同杝者說文木部云落也即今字之籬而此字隸變與杝落之形相同音固有别椸箷則俱為其後出分别文矣又按國語齊語云耒耜枷芟韋昭注枷拂也所以擊草也廣雅釋器拂謂之枷曹憲音加說文木部亦云枷拂也鉉音古牙切則枷俱指器物之名非此架衣之義且音亦有平去之殊異故陸言古本無此字所以明徐音從俗本讀也攷廣雅釋器箷謂之枷曹憲箷音移枷音稼是枷讀作衣架字在漢魏間已然臧琳疑內則之枷為誤衍遂謂本篇此字是晉以來已衍實未可據

巾櫛側乙反　嫂叔字又作㛮素早反○箋曰說文十二

嫂兄妻也鋐音穌老切穌老即此素早則此云字又作者正指説文小篆嫂為隸變陸取經當文也**潄裳**悉侯反澣也○校勘記云撫本作侯十行本同岳本同此本侯誤侯校語錄云阮校諸本侯作侯是也盧本已改正箋曰臧校江校及北館本侯俱作侯按潄在侯侯在止則此本侯為侯之形近誤今依阮校正之又按劉履芬本藍注△于澣也間書尾云宋本仍有之字以△箋出觀鄭注云潄澣也陸用鄭説則此本無之字是矣**於梱**本又作閫苦本反門限也○校勘記云撫本作苦十行本同岳本同此本苦誤芳校語錄云阮校諸本芳作苦是也盧本已改正箋曰注云梱門限也按爾雅釋宮郭注云門閫釋文閫説文作梱同苦本反鄭注禮記云閫門限也則此芳為苦形之誤今依阮校正之閫蓋梱之後出專字耳**重別**彼列反下及注同**澣也**戶管反**行媒**音梅**不相知**本或作不相知名名衍字耳○攷證云注疏本有名字注疏校勘記云閩監毛本同石經同岳本嘉靖本同衛氏集説同釋文出不相知云本或作不相知名名衍字耳正義本作不相知名經義雜記云按注云見媒往來傳昏姻之言乃相知姓名經如本有名字鄭可無庸注矣案臧説非也注正解經名字為姓名耳當以正義本為長箋曰按昏禮有六禮二曰問名相知男女姓名先須媒氏行傳昏姻之意後乃知故鄭注以明經言知

相知之義臧謂經文本無名字是也正義本有名字當為後所增入者故陸謂名為衍字而阮校以正義本有名字為長未審

傳昏直專反　判妻普叛反　齊戒側皆反　取妻七住反本亦作娶下賀取妻同○箋曰儀禮士昏禮

釋文取妻七住反亦作娶同此詳彼箋　非媵羊證反又繩證反　本繫音計又户計反○箋曰注云世無本繫按

易繫辭釋文繫徐胡詣反本系也又音係續也胡詣即此户計音係即此音計則此首音同彼又音又音用彼徐音矣詳彼箋

有見賢遍反　辟嫌音避本亦作避下同餘皆放此○注疏校勘記云閩監毛本同岳本嘉靖本同衞氏集說同考

文引古本辟作避釋文出辟嫌云本亦作避正義云明避嫌也字亦作避按避正字辟假借字箋曰阮說是也說文二避回也

鉉音眦義切段注云經傳多假辟為避左成二年傳奔辟音避徐扶臂反眦義扶臂俱即此音避音避即讀作避矣　筋力

音斤　黑臀徒孫反　指擿徐吐歷反或音的○箋曰注云疾在外者雖不得言尚可指擿按說文十二擿搔也段注

云此義音剔詩象之揥也傳曰揥所以摘髮也釋文云揥勑帝反摘他狄反本又作擿非也擿音直戟反按以許說繩之則作

擿為是擿正音他狄反也音剔他狄俱與此吐歷為用字異則徐音正為擿之本讀陸故直列之為首音也音的則讀如的集

韻錫韻的紐有摘云挑也殆據本書或音矣為醫於其反二十冠古亂反許嫁笄古兮反左
殽戶交反熟肉有骨曰殽右胾側吏反大臠食居音嗣飯也注食飯屬同徐音自○校語錄云食徐音自誤
邪為從且不同部此徐音之最誤者箋曰說文五飤糧也鉉音祥吏切段注云按以食食人物其字本作食俗作飤按爾雅釋
木釋文飤因志反字林云糧也一曰餠也經典並止作食字借作飼音祥吏因志俱即此音飼則此肴音讀食作飤矣音飼邪
紐志韻音自從紐至韻其時邪從志至俱讀無別法以徐音為最誤實不明陸書條例遂有此妄言自誤耳羹居古衡
反舊音衡○箋曰古衡為羹之本讀說文三鬻五味盉羹也羹小篆鉉音古行切可證音衡蓋讀作臐爾雅釋器肉謂之羹注
云肉臛也釋文羹又作臐同古衡下庚二反儀禮士昏大羹如字劉音戶庚反字林作臐云肉有汁也下庚戶庚音衡俱為用
字異則此舊音正用劉讀臐為羹之後出專字也皆便婢面反下同其近如字膾古外反炙章夜反注
同醢徐音海本又作醯呼兮反○攷證云注疏本作醯注疏校勘記云閩監毛本同石經同岳本嘉靖本同衛氏集說同
釋文出醢云徐音海本又作醯呼兮反正義云此醢醬徐音作海則醢之與醬兩物各別又云今此經文若作醯字則是一物

也又云則醢醬一物爲勝據此正義本從作醢箋曰左莊十二年傳釋文醢音海肉醬則此徐音爲本讀呼兮即讀作醯內則用醯呼兮反酢也可證酢本截漿之名則醯與醢二物各別廣韻海韻醢下云亦作醯足見經典二字形混矣按本記云膾炙處外醯醬處內陸意醢醬與膾炙對文膾之與炙既爲二物則醢與醬亦爲二物故以徐音之醢爲正本而以呼兮之醯爲或本也

醬子匠反

葱渫以制反烝葱也○攷證云注疏本作滦注疏校勘記云閩監毛本同石經同岳本嘉靖本同衛氏集說同釋文出葱渫案渫本字滦唐人避諱字石經中凡偏旁涉世字者多改從云如棄作弃勩作勚葉作𦯧此滦及楪䕭媟諜堞偞皆是也廣韻葱渫字作渫箋曰阮校是也本記云葱滦處末注云滦烝葱也渫爲借用字滦爲變異字渫爲後出專字以制爲渫之本讀江校制作

烝之承反

利北館本同則祭至無分矣

酒漿子羊反字亦作將○箋曰惠校云將疑作漿按惠說是也將漿義別說文十一漿酢𩞄也鉉音即良切即良子羊用字異則此云字亦作者蓋指說文之𩞄將爲𩞄形之譌甚明應依正陸以漿爲正本者則從經典當文也

客燕本亦作宴於遍反

宜放方兩反

公食音嗣此儀禮篇名也後放此下文及注執食同

左朐其俱反屈中曰朐

容祭禮飲食必祭示有所先也干寶注周禮云

祭五行六陰之神與人起居

延道音導

徧祭音遍下注同

魚腊音昔

湆醬音泣

三飯符晚反下注禮飯以手同依字書食旁作卞扶万反食旁作反符晚反二字不同今則混之故隨俗而音此字○孫校云星衍案食旁作卞不成字乃隋時避言反故為此若汳河之為汴河也陸氏以為字書誤甚箋曰爾雅釋言注云今呼餐飯為饋釋文飯作餠云字又作餠俗作飯同符萬反字林云飯食也扶晚反飤也按說文五飤糧也飯食也鉉音符萬切段注云食也者謂食之也此飯之本義也引伸之所食為飯則呂忱用許說彼陸引之者以明俗於本義讀上聲如字於引伸義讀去聲為飰也以彼證此則此讀符晚實隨俗音云二字不同今則混之故隨俗而音此字正互文以見也又按唐寫本玉篇食部飯扶晚反今亦以為餠字餠扶萬反字書餰也野王案今並為飯字是餰出字書俗用與飯混同矣陸言依字書云云即所以曉人分別二字之本讀也孫謂陸以為字書誤甚段注飯下謂陸語分別殊誤俱未細審

後辯音遍下同○攷證改後作后云舊作後辯今從撫本注疏本作後辯下亦同案宋本皆作辯注疏校勘記云惠棟校宋本同石經同宋監本同岳本嘉靖本同衛氏集說同閩監毛本辯作辨下主人未辯同案五經文字云辯辨並皮勉反上理也下別也經典或通用之禮記亦借辯為徧字校語錄云

後盧依撫本改后箋曰本記云然後辯殽孔疏云辯匝也主人皆道客令食至飽食殽得匝也音遍則讀作徧儀禮鄉飲酒亦徧音遍按說文二徧帀也段注云禮禮記多假辯為之注辯下云俗多與辯不別則辯辨俱為徧之假借矣又按說文九后繼體君也段注云經傳多假后為後大射注引孝經說曰后者後也此謂后即後之假借則舊本用正字撫本用借字盧依撫本改舊本臧校同俱未免自擾耳

酳音胤又仕覲反嗽口也以酒曰酳以水曰嗽○攷證云舊士作仕漱作嗽今從宋本毛本官本同校勘記云撫本仕作士十行本及岳本並同葉本嗽作漱岳本同撫本作嗽十行本同按嗽口之嗽從水欶聲校語錄云盧依宋本改仕為士改嗽為漱箋曰儀禮士昏禮三酳以刃反劉士吝反禮記昏義而酳徐音胤又仕覲反以刃即音胤士吝即仕覲則此首音用徐讀又音用劉讀仕士同在牀紐則此本與宋本俱是說文十一漱盪口也則嗽為俗字臧校亦作漱俱泥于宋本矣按賈疏云用漿曰漱令口以絜清為義用酒曰酳酳訓演言食畢以酒演養其氣正與陸說同

親饋徐其類反

為于僞反

汗下半反本或作汙○注疏校勘記云閩監毛本同惠棟校宋本手作生是也宋監本同岳本作為汗生不潔也衛氏集說作謂汗手不潔也嘉靖本作為汙手不潔也箋曰賈疏云若澤手手必汗生則不絜淨一本汗生不圭圭

絜也言手澤汙飯也然則賈言一本正同陸之或本矣依陸音則讀為汙鄭注所謂為汙生不絜也**挼**乃禾反沈耳佳反○校勘記云撫本佳作佳十行本同岳亦作佳按作佳是箋曰本記云共飯不澤手注云澤謂挼莎也按說文十二挼一曰兩手相切摩也鉉音奴禾切乃禾奴禾用字異注言挼莎正兩手相切摩之謂則此首音為本讀耳佳蓋讀同撋周禮攷工記鮑人注云謂親手煩撋之釋文撋劉而垂反毛詩周南葛覃箋云煩撋之釋文引阮孝緒字畧云煩撋猶挼莎也而垂即此耳佳以其時支脂無別則此沈音與彼劉音同矣**莎**息禾反沈又息隨反○箋曰息禾為莎之本讀廣韵戈韵蘇禾切莎云手挼莎也息隨蓋讀如睢此為別讀故云又音**毋摶**徒端反**為欲**于偽反後皆同**去手**起呂反**流歠**川悅反**毋咤**陟嫁反吒咤也**毋齧**五結反**固獲**並如字徐云鄭橫霸反專之曰固爭取曰獲一音護○校勘記云葉本橫作擴十行本同箋曰本記云毋固獲注云欲專之曰固爭取曰獲賈疏云與人共食不可專固獨得及爭取也按說文十獲獵所獲也段注云引伸為凡得之稱鉉音胡伯切即此如字之音橫霸則讀如擭與本音去入相承音護即讀如護乃方俗語之變也故陸云一音擴為橫之隸變臧校亦作擴北館本同俱囿於葉本矣**飰黍**扶晚反**以箸**直慮

反說文云飯敧也嚃他荅反一音吐計反又音退不嚼菜也○箋曰本記云毋嚃羹注云嚃為不嚼菜賈疏云人若不嚼菜含而歠吞之羹有菜者用梜故不得歠當梜嚼也按賈說是也他荅為嚃之本讀吐計蓋讀如逮逮嚃形近音退則讀如退俱非正讀故云。一音又音也集韻齊韻他計切隊韻吐內切俱有嚃云不嚼也正依本書不嚼疾畧反又序畧反○校語錄云嚼讀從爵是也序畧反誤箋曰爾雅釋獸注云復出嚼之釋文嚼字若反字若即此疾畧則此首音為本讀序畧與疾畧讀同其時從邪不分易頤釋文嚼詳畧反詳畧序畧則為用字之異法以序畧為誤實未細審絮勑慮反調也謂加以鹽梅也毋刺七亦反弄魯凍反淡度敢反能烹普彭反煮也辭以寠其禹反貧也濡肉音濡字亦作濡斷也音短嘬初怪反炙章夜反臠也力轉反少牢徐式照反凡少牢皆同○攷證云舊武照反誤今從撫本毛本官本並同校勘記云葉本作式撫本同此本式誤武十行本亦作式照校語錄云武盧依撫本改式是箋曰式少俱在審紐武當式形近譌今依正之嚌之才細反卒食子恤反後更不音者同齏本又作齊將兮反○攷證云注疏本作齊校勘記云十行本亦作齊撫本齊作齏按說文作𩐈從韭次朿皆聲或從齊作齏隸變作齎假借作齊俗作齎箋曰阮說是也本記云徹飯齊以授相者注云齊醬屬也按下文云饗熟食者操醬齊彼釋文云齊本又作齎同子兮反說文七韲墜也重文齎韲或從亝鍂音祖雞切是齎齎即韲之或體從齊得聲祖雞子兮將兮俱為用字異則兮將兮俱為齎之本讀此飯齊與下醬齊並以齊為齎字阮云假借作齊是也**相者**息亮反注同**鄉**音向**少者**式名反下皆同**末釂**子妙反盡也**先尊**悉薦反又如字○箋曰注云不敢先尊者說文八先前進也鍂音穌前切即此如字之音悉薦蓋讀若霰與本音平去相承義則由動變名如易乾文言先天而天弗違釋文先悉薦反是也**亢禮**苦浪反**僮僕**音同**其核**户革反**溉者**古愛反**重汙**直勇反徐治龍反○箋曰注云重汙辱君之器也按直勇讀同廣韵直隴切之重其義為慎治龍讀同直容切之重其義為複此因異義而音分平上矣**陶梓**音桃瓦器也沈音遥○箋曰孔疏云陶是瓦甈之屬與陸說同按莊子逍遥遊云猶將陶鑄堯舜者也釋文陶徒刀反李移昭反馬蹄云陶者曰我善治埴釋文陶道刀反謂窯也窯音弋消反徒刀道刀即此音桃移昭弋消即此音遥則首音為瓦器之本讀音遥蓋讀作窯窯者燒瓦窯也此徐讀與彼李音同矣**萑竹**音丸葦也**傳己**直專反**侑曰**音又**餕餘**子閏

反食餘曰餕重餕直龍反偶坐五口反配也一曰副貳也下才卧反又如字用梜古協反沈又音甲字

林作筴云箸也公洽反○校語錄云公洽與音甲洽狎分部箋曰本記云羮之有菜者用梜注云梜猶箸也按說文梜下段注

引本記云此謂箸為梜引伸之義也古協即為此義之本讀公洽益讀作筴即為呂沈書所作之字音甲與公洽狎洽不分故

陸謂為梜之又音也梜箸直慮反為天于偽反下同削息畧反瓜古華反副之普逼反四析也

絺勑宜反細葛副析星歷反下同橫斷音短下同華之胡瓜反中裂以綌去逆反麤葛累

之力果反一音如字倮也力果反沈胡瓦反疐之音帝○校勘記云葉本作疐字與岳本十行本同石經字

作疐與此本近按疐乃蔕之假借字箋曰阮校是也本記云士疐之注云不中裂橫斷去疐而已賈疏云疐謂脫華處士不半

破但除疐而橫斷亦不覆也按說文二蔕瓜當也鉉音都計切毀注引本記文云疐者蔕之假借字聲類曰蔕果鼻也瓜當果

鼻正同類賈疏謂疐為脫華處其義亦同都計即此音帝去疐丘呂反齕之恨沒反徐胡切反○攷證云毛居正

以胡切當作胡勿桒下臧紇梁紇俱有胡切一音葢古讀與齕音相近後人作胡結反其音正相似毛說不必從十三經音畧

六云齕恨没翻下没手没盧骨翻同音紇月没韵字徐胡切翻胡結翻同音頁屑韵字毛居正以胡切當作胡勿讀入勿韵非盧氏釋文考證以古讀齕與齧音相近疑齧匣齕不分尤非校勘記引周說箋曰本記云庶人齕之賈疏云齕齧也案周禮同盟齕恨發反劉胡没反沈胡謁反論語八佾齕恨没反又恨發反莊子馬蹄齕恨發反又胡切反胡没即此恨没則此首音用劉讀此徐音同彼又音恨發與胡謁同以没韵開口無字故取音近常見之月韵字切之毛讀異韵誠非盧謂齕近齧則紐韵俱異矣周氏斥之是也**冠者**如字徐古亂反**不爲**如字徐于僞反○校語錄云于爲當作于僞箋曰法說是也本書爲字讀去聲皆作于僞則此徐音爲當僞之誤今依正之**不惰**徒禾反一音徒卧反○箋曰本記云言不惰注云憂不在私好惰不正之言按方言一秦謂之謾郭云言謾訑訑音大和反說文言部沇州謂欺曰訑大和徒禾用字異則此惰當讀爲訑首音爲其本讀徒卧則爲惰之本音非此義故云一音而列於末也**私好**呼報反**至矧**本又作哂失忍反又詩忍反齒本也○校語錄云失忍與詩忍同箋曰本記云笑不至矧注云齒本曰矧大笑則見按說文齒部齗齒本也段注引本經及注云矧正齗之假借字也論語先進夫子哂之集解引馬融曰哂笑也皇疏云齒本曰哂大笑口開則哂見故謂哂爲笑者也釋

文哂詩忍反則哂為後出字此以假借字為正本以後出字為或本法言失恐與詩恐同者以為同音不得有二反語也**不**

至詈力智反罵詈**則見**賢遍反**水潦**音老雨水謂之潦**拂其**本又作佛扶弗反下同戾也○攷證

云注疏本作佛注疏校勘記云閩監毛本同石經同岳本嘉靖本同釋文出拂其云本又作佛扶弗反下同正義本作佛考文

引古本佛作拂箋曰本記云獻鳥者佛其首注云佛戾也按說文十二弗矯也鉝音分勿切段注云弗之訓矯也今人矯弗皆

作拂則此借拂為弗注疏疏本作佛亦為弗之借**為其**于偽反下為其同**喙害**吁廢反又陟遘反又知胄反又

丁角反○校勘記云葉本遘作溝十行本亦作遘按集韵二十五候有喙字校語錄引阮說云云案此遘字乃剜刻者然作遘

是也前已屢見箋曰顧千里校云此溝字缺末筆耳作溝者由于誤認按鄭注云為其喙害人也吁廢為喙之本讀知胄讀作

咮或噣爾雅釋天釋文咮褚究反本或作喙許穢反褚究即此知胄許穢即此吁廢陟遘知候候韵候一等用知等韵家所謂

類隔讀同知胄左襄九年傳咮竹又反徐丁遘反徐音即用端紐作切法謂作遘是顧謂此遘缺末筆皆是矣丁角蓋讀作啄

爾雅釋鳥生噣鷇注云能自食釋文噣竹角反義當作啄是其比**佛戾**力計反**竹籠**力東反**以冒**莫報反

畜鳥 許六反養也徐況又反○攷證云鳥舊誤馬係沿宋本今各本俱改正校勘記云撫本作鳥此本鳥誤馬校語錄云阮云撫本作畜鳥盧本已改正箋曰本記云畜鳥者則匆佛也注云畜養也盧校馬作鳥是矣今從之易小畜釋文鄭許六反養也則此首音用鄭說為畜之本讀況又葢讀作畜爾雅釋畜釋文許又反本又作嘼音同字林云嘼產也說文云嘼牲也經典並作畜字以陸說言之此義有畜牲畜養之別故音分去入也 **則馴** 似遵反狎也徐食倫反沈養純反○校勘記云葉本倫作侖校語錄云馴三音邪禪喻互變也箋曰易坤初六象正義曰馴猶狎順也若鳥獸馴狎然釋文馴似遵反則此首音為本讀盧本似作以誤食倫在神則讀如脣詩小雅鴛鴦牲馴音巡又音脣則彼又音正用此徐讀法謂此為禪紐字未審言之也養純葢讀如勻周禮地官序官為馴似遵反徐餘倫反則此沈音與彼徐同矣互詳彼二箋臧校倫作侖固守葉本耳 **筴綏** 音雖執以登車者 **胄** 直又反兜鍪 **操右** 七刀反持也下及注皆同 **右契** 苦計反 **操量** 音亮一音良斗斛○箋曰注云量器名按說文八量稱輕重也鉉音呂張切段注云引伸之凡所容受曰量呂張音良為直音與反切之異則此一音為本讀音亮則讀去聲鄭注器名陸云斗斛正段謂所容受者則此首音讀其引伸義矣 **鼓** 隱義云樂

浪人呼容十二石者爲鼓 醬齊本又作齏同子兮反 便也婢面反 鎧苦愛反 兜丁侯反 鍪莫侯反

劵要字又作絭音勸○攷證云劵下從刀注疏本誤從力箋曰注云契券要也說文刀部券契也從刀龹聲鉉音去願切去願即此音勸是力爲刀形似之誤盧說是矣此云字又作絭則劵借絭爲之絭攘臂繩也 凡遺于季反與也注同

弛弓本又作施同式是反謂不張也注同 隤然本又作頹徒回反順貌○箋曰注云弓有往來體皆欲令其下曲隤然順也按易繫辭夫坤隤然示人簡矣釋文隤大回反馬韓云柔貌也徒回大回用字異柔順義合段注說文隤下云按隤與穨音同而義異如李陵傳隤其家聲斷不可作穨矣以段說繩之則此所云本又作之字亦同音借用隤故不以穨爲正本也

承弣音撫把中也徐音甫下同○校勘記云撫本同是也葉本把作杷別一字箋曰注云弣把中也按儀禮大射儀注云弣弓把也釋文弣芳甫反或方武反芳甫即此音撫方武即此音甫則此首音爲本讀彼或音與此徐同撫在敷甫在非此時上聲非敷無別以彼證此則知把當從才下文亦作把中阮說是也北館本朱改才作木旁注墨把則正字誤字互易矣

弭頭亡婢反弓末也 耶也似嗟反 把中音霸手執處也 垂帨徐始銳反佩巾 磬徐苦定反 折徐時列反

又之列反沈云舊音逝○箋曰時列爲折之本讀之列蓋讀如晳書洪範釋文折時設反一音之舌反時設即此時列之舌即此之列彼一音同此又音音逝則讀作逝祭法泰折之設反舊音逝即與此同明其時轉舊入聲爲去聲也

還辟辟拜上辟扶亦反下辟音避注同覆手芳服反與音餘其鏄在困反舊子困反銳底曰鏄注同一讀注音作管反○箋曰注云銳底曰鏄取其鏄地說文十四鏄柲下銅也鋐音徂寸切徂寸在困用字異則此首音爲本讀子困蓋讀如錽詩秦風小戎鏄徂寸反又子遯反徂寸即此在困子遯即此子困作管則讀如纂集韵徂管切有鏄云戈柄下銅殆依本書

矛戟本又作鉾音謀兵器其鐓本又作錞徒對反平底曰鐓注同一讀注丁亂反○箋曰注云平底曰鐓取其鐓地說文十四鐓矛戟柲下銅鐏也鋐音徒對切詩秦風小戎厹矛鋈錞釋文錞徒對反說文云矛戟下銅鐏則此所言或本與毛詩用字同而以許書字爲正本矣丁亂則讀如端廣韵端足端言平底如足端地也集韵都玩切有鐓云柲下銅平底曰鐓殆依本書

銳以稅反底丁禮反拂之如字所馮皮冰反去塵起呂反效馬胡教反呈見也下同

手便婢面反呈見賢遍反犬齛本亦作噬常世反○箋曰注云犬齛齧人右手當禁備之按常世爲

噬之本讀易噬嗑釋文噬市制反齧也常世市制為用字異則此以正字為或本爾雅釋獸釋文齸張揖音世解云羊食已吐而更嚼之此齸假借字矣以繢胡對反畫也以掬九六反手中也兩手曰掬弗揮音輝何云振去餘酒曰揮脃也七歲反○攷證云注疏本作脆字俗注疏校勘記云閩監毛本同嘉靖本同惠棟校宋本脆作脃宋監本同岳本同釋文同五經文字云脃從刀從卩作脆譌箋曰按說文四脃小耎易斷也從肉從絶省鉉音此芮切此芮即七歲段注云作脆者誤也依證則阮引張參謂脃作脆譌雖是而謂脃從刀從卩實與許矛盾其說實誤矣苞苴子餘反苞裹也苴藉也簞音單笥思嗣反字林先自反沈息里反簞笥竹器也圜曰簞方曰笥○校語錄云笥自不同部字林音非也自乃字之譌見儀禮箋曰注云簞笥盛飯食者圜曰簞方曰笥按漢書貢禹傳注師古曰笥盛衣竹器音先嗣反先嗣即此思嗣則此首音為本讀儀禮士冠禮釋文笥息嗣反字林先字反大射儀以笥同息嗣即思嗣在心紐志韵先字同紐同韵則為用字異先自在至法所謂不同部然其時志至無別故呂音混用陸書音例正如此則自非為字譌法以字林音非實未明審息里蓋讀如泉此殆方音轉去為上集韵想止切有笥云竹器正依本書沈讀裹魚音果以葦韋鬼反盛飯音成圜

曰音貟如使色吏反注及下使者使也並同凡為于偽反下注為哀樂為其廢喪事並同朝服直遙反

強識如字又式異反善行下孟反皇如字怠音代昭穆時招反○攷證云此讀詔也蓋古來相傳如此以為

為司馬昭而改音者其說非也箋曰詩魏風汾沮洳釋文昭穆紹遥反說文作佋紹遥時招用字異則此音為本讀按說文人

部佋廟佋穆父為佋南面子為穆北面鉉音市招切市招即此時招依是則昭為佋之假借字盧所謂古來相傳如此也又按

段注昭下云昭穆皆本無正字假此二字為之自晉避司馬昭諱不敢正讀一切讀上饒反上饒即讀韶盧氏云云殆指此歟

幼少式召反乘必繩證反下注二處乘車同齊者側皆反哀樂音洛下無容樂非樂所同思也

緣嗣反又如字毀瘠在昔反瘦也骨見賢遍反由阼才故反門隧音遂道也有創初良反又

初亮反○箋曰說文四刅傷也創刅或從倉鉉音楚良切段注云凡刀創及創瘍字皆作此俗變作刅作瘡多用創為刱字按

本記云頭有創則沐則此創為創傷字楚良即此初良則此首音為本讀初亮蓋讀作刱與此義乖故云又音瘍有音羊

本或作痒不勝音升任也而金反衰麻七雷反數也所主反下皆同殯必刃反下同斂力驗

反下同**貶於**彼檢反字林方犯反○校語錄云貶犯輕重脣不同未知字林之意云何殆讀為輕脣耶箋曰注云此士禮貶於大夫者孔疏云貶猶屈也彼檢在琰為貶之本讀方犯在范其時范琰讀同按玉藻釋文辨讀為貶彼檢反字林貶音方犯反春秋序貶彼檢反字林方犯反則呂讀皆范琰不分方犯音同彼檢並非讀重脣為輕脣陸引之者實所以證其同也**者傷**如字下同舊式亮反○箋曰本記云知死者傷注云傷未致命辭也按爾雅釋詁悠傷憂思也釋文傷字書作慯尸羊反尸羊即此如字之音言憂傷死者為作辭也式亮反葢讀作殤儀禮喪服傳鄭注云殤者男女未冠笄而死可殤者言未成人而死可哀傷也**能賻**音附公羊傳曰錢財曰賻穀梁傳曰歸生者曰賻**不問其所費**芳味反一本作有所費下句放此**能遺**于季反與也**皆為**于偽反下為其皆同**登壟**力勇反塚也**塋域**音營**執紼**音弗引棺索**引棺**本亦作引車**索**悉各反**望柩**求又反**入臨**如字舊力鴆反**舂**束容反**不相**息亮反注同送杵聲**杵**昌呂反**由徑**經定反邪路也**不辟**音避本亦作避下注同**内荏**而審反柔弱貌**心很**胡墾反○攷證云作狠者非箋曰臧校很旁彳作犭按說文彳部很不聽從也鉉音胡墾切此注云貌恭

心很非情者也很與恭對文則作很是然段注狠下云今俗用狠為很許書很狠義別依段說則臧校從俗盧說用許義繩之矣

小俛音免**禮不下**遐嫁反又如字**遽於**其庶反沈又其於反○箋曰按儒行注云遽猶卒也釋文遽其據反卒也急也此注云為其遽於事且不能備物是與彼義同而切語為用字異則此首音為本讀其於蓋讀如遽說文遽從辵豦聲沈依諧聲字作音蓋非正讀故陸云又**不上**時掌反**不與**音預**車綏**耳佳反○攷證云毛本宮本作耳崔反譌校勘記云撫本作隹此本佳誤佳十三經音畧六云綏監本而追翻音雖釋文耳佳翻音同而讀入佳韻竝日毋字也案綏字本息遺翻音雖心毋字上策綏字釋文音雖此武車綏旌之綏與綏通故與齊風冠綏雙止檀弓蟬有綏之綏音同今通讀綏旌之綏為息遺翻非校語錄引阮說箋曰本記云武車綏旌注云綏謂垂舒之也按檀弓釋文綏本又作緌同耳佳反內則緌耳佳反纓飾也俱作佳周謂釋文讀入佳韻竝日毋字誤矣攷佳韻二等無日毋佳在脂脂三等有日毋是佳為佳形近之譌明甚阮校是也又按說文糸部綏車中靶也鋄音息遺切詩大雅韓奕釋文綏鄭音雖車綏也則鄭與許音義無殊段注說文綏下云引申之為旌旂之緌以旄牛尾為之古字或作蕤或假綏為之由是而言則綏旌之綏讀息遺反者實為許鄭所讀之

本音也此車緌之緌讀耳佳反者又為緌纓引申義之音也周謂今通讀緌旌為息遺反非真未明審則載音戴本亦作戴下及注同塵埃烏來反鳴鳶悅專反鴟也車騎其寄反有摯音至貔婢支反徐扶夷反孔安國云貔執夷虎屬皆猛健○校語錄云貔支不同部徐音是也箋曰按爾雅釋獸郭注貔云一名執夷虎豹之屬釋文貔音毗漢書司馬相如傳上生貔豹注引郭璞曰貔執夷虎屬則郭說與陸引孔傳同音毗即此扶夷為直音與反切之異則此徐音為本讀婢支在支扶夷在脂其時支脂讀同而陸標之於首者乃所謂會理合時也當無是非之別矣貅本亦作貅許求反又虛蚪反貔貅摯獸○校語錄云二音尤幽分部箋曰注云貔貅亦摯獸也許求為貅之本讀廣韻尤韻許尤切貅貔貅猛獸貅上同故江校貅作㹒虛蚪蓋讀如飍集韻香幽切有貅云鷙獸則依本書以警音景師從才用反下同行列戶剛反招搖並如字北斗第七星急繕依注音勁吉政反軍陳直覲反杓端敷招反徐必遙反分也扶問反之讎常由反多壘徐力軌反又力水反軍壁○校語錄云力水與力軌同未詳其旨箋曰本記云四郊多壘注云壘軍壁也按周禮夏官量人營軍之壘舍鄭注云軍壁曰壘與此義同大司馬釋文壘門力軌反彼

音正用此徐讀力水力軌爲用字異陸故云又法云未詳其旨者以爲同音不得有二反語也實未詳本書條例矣**單辟**本又作壁布狄反**數見**色角反**爲無**于僞反下爲不爲其爲有皆同**則埋**徐武乖反**褻之**息列反慢也**之使也**色吏反**諱辟**音避下皆同**禹與雨**並于矩反一讀雨音于許反○校語錄云于矩于許麌語分部箋曰于矩在麌于許在語其時讀音已同此孔疏所謂禹與雨有同音嫌疑如此者不諱是也**丘與區**並去求反一讀區音羌虯反又丘于反案漢和帝名肇不改京兆郡魏武帝名操陳思王詩云脩阪造雲日是不諱嫌名○攷證云惠氏棟云左傳火焚其旗敗于宗邱邱並讀爲區當音邱于反此去求羌虯二反皆非也孔氏疏謂邱與區音異而義同亦誤案漢和帝之名當作肇伏侯音兆章懷引許慎音火可反二音不同校勘記云葉本作肇是也校語錄云去求羌叫尤幽分部經籍舊音辨證二云承仕按丘聲本在之部漢時讀與區同丘區並音去求反猶母聲亦之部字而嬰鴟之鴟讀莫厚反侮從母聲亦在之部讀文甫反皆之侯通轉之驗顏師古引陸士衡詩普厥丘宇丘即區字晉宮閣名若干丘即若干區爲區丘同音之證是也至隋唐之際丘區韵部已殊故正義謂禹雨音同而義異丘區音異而義同蓋已不曉鄭讀而釋文並音去求反則

舊音如是德明承用之耳箋曰去求為丘之本讀如爾雅釋丘釋文羌牛反羌牛即此去求是也釋草蓲郭音丘說文云烏蓲
草也詩碩人薍江東呼之烏蓲蓲音丘烏蓲可音丘則區亦可音去求反此魏晉時區讀同丘之證故此以並去求反標之於
首吳謂德明承用舊音是也羌蚪與去求音同以其時幽尤無別集韻幽韻羌幽切有區云域也殆據本書則盧謂此去求羌
蚪二反皆非失之丘于則為區之本讀樂記區徐丘于反可證詩秦風孜小戎脅驅本亦作駈起俱反齊風載驅又如字本亦
作駈丘于起俱用字異是六朝人丘區尚同讀之證此陸又音之所由也孔疏謂丘區音異而義同故盧以為誤吳以不曉鄭
讀斥之也又按旗邱古同在咍部詩魏風園有桃一二章其與哉之之思韻衞風氓一章丘與蚩絲絲謀淇期媒期韻可證區
古在矦部如唐風山有樞一章樞與榆婁愉韻是也是旗邱古皆不讀為區明甚惠說以漢音讀左傳無異以唐律折漢獄
失之遠矣母聲在咍部侮與莫厚俱在矦部文甫則在模部蓋皆方音之變吳謂之矦通轉亦失　逮事音代一音大計
反　心瞿本又作懼同俱附反　適士丁歷反　入竟音境　所惡烏路反　筮市制反　冠娶古亂
反　假爾古雅反下同　是瀆徒木反　麗力知反　猶與音預本亦作豫○注疏校勘記云石經同岳本

嘉靖本同釋文出猶與云本亦作豫案正義本當亦作豫觀正義引說文云豫亦是獸名象屬可證後人以釋文本與改正義
本豫並改正義中引說文之豫亦作與按與為豫之假借字箋曰本記云使民決嫌疑定猶與按𢮦注說文猶下云古有以聲
不以義者如猶豫雙聲亦作猶與亦作冘豫皆遲疑之貌九歌君不行兮夷猶王逸即以猶豫解之要亦是雙聲字阮校𢮦說
俱是也音預為豫之本讀此與讀作豫故以本字之音為借字作釋也 必踐 依注音善王如字云履也○箋曰本記云
日而行事則必踐之注云踐讀曰善聲之誤也孔疏云踐善也言卜得吉而行事必善也王云卜得可行之日必履而行之踐
履也按孔疏是也說文二踐履也鋋音慈衍切即此如字之音則王用許說音善蓋讀作善此以易字之音為釋也陸從鄭說
故云依注而列之於首也 為著 音尸 監駕 古衘反 且為 于僞反 展軨 歷丁反一音領盧云車轄頭𨊠
也舊云車闌也 由右上 時掌反下犬馬不上下注而上車同 去塵 羌呂反 跪乘 繩證反下除乘君不乘奇
車乘路馬皆同 分轡 悲位反四馬八轡故云分 并轡 必政反 右攘 如羊反郤也又音讓○箋曰注云攘郤也
或者攘古讓字按說文十二攘推也鋋音汝羊切𢮦注云古推讓字如此作汝羊如羊用字異則此首音為本讀言左右侍者

遷卻推攘使君車進行也音讓益讀說文言部讓相責讓鉉音人漾切鄭注謂攘為古讓字也陸故云又音 **辟** 音避徐扶亦反本或作避字非也○箋曰本記云左右攘辟孔疏云辟遠也言侍駕陪位諸臣退郤遠離君車也按儀禮士虞釋文辟退音避又婢亦反少牢饋食皆辟音避又房益反婢亦房益俱即此扶亦則此徐音同彼又音辟俱不作避此上文辟婢音避本亦作避僅為一音兩兩相較知此既本讀辟又讀作避陸謂或本作避字為非者明此辟有二讀也 **車驅** 起俱反徐起遇反

而騶 仕救反又七須反徐仕遘反○注疏校勘記云閩監毛本同惠棟校宋本騶作驟按依說文當作驟經文作騶假借字校語錄云七須仕遘均與古音合箋曰本記云車驅而騶孔疏云左右已辟故驅車而進則左右從者疾趨從車行也按仕救則讀同廣韻鋤祐切之驟說文馬部驟馬疾步也鉉音鉏又切阮謂騶假借字是也仕遘在侯候韻一等無牀等韻家所謂精照互用則徐讀與首音同七須益讀作趨孔疏所謂疾趨從車行也此非正讀故云又音切語行於魏晉其時古音已不存且七須仕遘有清從之殊平去之別何得謂此二音與古音合耶 **拘之** 古侯反又音俱 **非贄** 本亦作摯音至

朝位 直遙反下同 **善藺** 力刃反○攷證云注疏宋本正德本皆同古本足利本亦同嘉靖本改作躪官本從之毛

本更譌作躝注疏校勘記云惠棟校宋本同宋監本同岳本嘉靖本同閩監毛本蘭作躝疏同衞氏集說作蹣案釋文本亦作蘭按依說文當作蹸從足粦聲蘭假借字箋曰注云馳善躝人也孔疏云善猶好也躝雷刺也若車馳則好行刺人也何胤云躝蹴也按文選上林賦云躪玄鶴注引郭璞曰躪踐也西都賦云躝蹸躪其十二三注引說文曰蹸轢也躪與蹸同力振切力振力刃用字異廣韵良刃切躪作躝則蹸為本字躪為分別文躝蓋躪之省蘭為聲借字各本俱未譌矣

為**自御之**依注音訝五嫁反迎也○攷證云釋文所見注必本是訝字今注疏本作迓注疏校勘記云惠棟校宋本同宋監本岳本嘉靖本同閩監毛本訝作迓迓非釋文出自御之云依注音訝五嫁反迎也是釋文本訝亦作訝也下皆訝也同按依說文當作訝箋曰本記云大夫士必自御之注云御當為迓迓迎也君雖使賤人來必自出迎之尊君命也按說文言部訝相迎也鉉音五駕切迓訝或從辵段注云惟周禮作訝他經皆作御如詩鵲巢百兩御之毛曰御迎也甫田以御田祖箋曰御迎也及本記云云皆訓迎則皆訝之假借吾駕即此五嫁為訝之本讀此以本字之音釋借字之義陸云依注者明經文御從鄭讀作訝也然則訝者正字迓者或體御者雙聲假借矣

跛者波我反

眇者名小反

為其于偽反下注為若為惑為掩同

菱

拜子卧反又側嫁反詐也挫也沈祖稼反又子猥反盧本作蹲○校勘記云沈祖嫁反撫本葉本嫁作稼十行本同注疏校勘記云石經同岳本嘉靖本同釋文出蓌拜云盧本作蹲公羊僖三十三年傳何休注云介胄不拜為其拜如蹲蓋引此文與盧本同而如古通蹲下無拜然正義本自作而蓌拜十三經音畧六云蓌子卧翻讀如佐精母又側嫁翻讀如詐照母又祖嫁翻讀如借精母又子猥翻讀如窣精母今通讀如莝清母者非廣韻隊韻子對翻音晬此又音一五經文字云蓌字書無文案說文有夎原誤作蓌字箋曰本記云介者不拜為其拜而蓌拜注云蓌則失容節蓌猶詐也孔疏云蓌挫也戎容暨暨著甲而屈拜則挫損其戎威之容也一云蓌詐也言著鎧而拜形儀不足似詐也虛作矯蓌則失容節是蓌猶詐也箋曰孔疏鄭義是也子卧即讀作挫陸列之於首與孔並以挫訓蓌必古有此說也讀佐在箇子卧在過周依坊間詩韻不分側嫁蓋讀作詐鄭注所謂蓌猶詐周音是也祖稼精紐禡韻禡二等此為精照互用其音讀作側嫁周讀如借大誤子猥蓋讀如摧集韻祖猥切有蓌云詐也挫也正依本書周讀如窣讀合口為開口亦誤鄭珍說文新附夎下云曲禮漢時有二本蹲義與蓌異作蹲宜是古本按蹲之義為踞著鎧而拜則踞盧本從其義故作蹲何云古本鄭說謬矣

惡空烏路反

遠嫌于万反

奇車居宜反奇邪不正之車何

云不如法之車

廣欵 開代反

五巂 本又作巂惠圭反規也車輪轉一周為巂一周丈九尺八寸也○攷證云案巂字不當從巂陸氏不加審擇非也校語錄云地字阮刻注疏本作也箋曰劉履芬本此條書眉云又按疑云本又作轚見集韵按本記云立視五巂注云巂猶規也謂輪轉之度孔疏云巂規也車輪一周為一規一規為一丈九尺八寸段注說文巂下云曲禮立視五巂借為規字漢之越巂即此字音髓或以作巂別之誤足徵此或本作巂亦誤陸之列之而未辨其非盧何謂不加審擇也攷集韵玄圭切出轚云車輪轉一周為轚通作巂本燕名此通借字則轚為輪轉一周之後出專字亦非此或本故諸書未見今仍其舊也依阮刻注疏本改也

為繠 本又作蘂如捶反徐而婢反○攷證云宋注疏本作繠足利古本亦同說文有繠無蘂校勘記云葉本媲作辟撫本作婢十行本亦作媲與此本同按作婢是也媲辟皆誤校語錄引阮說云案作婢蓋是箋曰注云巂或為繠孔疏云他本禮記有作繠字者如捶為繠之本讀而婢與之為用字異若而媲而辟俱不成音顯然媲辟皆為婢形之誤阮校法說皆是也今依正之臧校繠亦加艹作蘂北館本同

策彗 音遂徐雖醉反又因歲反竹帚也○十三經音畧六云彗音遂邪母徐雖醉翻音邃心母又因歲翻音篲邪母佩觿云彗分徐醉邪母祥歲邪母其淆混有如此者案徐醉

音遂寘韻祥歲音篲似銳翻同霽韻毋同韻異自是應分並非淆混郭誤甚矣箋曰本記云國中以策彗卹勿注云彗竹帚音遂為彗之本讀雖醉音同其時去聲邪心不分因歲在祭與遂在至讀亦無別周以至為寘祭為霽蓋從坊間詩韻郭謂淆混則以唐宋韻書斷定六朝反語皆非所宜也按爾雅釹擁篲先驅釋文篲字又作彗似稅反又因醉反一音息遂反說文云掃竹也似稅即此因歲因醉即此音遂息遂即此雖醉可見爾雅音與此同惟列次先後異耳

卹蘇沒反注同　勿音沒注同

卹勿搔摩也　驅如字又羌遇反　搔素刀反　摩莫何反　齊牛側皆反　載鞭必緜反　足蹙本又作蹴徐采六反又子六反○箋曰采六為蹴音子六為蹙音詩江有汜釋文蹙子六反本亦作蹴說文足部蹴躡也鋐音七宿切七宿采六為用字之異俱其證也　馬芻初俱反

曲禮下第二

凡奉本亦作捧同芳勇反　提者徒兮反　上衡時掌反衡謂心平也　綏之依注音妥湯果反又他回反謂下於心也○箋曰本記云執天子之器大夫則綏之注云綏讀曰妥妥之謂下於心按湯果為妥之本讀此以易字之音為釋

故直云依注陸從鄭說也他回蓋讀如推儀禮士虞釋文妥尸他果反劉湯回反他果與湯果湯回與他回俱為用字之異詳

彼箋勝音升操帶七刀反行舉足一本作行不舉足曳以制反踵支勇反磬折之列反又

市列反一音逝垂佩步內反本或作珮非○箋曰本記云立則磬折垂佩說文八佩大帶佩也從人凡巾鉉音蒲妹切云

今俗別作珮非是段注大帶佩者謂佩必系於大帶也從人者人所以利用也從凡者所謂無所不佩也從巾者其一耑也無

所不佩是不能以玉佩言之而用俗作珮字故陸言或本為非佩倚范於綺反謂附身也徐又音其綺反○箋曰注云倚

謂附於身於綺為倚之本讀禮器釋文於綺反依物曰倚是其比其綺蓋讀如倚廣韻渠綺切有倚可證易說卦釋文而倚於

綺反馬云依也王肅其綺反云立也則此徐音正用彼王肅之讀矣有藉在夜反下同則裼星曆反藉藻

音早本又作繅見美賢遍反璧琮才冬反姪大節反字林丈一反娣大計反家相息亮反長

妾丁丈反下注長老同辟天子音避本又作避下同僭作念反儌胡孝反使音史射市夜反則

辭以疾如字本又作有疾為疾如字本又作疚音救去國三世鄭云自祖至孫盧王云世歲也萬物

以歲為世於朝直遥反下皆同復立扶富反下復還同臧紇恨發反徐胡切反沈胡謁反不為父于偽
反作謚音示倒筴多老反去塵羌呂反下徹猶去去琴瑟同傎丁田反重素直龍反注同重
素衣裳皆素袗絺之忍反單也士輤于見反葦席于鬼反為其于偽反苞屨白表反草
也○箋曰本記云苞屨不入公門注云苞藨也齊衰藨蒯之菲也孔疏云苞屨為藨蒯之艸為齊衰喪屨說文艸部苞艸也南
陽以為麤屨鉉音布交切段注引本經注云云當是藨是正字苞是假借故喪服作藨蒯之菲曲禮作苞屨按孔疏段說皆是
也布交為苞之本音白表則讀苞作藨下文藨白表反是其證此陸從鄭說故以本字之音釋借字為欲讀苞同藨耳扱
初洽反衽而審反厭冠於涉反伏也藨白表反一音扶苗反○箋曰白表為藨之本讀扶苗則讀如剽說文
艸部藨讀若剽一曰蔽之屬鉉音平表切此注云齊衰藨蒯之菲與許一曰義同則首音為許書之別義一音為許書之本義
矣爾雅釋草藨麃釋文藨皮苗反又皮表反是其比齊衰本又作齌音咨下七雷反下文同蒯苦怪反之菲
扶味反屨也方板字又作版音同○校勘記云葉本版作板十行本亦作版按此葉本誤大字既作板何以言字又作

板當依此本作版爲是諸如此例者並放此按版板古今字箋曰阮説是也説文乚版片也段注云凡施於宫室器用者皆曰
版今字作板臧校版旁片作木實誤信葉本矣書賵芳仲反車馬曰賵廄庫九又反○攷證云庫舊譌車今改正
校勘記云按車字誤經云廄庫爲先此當作廄庫箋曰按本記云宗廟爲先廄庫爲次盧阮校車爲庫是也今依之而阮以次
字爲先字殊失檢矣凡家造才早反一本作凡家造器器衍字○箋曰本記云凡家造祭器爲先養器爲後注云大夫
稱家謂家始造事孔疏云謂大夫始造家事也依經文則知祭器養器爲家造作釋故注疏謂始造家事其義已足若云造器
實爲贅文故陸云器衍字而定爲或本也犧賦許宜反養器羊尚反一如字不粥音育賣也不衣於既
反去國祭器不踰竟音境注及下同一本作大夫士去國下去國踰竟亦然寓祭魚具反寄也
覬巳音冀爲壇徐音善注同鄉國許亮反撤緣悦絹反鞮屨都兮反又徒兮反鞮屨屨無絇
○校勘記云葉本無絇作音句按此亦葉本誤也十行本作屨緌絇絇字不誤惟無字誤作緌耳假如葉本爲屨字作音何須
又出鞮屨二字箋曰阮校是也按注云鞮屨無絇之菲也孔疏云鞮屨者謂無絇飾屨也屨以絇爲飾凶故無絇也臧校北館

本並從葉本俱誤都分為鞮之本讀周禮春官序官鞮丁分反許慎云屨也可證徒分則讀如題集韻題紐有鞮云革履殆依本書此破裂轉為塞擦蓋方音之變故陸云又**素簚**本又作幭莫曆反注同白狗皮覆笭○校勘記云撫本葉本幭作幭按幭正字簚假借字校語錄云案莫曆反乃幦之音陸於幦幕殊欠分析箋曰注云簚覆笭也簚或為幕孔疏云素白狗皮也簚車覆闌也禮人君羔幦虎犆大夫鹿幦豹犆今此喪禮故用白狗皮也按說文七幭蓋幭也鉉音莫結切段注云幭之言幎也大雅淺幭傳曰淺虎皮淺毛也幭覆式也引本經鄭注及釋文云云幭者正字簚者假借字也則此正本用借字或本用正字莫曆即讀幭作幦周禮天官序官幦人注云以巾覆物曰幦釋文莫曆反可見此以覆義同而作下文為幕莫曆反又音莫又音即為幕首音亦讀作幦本書條例如此則此下文及注疏本之幕俱當為幦殆傳寫形譌非陸欠分析也當依正之臧校幭作幭北館本同俱從撫本葉本**髦馬**音毛**不蚤**依注音爪謂除爪也**鬋**子淺反鄭云謂鬋鬢也**無絇**求俱反**覆笭**力丁反車闌**不鬄**吐曆反又他計反**不自說**亦劣反又如字**惡其**烏路反**接**

見賢遍反下文見國君注謂見同**為幕**莫曆反又音莫**勞之**力報反注及下君勞同**還辟**婢亦反下同還

辟逡巡也使者色吏反非見賢遍反下大夫見士見下注拜見同辟正音避男女相荅拜也
一本作不相荅拜皇云後人加不字耳遠別彼列反麛音迷夘力管反生乳如注反祭肺芳廢
反不縣音玄下同皆為如字舊于偽反下為妨于偽反憂樂音洛出疆居良反下同不恙羊尚
反分職方云反徐扶問反○箋曰說文二分別也鉉音甫文切甫文方云用字異則此首音為本讀扶問葢讀分劑之
分奔喪注云晝夜之分分者劑也釋文分扶問反又方云反是其比皆擯必刃反予一人依字音羊汝反鄭云
余予古今字則同音餘皆祝辭也本或作皆祝祝辭也下祝字之又反又之六反眕於之忍反致也某
父音甫注同大祝音泰下文注除大宗皆同百辟必亦反登假音遐注同已也登上時掌反下同
若僊音仙措之七故反置也而祔音附有嬪音頻丱人革猛反又虢猛反徐故猛反丱人掌金玉
錫石未成器者○攷證云注疏本作丱乃童丱字作丱為是撫本音革猛反毛本官本皆從之又注疏本故猛反作故孟反非
周禮丱人徐音礦虢猛反注疏校勘記云惠棟校宋本作丱岳本嘉靖本同此本丱誤井閩監毛本作丱亦誤此本正義中作

丱不誤按依說文當作磺從石黃聲假借作丱周禮有丱人鄭注云丱之言磺也賈景伯疏云經所云丱是總角之丱字此官取金玉於丱字無所用故轉石邊廣之字丱之言磺非丱即磺字也校語錄云案故猛與革猛同音引盧說云云偉案盧引彼證此亦是但此條已有虢猛一讀不當再重故猛疑故為胡之譌當合周禮地官及下禮運音考之箋曰注云司貨丱人也孔疏云於周為丱人言鑛器未成者也掌金玉錫石之地而為之按孔說與陸同周禮地官序官釋文丱人徐音礦虢猛反劉侯猛反本職丱人革猛反又虢猛反劉侯猛反禮運丱人革猛反又瓜猛反徐古猛反音獷與革猛同瓜猛與虢猛同古猛與故猛同以彼證此可見首音當作革徐音皆讀見紐劉音始讀匣紐法疑此故為胡之譌殆未攷細攷本書一音而有二三反語之條例矣

陶音桃陶人為瓦器也

瓬方往反瓬人為簠簋之屬

築音竹築氏為書刀

冶音也冶氏為箭鏃

鳧音符鳧氏為鐘也

段本又作鍛多亂反段氏為錢鎛○攷證云宋本足利古本注疏皆作鍛注疏校勘記云惠棟校宋本同宋監本同岳本嘉靖本同閩監毛本栗鍛作㮚段衛氏集說同考文引古本足利本亦作栗鍛釋文出段云本又作鍛正義本作段段玉裁云義疏單行無經注宋人或以分附經注之下不知始於何人亦不知其所附者為何本故疏與經注時有牛

頭馬脯此類是已按作段是也說文金部段訓小冶也別是一字箋曰說文殳部段椎物也鍛音徒玩切金部鍛小冶也鍛音丁貫切段注云小冶謂小作鑪鞴以冶金冶之則必椎之故曰鍛鐵考工記段氏為鎛器段即鍛也丁貫即此多亂依鍛音段說則此音即讀段作鍛考工記總目段桃釋文徐丁亂反劉徒玩反亦列丁亂為首可證段即讀鍛故陸以或本之音為正本作釋也阮以為段是鍛非則未必然

函音含函人為甲鎧

韗況万反一音運一音況運反韗人為鼓○校勘記云葉本作鼓按當作鼔從皮從支非是箋曰攷工記韗人為皐陶鼓本釋文韗人況万反眾家並音運則此首音為本讀音運即眾家所讀一音同於又音矣詳彼箋況運蓋讀如訓集韵吁運切有韗云攻皮工也則依本書按說文五鼓從壴從支支象其手擊之也段注改作從屮又屮象𠂹飾又象其手擊之也云弓部弢下云從弓從屮又屮垂飾與鼓同意則鼓之從屮憭然矣凡作鼔作鼔皆誤也阮說正本之

萑葦音丸

曰享許兩反獻也舊許亮反後皆放此不復重出○攷證云舊作亨今從撫本易經內凡烹饗之字皆作享有說見前校勘記云盧文弨校從撫本享改享校語錄云享盧依撫本改享箋曰注云享獻也致其歲終之功於王謂之獻也按詩小雅信南山釋文享于許兩反徐許亮反大田以享許兩反徐又許亮反則此舊音正用徐

讀易隨用亨陸許兩反云祭也升用亨馬鄭陸王肅許兩反馬云祭也鄭云獻也則此首音正同馬鄭陸王肅之讀矣按說文五亯獻也亭篆文亯鉉音許兩切段注云亯者籀文也小篆作亭故隸書作亨作享小篆之變也依是則此本作亨撫本作享俱無是非之分矣**其治**直吏反**其會**古外反**之長**丁丈反後皆同**自陝**式冉反依字當作陝何休注公羊傳云弘農陝縣是也一云當為郟古洽反謂王城郟鄏也○攷證云石經及宋本正文皆作陝注云當作陝陝從夾為是舊陝字譌作狹義無所取今改正校勘記云葉本大字作陝是也與岳本合撫本狹作陝十行本同箋曰注引春秋傳曰自陝以東周公主之自陝以西名公主之按公羊隱五年傳云自陝而東者周公主之自陝而西者名公主之何休注云陝者蓋今弘農陝縣是也彼釋文云自陝失冉反何云弘農陝縣也一云當作郟古洽反王城郟鄏失冉式冉為用字異彼大字即作陝說文𠂤部陝弘農陝也從𠂤夾聲亦部夾字云弘農陝字從此徐鉉俱音失冉切段注云從𠂤夾之字絕少故著之陝隘字從夾可徵此陝字從夾故陸云依字當作陝復引何說以明其字形從夾者形誤耳盧改狹為陝與撫本十行本同是也依正又按左宣三年傳云成王定鼎于郟鄏杜預注云郟鄏今河南也武王遷之成王定之釋文郟古洽反陸以此說非鄭義故言一云

臧校大字改陝為從夾之陝北館本同俱與陸釋當作之意難通矣召公時照反又作邵音同〇箋曰公羊隱五年傳云

名公主之釋文作邵公上照反又作召音同上照即此時照殺注說文邵下云凡周召字作邵者俗也後儒或謂垣曲邵城為

周召分陝之所其說不經殆為此而言歟一相息亮反其擯本又作儐必刃反天子謂之伯父

本或有同姓二字衍文〇攷證云注疏本有似非衍注疏校勘記云閩監毛本同石經同岳本嘉靖本同釋文出天子謂之伯

父云本或作同姓二字衍文正義本有同姓二字箋曰臧校姓二作注一按本記云天子同姓謂之伯父異姓謂之伯舅孔疏

云此三公與王同姓者王呼為伯父按此經上云五官之長曰伯其擯於天子也曰天子之吏下文云天子同姓謂之叔父異

姓謂之叔舅而上則云九州之長入天子之國曰牧兩兩相較彼言入天子之國則自外而來當有同姓二字別之此承上文

不言而知為同姓正孔所謂三公也故陸以有同姓二字為衍文臧校非是曰牧牧養之牧徐音目辟二音避

下同謙稱尺證反當依本又作扆同於豈反注同狀如屏風畫為黼文高八尺〇箋曰本記云天子當依而立孔

疏云依狀如屏風以絳為質高八尺東西當戶牖之間繡為斧文也亦曰斧依按說文十二扆戶牖之間謂之扆鉉音於豈切

段注云詩禮多假依爲之然則此音爲扆之本讀陸以他本用正字此本用借字又按爾雅釋器斧謂之黼郭注云黼文畫斧形因名云故陸作黼文孔作斧文**而見**賢遍反下文注除相見皆同**覲**其靳反**當宁**徐珍呂反又音儲門屏之間曰宁○箋曰本記云天子當宁而立按爾雅釋宮門屏之間謂之宁郭注云人君視朝所宁立處釋文宁音佇音佇珍呂一爲直音一爲反切則此以徐音爲本讀用爾雅義爲釋也音儲蓋讀澄紐平聲此當方音之轉而於義無殊故陸云又也

夏戶嫁反**唁**音彥穀梁傳云弔失國曰唁**取易**以豉反**於郤**丘逆反○攷證云郤下舊作郤譌今改正同箋曰盧校是也丘逆爲從卩之郤本讀儀禮士昏禮郤于去逆反可證若爲從卩之郤則讀去畧考工記梓人郤羨畧反是其此則二字音義迥別蓋爲郤郤形近之混晉宋隸變始然今從盧說正之**涖牲**音利徐力二反又音類**曰盟**音明徐亡幸反○箋曰本記云涖牲曰盟孔疏云盟者殺牲歃血誓於神也按說文作盟云殺牲歃血朱盤玉敦以立牛耳鉉音武兵切武兵即此音明爲直音與反切之異則此首音爲本讀亡幸蓋讀若耿韵之黽集韵梗韵眉永切有盟云信也以其時耿梗不分徐讀平爲去者殆方俗語之轉變耳**郤閒**如字又音閑**坎用**苦感反徐又苦敢反後同○校語錄

云坎二音感敢分部箋曰苦感在感苦敢在敢其時感敢不分故其音讀同法說分部誤也嗇夫音色自謂寡人一本作自稱適子音的其行下孟反使於色吏反下同濟濟子禮反蹌蹌本又作鶬或作鏘同七良反○注疏校勘記云閩監毛本同岳本同嘉靖本同衞氏集說同惠棟校宋本鏘鏘焉三字作蹌焉二字宋監本同齊召南考證云按鄭用聘禮記文當作衆介北面蹌焉此下疏亦作蹌焉則鏘鏘二字並誤也箋曰本記云大夫濟濟士蹌蹌注云皆行容止之貌聘禮注云容貌舒揚按說文二𨄮行貌鉉音七羊切段注云按許𨄮為行貌蹌訓動也然則禮言行容者皆𨄮為正字蹌為假借字論語泰伯能濟濟蹌蹌釋文七良反本或作鏘同詩周頌載見鞗革有鶬毛傳言有法度也釋文七羊反七良七羊用字異則蹌鶬俱為𨄮之同音假借字鏘則為其俗字矣故陸云或也宋本鏘鏘即此本蹌蹌非誤僬僬子妙反體盤步丹反蹙將六反之妃芳非反孺人而樹反貶於彼檢反去上羌呂反小童本或作僮陪重直恭反之稱尺證反使自稱色吏反注使謂同本或作使者自稱○攷證云注疏本有者字箋曰本記云使者自稱曰某注云使謂使人於諸侯也孔疏云若此卿為使在他國與彼君語則稱

名也又引玉藻云大夫私事使私人擯則稱名經義述聞十四云彼以私事使稱名此文使自稱曰某稱名與彼相當故知使謂使人於諸侯也又云釋文作使自稱是也本或作使者自稱者上文曰使者自稱曰寡君之老涉彼而誤耳按使字為一句自稱曰某為一句謂列國之大夫使於諸侯則自稱其名也鄭注曰使謂使人於諸侯也疑人字衍則經文使下本無者字明矣按依王說則孔所見本亦作使自稱曰某而今經文有者字者蓋沿或本傳寫加之而誤也　所遠于万反　為奪于偽反　則號戶刀反　度其待各反○校語錄云侍盧改待是箋曰待度同在定紐則侍為待形相似而誤毛注疏本正作待盧校法說倶是也今依正之　物齊才細反　儗人魚起反注同猶比也　所褻息列反　數地色主反下數畜同　數畜許又反鄭注周禮云始養曰畜○攷證云毛本官本作許六反非箋曰許六讀畜產之畜易小畜音義可證許又讀畜牲之畜爾雅釋畜音義可證按周禮天官庖人掌共六畜六獸六禽辨其名物鄭注云始養曰畜將用曰牲釋文六畜許又反注同即六牲也陸引之為證所以明此畜即牲許又為其本讀別於他處許六之畜也盧以毛本官本為非其說是矣　歲徧音遍本亦作遍下同　句芒古侯反下音亡　蓐收音辱　玄冥亡丁反　禋祀音因　中

靁力救反爲其于僞反復廢扶又反妄祭本亦作無福索牛所白反注同求也犧牲

音全一本作純於滌直的反養牲宮也徐又同弔反○箋曰注云肥養於滌也直的為滌之本讀公羊宣三年傳云帝牲

在于滌三月何注云滌宮名養帝牲三牢之處也謂之滌者取其蕩滌潔清釋文于滌大歷反養牲宮名大歷直的為用字異

則陸此釋正用何說同弔蓋讀如調與首音去入相承集韵嘯韵徒弔切有滌云養牲宮牲原誤室正用此徐音矣大武如字

一音泰剛鬣力輒反豚曰徒門反腯肥徒忽反注同本或作腯○孜證云案此正文當作腞肥釋文當

作本或作腯觀鄭注云春秋傳作腯則此不作腯明矣釋文下又有作腯徒忽反一音若腯字上先見當云注同下不必更出

矣腞各本俱譌豚此段當以左傳釋文互證箋曰盧說是也左桓六年傳云奉牲以告曰博碩肥腯釋文腯徒忽反肥也則此

音為腯之本讀說文四腯牛羊曰肥豕曰腯鉉音他骨切段注引本經作豚曰腞肥注作腞亦肥也春秋傳作腯腯充貌也云

曲禮經注當如是今本經文作腯則不可通矣腞亦腯字也釋文腯本亦作豚乃本亦作腞之誤郭注方言十三曰腯腯肥充

也音突亦作腞是其證然則此條本作腞肥云云為釋經注之腞字也下文作腯云云為釋注文所引春秋傳之腯字也段引

方言郭注即為脂膢同字之明證是或本作豚又為膢形相近之誤可知膢為脂之或字陸此以正字之音釋或字即以或字為正本若是膢字有音而脂字無音故復於下出作脂徒忽反今本釋文大小字互易殆為後人據誤本經文改陸以就孔遂改釋文之膢肥為脂肥本或作脂為本或作膢宜乎不可通今依盧段所說訂正如此

翰音 户旦反長也

羹獻 古衡反徐又音衡

槀魚 苦老反乾魚

鮮魚 音仙

脡祭 他頂反徐唐頂反直也○攷證云注疏本作肥頂反譌箋曰注云脡直也他頂在透為脡之本讀唐頂在定讀同他頂以其時上聲透定不分也

薌 音香

合 如字或音閤

薌萁 字又作箕同音姬語辭也王音期期時也○攷證云箕疑其校勘記云十行本同段玉裁校本云大也其字當是其字之誤撫本箕作萁箋曰江本萁旁有△云此當是其字之誤北館本如江本記云梁曰薌萁注云萁辭也孔疏云萁語助也按史記宋世家云予顛躋如之何其集解引鄭玄曰其語助也齊魯之間聲如姬則此音義本於鄭說周禮春官大祝注引曲禮曰梁曰香萁賈疏云香萁言此梁香可祭官本萁即作其彼釋文出香其音基音基即此音姬互文相較可見彼其正指此言字又作者則此小箕字當為其字之誤盧校是也阮引段說及江校俱謂大其字誤實未細審又按說文七禩復其時也鉉音

一居之切段注云今皆假期為之音姬居之一為直音為反切故王音與首音無殊而義則各有所取耳**稷曰明粢**音咨一本作明粢古本無此句○注疏校勘記云石經同岳本同各本同程瑤田九穀考云蔡邕獨斷無稷曰明粢句釋文云云案隋王劭勘晋宋古本皆無稷曰明粢句立八疑十二證孔疏非之引鄭氏士虞禮注以斥其妄然考鄭氏注曲禮於稷曰明粢句無解說其注士虞禮曰明齊新水也又曰或曰當為明視謂兎腊也今文曰明粢粢稷也皆非其次尋其語氣鄭於明視意中有曲禮兎曰明視之說故直斥之曰謂兎腊也於明粢意中無曲禮稷曰明粢之說故必申言粢字據爾雅粢稷之云以斥今文之非由是言之鄭注曲禮時或實無稷曰明粢句而晋宋以後人誤讀士虞禮注而加之亦未可知耳王劭所見古本恐未可遽斷其非漢代流傳真本箋曰據程說則陸所見古本實無此句故王說與之同也**嘉疏**本又作蔬色魚反○攷證云注疏本作蔬注疏校勘記云石經同岳本嘉靖本同釋文出嘉疏云本又作蔬通典四十八引稱曰嘉蔬箋曰注云嘉善也稱菰蔬之屬也按周禮天官大宰云臣妾聚斂疏材鄭注云疏材百草根實可食者疏不熟曰饉釋文疏色居反菜也色居即此色魚爾雅釋天云蔬不熟為饉郭注云凡草菜可食者通名為蔬釋文蔬音疎音疎色魚一為直音一為反切彼疏作

蔬乃後出分別字陸以或本用之則注疏本用蔬正從俗也韭音久曰鹹本又作醎音咸鹾才何反曰量音亮又音良作腯徒忽反翰長如字稻菰音孤本又作苽音同為人于偽反傎壞音顛澌也本又作澌同音賜盡也曰柩音舊白虎通云究也久也曰降戶江反又音絳落也注同○箋曰本記云羽鳥曰降注云降落也孔疏云羽鳥飛翔之物今云其降落是知死也按詩召南草蟲我心則降毛傳云降下也釋文則降戶江反下也爾雅釋詁降落也釋文降古巷反古巷即此音絳則此又音為正義首音本於毛說矣說文降下段注云古多假降為夅久部曰夅服也此今人讀下江切之正字春秋莊八年經郕降於齊師何注曰降者自伏之文又莊三十年齊人降鄣穀梁傳曰降猶下也皆夅之假借字也以地言曰降故從𨸏以人言曰夅故從夂㐄相承然則此又音為降本讀首音即讀作夅陸亦以本書用降為借字故首列夅音作釋也曰漬辭賜反相濺子廉反汙穢汙之汙一作汗戶旦反祖妣必履反媲也皇辟婢亦反法也徐扶亦反稱號尺證反下之稱皆同德行下孟反下同言媲普計反短折市設反任為音壬又如字不上時掌反下及注同於祫音劫交領綏視依注音妥他果

反遊目如字徐音流○攷證改遊作游云舊作遊目注疏本同今從撫本箋曰如字為遊之本讀莊子逍遥遊釋文遊
如字亦作游音流蓋讀作流今語亦言流動則敖五報反辟頭本又作僻匹亦反君命句絶大夫
與士肆本又作肄同以二反習也○攷證云舊肆肄互易注疏本從之案內則請肄簡諒釋文亦作請肆本又作肄則
此亦當同今從撫本校勘記云撫本大字肆作肄小注肄作肆十行本作肆本又作肄下肆字與撫本同箋曰注云肄習也以肄
二為肄之本讀作肆蓋肄形之誤然攷內則釋文請肄本又作肆同以二反習也音義雖同用字各别陸蓋從當文取之彼此
決不相涉盧强為之牽說撫本則為宋人傳改恐未可據今仍其舊之處昌慮反下皆同寶藏才浪反貨賄
呼罪反字林音悔○箋曰說文六賄財也鉉音呼罪切則此首音為本讀音悔蓋讀去聲集韵呼內切有賄云財也可知呂音
上去相承義無别矣輟朝丁劣反止也○攷證云注疏本竹劣反是後人所改凡丁字多改作竹後不悉著箋曰竹劣為
輟之本音竹在知丁在端此端知互用等韵家所謂類隔也莫適丁歷反腥音星凡摯音至徐之二反本又
作贄同天子鬯勑亮反香酒摯匹依注作鷙音木鴨也樊纓本又作鞶步丹反○攷證云足利本與釋

文同注疏本作繁箋曰注云樊纓十有二就按周禮大行人樊纓九就注云樊纓馬飾也釋文樊畔干反左成二年傳注云繁纓馬飾釋文繁步干反畔干步干步丹俱為用字異可見鄭用樊杜用繁陸從鄭說故以杜為或本說文十三緐馬髦飾也鉉音附袁切然則樊繁俱為緐之假借矣

射韝徐音溝又古侯反一音古豆反○箋曰說文五韝射臂決也鉉音古侯切音溝古矦一為直音一為反切古豆蓋讀如遘集韻居侯切有韝云射所以韝臂者殆依本書

椇俱羽反木名

榛側巾反木名字林云仕巾反木叢生也古本又作亲亲音壯巾反云似梓實如小栗也○校勘記云撫本亲作亲十行本同按亲正字榛假借字亲誤箋曰注云椇榛木名榛實似栗而小按說文六榛榛木也一曰叢木也亲亲實如小栗徐鉉並音側詵切側詵在臻側巾在真陸時有真無臻壯巾側巾用字異鄭注與許合經字作榛假借也阮氏所云是矣呂忱正用說文陸此引之既辨別榛亲二字音義又明經傳用借字而廢正字本書則標字而及亲字詩曹風鳲鳩釋文在榛側巾反木名也又仕巾反榛字林云木叢生也字林榛木之字從辛木云似梓實如小栗見音莊巾反莊巾即此壯巾互詳彼箋此木叢下少生字依增

見以賢遍反

枳椇居紙反

今邳被悲反下邳也

郯音談東海縣名

埽悉報反

灑所買反又山寄反

親迎（魚敬反）賤婦人之職（本又有無婦字者）

檀弓第三（檀弓魯人檀大丹反姓也弓名以其善於禮故以名篇）卷之二

公儀仲子（公儀氏仲子字魯之同姓也其名未聞）免焉（音問注同以布廣一寸從項中而前交於額上又卻向後繞於髻）乃袒（音但）舍其（音捨下皆同）適子（多歷反下皆同）何居（音姬下同語助）孫𦿆（亡結反）孫䐈（徐本作遁徒本反又徒遜反○箋曰本記云微子舍其孫䐈而立衍也按徒本為遁之本音徒遜上去相承故此云又作䐈則與遁雙聲）立衍（以善反）為親（于偽反下為師同）為晉 孔子曰否（絶句）左右（徐上音佐下音佑今並如字左右扶持也下同○箋曰如字左即讀廣韻之臧可切右即讀廣韻之云久切其義並為左右也音佐蓋讀則箇切音佑蓋讀于救切其義皆為助也義別名動故音分上去然攷此注云左右謂扶持之則讀去聲故陸列徐音於首也）就養（以上反下同）稱其（尺證反）以語（魚據反又如字）叔向（香亮反叔向羊舌肸）之葬（徐才浪反又如字）請合（如字徐音閤後合葬皆同）欲文（如字徐音問）不喪（如字下同徐息浪反下放此）

子思伋音急子思名也孔子之孫

毋期居疑反本又作朞後放此

道隆力中反盛也

道汙音烏下同

殺也

殺也所戒反又所例反下同

自予羊許反許也一云我也又音餘○箋曰注云自予不能按爾雅釋詁予賜也鄭注賜與也釋文予羊汝反又予我也釋文予羊如反羊汝即此羊許羊如音餘一為反切一為直音則此首音為予本讀曲禮下云授政任功曰予一人釋文予依字音羊汝反鄭云予余古今字則同音餘觀本記云伋則安能注云自予不能及孔疏云子思自以才能淺薄不及聖祖故云伋則何能鄭云自予不能及予猶許也自許不能及也陸意與孔同故以許釋之而列羊許為首音也

稽顙素黨反稽顙觸地無容

頹乎徒回反順也

頎音懇惻隱之貌又音纖○箋曰本記云稽顙而后拜頎乎其至也注云頎至也先觸地無容哀之至孔疏云頎惻隱貌也先觸地無容後乃拜賓也是為親痛深貌惻隱之至也音懇蓋讀頎作懇攷工記輈人鄭司農云頎讀為懇釋文頎苦很反苦很即音懇詩碩人頎其幾反長貌其幾音纖一為反切一為直音與此義別故云又音而列於末

觸昌欲反

少孤詩召反下文同

不墳扶云反○校勘記云葉本墳作憤按經文墓而不墳此憤字誤也箋曰阮說是也審鄭注云墓謂兆域今之封塋也土之高者曰墳說文十三

墳墓也鉉音符分切符分扶云用字異是葉本誤藏校墳作憤北館本改字上俱從葉本誤字矣不識式志反又如字

常處昌慮反盧之度本又作之數防墓防地之墓也庚云防衛墓崩不應應對之應三息暫反又

如字泫然胡犬反涕音體使者色吏反下及注同醢之音海蒯苦怪反聵五怪反蒯聵衛靈公

之太子出公輒之父莊公也篡輒初患反輒出公名也啗食本又作啖待敢反以怖普故反命覆

芳服反注同期可音朞衣衾音欽以為極亡並如字極已也徐己力反王以極字絕句亡作忘向下讀

孫依鄭作亡而如王分句不樂如字又音洛○孜證云舊作又音岳則仍是如字矣今從各家本正箋曰說文六樂五聲

八音總名鉉音玉角切玉角與音岳同即此如字之音音洛則讀哀樂之樂為引伸義故云又音也毛注疏本正作洛盧校是

也今依正之郰側留反又作鄹○箋曰史記孔子世家孔子生魯昌平鄉陬邑集解徐廣曰陬音騶按說文六郰魯下邑

孔子之鄉鄹魯縣古邾婁國帝顓頊之後所封徐鉉俱音側鳩切側鳩即此側留孜鄭注云孔子之父郰叔梁紇則此郰為正

字鄹為借字陸故以作鄹為或本也梁紇恨發反徐胡切反又胡沒反五父音甫注及下同衢求于反亦

為如字又于偽反曼父音万其慎依注作引羊刃反以輤七見反翣所甲反不相息亮反注同不緌本又作緌同耳佳反去飾起呂反陶大刀反即周本又作堲同子栗反又音稷注下同何云治土為甎四周於棺○攷證云注疏本作堲下折即亦同又四周於棺舊棺作家譌今從毛本官本正注疏校勘記云石經同岳本嘉靖本同釋文出即周云本又作堲注下同正義本作堲箋曰本記云夏后氏堲周注云火熟曰堲燒土冶以周於棺也或謂之土周由是也子栗在質為堲之本讀曾子問即周本又作堲子栗反是其義音稷在職其時質職讀同即蓋堲之假借也燒叔招反折即之設反管子云左手執燭右手折即即燭頭燼也弟子職其篇名棺音官椁音郭上梓音子牆置在良反長殤丁丈反下式羊反十六至十九為長殤十二至十五為中殤八歲至十一為下殤七歲已下為無服之殤未三月不為殤生為正音征下同又如字斂用力驗反下皆同乘驪力知反徐郎兮反純黑色馬○箋曰本記云戎事乘驪注云馬黑色曰驪說文十驪馬深黑色鉉音呂支切呂知力知用字異則此首音為本讀郎兮在齊與力知來紐支齊不分爾雅釋畜驪力知反字林力兮反說文云深黑色馬則徐與呂讀相同矣騋音來馬七尺已

上爲駿**乘翰**字又作鶾胡旦反又音寒白色馬○孜證云舊從鳥作鶾譌今改正校勘記云按鶾字誤當依十行本作鶾箋曰本記云戎事乘翰注云翰白色馬也易曰白馬翰如按易賁六四云白馬翰如釋文翰戶旦反戶旦即此胡旦鄭引之以證翰爲白色然則鶾者正字翰者借字陸以此本用借字他本用正字音寒蓋讀平聲集韻寒紐有鶾云馬毛長也義本說文音依本書則鶾字爲誤今依盧說阮校正之**物萌**亡耕反**乘騵**音原騮力求反赤馬白腹騮馬黑鬣尾**用騂**息營反徐呼營反純赤色也一云赤黃色○箋曰郊特牲用騂音同息營在心爲騂本讀呼營在曉此時平聲二紐讀同詩小雅信南山以騂息營反字林許營反許營呼營用字異則徐讀與呂同詳彼箋**曾參**所金反一音七南反後同**齊斬**音咨本亦作齋齋衰之字後皆放此**饘**本又作飦之然反說文云糜也周謂之饘宋衛謂之餰○箋曰說文五饘糜也周謂之饘宋衛謂之餰鉉音諸延切諸延之然用字之異此本糜誤糜依正穀梁昭十九傳釋文飦之然反粥也莊子讓王回有郭外之田五十畝足以給飦粥釋文飦音同字或作饘廣雅云糜也然則陸於禮記以用饘爲正字於莊子以用飦爲正字所以如是者俱順當文耳**粥**之六反徐又音育字林云淖糜也**布幕**本又作幂音莫徐音覓下同○箋曰本記云布

幕衛也注云幕所以覆棺上也按十文七幕帷在上曰幕鋎音慕各切音莫慕各一為直音一為反切音覓即為冪之讀周禮

天官序官冪人注云以巾覆物曰冪釋文莫歷反莫歷即音覓可證幕冪形似傳寫易淆依注義則本書為冪徐葢依經文作

音陸所用本為幕故以莫為首音也**縿**音綃徐又音蕭〇箋曰注云縿縑也縿讀如綃按音綃即讀縿作綃說文十三綃生

絲也鋎音相幺切此以擬音之字為其讀也音蕭與綃蕭宵不分以其時音如是故陸云又也**縑也**古謙反**綃**音消

徐本又作⿰糸削桑堯反〇校勘記云葉本⿰糸削作⿰糸州非也箋曰音消在宵為綃之本讀儀禮少牢饋食綃衣音消是其證桑堯在蕭

此亦其時蕭宵不分也集韵思邀切以⿰糸削為綃之或體殆據本書臧校⿰糸削作⿰糸州北館本同俱從葉本而誤**僭巳**子念反

為辟莫歷反**孋姬**本又作麗亦作驪同力知反攷證云注疏本作驪注疏校勘記云釋文出孋姬云本又作麗亦

作驪正義作驪箋曰注云孋姬獻公伐驪戎所獲女也大學注云時辟驪姬之難釋文驪姬力宜反本又作麗亦作孋同詩秦

風渭陽序晉驪姬釋文麗姬本又作驪力、馳反穀梁僖十年傳麗姬力池反左氏伐麗戎所得力宜力馳力池與力知俱為用

字異則麗驪皆假借字孋為後出分別字陸以本書用後出字他書用假借字**重耳**直龍反注皆同**子蓋**依注音盇

户臘反下同何不也　蚤卒　音早　姬嬖　必計反　欲弑　本又作煞音試注同徐云字又作弒音同　皆惡　烏路

反　突　徒忽反　傅　音富　咎犯　其九反　皋落　古刀反　子少　詩召反　多難　乃旦反　為君

于偽反下為時同　雉經　如字徐古定反如雉之自經也○箋曰注云既告狐突乃雉經按説文十三經織從絲也鉉音

九丁切段注云縊死何言經死也謂以繩直縣而死從絲之義之引申也九丁即此如字之音釋名釋喪制云屈頸閉氣曰雉

經如雉之為也阮元釋矢駁之云國語晉語二申生雉經乃以繩縊自經雉乃縊之假借字而或以為如雉鳥之經自古未見有

雉鳥自經於樹者此不明古義之失也然則陸云如雉之自經也者當本劉説之誤古定則讀如徑　共世子　音恭本亦

作恭注同　言行　下孟反　而莫　音暮　為樂　音洛又音岳　終無已夫　音扶絕句本或作已矣夫　又

復　方目反○校勘記云撫本方目作扶又十行本同箋曰北館本亦作扶又按廣韻屋韻方六切無復宥韻扶富切有復云

又也方六與方目同扶富與扶又同則撫本十行本北館本俱是此本當從之毛注疏本亦作扶又　乘丘　純證反　年

夏　户嫁反　縣　音玄卷內皆同　賁父　上音奔下音甫人名字皆同　馬驚敗　一本無驚字　公隊　直類

反綏息佳反國人魚呂反股裏上音古下音里中馬丁仲反誄之力軌反謚也以上
時掌反隅坐不與成人竝音並絶句○攷證云並爲竝之俗體當以人所習讀曉之耳箋曰劉履芬本於
竝音並三字旁著朱○書眉云今字音古字之例則盧說是矣晥華板反明貌孫炎云晥漆也徐又音刮○箋曰注云說者
以晥爲刮節目字或爲刮孔疏云說者謂在鄭之前解說禮者說此晥爲刮削木之節目使其晥晥然好字或爲刮謂禮記之
本有以晥字爲刮按詩小雅大東晥彼牽牛毛傳晥明星貌釋文晥華板反明星貌則此首音爲本讀說文十三垸以桼和灰
丸而髹也鉉音胡玩切段注云垸或假晥爲之如檀弓華而晥孫炎云晥桼也叔然乃指其最後光潤者而言音刮則讀爲刮
節目之刮徐音益依舊解說禮者而作陸從經義故以徐釋或字爲又音而次於末也之簀音責牀第也與音餘
下同畫衡賣反牀第上音床下側吏反爲刮古滑反瞿然紀具反下同曰吁音虛注同吹氣
聲也一音況于反○校勘記引段玉裁云吁今本作呼按十行本附釋音猶作吁與此本同箋曰注云吁虛憊之聲按音虛即
讀吁作歔說文欠部歔欷也鉉音朽居切口部吁驚也鉉音況于切則此一音爲吁本讀然與注義相乖故陸列於末憊

皮拜反嬴困也革矣紀力反徐又音極急也注同○箋曰注云革急也按紀力讀革作亟少儀釋文税亟紀力反急也莊
子盜跖亟紀力反急也俱為其證音極在羣與紀力在見其時入聲二紐無殊故陸以徐讀為又音也請七領反覬
也音冀斃音弊仆蒲北反又音赴而沒音殁慨苦愛反而廓苦郭反云開也何猶索所白反
邾音誅婁力俱反或如字邾人呼邾聲曰婁故曰邾婁公羊傳與此記同左氏穀梁俱作邾○箋曰公羊隱元年釋文婁
力俱反邾人語聲後曰婁故曰邾婁禮記同左氏穀梁無婁字則此首音為本讀彼聲下有後字此似漏落如字即讀洛侯切
之婁其義為空與此相異故陸云或俱作邾毛注疏本作但作邾劉履芬本書尾云但最是校者皆漏此字井陘音形
魯僖許宜反之髽側瓜反臺駘上音胡下音台○攷證云毛本官本作下音臺譌校勘記云撫本葉本台
作臺十行本同岳本同箋曰本記云自敗於臺駘始也注云敗於臺駘魯襄四年秋也臺當為壺字之誤也春秋傳作狐駘孔
疏云按左傳魯襄公四年冬十月邾人伐鄫臧紇救鄫侵邾敗於狐駘魯人怨而歌之魯襄四年冬也此云秋鄭舉其初也按
孔疏鄭義是也攷左襄四年傳注云狐駘邾也釋文駘徒來反彼孔疏引檀弓臺駘作壺終校勘記云壺監本毛本作臺依檀弓

改也宋本監本毛本終作駘山井鼎云駘作鮐與禮記合以彼證此則知壺狐同音相假臺壺形近而誤故鄭謂臺當為壺引春秋傳以證之明壺本為狐也徒來音台一為反切一為直音俱即駘之本讀陸順當文依鄭說為釋故臺音胡而鮐音台也音台作音臺則注文與正文相淆盧以為譌是也臧校依葉本北館本同並誤

去羌呂反纚所買反又所綺反黑繒韜

而紒音計錫衰上悉歷反下七雷反與音餘吉笄音雞纂總音揔韜吐刀反閱音悅爾毋音無後同從從音揔高也一音崇又仕江反○箋曰本記云爾毋從從爾注云從從謂大高按文選上林賦云巃嵸崔巍注郭璞曰皆高峻貌也嵸音揔則此從從是高峻之貌首音為本讀音崇蓋讀若崇仕江則讀作鬃集韻鉏弓切有從注大高貌禮爾毋從從爾鄭康成讀鉏江切有鬃從云鬃高也或作從從皆依本書

扈扈音戶廣也大也爾女音汝大高音泰一音勑佐反下大廣已猶大大重同○攷證云書內多作他佐反足利攷文亦云勑字誤下已猶大大重皆不見下文箋曰何注公羊莊元年傳云以為大卑成三年傳云臣威大重釋文並云音泰一音他賀反則此首音為本讀勑佐即他賀用勑為徹透類隔非誤其音蓋讀如拖也攷此注云從從謂大高扈扈謂大廣下經文於寢則已重注云已猶大也於門人之喪未

有所說騶注云言說騶大重比於門人思為偏頗盧云皆不見下文實由見近而不審及遠者矣**蓁榛**側巾反木名又士鄰反**長尺**直亮反凡度長短曰長皆同此音**子禫**大感反**比御**必利反下比及同**蔑**迷結反**彈琴**徒丹反**成笙**音生**絲屨**音句**組纓**音祖**無絇**其俱反**縞**古老反又古報反**厭**於甲反○校語錄云于乃於之譌經籍舊音辯證二云毛居正曰厭於甲反作于甲誤于甲反乃狎字也承仕按厭當音於甲反於誤作于者聲近傳寫之譌毛斥其非則宋本與今本同矣又按今蘇杭間人匣紐字每讀入影喻等紐毛以于甲切狎其謬正與今蘇杭人同毛居正衢州人箋曰北館本于旁注△此地有墨筆於字本記云死而不弔者厭注云厭行止危險之下孔疏云厭謂行止危險之下為崩墜所厭殺也於甲為厭之本讀左襄二十六傳厭本又作壓於甲反三十一傳將厭同說文九厭笮也鉉音於輒切段注云笮者迫也此義今人字作壓乃古今字之殊引本經及注云是笮之義按段說是也于在為紐狎韵二等無喻當讀影紐之於故毛斥為傳寫之誤也據正按依指掌圖溺所謂喻虧一二匣中覔之說則毛以于甲為狎音亦非謬矣**溺**奴狄反**弗除**如字徐治慮反○箋曰本記云子路有姊之喪可以除之矣而弗除也按易萃釋文除戎器如字鄭云除

去也蜀才云除去戎器詩天保何福不除毛傳除開也釋文除治慮反開也然則徐讀平爲去而於義無殊矣大公音泰
注及下注大史公皆同恐離力智反下相離同曰樂樂並音岳一讀下五教反又音洛丘首手又反注
同期音基名鯉音里誰與音餘下餘闍也與同曰嘻許其反又於其反悲恨之聲○箋曰注云嘻悲恨之
聲按許其爲嘻之本讀左定八年傳釋文曰嘻許其反懼聲於其則讀作噫莊子則陽曰噫於其反天道曰意於其反司馬云
不平聲也俱是其證又讓王嘻許其反一音於其反則彼一音即此又音矣蒼梧音吾陜知力反廾也帝嚳
苦毒反高辛氏帝也騷素刀反一音蕭○箋曰素刀爲騷之本讀音蕭蕭雙聲之轉非正讀故云一音按毛注疏本作一音
蕭湘審鄭注云離騷所歌湘夫人舜妃也則釋文此下作湘夫是也注疏本衍湘字湘夫音相差之初佳反又初宜
反嬪也婢人反蓋祔音父於爨七亂反矯之居表反謙儉其檢反適室丁歷
而語魚據反澌也本又音斯音賜下同○箋曰注云死之言澌也消盡爲澌按方言三澌盡也書金縢篇大木斯
拔撰異云斯魯世家作盡今文家斯訓爲盡也方言作澌則此正本同方言或本同尚書莊子齊物論確斯斯又作澌音賜陸

於禮記以澌為正字斯為或字於莊子又以斯為正字澌為或字所以互易者但順當文耳又按作本誤音曲禮釋文澌也本

又作澌同音賜盡也依改毛注疏本即作作顓孫音專相近附近之近易成以豉反之奠田練反

餘閣音各庋藏字又作庪同九毀反又居偽反○攷證云庋舊從攴譌今改正注庪亦同校語錄云庋盧改庋是箋

曰盧改是也爾雅釋天祭山曰庪縣釋文庪本或作庋居委偽二反居委即此九毀陸依當文以本書用庋為正字爾雅用

庪為正字內則釋文庪食字又作庋九委反或居彼反九委居彼皆與九毀用字異則此首音為庪本讀庋蓋庪之省文居偽

則讀如賄集韻居偽切有庋庪云擥起物也殆依本書街里音佳哭嫂悉早反注同○校勘記云葉本早作豆誤

岳本十行本並作早下奔喪篇唯嫂亦音悉早反箋曰早臧校亦作豆北館本注字同俱依葉本誤早嫂同在晧韻豆則在候

韻阮校是也人倡昌尚反注同踴音勇娣姒大計反下音似縮所六反從也縫音逢又扶用反下同

衡依注音橫華彭反從也子容反解佳買反曰伋音急水漿子良反俯音甫跛丘豉反

為曾于偽反不稅徐他外反注同以上時掌反使者色吏反賻音附賵芳用反乘馬

繩證反四馬曰乘貸他代反副音付○孜證云注疏本音仆非校勘記云葉本付作仆十行本同校語錄引阮說云

云案作仆是也盧以作仆爲非殆未通孜本書也箋曰副之義訓爲判析其音本芳逼切說文副下段注云副之則一物成二

因仍謂之副因之凡分而合者皆謂之副流俗語音如付故韵書在宥韵俗語又轉入遇韵也按鄭注云禮所以副忠信也則

此因副爲其本讀矣付在非紐仆在敷紐其時輕脣音二紐不別則注疏本音仆亦是法說是也故葉本十行本皆作仆今讀

付仆音亦同何傳直專反一本作傅音附惡乎音烏惡乎猶於何也別親彼列反下同夫由舊音

扶皇如字謂丈夫即伯高○校語錄云夫由永懷本作夫猶殆誤箋曰按曲禮云夫禮者所以定親疏決嫌疑別同異明是非

也釋文夫音扶凡發語之端皆然則此舊音爲語助之讀皇讀夫如丈夫之音者謂伯高由賜見我丈夫猶言伯高也陸以此

夫爲發端語故列皇音於末經傳釋詞十行本經夫由賜也見我云夫猶彼也皇侃曰夫謂丈夫失之由注疏本作猶誤見

我如字皇賢遍反○箋曰按說文八見視也鉉音古甸切即此如字之音賢遍則讀作現下文見齒賢遍反易乾釋文見龍

賢遍反示也是其比爲爾于僞反下注爲其疾爲褻爲我我爲皆同來者一本作爲爾哭也來者之滋音咨

〇校語錄云咨滋不同音此誤箋曰滋精紐之韻咨精紐脂韻其時脂之讀同故陸以咨音滋非誤不嗜市志反薑

居良反而喪息浪反下喪明喪爾明同女何音汝下同洙音殊〇校勘記云撫本葉本姝作殊十行本同按音

殊是也校語錄引阮說箋曰注云洙泗魯水名按殊洙同在禪姝在穿廣韻虞韻姝在樞紐洙在殊紐云水名在魯則阮校是

故臧校北館本俱作殊今依正泗音四洙泗二水名華陰徐胡化反異稱尺證反罪與音餘離羣

羣朋友也上音利〇攷證云注疏本利作詈此類音同而字僻校勘記云葉本利作詈十行本及岳本並同校語錄引阮說云

云案作詈是也箋曰按廣韻至韻利紐無離寘韻詈紐有離云去也故法以作詈為是臧校北館本並作詈其實此時利詈音

讀已同則此本作利亦是今仍其舊索居悉各反猶散也下注索居同晝知又反致齊側皆反見齒

賢遍反衰與七雷反下同後五服之衰皆放此不復音不當丁浪反注同惡其烏路反精麤本又

作麤七奴反〇攷證云麁俗字陸不辨箋曰說文十麤鋩音倉胡切殺注云篇韻云不精也今義也俗作麁倉胡即七奴陸以

此本用俗字他本用正字著之者正為其辨也廣狹音洽不應應對之應褻息列反偏倚於彼反又於寄

反〇箋曰於彼讀同廣韻於綺切之倚其義爲依於寄讀同於義切之倚其義爲侍音分上去而義相因矣此以首音爲本讀故於末音云又中庸釋文所倚依綺於寄二反是其比**稅**本又作說同他活反徐又始銳反下及注同〇攷證云注疏本作說校語錄云如盧本作始是也箋曰他活益讀作脫始銳即讀作稅儀禮鄉飲酒禮云說屨揖讓注云今文說爲稅釋文說吐活反爲稅始銳反吐活即此他活始銳正用此徐音則舊作如爲始之誤法說是也陸以此本用今文他本用古文徐音爲稅之本讀故云又首音益從脫之讀矣**驂**七南反騑馬曰驂夾服馬也**騑**芳非反**偏頗**破多反**予鄉**本又作嚮許亮反**而出**如字徐尺遂反**涕**音體**施惠**始豉反**予惡**烏路反**夫涕**音扶**識**式志反又音式下及注章識皆同**啼呼**火故反**饋祥**其位反**遺也**于季反**拱而**恭勇反**儆孔**本又作效胡教反下同〇箋曰注云儆孔子也說文三效象也鉉音胡教切段注云毛詩鹿鳴君子是則是儆又角弓民胥儆矣皆效法字之或體左傳昭六年引詩民胥效矣是也則陸以此本用或字他本用正字左襄二十一年傳尤而儆之釋文儆户教反或作效是其比矣**之嗜**市志反貪也注同〇攷證云舊作嗜注疏本同今從撫本校勘記云撫本嗜作耆按嗜與

石經及注疏本同葉本貪作食字誤此依注作貪是按嗜正字者假借字校語錄云嗜志不同部箋曰嗜江校亦作耆北館本

同貪臧校作食北館本注字旁按說文二嗜欲喜之也鉉音常利切段注云經傳多假耆為嗜則此本用正字撫本用假字江

校北館本並從撫本攷本記云孔子曰二三子之嗜學也注云嗜貪則食為貪之譌阮說是矣市利在至市志在志其時志至

讀無別陸書實為同部也 蚤作 音早 枻 羊世反亦作曳○攷證云注疏本作曳校勘記云葉本作枻作世後凡從世之

字並同校語錄云抴當作抴箋曰法校是也說文申部曳臾曳也鉉音余制切手部抴捈也鉉音同段注云抴與曳音義皆同

檀弓負手曳杖釋文曳作抴俗刻誤從木非也今依正羊世余制為用字之異耳 消搖 本又作逍遙○注疏校勘記云

閩監毛本同釋文出消搖云本又作逍遙考文引古本作逍遙箋曰本記云消搖於門按詩鄭風清人何上乎逍遙釋文逍本

又作消遙本又作搖逍遙消搖蓋古今字之別矣 頹 徒回反 所放 方兩反 委手 本又作萎同紆危反注同

病也○攷證云注疏本作萎注疏校勘記云閩監毛本同正義同石經同岳本嘉靖本衛氏集說同釋文出委手云本又作萎

注同箋曰本記云哲人其萎乎注云萎病也按說文四痿病也鉉音於為切段注云痿萎古今字於為即此紆危則委為借字

爾雅釋草釋文委或於危反字或作萎同是其比殆幾音祈又音機在阼才故反兩楹音盈夾之
本又作俠古洽反下注同○攷證云舊俠作挾譌今從注疏本校勘記云葉本挾作狹撫本作俠十行本同按集韵夾挾並列
此本挾字是校語錄引阮說云云盧本改俠箋曰說文十夾持也鉉音古狎切段注云古多假俠為夾公羊注曰滕薛俠轂古
狎即此古洽以其時狎洽讀同依段說則盧改是也故北館本此地有墨筆俠字下朱注扌于旁不改今依正陸以此本用正
字他本用假字饋食如字又音嗣疇直留反嚮明本又作鄉同許亮反聽治直吏反正坐才卧
反又如字之處昌慮反置知吏反翣所甲反衣木於既反如襵所甲反又所洽○攷證云注
疏本作如攝毛本官本並改從釋文校勘記云撫本葉本作攝按攝字與岳本十行本合校語錄引阮說云云案此衣旁亦改
刻者集韵三十二洽翣之重文作攝不作襵又案此所洽反亦誤當作所輒反箋曰注云翣以布衣木如襵與孔疏云鄭恐人
不識翣體故云如今襵與所甲讀襵作翣翣所甲反是矣所洽與之音同以其時洽狎不分當非誤所輒萐為攝之本讀則攝
為借字襵為或字故衣旁非改刻也與音餘設披彼義反綢練吐刀反韜也徐直留反注同○箋曰本記云綢

練設旐夏也注云綢練以練綢旐之杠按爾雅釋天素錦綢杠郭注云以白地錦韜旗之竿釋文綢韜俱他刀反他刀即此吐刀鄭注以練綢旐之杠即引爾雅文但彼吉事所用故以錦此喪葬所用故以練陸云韜也正引郭說吐刀則為韜之本讀綢皆讀若韜故陸列以為首音直留蓋為綢之本音詩都人士釋文綢直留反可證徐意謂纆綿之也禮記明堂位綢吐刀反徐音籌音籌直留為直音與反切之異耳

設旐直小反**杠**音江竿也**乘車**繩證反**布廣**光浪反凡度廣狹曰廣他皆放此

幅方木反○校語錄云幅木不同部木蓋目之譌見詩長發箋曰按廣韵屋韵幅方六切目莫六切木莫卜切法以幅目反切下字相同為是其實目木同韵陸殆不分今讀亦同故詩商頌方目反與此方木反為用字之異則木非目之譌

褚張呂反**幕**音莫褚幕覆棺者

蟻魚綺反蚍蜉也又作蛾○箋曰注云蟻蚍蜉也爾雅釋虫蚍蜉大螘小者螘釋文螘魚綺反本亦作蛾俗作蟻字音同詩豳風東山螘本亦作蛾又作蟻音同按說文十三螘蚍蜉也鉉音魚綺切學記云蛾子時術之注云蛾蚍蜉也釋文魚起反魚起魚綺用字異則蛾為借字蟻為俗字陸以此本用俗字他本用借字

蚍避尸反徐扶夷反○校語錄云蚍二音同改音和也箋曰避尸為蚍之本讀扶夷蓋用字異等韵家所謂輕重交互也法

云二音同者以為同音不得有二反語故以首音為改也蜉音浮之仇音求讎也寢苫始占反草也枕干之鴆反干楯本又作盾食允反又音允○孜證云注疏本作盾注疏校勘記云閩監毛本同岳本嘉靖本同衛氏集說同釋文出干楯云本又作盾考文引古本作楯箋曰注云干盾也按說文四盾瞂也所以扞身蔽目又六云楯闌檻也鉉音食允切段注云楯古亦用為盾字則楯為盾之假借字史記項羽紀正義盾食允反儀禮既夕干楯常允反又音允常在禪食在神此時神禪讀同是其比音允則讀中盾之盾漢書敘傳王為太子數遣中盾蕭該音義曰中盾韋昭曰太子宮中盾長也該案盾音允王先謙曰淮南俶真訓引楯萬物羣英萌生高誘注楯讀允恭之允與此同市朝直遥反注同衘音咸而使色吏反為負于偽反下為其負相為同從父如字徐才用反為魁苦回反首也杓必遥反又四遥反而陪步回反皆經大結反易墓以豉反注同芟治所銜反塡池依注音奠徹盧王並如字○孜證云徹舊譌徐今改正校勘記云十行本同盧校徐改徹是也校語錄云徐盧改徹是箋曰本記云主人既祖塡池注云塡池當為奠徹聲之誤也奠徹謂徹遺奠設祖奠孔疏云案既夕禮祖曰明旦徹祖奠設遺奠曾子正當設遺奠時

來主人乃徹去遣奠還設祖奠似若不為遣奠依此則徐為徹之誤甚明盧改極是故阮法從之惠校亦同如字即為塡池之本音盧王依經文作釋陸從鄭義故直言依注而以徹奠為首音也**載處**昌慮反下同**遣奠**弃戰反本或作遷奠非○箋曰按廣韵獮韵遣去演切送也說文二遷登也鉉音七然切此鄭注云徹遣奠設祖奠謂徹去啟殯之奠乃設遷祖之奠去演即此弃戰則此音正為遣之讀遷遣音異義殊故陸以或本作遷奠為非也**推**昌隹反又吐回反○箋曰昌隹穿紐脂韵為推之本讀吐回透紐灰韵以其時脂灰二韵之穿透音讀無殊也左成二年傳釋文推昌誰反又他回反是其比**樞**其又反○校語録云樞不讀上聲久益又之謅箋曰法校是也廣韵有韵其九切無樞宥韵巨救切有樞注云尸樞儀禮喪服釋文屍樞其又反亦其證也今依正之**辟**音避下辟賢辟不懷並同**復升**扶又反**從者**才用反下同**禮**

與音餘下同**夫祖**音扶**飰於**煩晚反○孜證云注疏本作飯案前云食旁作卞扶万反此不相應校勘記云葉本飰作飯校語録引盧阮說箋曰煩晚為飯之本讀下文飯煩晚反唅也可證此蓋讀飰作飯也葉本即作飯曲禮釋文三飯條云食旁作卞扶万反食旁作反符晚反者正曉人分別二字之本音與此隨俗作釋所以互文見義者實明其相應也互詳彼

箋牖下羊久反小斂力驗反禮家凡小斂大斂之字皆同不重出於阼才故反且服也本或
作且服過○攷證云也字唯岳本注有之毛本官本皆脫古本足利本有過字注疏校勘記云閩監毛本同嘉靖本同岳本服
下有也字釋文出且服也云本或作且服過考文引古本作且服過也足利本無也字案正義云故善服子游也服亦屬子游
則服善非服過也箋曰按注云善子游言且服孔疏云曾子自知己說之非聞子游之荅是故善服子游也故言子游所說出
祖之事勝於我所說出祖也然則過猶勝也謂曾子聞子游之荅且服其所說出祖之事勝過於己說也則作且服過亦是故
陸僅以此本用且服也他本用且服過相異著之實與孔意同而不云或本為非也阮氏云云殆非鄭恉裼裘星曆反
夫夫上音扶下如字一讀並如字注及下同袒括徒旱反下古活反而見賢遍反注及下同予之
羊汝反下同和之音禾或胡卧反下同樂由音岳又音洛未忘音亡彌亡畀反牟莫侯反為
之于偽反注為之重服下為之服皆同廢適丁歷反下文及注同涕洟上他計反下音夷自目曰涕自鼻曰洟
子瑕音遐本又作嘏古雅反也中丁仲反注及下注禮中之中同冠字古亂反○箋曰反通志堂本作字譌

按本記云幼名冠字儀禮士冠禮釋文冠古亂反又是其比毛注疏本正作反盧本已據改今依正**掘**求月反又求勿反

中霤力救反**綴足**丁劣反又丁衞反**躐行**良輒反**不復**扶又反**子碩**音石**請鬻**本又作粥音育賣也注同○攷證云注疏本作粥注疏校勘記云閩監毛本同石經同岳本嘉靖本同衞氏集説同釋文出請鬻云本又作粥注同正義本作粥箋曰王制釋文粥音育賣也左昭三年傳注云鬻賣也釋文鬻羊六反羊六音育為直音與反切之異則鬻粥音義並同按説文鬻下段注云按一音余六切是以賣鬻字作此賣之假借也鬻作粥者俗字也然則陸以此本用借字他本用俗字**惡因**烏路反**蘧伯**本又作璩其魚反**玉從**才用反又如字**名拔**皮八反徐蒲末反**樂哉**音洛下同一讀下音五教反**則瑗**于卷反又于願反○校語錄云廣韵瑗于眷切又于願切是也當據以改正周禮玉人釋文亦與廣韵同箋曰法校是也注云瑗伯玉名爾雅釋器釋文瑗為眷反蒼頡篇云玉佩名于眷為眷用字異則此首音為本讀于願與之讀同以其時線願為紐無別也攷工記玉人瑗劉昌宗即音于願反可知此又音用彼劉讀也則於字誤今依正之**刺其**七賜反**弁人**皮彥反**孺子**而注反**可傳**直專反**括**古活反

嗤

昌之反○校勘記云嗤葉本作蚩箋曰臧校○口傍云蚩是也下蚩兄死者音正無口傍江校同臧北館本如江按本記云子游曰知禮注云嗤之孔疏云子游是習禮之人見武叔失禮反謂之知禮故知嗤之也文選陸士衡文賦或受蚩於拙目李注云或於拙目受蚩欰笑也欰與蚩同段注欰下云此今之嗤字也注蚩下云又曰笑也此謂假蚩為欰也然則欰為正字蚩為假字嗤為俗字矣葉本用假字此本用俗字臧江並改嗤作蚩不知皆非欰笑正字也

卜人師

依注音僕師長也謂大僕也本或無師字者非也前儒如字卜人及醫師也○箋曰本記云扶君卜人師扶右注云謂君疾時也卜當為僕聲之誤也僕人射人皆平生時贊正君服位者孔疏云知卜當為僕者以卜人無正君之事按周禮夏官大僕職云掌正王之服位則鄭謂卜為僕誤蓋以周禮證明禮記義也春官射人職云大喪與僕人遷尸注云僕人大僕也儀禮大射儀云僕人正徒相大師僕人師相少師注云僕人正僕人之長師其佐也陸此以大僕釋僕人師而謂少師即大僕者蓋用彼鄭說也唯鄭彼以師為衆而釋之以佐陸此以師為主而釋之以長為異耳故陸以或本無師字為非也按廣韵僕在沃韵並紐卜在屋韵邦紐故鄭謂卜為聲誤陸直言依注讀僕也如字即讀卜之本音前儒本君疾時而作釋所謂卜人及醫師之義耳春官大卜職云以邦

事作龜之八命八曰瘳注云瘳謂疾瘳不也則卜人以龜卜瘳與醫師以藥治疾同故此僕人作卜人也從母才用反

二夫人音扶注同相為于偽反注及下注夫為妻同爨總上七亂反下音緫縱縱依注音揔急遽

貌折折大兮反安舒貌注同陵躐力輒反怠惰徒臥反騷騷素刀反急疾貌謂大音泰一音

他佐反下注同○注疏校勘記云閩監毛本同岳本嘉靖本同衛氏集說同惠氏挍宋本大作太下大舒同釋文作謂大云音

泰一音他佐反案大兼有他佐音則字不當作太也箋曰音泰在泰則讀太他佐在箇即讀大音轉而義不殊孜工記總目釋

文已大也音泰劉他餓反磬氏大上音泰劉他賀反他餓他賀俱與他佐為用字之異則此一音正用彼劉讀矣彼俱作大可

證此亦當作大故阮以惠挍宋本作太為非也謂絞戶交反後同紷其蔭反衾冒莫報反遠之于万

反遠別彼列反妻期音基不知音智成味依注音沫亡曷反○箋曰注云味當作沫沫靧也孔疏云

味猶黑光也今世亦呼黑為沫也瓦不善沫謂瓦器無光澤也按說文三旻讀若沫段注云沫各本作沫沫荒內切檀弓瓦不

成味鄭曰味當作沫沫靧也此沫亦荒內切洒面也釋文作沫亡葛反與此沫作沫同誤段說是也荒內在隊隊韵無從本末

之字音沬在末末韵無從午未之字味從未聲故知其音必為沬也後世傳鈔形混遂即以末代未如周禮春官序官韎師字從末劉李音妹儀禮士冠韎韐字從末音妹又武拜反之比足證末末之形多混誤矣成斲陟角反滕本又作滕徒登反靧也音悔洗面竽笙音于下音生不和胡卧反之調直弔反簨息允反橫曰簨○校勘記云葉本橫作撗挍南宋本注疏字往往木旁字與才旁通作有本從木而作才者有本從才而作木者此橫本當從木而葉本並從才蓋亦別體非正字五經文字橫在木部而注云從手者訛則可知自唐已來已有訛作撗字者箋曰阮校是也臧校作從手之撗北館本同俱依葉本而誤虡音巨植曰虡植曰時力反又音值問喪問或作聞喪息浪反注及下皆同○注疏校勘記云閩監毛本同石經同岳本嘉靖本同衞氏集說同釋文出問喪云問或作聞考文云古本問作聞案正義云蕢有所異聞也又云汝曾聞失位在他國之禮於孔子否手據此則正義經文本作聞喪正義又云問喪謂問失本位居他國禮也此二問字皆當作聞否則歧出箋曰本記云有子問於曾子曰問喪於夫子乎注云夫子卒後問此庶有異聞也據經注則本作問字按問聞義相因音相承故陸不於此標音但以此本用問字他本用聞字著之也阮校未然孫于

音遯朽許久反有為于偽反下為桓司馬為敬叔則為之注為民作為嫁母皆同宋向式上反戌音恤

○校勘記云撫本葉本戌作戍非箋曰阮校是也按說文十二戍從人持戈鉉音傷遇切十四戌從戊含一鉉音辛聿切辛聿

即此音恤依陸音故知此必為從戊含一之戌也臧校江校並作從人持戈之戍北館本同俱沿撫本葉本之誤名魋

大回反侈也昌氏反又申氏反○箋曰本記云若是其靡也注云靡侈按說文八侈一曰奢也鉉音尺氏切尺氏昌氏

用字異則此首音為本讀申氏益讀作弛弛者弓解也引伸亦張大意爾雅釋言庶侈也注云庶者衆多為奢侈釋文侈昌氏

反又尸氏反尸氏即此申氏是其比矣而朝直遥反注同孟僖許宜反○校語錄云僖宜不同部宜當作其箋

曰僖在之宜在支此時支之讀同故以許宜為釋也陸依舊音未改閱音悅將應應對之應汲汲音急繆公

音木○校語錄云木疑目之譌又春官女巫作音穆箋曰木莫卜切繆目穆俱莫六切二音讀同至今猶然曾子問釋文昭穆

音木與此皆為用字之異則此木實非譌出竟音境焉得於虔反公叔木音口式樹反又音朱徐之樹反

○箋曰江校於音下增口北館本同按注云木當為朱春秋作戍孔疏云案世本衛獻公生成子當當生文子拔拔生朱朱故知

木當為朱也言春秋作戍者定十四年衛公叔戍來奔是也式樹為戍之本讀穀梁戍十六年傳釋文戍衞式喻反可證之樹則讀如注為朱之去聲故云又俱依鄭義作釋耳可知音下有脱落字為戍甚明江氏故知而未決乃以口記之也今依補

贈襚音遂子璪息果反依字作瑣○攷證云注疏本作瑣注疏校勘記云子瑣閩本同嘉靖本同監本作瑣石經同岳本同衞氏集說同毛本誤瑣釋文出子璪云息果反依字作瑣考文云古本作璪箋曰詩節南山瑣瑣素火反小也本或作璪非也璪音早素火息果用字異則此音為瓚之本讀故注疏本如是陸所據本為璪然意亦讀作瑣故言依字以申其音定其形也滕伯徒登反為孟于偽反下及下注為人同伯鞏恭勇反外内易以豉反帷堂意悲反○校語錄云意不知何字之誤曲禮上音位悲反箋曰曲禮釋文帷薄位悲反詩泯帷裳同位帷俱在為紐意在影紐故法以之為誤綌衰去逆反麤葛也下七雷反○攷證云注疏本作七回反誤校勘記云撫本葉本雷作回十行本岳本同箋曰臧校北館本並從撫本葉本作回按雷回俱在灰韵為用字異盧以雷為是臧以回為是皆未審繐裳音歲布細而疎曰繐輕涼音良子臯音高無相息亮反沽也音古畧也易之音亦徐以豉反○箋曰本記云

始死羔裘玄冠者易之而已注云不以吉服弔喪孔疏云羔裘玄冠即朝服也始死則易去朝服著深衣故云易之而已按易繫辭釋文易以以豉反韓音亦謂變易正此首音之義言變去朝服而後弔喪也以豉蓋讀輕易之易左襄十五年傳釋文易以豉反輕也此言始死輕棄朝服而著深衣也陸從鄭說故首標音亦而次徐音於下也

稱家尺證反

有亡皇如字無也一音無下同知此處亦作亡字也石經考文提要曰坊本作有無案上稱家之有亡下苟亡矣俱作亡此作無字無也一音無下同○注疏校勘記云石經同岳本同嘉靖本同考文引宋板同閩監毛本無作亡衞氏集說同釋文出有亡歧出箋曰說文十二亡逃也鉉音武方切段注云引申之則謂失為亡亦假為有無之無如字即為亡之本讀音無則讀作無蓋為引申假借之義故云一音阮校是也

惡乎音烏注同

齊才細反又如字注同

豐省所領反

之比必利反

毋過音無

還葬音旋便也

縣棺音玄

已斂力驗反○攷證云舊誤置縣棺後今移在前校語錄云盧移已斂條於縣棺條上箋曰盧校是也按本記云還葬縣棺而封鄭於還葬下注云還之言便也言已斂即葬不待三月則已斂在縣棺上依次是在還葬後縣棺前

而封依注作窆彼驗反下棺也徐又甫鄧反○箋曰本記云縣棺而封注云封

當為窆窆下棺也春秋傳作塴按彼驗為窆之本讀如曾子問既封依注音窆彼驗反是也甫鄧即讀作塴下文作塴北鄧反
可證左昭十二年傳杜注云塴下棺也釋文塴北鄧反徐甫贈反下棺也禮家作窆彼驗反北鄧甫贈俱即此甫鄧則徐皆讀
如春秋傳矣鄭謂封當為窆者儀禮既夕乃窆主人哭踊無算彼注云窆下棺也今文窆為封此以封於義不親切而欲依禮
古文及周官易其字陸氏從之故標窆音於首恐人誤識乃直云依注也周禮地官小司徒引窆彼驗反劉補鄧反則徐與劉
讀同互詳彼箋設碑彼皮反繂音律作塴北鄧反士賁音奔人名汏哉本又作大音泰自矜大
醯呼兮反醢音海甕烏弄反慶遺于季反又如字革矣紀力反不墾苦很反衎爾苦旦
反注同自得之貌為小君于偽反下為之殷為其久為君服同深邃先遂反難人乃旦反見之
如字又賢遍反反壤而丈反反復扶又反舊音服非○攷證云注疏本作覆岳本古本同釋文注疏校勘記云閩
監毛本同嘉靖本同衛氏集說同惠棟校宋本覆作復宋監本岳本同考文引古本同釋文出反復箋曰本記云反壤樹之哉
注云反覆也孔疏云今乃反更封壤為墳而種樹以標之哉按音服為復之本讀扶又益讀作覆陸以復為往來與此義乖故

從鄭說反覆之意而定舊讀為非也詩周頌執競福祿來反傳云反復也釋文反復扶又反重也又音服彼復為毛義故以本

讀為又音此為前儒相傳之讀故云舊音陸言非者意以別於他處之有是讀也臧校用口圈舊字江同北館本同然以彼證

此則此有舊字是今仍之 大古 音泰 自燕 烏田反 為壟 力勇反 坊者 音防 旁殺 色戒反下同

茨瓦 徐在私反茅覆屋 門廡 音武 畀 如字又音婢 狹 戶甲反○校勘記云撫本同是也葉本甲作交十行

本亦作甲校語錄引阮說云云案交乃夾之譌當依葉本訂正狹與甲不同部也箋曰臧校作交云此必夾字也北館本注字

旁按王制釋文狹戶甲反爾雅釋言同易觀狹戶夾反書大甲下同甲在狎夾在洽其時讀同今音仍然陸亦不分法云狹甲

不同部蓋未審陸書條例矣原文如是陸仍其舊 又易 以豉反 馬鬣 力輒反 斷其 音短下同 上之

時掌反下以上同 廣袤 古曠反下音茂徐又亡侯反 重霤 直容反 衣以 於既反○箋曰於本作于今依

吳校衣於俱在影于則在為故誤詩君子偕老釋文冬衣於既反著也此音義正同 椑 蒲歷反徐房益反親尸棺○攷證云

毛本官本房作庚譌校勘記云撫本葉本徐作又十行本亦作徐校語錄云櫬當作親箋曰本記云君即位而為椑注云椑謂

椸棺親尸者孔疏云諸侯無革則椸親尸也所謂梓棺也依注疏說則此櫬為親誤法校是今依正蒲歷在錫為椑之本讀房

益在昔與蒲歷讀同以其時昔錫不分也**椸**音移**堅著**直畧反**水兕**徐里反○校語錄云兕里不同部里當作

履箋曰爾雅釋獸釋文兕徐履反正如法說雖兕履俱在旨而里在止然其時旨止不分乃為用字之異故陸於彼用履於此

用里也**漆之**音七**不令**力政反本又作合○注疏校勘記云閩監本同岳本嘉靖本同毛本合作令衛氏集說同

考文引古本同釋文出不令云力政反本又作合正義云虛之不令也令善也一本為虛之不合者謂不以蓋合覆其上然則

正義本當亦作令與釋文同今作合注與疏不相謀當由附合注疏時所據注本不同毛本改從令是也箋曰阮校是也力政

即為令之本讀觀陸作則亦不以合為正本矣音**楔齒**悉節反**綴**丁劣反又丁衛反**飯**煩晚反哈也**不**

剥邦各反**也與**音餘下同**倮**力果反謂不巾覆也**埃加**音哀**乾腊**音昔**逮日**音代或大計反**縓**

七絹反淺赤色今之紅也**緣**悅絹反下注同**於薰**本又作纁許云反○孜證云注疏本作纁注疏校勘記云閩監毛本

同岳本嘉靖本同衛氏集說同釋文出於薰云本又作纁正義作纁箋曰爾雅釋器三染謂之纁釋文纁許云反說文云淺絳

也按注云纁為飾黃之色畀於纁則纁為本字薰為音借字陸以此本用本字他本用借字明堂位釋文熏字又作纁香云反香云即此許云熏亦纁之借是其比矣

要經一遥反下注小要同下大結反

無約其俱反屨頭飾○攷證云屨舊作履今從各家本校勘記云撫本同葉本屨作屨是也十行本同校語錄云屨盧本改屨是阮云葉本作屨箋曰儀禮士冠屨夏用葛青約注云約之言拘也以為行戒狀如刀衣鼻在屨頭釋文青約其于反周禮作句天官屨人青句注云句當為約聲之誤也著舄屨之頭以為行戒以禮經及周官證之足知此屨為屨之形譌盧改阮校俱是故臧校同法說從之

角瑱吐練反充耳

衡依字作橫華彭反下衡三同○校語錄云依字阮刻注疏本作依注是也上文今也衡縫音可證箋曰注云衡當為橫字之誤也橫廣之又長之又為袪則知此衡作橫橫者闌木之名衡者橫置之稱鄭以其本字改假借字也按上文縣棺而封注云封當為窆陸釋之云依注作窆子瑑鄭無注陸則云依字作瑱可見言注者則本鄭說言字者蓋由己意此橫改衡為鄭說華彭蓋釋橫之音詩斯干喤喤音橫華彭反即是此從鄭義當言依注法校是也今據正之

長袪起魚反一音丘據反○箋曰注云袪謂褏緣袂口也說文八袪衣袂也鋕音去魚切去魚即此起魚則此首音為本讀丘據蓋讀去聲若欵集

韵去紐有袪云袂末也殆依此讀則此一音同於又音矣謂袤本又作袖音徐秀反○箋曰左襄十四年傳釋文袖本又作袤在又反在又在從徐秀在邪此時從邪不分為用字之異然以在邪為正讀說文八袤袂也袖俗袤從由則或本為俗字陸以本書用正字左氏用俗字袂口面世反袪裼音昔○校語錄云裼昔不同讀此音誤也箋曰裼在錫昔在昔其時昔錫讀同今音亦然陸合時讀故以昔音裼實非誤法未審麛裘音迷本又作麑同鹿子也○箋曰爾雅釋獸鹿子麛釋文麛音迷本或作麑音同論語鄉黨素衣麑裘釋文麑米傒反鹿子也米傒即音迷為直音與反切之異則此本用字與爾雅同或本與論語同青豻音岸胡地野犬袞絞户交反四重直龍反注皆同深邃雖遂反袚之皮寄反注同其厚胡豆反度厚薄曰厚皆同此音杝棺羊支反木名椵杝徒亂反○校語錄云椵當從叚箋曰本記云杝棺一注云所謂椑棺也爾雅曰椵杝孔疏云杝即椵木鄭引爾雅曰椵杝一物二名名椵又名杝也按爾雅釋木椵柂注云白椵也樹似白楊釋文椵徒亂反字林云木似白楊一名柂又櫠椵注云柚屬也釋文椵古雅反以彼兩說證之則椵椴音義俱殊此椵當從叚不從段法說是也依正梓音子謂屬音燭周帀本又作迊同子合反○玫

證云毛本官本迊作匝子合譌子答箋曰爾雅釋畜注云犞角三帀釋文作迊子合反說文六帀周也鈜音子荅切則迊為帀
之俗匝為迊之譌子荅子合為用字之異非譌陸以此本用正字他本用俗字能濕乃代反衽而審反又而鴆反小
要髹又作髤許求反題徒低反頭也湊七豆反聚也紂衣本又作緇又作純同側其反○箋曰側其為紂
緇之本讀詩鄭風釋文紂側其反本又作緇同是其證按玉藻大夫佩水蒼玉而純組綬注云純當為緇古文緇字或從糸旁
才釋文而純讀為緇側其反周禮媒氏純帛無過五兩注云純緇字也古緇以才為聲釋文純側其反依字作𥿋然則緇者本
字紂者古文純者俗誤說文緇下段注引論語今也純鄭讀為緇云鄭意今之紂字俗譌為純耳明為于偽反下文及
注為其變皆同衍以善反菆塗才官反龍輴勑倫反畫轅音袁謂黼音甫以刺七亦反
於縿音消幕音莫别姓彼列反注同於朝直遥反下同誄力軌反耆老巨支反莫相
息亮反佐也注同尼父音甫其行下孟反大縣郡縣之縣皆厭于葉反注同大廟音泰惡
野烏路反銜枚上音咸下木坏反○攷證云杯舊作坏今依詩周禮音改正箋曰坏杯俱在灰此為用字之異當無

是非之分故注疏本作杯釋文作坏皆但順當文耳叫呼火故火胡二反稅人始銳反謂以物遺人也謂遺維季反縞古老反注同紕避支反月禫大感反月樂音岳賜帟音亦幕之小者共焉音恭本亦作供○攷證云注疏本作供注疏校勘記云閩監毛本同嘉靖本同衞氏集說同岳本供作共釋文出共焉云本亦作供按供正字共假借字箋曰阮校是也說文人供設也鉉音俱容切段注云釋詁供共具也按共即供之假借字凡周禮皆以共為供陸以此本用借字他本用正字

檀弓下第四　卷之三

君之適丁歷反下及下適室同長殤丁文反下及注同下式羊反三乘繩證反下及注同皆下戶嫁反降殺色戒反遣車弃戰反為差初佳反又初宜反遠之于万反朝亦直遙反注同越疆居良反本又作壃下越疆同蟜固居表反蟜固人姓名不說他活反本亦作稅徐又音申銳反下同入見賢遍反蟜失居表反黚多忝反倚其於綺反徐其綺反○校語錄云此于亦於之譌經籍

舊音辨證二云毛居正謂于應作於承仕按德明反語蓋與切韻大同不應于於同用通校全書若徐邈等所下反音影喻諸紐間有出入至於德明則不概見且互譌者僅有于於二文而伊央乙烏為羽云有諸文蓋無互用之處可證作于者為傳寫之譌假令厭衣倚噫四字並有于紐之音則類篇集韻不應闕而不載今檢篇韻乃無斯紐又可證北宋本釋文並不誤於為于也箋曰法吳說俱是也倚於皆在影于則在為以于反倚聲類不同當譌 **字晳** 星歷反 **擯者** 必刃反本又作儐同後放此 **則為** 于偽反下亦為為之變同 **是日** 人一反 **不樂** 音岳又音洛注同 **執引** 音胤注同車索 **及壙** 苦晃反又音曠後同○箋曰說文十三壙塹穴也鋐音苦謗切叚注云謂塹地為穴也墓穴也苦謗即此音曠則此又音為本讀苦晃蓋讀若懬集韻懬紐有壙注窾也按窾者穿地也周禮方相氏及墓入壙注云壙穿地中也則上聲去聲為動名詞之異陸列上聲為首音者蓋從彼鄭說也 **執紼** 音弗棺索 **贏** 音盈 **曰臨** 如字徐力鴆反○箋曰本記云主人曰臨注云君辱臨其臣之喪按如字即讀廣韻力尋切之臨其義為莅力鴆則讀同良鴆切之臨其義為哭陸以此為莅臨字故次徐音於末也 **袒免** 音問 **辟正** 音避下辟難同 **使人** 色吏反又如字○箋曰說文八使令也鋐

音疏士切如字即讀疏士則此又音爲本讀色吏則讀去聲音調雖異義實無殊玉藻使音史又色吏反亦其證也狎則戶甲反近南附近之近與哉音餘悼公音道游擯必刃反注同擯相息亮反下同詔音照

侑音又齊縠依注音告又古毒反○箋曰本記云齊縠王姬之喪注云縠當爲告聲之誤也按音告即讀縠作告鄭以縠於義不相謀故欲易其字左傳莊二年秋七月齊王姬卒孔疏引本經縠即作告陸以告標首則與孔意同矣古毒蓋讀作忠告之告論語顏淵忠告古毒反可證與告去入相承而義不殊故此云又告在沃縠在屋鄭故以爲聲近之誤陸以正字之音釋誤字本鄭君之説耳此直言依注者正條一例所謂前儒作音多不依注也公羊隱元年釋文告于古毒反一音古報反古報音告爲直音與反切之異是其比矣爲之于僞反下及注同王者如字徐于況反重耳直龍反注及下皆同辟難乃旦反在翟音迪本又作狄○箋曰左僖二十九年傳盟于翟泉釋文翟泉直歷反公羊傳作狄直歷音迪爲直音與反切之異説文翟下段注云翟羽經傳多假狄爲之狄人字傳多假翟爲之陸以此本用借字或本用正字

嚴然魚檢反本亦作儼同○攷證云注疏本作儼注疏校勘記云閩監毛本同岳本同嘉靖本同衛氏集説同石經儼字

闕釋文出嚴然云本亦作儼正義本作儼箋曰曲禮釋文嚴魚檢反本亦作儼同矜莊貌魚檢為儼之本讀如祭義及詩邶風柏舟儼俱魚檢反是也段注說文儼下云古借嚴為之則此嚴然釋文取借字正義用本字按廣韻魚檢在琰儼在儼攷釋文書無逸皋陶謨詩常武公羊桓二傳爾雅釋詁儼俱用琰韵字足見陸時琰儼尚混用也 **喪亦**息浪反注及下皆同 **孺子**如樹反後同 **穉也**直吏反本又作稚同○注疏校勘記云岳本同嘉靖本同閩監毛本穉作稺衛氏集說同釋文出穉也云本又作稚考文引古本作穤猶穉也按穉稚古今字箋曰阮校是也說文七穉幼禾也鉉音直利切段注云引伸為凡幼之偁今字作稚直利在至直吏在志以其時志至不分故為用字異陸以此本用古字他本用今字 **得與**音預 **稽**音啓 **顙**桑黨反 **子顯**依注音韅呼遍反徐苦見反○攷證云其字子縶名當為韅說文韅著掖鞥也此從顯省錢馥曰案晉語公子縶名縶字子韅箋曰本記云子顯以致命於穆公注云使者公子縶也盧氏云古者名字相配顯當作韅按音韅即讀顯作韅鄭以子顯字與名縶不相配故用盧氏說以韅易之韅在霰呼遍在線其時霰線不分則此反語為韅本讀陸從鄭說故直云依注也左僖二十八年傳注云在背曰韅釋文韅許見反又去見反在背曰韅說文作韅云著掖皮彼許見即

此呼遍去見即此苦見則彼又音正為徐音集韻霰韻馨甸切有韅云駕牛具在背曰韅或省義則用彼杜注音正依此徐讀

使者色吏反子蟄陟立反後同仁夫音扶○校勘記云撫本扶作符十行本同校語錄引阮云云案扶符

同箋曰扶符音同為用字異則遠于万反伯歜昌燭反有禱丁老反一音丁報反○箋曰說文一禱告

事求福也鋕音都浩切都浩即此丁老則此首音為本讀丁報益讀去聲音異而義不殊故云一音一音者又音也轂僖十一

年雩禱丁老反又音丁報反為其比祠之音詞鄉其本又作嚮同許亮反飯用扶晚反道褻息列反

銘音名旌音精别已彼列反注同本或無已字非○箋曰本記云以死者為不可别已故以其旗識之注云不可别

形貌不見按周官小祝置銘杜子春注引檀弓曰以死者為不可别故以其旗識識之即無已字顏注漢書宣帝紀曰已語終

辭也由經注觀之别下有已則辭語方具足如書洛誥曰公定予往已是也故陸以此本有已字為是或本無已字為非也

識之式至反皇如字○校語錄云至當作志箋曰本記云故以其旗識之式至讀作旗識之識以陸時志至不分如字則

讀表識之識義有名動之别故音分去入矣重與奠也與音如字一本作重與奠與二與並音餘○攷證云毛注

疏本無也字足利古本同官注疏本作重與奠也與大誤注疏校勘記云閩監毛本岳本同嘉靖本同衛氏集說同釋文出重與奠也云本作重與奠與考文引古本謂重與奠下有也字正義云故云重與奠也疑正義本與釋文本同無謂字有也字箋曰說文三與黨與也鉉音余呂切引申有相連及之義故鄭注檀弓曰與及也余呂即此如字之音蓋言重及奠也音餘則借為歟說文八歟安氣也鉉音以諸切段注云今用為語末之辭亦取安舒之意通作與論語與與如也以諸即此音餘孜孔疏云愛之斯錄之者謂孝子思念其親追愛之道斯此也故於此為重以存錄其神也敬之斯盡其道焉耳者謂於此設奠盡其孝養之道焉耳鄭以下文有重及奠故以此一經為下張本故云重與奠也則孔陸意同阮所謂正義本與釋文本本同也

綴重丁劣反又丁衛反**聯也**音連**筭**桑亂反袒括觀闕反○孜證云舊筭下間以縣諸齊敬辟踊三條案當在前又袒括在愠哀後皆誤今移正校語錄云盧移筭字條於辟踊條下又移愠哀條於袒括條下箋曰盧校是也按本記云豈知神之所饗亦以主人有齊敬之心也辟踊哀之至也有算為之節文也袒括髮變也愠哀之變也是筭在齊敬辟踊二條後袒括在愠哀條前而縣諸條為殷主綴重焉句之注又在主人有齊敬之心也句前故法從盧校今依移正

縣諸音玄

齊敬側皆反辟踊婢亦反下音勇愠哀庚皇紆粉反積也又紆運反怨恚也徐又音鬱○箋曰本記云愠哀之變也孔疏云悲哀愠恚者是孝子哀情之變也按紆運為愠之本讀論語學而釋文不愠紆問反怒也鄭云怨也可證紆粉則讀作蘊說文一蘊積也鉉音於粉切於粉即此紆粉則庚皇之義本許書謂孝子悲哀其情心所蘊積也陸亦從之故標此音於首音鬱蒸讀作鬱方言一鬱悠思也言孝子哀情思念長久也袒括觀闊反去飾羌呂反下及注去樂去桃苅並同其哀七雷反侈袂昌氏反下彌世反哀衰所追反哷況甫反歠徐昌悅反歠歠粥一音常悅反○箋曰注云歠以粥也孔疏云歠者親喪三日之後歠粥之時按昌悅為歠之本讀少儀流歠昌悅反可證陸故列之於首常悅由清變濁故云一音一音同於又音矣為其于偽反下注為父母為有凶為人甚同食之音嗣易也以豉反粥之六反後同之處昌慮反下同所養徐羊尚反既封依注音窆彼驗反下同已慤本又作殼苦角反注及後同○箋曰注云慤者得哀之始未見其甚按說文慤下段注云大司寇注愿殼慎也用假借字㲉者殼之俗字也依是則陸以此本用正字他本用借字北首手又反舍奠音釋注同離力智反下同卒

哭遵聿反易喪以豉反，徐音亦祔音附比至必利反末有莫曷反，無也期而音基桃茢音列，徐音例。萑苕，杜預云黍穰也，鄭注周禮云苕帚。○箋曰：本記云以巫祝桃茢執戈，注云桃鬼所惡，茢萑苕，可埽不祥。按周禮戎右贊牛耳桃茢，鄭注云茢，苕帚，所以掃不祥。釋文桃茢音烈，沈音例。左襄二十九年傳以桃茢先，杜注云茢，黍穰。釋文桃茢音列，徐音例。列烈用字異，徐讀與沈同，陸引之以為釋者，明鄭杜說異而義實同也，故於彼黍穰條亦引鄭注周禮云茢苕帚所以互文見義也惡之烏路反，及下注同凶邪似嗟反，下注同萑音完苕大彫反難言乃旦反之朝直遙反，注及下皆同用殉辭俊反，以人從死曰殉殆幾音祈，又音機，下同芻靈初俱反，束茅為人馬曰芻靈俑者音勇，偶人為舊于偽反，下為君為使人皆同古與音餘，下同諸膝音悉將隊本又作墜，直媿反。○注疏校勘記云：閩監毛本同，石經隊作墜，考文引古本同。釋文出將隊，云本又作墜。箋曰：爾雅釋詁墜落也，釋文墜本又作隊，同直類反。左僖二十八年傳俾隊其師，杜注云隊，隕也。釋文隊其，直類反，隕也。直類直媿為用字異。說文十四隊，從高隊也，段注云隊墜正俗字，古書多作隊，則陸以此本用正字，他本用俗字捷在接反為瘠徐在益反

○校語錄云齊徐音是也他音在亦反非箋曰亦益同在昔韵何有是非之分哉　疑夫音扶　食食上如字下音嗣

遣車弃戰反下文及注同　一乘繩證反下同　七个古賀反下及注同　焉知於虔反　大儉音泰

或他佐反　偪音逼本或作逼　包伯交反　子相息亮反下注同　西鄉許亮反下皆同　俠古洽反一音頰○攷

證云注疏本作夾注疏校勘記云閩監毛本同岳本同嘉靖本同衛氏集說同釋文本夾作俠箋曰古洽在洽讀俠作夾音頰

在恰為俠之讀故云一音一音同又音以其時恰洽讀同儀禮士冠猶俠古洽反劉古協反公食大夫東夾古洽反劉古協反古

協即此音頰則此一音用劉說故釋文本作俠注疏本作夾　羨道徐音賤音義隱云羨車道○攷證云義字疑衍校語

錄云徐音賤誤邪為從也義字盧云疑衍箋曰詩十月之交釋文羨徐簫反則羨在邪音賤在從徐讀從邪混用其時如此非

誤邪為從郊特牲釋文羨也才箭反又辭見反辭見邪紐霰韵霰韵無邪即可證辭讀同慈邪紐讀同從紐矣　曰噫本又

作意同於其反○校語錄云于蓋於之譌箋曰本記云曰噫毋注云噫不寤之聲按莊子大宗師釋文曰噫徐音醫李云歎聲

也本亦作意音同在宥意音醫本又作噫天道曰意於其反司馬云不平聲也於其音醫為直音與反切之異皆為有所痛恨

之聲此本為噫之讀作意乃聲借也陸以此本用本字他本用借字按噫意於俱在影紐于在為紐是于以為諧字吴棪與法同
是矣今依正之　毋音無　斯音賜盡也　沾依注音覘敕廉反視也○箋曰注云沾讀曰覘覘視也按左成十七年傳公使
覘之杜注云覘視也釋文覘之敕廉反則此音為覘之讀鄭以沾視意不親切故易為音近之覘陸從鄭說遂直言依注段注
說文覘下引本經我喪也斯沾云假沾為覘然則此以本字之音為借字作釋也　其行下孟反　會見賢遍反下
文不敢見同　矣夫音扶下同本亦有無夫字者　從祖才用反　欲去羌呂反　之號户刀反　而
俓古定反　人喜則斯陶徒刀反　斯咏音詠謳也　咏謳本亦作嘔烏侯反　斯猶依注作摇
音遥　相近附近之近○校勘記云撫本無也字十行本同校語録引阮說箋曰北館本亦同撫本以下文揚近音附近之
近無也字相較則此也字當衍今依各本删之　愠斯戚紆運反怒也戚憤恚也此喜怒哀樂相對本或於此句上有舞
斯愠一句並注皆衍文○攷證云注疏本有洵為衍文校勘記云葉本小愠字作怒十行本同是也注疏校勘記云閩監毛本
同石經同岳本同嘉靖本同衞氏集說同釋文出愠斯戚云此喜怒哀樂相對本或於此句上有舞斯愠一句並注皆衍文正

義本有舞斯慍一句並注其所稱鄭此禮本鄭諸本鄭又一本盧禮本王禮本綜論最為詳覈惠棟九經古義但據釋文而不及正義疎矣箋曰注云慍猶怒也戚憤恚孔疏云慍斯戚對喜斯陶戚斯歎對陶斯咏歎斯辟對咏斯猶辟斯踊哀之極也對猶斯舞樂之極也凡喜怒相對哀樂相生正與陸所言意同而注疏本此句上有舞斯慍一句並注無以相對何亂以為樂終則慍起非始之慍相連繫也詳審本記語法此句實贅陸氏謂之為衍文正明其不當有也怒字原作慍今依阮校正之戚

憤扶粉反恚一瑞反歎吟本或作唫魚今反○箋曰注云歎吟息說文二吟呻也鈙音魚音切魚音魚今用字異詩大雅板釋文吟如字本又作唫同如字即此魚今漢書息夫躬傳絕命辭曰秋風為我唫師古曰唫古吟字然則陸以此本用今字他本用古字

斯辟婢亦反撫心也○校語錄云撫當作拊箋曰本記云歎斯辟注云辟拊心孔疏云辟撫心也歎息不泄故至撫心也然則孔與陸說同按爾雅釋訓辟拊心也郭注云謂椎胸也釋文拊心本亦作撫同芳武反郝疏云拊者拍也拍亦擊也故問喪云辟踊哭泣鄭注辟拊心也與拍舟傳同則作撫為借字蓋非誤此所以注作拊心而陸孔皆解作撫心也

躍羊灼反惡之烏路反斯倍音佩下同所復扶又反絞衾戶交反下音欽設蔞

音柳　翣所甲反　而食音嗣注同謂虞祭也　有舍音捨注同廢也　之呰似斯反○校語錄云呰音誤從為邪箋曰注云呰病也按呰訓病為疵之借說文七疵病也鋐音疾咨切莊子逍遙遊釋文疵在斯反病也俱為其證疾咨在斯皆讀從紐但人間世無疵似移反病也似移似斯用字異亦讀邪紐正與此同所以如是者以其時從邪混用陸實仍舊不分此則讀從為邪亦有讀邪為從者若上文羨道音賤是也法俱謂為誤誠未審本書條例矣　疫病音役　師還音旋　出　竟音境　大宰音泰注及下文注大宰大師大史大廟大傅皆同　髺普彼反○校語錄云髺彼不同部當作鄙箋曰彼在紙髺鄙俱在旨普鄙固為髺之本讀左定四年傳音即是然普彼亦為用字之異以其時旨紙之無別也法以彼為鄙誤實非　使於色吏反　夫差音扶下初佳反夫差吳王名闔廬子　盍嘗戶臘反　斑白伯山反本又作頒音同○攷證改斑作班云舊作斑今從宋本撫本毛本同校勘記云撫本斑作班按依說文當作辬從文辡聲班假借字斑俗字校語錄云斑盧依撫本改班箋曰注云二毛鬢髮斑白說文九辬駁文也鋐音布還切段注云斑者辬之俗又或假班為之頭黑白半曰頒亦辬之假借字按孟子梁惠王上頒白者不負戴於道路趙注云頒者斑也頭半白斑斑者也則此云本又作者

殆指孟子敷布還在删為班頒之本讀伯山在山其時删山邦紐讀同陸亦不分耳屬與音餘下及注有此與同慨

焉苦愛反〇攷證云宋本空小注二字當由後來因複下文刊去今依通例補校勘記云撫本下有僾皃二字按僾皃下既

列為大字此當删校語錄云苦愛反下盧依宋本補僾皃二字阮云僾皃下既列為大字此應删箋曰阮校是也故法從之今

亦仍舊僾皃皮拜反乃讙音歡喜說音悅下同知悼音智下同〇校勘記云撫本葉本音作與無下

字十行本岳本並與此本同箋曰臧校音亦作與圈下字北館本注字同攷本記云知悼子卒未葬下文云知悼子在堂斯其

為子卯也大矣兩見知字不見智字可證此謂下同是也音智即讀知為智則撫本葉本作與智同非彪彼蚪反李

調如字左傳作外嬖嬖叔樂闋苦穴反止也杜蕢苦怪反注蒯同作屠音徒曠飲於鴆反下飲斯

飲之飲曠飲調飲寡人皆同曩者乃黨反嚮也嚮也本亦作鄉同許亮反諫爭爭鬭之爭〇攷證云此音

似非疑當音諍校語錄引盧說云云偉案詩思齊箋諫爭亦音爭鬭之爭又大學逬遏諍反諍音爭鬭之爭一音屢見則必無

誤蓋陸讀爭鬭之爭亦如諫爭之爭非二讀也惟訓引之爭乃讀平聲耳爭鬭之爭讀去聲與攻戰之攻讀去聲同箋曰法校

是也說文諍下段注云經傳通作爭陸蕍本諸經傳矣子卯不樂如字賈逵云桀以乙卯日死受以甲子日亡故以為戒鄭同漢書翼奉說則不然張晏云子刑卯卯刑子相刑之日故以為忌而云夏殷亡日不推湯武以興乎疾日人一反比葬必利反下同為一于僞反嬖必計反匕必李反○校語錄云季乃李之誤實當作履箋曰說文八匕亦所以用比取飯鋌音卑履切段注云比當作匕匕即今之飯匙也卑履在旨為匕本讀必李在止其時止旨混用陸亦不分必季則在至音既有上去之殊而廣韵季紐又無此字足見形近之譌按儀禮士喪乃朼必季反季亦李誤段校正之北館本同可證此法校為是然謂李當作履則非本書音例矣是共音供敢與音預知防音房又扶放反揚觶之豉反字林音支又云酒器揚近附近之近下聲相近同名拔蒲八反粥音祝行之下孟反粥音祝○攷證云舊行之倒在下今移正箋曰盧校是也攷本記云其子戍請謚於君曰注云謚者行之迹記又云夫子為粥與國之餓者是粥在行之之下舊倒置今依正有難乃旦反注同石駘大來反○校勘記云葉本大作夫按夫字誤十行本岳本並作大箋曰駘大同在定紐夫則在非紐是夫為大形近之譌阮校是也臧校大作夫北館本注字旁俱

沿葉本之誤石磶七畧反適子丁歷反注同言齊側皆反子亢音剛又苦浪反莫養羊尚

反下皆同度諫大洛反啜叔昌劣反叔或作菽音同大豆也王云熬豆而食曰啜叔○攷證云注疏本作菽注疏

校勘記云閩監毛本同石經同岳本同嘉靖本同衛氏集說同正義亦作菽釋文出啜叔云叔或作菽箋曰說文三叔拾也又

七尗豆也鉉音並式竹切段注云今字作菽按史記張儀傳韓地險惡山居五穀所生非菽而麥民之食大抵飯菽藿羹戰國

策韓策菽作豆是古時謂菽漢時言豆也然則尗者正字菽者古字叔者借字陸以此本用借字他本用俗字斂手力檢

反○攷證云注疏本作斂首觀疏云斂其頭首及足明是首字今亦依釋文改作手注疏校勘記云閩監毛本同石經同岳本

同嘉靖本同衛氏集說同釋文出斂手按正義云斂其頭首及足形體不露是正義本經文當作首今作手與疏標經句合與

疏說經義不合盧文弨云首足見上篇此疏內亦以頭首為言知手字誤秦板作首是也箋曰本記云斂手足形孔疏以人全

體言之故云斂其頭首及足陸釋則依經文不改仍出斂手是經文本作手字非首字故各本皆同也盧以手為誤阮謂當作

首俱明審未還葬音旋後同稱其尺證反下注之稱同於從才用反注下同執羈音基○校語錄云羈

基不同音箋曰羈見紐支韵基見紐之韵其時之支混用今讀亦然陸以基釋羈正明其音同也 靮丁歷反 紖陳忍
反 疾革本又作亟居力反急也注同 襚之音遂 脫君本亦作說又作稅同他活反 輿縣音玄注同
潘氏普干反○校語錄云苦乃普之譌箋曰潘普俱在滂紐苦在溪紐則苦為普傳寫之譌法校是也毛注疏本正作普
今依正 乾昔音干 屬之玉反 夾我古洽反 猶繹音亦 去羌呂反注同 籥羊勺反 般請
音班注及下同 機封彼驗反 多技其綺反下同 豐碑彼皮反 時僭子念反後皆同 斲大丁角
反 以繂音律○攷證云以舊譌其今案注改正箋曰注云穿中於間為鹿盧下棺以繂繞按說文十四以用也則盧校
是今依正之 繞而沼反 各重直龍反 下天戶嫁反 四植時力反 爾呂古以字 強使
其丈反 女者音汝 與音餘下苦與同 其毋音無 噫於其反 禺人音遇又音務注同○箋曰注云禺人
昭公之子春秋傳曰公叔務人孔疏云案哀十一年傳云公叔務人僮汪踦死昭公傳云昭公子公為逐季氏公曰務人為此
禍務人即公為也故云昭公子此作禺人者禺務聲相近聲轉字異也按孔申鄭說是也音遇為禺之本讀音務蓋讀作務務

禺同在遇韵孔所謂聲相近也鄭故知本記之禺人即為左氏之務人陸從注義故以禺讀務為又音集韵遇韵敄緅有禺云

人名公叔禺人魯昭公子正明此又音之義耳**走辟**音避**罷**音皮**倦**其卷反○校語錄云書大禹謨作其眷反是也

箋曰卷眷同音此為用字之異何有是非之分廣韵線韵倦渠眷切即用眷字**頸上**吉領反**掖之**音亦**繇役**

本亦作搖音遥**弗能**弗亦作不**為謀**于偽反下注國為下為懿同**復無**扶又反下復射謂不復同**死難**

乃旦反**隣重**依注音童下同**汪**烏黄反**踦**魚綺反**未冠**古亂反**士行**下孟反**馬裻**音篤

本亦作督○攷證云注疏本作督漢書古今人表作篤校勘記云撫本葉本督作督按督俗字注疏校勘記云閩監毛本同岳

本同嘉靖本同衛氏集說同釋文出馬裻云本亦作督正義本作督按依說文當作裻亦作禱督假借字箋曰說文段注裻下

云今本作督五經文字引作裻古多假督為裻又注禱下云下文裻背縫亦即此字也然則阮說是矣釋文用正字注疏用借

字**子射**食亦反下同**斃一人**本亦作獘婢世反仆也下同○箋曰注云斃仆也按說文十獘頓仆也斃獘或

從犬鉉音毗祭切段注云經書頓仆皆作此字如左傳斃於車中與一人俱斃是也今左傳犬獘亦作犬斃蓋許時經書斃多

作弊毗祭婢世用字異陸以此本用或字他本用正字反

韔弓勑亮反韜也 **仆也**蒲北反又音赴 **韜之**吐刀反

又及本或作又及一人又一人後人妄加耳○注疏校勘記云又及閩監毛本同石經同岳本同嘉靖本同衛氏集說同釋文出又及云本或作又及一人又一人後人妄加耳考文引足利本作又及一人棨正義云此謂吳師既走而後逐之故云又及一人則是不逐奔之義據是疑正義本及下有一人二字箋曰攷本記云射之覽一人韔弓又及謂之又覽二人每覽一人揜其目則又覽二人所以釋又及之義而正義云云乃釋韔弓揜目明殺人有禮之義其說迥別正義本及下有一人二字乃引左氏為疏而然非經文本如是也陸依舊釋當無一人故謂或本為後人妄加耳

朝直遥反 **不與**音預

參乘繩證反 **戈盾**食允反又音允 **曹桓公**依注音宣 **請舍**胡闇反 **相唊**徒暫反○校語錄云暫疑誤廣韻去聲雖有唊字然別一義且唊暫亦不同部或者亦動靜異讀手箋曰漢書王吉傳吉婦取棗以唊吉師古曰唊謂使食之音徒濫反徒濫徒暫用字異且廣韻五十四闞徒濫切之睒注云相飯也或作唊正同此義即與暫同部法說失檢

食音嗣徐音自○校語錄云食徐音誤邪為從箋曰注云以朋友有相唊食之道按唐寫本玉篇食部飤因恣反野王案此

謂以食供設與人也說文五飤糧也鉉音祥吏切段注云按以食食人物其字本作食俗作飤祥吏因恣俱與音飼為用字異以其時至志讀同則此首音為本讀音自葢讀邪為從徐音如此上文羨道徐音賤是其比陸仍依舊不分王制食九人音飼徐音自同此衣之於既反強之其丈反下注同拂枢芳勿反下其又反○校語錄云久亦又之譌箋曰法校是也久在有韵又枢同在宥韵曾子問注棺枢釋文枢其又反左昭十八年枢巨又反俱作又可證今依正之茢音列叔肸許乙反為介音界注及後同副也難惠乃旦反昭穆常遥反蕢苦怪反辟於徐音避又婢亦反晝宮音獲注同于奪徒外反注弁兑同杞音豈○校語錄云杞豈不同音箋曰杞在溪紐止韵豈在溪紐尾韵其時尾止混用音葢無別今讀亦然陸沿用之故以豈音杞也殖時職反華還胡化反且于子餘反肆諸殺三日陳尸音四市朝直遥反以上時掌反執拘音俱弊盧力居反子⿰身黃吐孫反魯哀公子設撥半末反紼也輴車勑倫反榑幬上音郭下大報反覆也欑塗才丸反下音徒揄沈本又作瀋同昌審反○箋曰本記云為揄沈故設撥注云以水澆揄白皮之汁有急以播地於引輴車滑按說

文十一瀋汁也鋐音昌枕切段注云按禮記檀弓為揄沈假沈為瀋左哀三年傳云無備而官辦者猶拾瀋也杜注云瀋汁也
釋文瀋尺審反北土呼汁為瀋昌瀋昌枕尺審俱為用字異則陸以此本用借字他本用本字澆古堯反之汁之十
反滑于八反不中丁仲反又如字何學如字或音戶教反非注同○箋曰說文三學篆文斆省斆覺悟也鋐
音胡覺切段注云學記曰學然後知不足知不足然後能自反也按知不足所謂覺悟也胡覺即此如字之音戶教益讀作效
詳審本記云三臣者廢輶而設撥竊禮之不中者也而君何學焉注云止其學非禮也然則經注之義俱言三臣盜竊於禮不
中法式而君何得學焉是陸謂或音為非者既依當文為釋而又明與他處之學作效有別也廢去羌呂反下同士
掘求勿反又求月反又戶忽反○箋曰左昭二十七年傳注云掘地為室釋文掘其勿反又其月反易繫辭下掘地其月反
又其勿反其勿即此求勿其月即此求月則此首二音俱為掘之讀戶忽則讀作搰左哀二十六年釋文掘本又作搰胡忽反
說文十二搰掘也鋐音戶骨切俱為其證肂本又作肆以二反棺坎也見賢遍反袵而審反為之于偽反下
為妾注為之下弗為服皆同禮與音餘嬖必計反犯躐力輒反庚古衡反償徐音尚僭子念

反

侈 昌氏反又赤氏反○校語錄云昌赤同紐赤字譌也王制作又式氏反箋曰按王制釋文則侈昌氏反又式氏反是昌氏為侈之本讀式氏蓋讀作弛赤氏則與昌氏為用字異故非其比也法謂昌赤同紐者不審本書條例同音有二反語也

邑長 丁丈反

有餽 本又作饋其位反遺也○攷證云注疏本作饋是說見前注疏校勘記云閩監毛本同石經同岳本同嘉靖本同衛氏集說同釋文出有餽云本又作饋正義本作饋箋曰注云君有饋有饋於君孔疏云饋餉也君有饋謂臣有物饋獻於君按說文五饋餉也鉉音求位切餽吳人謂祭曰餽鉉音居位切段注云按祭鬼者餽之本義不同饋也以餽為饋者古文假借也其位求位用字異則此讀餽為饋以本字之音釋借字明此本用假借也饋之引伸為凡與人之餽陸故釋之為遺也

使為 色吏反

見在 賢遍反

辟其 音避

木鐸 大各反

舍故 音捨

所敗 必邁反

櫜 音羔甲衣

韔 本亦作韔勑亮反弓衣○攷證云注疏本作韔是注疏校勘記云閩監毛本同石經同岳本同嘉靖本同衛氏集說同釋文出櫜韔云本亦作韔正義本作韔箋曰注云韔弓衣按說文五韔弓衣也鉉音丑亮切詩秦風小戎虎韔毛傳韔弓室也釋文韔勑亮反弓室也則作韔為本字蓋韋借呂為皮韋革為獸皮故有從韋之字或作從革從革之字亦

作從韋者如韡或從韋作韡是也此韡爲後出字陸以此本用後出字他本用說文字 不戢 側立反 似重 直用
反 無苛 音何本亦作荷○箋曰本記云無苛政按說文一苛小艸也鉉音手哥切段注云引伸爲凡瑣碎之偁苛政謂
政煩瑣也手哥音何爲直音與反切之異作荷乃同音假借字荷爲扶渠葉 識之 申志反又如字 執贄 音志○注
疏校勘記云執贄閩監毛本同岳本同嘉靖本同衞氏集說同石經闕釋文出執贄校語錄云贄志不同部志當作至箋曰儀
禮士冠奠贄本或作摯音至贄爲後出字摯爲假借字彼音至即此音志以其時志至不分爲用字異志實非誤 下賢
户嫁反 巳夫 音扶○攷證易扶作符云舊音扶今從宋本毛本官本並同校語錄云扶盧依宋本改符按扶符同箋曰
扶符俱在奉紐虞韵爲用字異何改之有 重强 其文反 虛墓 本亦作墟同起魚反注同○攷證云注疏本作墟注同
疏校勘記云閩監毛本同嘉靖本同岳本同衞氏集說同惠棟校宋本墟作虛注同釋文出虛墓云本亦作墟注同正義本作
墟按虛墟古今字箋曰阮校是也說文八虛大丘也鉉音邱如切段注云引伸爲虛落今作墟邱如即此起魚然則虛本爲丘
其後借爲空虛之義故又造從土之墟以爲丘墟專字阮所謂虛墟古今字也 之處 昌慮反下同 以蒞 音利又音

類

不解 佳買反，舊胡買反○箋曰本記云雖固結之民其不解乎孔疏云雖以言辭誓令堅固結之民其不解散離貳乎佳買音如蘚為解散之義莊子徐無鬼釋文解佳買反司馬曰去也是其證胡買音如蟹為解曉之義左桓十三年不解戶買反是其證陸意與孔同言當解散離貳也故首標佳買次列舊音表記猶解古買反徐又音蟹古買即此佳買音蟹即此胡買則此舊音用徐讀也

憔 在遙反

悴 在醉反

為無 于偽反下同

長子 丁丈反下官長並注同

於

嬴 音盈

名札 側八反

坎深 式鴆反

廣輪 古曠反

揜坎 本又作掩於檢反○箋曰說文十二揜一曰覆也鉉音衣檢切文選懷舊賦夕雪暠以掩路注引埤蒼曰掩覆也則掩為假借字穀梁昭八年傳云揜禽旅釋文揜於檢反本亦作掩陸俱以或本用借字

可隱 於刃反注同據也

從也 子容反

且號 戶高反注同

邾婁 力俱反下同

弔含 胡闇反注及下同

僭稱 子念反

易則易 並以豉反下及注同

拒之 本又作距

頓也 徒困反本亦作鈍○攷證云注疏本作鈍下魯頓同注疏校勘記云閩監毛本同岳本同嘉靖本同衛氏集說同釋文出頓也云本亦作鈍正義本作鈍箋曰說文十四鈍錭也鉉音徒困切段注云古亦假頓為之然則此注云魯魯鈍也鈍為

正字頻為假借字陸以此本用借字他本用正字**祝先**之六反**畿内**音祈**刎其**勿粉反徐亡粉反○校語錄云亡粉與勿粉同箋曰說文新附刎剄也鉉音武粉切勿粉亡粉與武粉俱為用字之異法謂亡粉與勿粉同者以為同音不得有二反語不審陸書於衆家別讀有則畢書也**大饑**居宜反字林九衣反本又作飢同○箋曰說文五飢餓也鉉音居夷切居夷在脂居宜在支其時支脂讀同則此首音為飢之本讀九衣則讀飢為饑說文云穀不孰為饑鉉音居衣切段注云論語軍饑因之以饑饉鄭本皆作飢彼則讀饑為飢飢在脂饑在微此為脂微混讀呂音本諸許說為饑本音然則此飢為本字饑為假借字觀陸列音次第則為本字之音釋借字而以此本用假借字他本用本字**黔敖**其廉反徐渠嚴反○校語錄云黔二音鹽嚴分部箋曰其廉為黔之本讀渠嚴讀與其廉同陸列之於末者正明其時鹽嚴讀音相混也法云分部失審**而食**音嗣下奉食同**蒙袂**彌世反**輯屨**側立反斂也**貿貿**徐亡救反又音茂目不明貌一音牟○箋曰注云貿貿目不明之貌音茂在候為貿本讀亡救在宥益讀若莓徐音宥候混用音牟則讀平聲如謀集韵謀緻有貿云目不明貌殆依本書**輯斂**力檢反下同**左奉**芳勇反**微與**音餘注同**狂狷**音絹**有殺**本又作弒

同式志反下臣殺子殺同 **玃**俱縛反 **且也**子餘反 **瞿然**本又作懼紀具反○箋曰莊子徐无鬼子綦瞿然喜曰奚若疏云矍然驚喜貌釋文瞿然紀具反李云驚視貌庚桑楚南榮趎懼然顧其後疏云懼然驚貌也釋文懼然向紀俱反則瞿然懼然聲義並同審本記云瞿然失席此音即為瞿之本讀瞿蓋讀為懼史記孟子傳王公大人初見其術懼然顧化漢書惠帝紀贊聞叔孫通之諫則懼然皆其比也按說文十⿱䀠夰舉目驚⿱䀠夰然也鉉音九遇切段注云雜記下曰免喪之外行於道路見似目瞿聞名心瞿二瞿當作⿱䀠夰九遇即此紀具 **斷斯**丁亂反 **殺其人**如字 **壞其**音怪 **洿其**音烏 **豬**音誅○校語錄云豬誅不同部箋曰豬在魚誅在虞此時魚虞相混陸以誅音豬非謂其異正見其同也 **復處**扶又反 **奐焉**音喚本亦作煥奐爛言象多也○箋曰本記云美哉奐焉注云奐言象多孔疏云奐謂其室奐爛象多也引王肅云奐言其文章之貌按論語泰伯煥乎其有文章釋文煥音喚明也詩卷阿正義引作奐玄應音義大方廣佛華嚴四煥明字書亦奐字同呼換反呼換即音喚奐之訓為大引申其義為象多煥蓋涉爛加大當是六朝俗體故陸以之為或本所用字也 **輪囷**起倫反 **全要**一遙反注及下注要君同 **九京**依注音原下同下亦作原字 **善禱**丁老反祈

也**之畜**許六反又許又反**狗**古口反○孜證云舊狗字誤脫在為埋之下今移正校語錄云盧移狗古口反一條於之畜條下箋曰盧校是也審本記云仲尼之畜狗死下文云儆蓋不棄為埋狗也畜下埋下皆有狗字依本書釋例當於前所見處釋之今狗古口反在為埋條下疑後世以經文為埋狗句傳寫而誤脫於此耳**馴守**上音巡下如字又手又反

子貢本亦作贛音同○孜證云舊贛字下從貢誤今依撫本改正說見前箋曰說文六贛賜也鉉音古送切段注云釋詁曰贛賜也據釋文本作贛後人改作貢耳端木賜字子贛凡作子貢者亦皆後人所改按段說是也貢為獻功鉉音古送切音同義異則貢借作贛當書禹貢貢字或作贛衄與此同**為埋**于偽反下亡皆反下並同**其封**彼劒反出注**闇**

人音昬守門人也**弗內**上如字下音納**其廏**九又反**鄉者**許亮反**下之**戶嫁反**人辟**音避

下同**内霤**力又反**子罕**呼旱反○校語錄云呼為呼之譌箋曰呼呼皆在曉紐何有正譌之別耶**覘**勑廉反下

同**民說**音悅下注同**窺**去規反**扶服**並如字又上音蒲下音蒲北反本又作匍匐音同○箋曰本記引詩

云凡民有喪扶服救之漢書谷永傳引詩同師古曰邶國谷風之詩服音蒲北反蓋讀服為匐按詩邶風谷風云凡民有喪匍

匐救之毛傳匍匐言盡力也說文九匍手行也鉉音薄乎切匐伏地也鉉音蒲北切段注云二篆可合用可析言釋名釋姿容云匍匐小兒時也匍猶捕也匐猶伏也人雖長大及其求事用力之勤猶亦稱之與毛傳用力義合薄乎即此音蒲為匍匐之本讀故陸云又音然則匍匐為本字陸以或本用之伏服為借字陸以此本用之當之丁郎反子般音班殺音試

遏之於葛反不與音預原壤如丈反材也音才貍力知反○校語錄云貍知不同部箋曰貍在之知在支其時支之讀同陸亦不分以知音貍正明其同部也女手如字徐音汝之卷音權本又作拳佯不

音羊從者才用反以巳並音以叔譽音預叔向許亮反名肸許乙反處父音甫注同

大傅音賦行舊下孟反皇如字并必正反專也注同植直吏反又時力反注同其知音智狐射

音亦又音夜辟難乃旦反要君一遙反追然音退本亦作退和柔貌○攷證云注疏本作退然注疏校勘記云閩監毛本同石經同岳本同嘉靖本同衛氏集說同釋文出追然云音退本亦作退韋昭注國語楚語引禮亦作其中退然箋曰注云退柔和貌孔疏云文子身形退然柔和似不勝其衣按音退蓋讀追為退集韵隊韵退綴有追云和柔貌正依

本書**不勝**音升**妥**他果反**吶吶**如悅反徐奴劣反舒小貌○校語錄云奴劣與如悅同據此可知日泥本同紐箋曰本記云其言吶吶然如不出諸其口注云吶吶舒小貌奴劣在泥為吶本讀如悅在日與泥混用悅劣俱在薛韻三等有日無泥魏晉人讀音或混故用無別陸氏根據其本未之改也**官長**丁丈反**鍵也**其展反徐其偃反籥也○校語錄云鍵二音獨阮分部箋曰注云管鍵也孔疏云月令注管籥搏鍵器鍵謂鎖之入內者俗謂之鎖須管謂夾取鍵今謂之鑰是按其展在獨為鍵本讀其偃在阮阮獨混用徐殆不分陸列於末正明其同**不屬**音燭**學子栁**戶教反敎也注同**衣衰**依注衣作齎音咨○注疏校勘記云衣當為齊惠棟校宋本宋監本嘉靖本同閩監毛本齊作齎岳本同衞氏集說同五經文字云齎說文齎經典相承隸省今經文多借齊字代之案疏中齊字閩監毛本亦皆作齊無作齎者箋曰注云衣當為齎壞字也孔疏云喪服婦為舅姑齊衰無衣衰之文故知衣是齊字但齊字壞滅而有衣在按孔申鄭說是也音咨蓋為齎之讀儀禮喪服齊衰音咨緝也是其比陸氏依舊不改作衣讀齎鄭所謂壞字也本鄭為釋故云依注**而繆**依注讀曰樛音居虯反○注疏校勘記云繆讀為木樛垂之樛惠棟校宋本如此疏同宋監本岳本嘉靖本同此本木作不衞氏集

說作讀爲不樛垂之樛段玉裁云不樛是也木樛誤岳本禮記攷證云案喪服傳作不樛垂孔氏云樛謂兩股相交也五服之
經皆然唯弔服環經不樛又雜記云纆而不樛是環經不樛也據此則原本木字乃不字之訛校語錄云樛疑摎再攷箋曰阮
校是也注云繆讀爲不樛垂之樛則讀從喪服傳不樛垂之樛彼釋文云不樛居蚪反則此音正爲樛字作釋詳彼箋段注說
文樛下云檀弓作繆經繆即樛之假借故注云繆讀爲不樛垂之樛也按段說是此陸從鄭說故言依注　爲舅于偽反下
爲舅爲天子不爲兄不爲蠶同　魯頓徒困反又作鈍　仲衍以善反注同　縗衰上音歲下七雷反　之縷
力主反　好輕呼報反　喪如字　末吾莫曷反　成人本或作郕音承○校語錄云成承不同音箋曰孔疏
云成孟氏所食采地也按說文六郕魯孟氏邑鉉音氏征切段注云今春秋三經三傳皆作成郕成古今字也陸以或本用古
字此本用今字成在清承在蒸其時蒸清混用今讀亦同法說蓋未審陸書條例　蠶才南反○校語錄云士蓋才之訛否
則在之壞字箋曰士在牀蠶才皆在從祭義釋文使蠶才南反正用才字爾雅釋虫蠶徂南反亦讀從紐則此士當爲才形近
之譌法校是也今依正之　而蟹戶買反　有緌耳佳反　蚩昌之反　蜂也孚逢反　蜩也音條　喙

呼惠反又丁角反○校語錄云惠字訛他處並叶廢部字箋曰左昭四年傳釋文喙許穢反詩緜莊子秋水徐无鬼爾雅釋天釋畜並同詩駟驖況廢反易說卦周禮梓人並同穢廢俱爲廢韵字惠則在霽韵今讀無別或其時曉紐已同集韵呼惠切有喙云口也則依本書丁角則讀作喙此故時有作喙之本音隨形變

勉強其丈反 **吾惡**音烏注同 **歲旱**音汗○校語錄云旱汗不同音此亦誤此幅多誤疑出後人羼改箋曰音汗則讀旱爲去聲集韵翰韵侯旰切有旱注引說文不雨也正據此音依上諸證或異部混讀或形近而譌或義同音變俱合本書條例當非後人羼改也

縣子音懸○校語錄云他處縣皆音玄箋曰懸玄同音縣懸正俗字此正以俗字之音爲正字作釋陸意曉人易知耳

作繆音穆 **欲暴**步卜反下同 **尫**烏光反 **面鄉**許亮反 **不雨**于付反注及下同○攷證云舊誤在面鄉下今移正校語錄云盧移不雨條于作繆條下偉案讀雨爲于付反則經文爲歇後語矣此六朝人異義異音之獘又案左傳莊公三十一年僖公二年文公二年十年十三年諸不雨字釋文並無音而於雨雪雨螽等則音于付反疑此條非陸氏之舊箋曰本記云歲旱穆公名縣子而問然注云凡穆或作繆記又云曰天久不雨吾欲暴尫而奚若注云尫者面鄉天覬天哀而雨之記又云曰天則

不兩可見不兩為經文在注文作繆之下面鄉之上此云注及下同正言注之而兩與天則不兩二讀並同依本書列次之例應在作繆下盧校是也今依移之按兩如字讀上聲為名詞于付益讀去聲為動詞審左莊三十一年經云冬不兩僖二經文同文二經云自十有二月不兩十年經云自正月不兩十三年經文同皆作名詞解故釋文無音詩北風兩雪其雱公羊文三年傳兩螽者何死而墜也是兩皆為動詞故釋文俱音于付反陸氏分別井然此義正相合何能以此不兩同左傳而遽謂非陸氏之舊耶于付反之不兩即今語云不落又何謂為歇後語耶今**庶覿**音臭本又作幾音同○注疏校勘記云閩監毛本同岳本同嘉靖本同衞氏集說同釋文出庶覿云本又作幾是釋文本覿上有庶字箋曰臧校庶疑衍詩邶風谷風釋文覿其音臭則此音為覿之本讀按說文覿欿幸也此謂覿通作欿幸即希望之義段注云古多作幾漢人亦作冀幾下朱駿聲云假借為覿左宣十二年傳庸可幾乎哀十六年傳日月以幾漢書東方朔傳可幾而見也注庶幾也易繫辭其殆庶幾乎據此則覿上有庶字為是故陸仍舊未刪阮說是臧校非覿為正字陸以本書用之幾為借字陸以他書用之**暴人之疾**

子一讀以子字句下**可與**音餘**錮疾**音固**曰覞**胡狄反**旱暵**呼旦反**舞雩**音于**徙市**

上音死下音是○校語錄云死是二音並誤箋曰徙廣韵斯氏切死息姊切氏在紙姊在旨俱心紐市時止切是承紙切市是俱在禪紐釋文紙旨止混用非誤也為之于偽反不亦可乎可或作善祔也音附下同合葬音閤下同以閒閒廁之閒善夫音扶

王制第五如字徐于況反盧云漢文帝令博士諸生作此篇○箋曰說文一王天下所歸往也鉉音兩方切即此如字之音則讀君王為名詞經解釋文罯王徐于況反是其證孔疏云案鄭目錄云名曰王制者以其記先王班爵授祿祭祀養老之法度王制之作蓋在秦漢之際知者盧植云漢孝文皇帝令博士諸生作此王制之書然則鄭盧謂此篇作時不同陸不從鄭故引盧說為釋

卷之四

王者如字徐于況反十日人一反○校勘記云撫本葉本作人十行本同此本人誤又校語錄云又盧本作人是阮校諸本並作人日人一反檀弓篇兩見箋曰臧校又作人北館本同俱是也人在日紐又在為紐故知又誤今依正之取晷音軌日景朝會直遥反卷內皆同畿求衣反尚狹音洽後文同大平音泰斥昌石反黜

陜上丑律反下竹力反主為于偽反下為有亦為有同之分扶問反食九人音嗣下同徐音自〇校語錄云食徐音混邪為從箋曰音嗣為食本讀音自益讀邪為從徐音如此陸引之以明其不分也檀弓釋文食音嗣徐音自是其證詳彼箋為差初佳反徐初宜反下注同肥墝本又作墽苦交反〇攷證云注疏本作墽說文有磽墽無墝注疏校勘記云閩監毛本如此岳本同嘉靖本同衛氏集說同釋文出肥墝云本又作墽考文引古本作墝箋曰說文十三墽磽也鉉音口交切段注云石部曰磽者磬石也磬者堅也磝之義同磽則兼謂土石堅鞕耳其字亦作墝按段說是也公羊宣十二年傳錫之不毛之地何注云墝埆不生五穀曰不毛釋文墝埆上苦交反則墽與磽之音義同墝為磽之後出字陸以此本用後出字他本用說文字官長丁文反下文注皆同為糞方運反覜聘吐弔反〇攷證云注疏本作頫聘注疏校勘記云閩本同岳本同嘉靖本同考文引宋板古本足利本同監毛本覜作頫衛氏集說同釋文出覜聘疏倣此按爾雅覜視也頫訓視故從見箋曰阮校是也說文八覜諸侯三年大相聘曰覜覜視也鉉音他弔切段注云按大宗伯時聘曰問殷覜曰視鄭注殷覜謂一服朝之歲以朝者少諸侯乃使卿以大禮衆聘焉審本注云此諸侯使卿大夫覜聘並會之序也與大

宗伯注義合他弔即此吐弔則陸所見本正作覞若頫謂低首則與此音義俱乖當是形似所致監毛本衛氏集說並誤盧說未辯

三分如字 為介音界 閒田音閑下同 章管之尚反又如字本亦作障音同○攷證云注疏本作障管注疏校勘記云閩監毛本同岳本同嘉靖本同衛氏集說同釋文出章管云本亦作障正義引定本云不得不管亦賦稅而已箋曰之尚蓋讀章作障爾雅釋言障知亮反說文云隔也知亮之尚為用字異以其時之照讀同也如字本為章之讀廣韵章紐有障注云隔也則障亦讀平聲故此云又月令有障之亮反又音章正為其比章蓋障之省陸仍舊不改故以此本用章字他本用障字

以朌音班賦也 不與音預注及下注不與同 塗山音徒 要服一遙反下要服皆同 相并必政反又如字 地減古斬反 闕盛衰並讀如字 以共音恭 有帥色類反注及下同 為卒子忽反下及注同 曰牧音木○校語錄云木當作目箋曰木莫卜切牧目俱莫六切至今猶然木目同在屋韵木實非誤曲禮繆公音本是其比 自陝失冉反一音古洽反○攷證云舊作陝今從宋本箋曰臧校與盧同注引春秋傳曰自陝以東周公主之自陝以西召公主之按曲禮釋文自陝式冉反依字當作陝何休注公羊傳云弘農陝縣是也一云當為郟古洽反

謂王城郟鄏也式冉即此失冉依陸彼當作之說則此作陝字依舊不必改從宋本陸以作郟非正義故彼言一云此言一音

也詳彼箋名公時照反曰旬大薦反曰采蒼改反以當丁浪反又如字里蠻莫還反選

用宣戀反欲見賢遍反二鄉與音餘三監古蹔反○校語錄云監蹔不同部箋曰監在鑑蹔在闞此

時闞鑑混用陸亦不分詩小雅大東監音同書大甲上監工暫反左莊三十二監音同工暫古蹔亦爲用字之異皆其證矣

監於古銜反卷末同冠禮古亂反命卷依注音袞古本反復加扶又反冕而音勉德行

下孟反任事而鴆反與之如字又音預不畜許六反之涂音涂本又作塗○攷證云注疏本作

塗注疏校勘記云閩監毛本同石經同岳本同嘉靖本同衛氏集說同釋文出之涂云本又作塗正義本作塗按古道塗字多

作涂箋曰阮校是也說文涂下段注云按古道塗塗墍字皆作涂則塗爲後出專字注疏本用之屏之必政反放

去羌呂反無賙音周餼許既反有宅王肅注尚書如字鄭音知嫁反懲艾也下同○箋曰注引虞書曰五

流有宅五宅三居是也孔疏云證經屏之四方舜典鄭注云宅讀曰咤懲刈之器謂五刑之流皆有器懲刈五咤者是五種之

器謂桎一梏二拳二知嫁則讀作咤即鄭易字之讀故云鄭音按尚書舜典云五流有宅五宅三居偽孔傳云五刑之流各有

所居孔疏引王肅云謂在八議之辟君不忍殺宥之以遠以君恩不忍殺罪重不可全赦故流之也五刑之流各有所居謂徙

置有處也說文七宅人所託尻也鉉音場伯切場伯即此如字之音蓋為宅之本讀陸不從鄭故引王說列首**劓者**魚氣

反○校語錄云劓氣不同部氣乃器之譌箋曰氣在未器劓俱在至然其時至未混用故氣器今讀亦同此為用字之異非器

譌為氣陸書音例如是也**刖者**五刮反又音月**守囿**音又**髡**五忽反本又作完音同徐户官反○箋曰注云髡者

使守積按此引周禮文秋官掌戮注云此必王之同族不宮者宮之為翦其類髡頭而已釋文髡苦門反五忽蓋讀作兀兀者

高而上平也髡頭形似之故作此音說文九髡鬄髮也從髟兀聲髡或從元段注云元亦兀聲也故亦從元聲古或假完為髡

如漢刑法志完者使守積段說是也陸云音同亦讀完作兀户官則為完之本讀顏師古注刑法志曰完謂不虧其體但居作

也顏說蓋與徐音同矣陸以此本用本字他本用借字**守積**子智反**一朝**直遥反**數來**色角反又所具

反**巡守**手又反本或作狩後巡守皆同○箋曰爾雅釋天冬猎為狩釋文狩手又反則此音為狩之本讀說文狩下段

注云孟子曰天子適諸侯曰巡狩巡狩者巡所守也此謂六書假借以守為狩有假守為狩者如明夷於南狩天王狩于河陽皆或作守是也則此巡守亦用借字陸以或本用本字矣**省之**色景反**岱宗**音代**柴**仕佳反依字作柴**覲見**如字舊賢遍反**大師**音泰後大學大祖大子大樂正大史皆同**納賈**音嫁注同**所好**呼報反下及注同**惡**烏路反**好辟**匹亦反徐芳亦反○校語錄云曲禮音辟匹亦反徐芳益反是也箋曰本記云志淫好辟注云志淫邪則其所好者不正匹亦蓋讀邪僻之僻為辟之本讀芳亦同音為用字異按法校曲禮辟下云匹亦與芳益同然則芳益即此芳亦反切用字下字取與出切字同韻者益亦俱在昔徐故隨意用之耳**則侈**昌氏反又式氏反**淫邪**似嗟反**君削**息約反**君絀**丑律反退也**昭穆**常遙反凡言昭穆放此**易樂**音岳**南嶽**音岳下同**歸假**音格至也**祖禰**乃禮反父廟也**禷**音類○攷證云注疏本作類注疏校勘記云閩監毛本同石經同岳本同嘉靖本同衞氏集說同釋文本類作禷箋曰說文一禷㠯事類祭天神鉉音力遂切段注云案郊天不言禷而肆師類造上帝王制天子將出類于上帝皆主軍旅言凡經傳言禷者皆謂因事為兆依郊禮而為之禮以類為禷力遂音類為直音反切之

異然則釋文用本字注疏本用假借字造手七報反下及注同與諸侯如字曰朝直遥反以祝昌六反男樂音岳以鼗音桃鈇方于反又音斧鉞音越賜圭字又作珪案說文珪古字圭今字○箋曰說文十三圭瑞玉也珪古文圭從玉段注云今經典中圭珪錯見陸此引說文以明此本或本所用為古今字耳瓚才旦反○挍語錄云旦疑但之譌箋曰法說是也詩大雅江漢釋文圭瓚才旱反則瓚在旱韻且廣韻旱韻有但但為建首字翰韻有旦但旦為建首字可證旦為但鈇人旁而譌周禮春官小宗伯將瓚才但反正作但字此當依之為鬯勑亮反秬酒音巨黑黍也曰辟音璧明也注同頖宮音判班也禡於馬怕反師祭也又音百注同為兵于偽反下為禱盡物同禱丁老反以訊本又作誶音信注同○注疏校勘記云閩監毛本同衞氏集說同釋文出以訊云本又作誶音信注同案作誶始與誶字形相涉而訛箋曰詩小雅出車執訊獲醜釋文執訊音信則此音為訊之讀爾雅釋詁訊告也釋文作誶云沈音粹郭音碎告也本作訊音信按說文三誶讓也鉉音雖遂切非此音義故阮謂為訛詩陳風墓門歌以誶之傳云誶告也釋文作訊之云本又作誶音信徐息悴反告也彼徐音即為誶作陸所見作訊故云音信實非訛詳彼箋

馘古獲反截耳斷耳音短下斷殺同乾豆音干之庖步交反曰蒐所求反曰獮息淺反

腊音昔不合如字徐音閤不揜音掩本又作掩大緌依注音緌耳佳反下注同田獵力輒反驅

逆丘于反又丘遇反獺徐他達反又他瞎反豺仕皆反設罻音尉一音鬱小網也○箋曰注云罻小網也按說文七罻捕鳥網也鉉音於位切音尉在未於位在至此時至未混用為直音與反切之異音鬱則讀入聲去入相承故云一音集韻鬱紐有罻云網也殆依本書

零落本又作苓音同說文云草曰苓木曰落○箋曰爾雅釋詁蘦落也釋文蘦力丁反字或作苓說文云草曰苓木曰落與此說合按本記云草木零落然後入山林說文兩部霝雨䨏也鉉音郎丁切段注云兩曰霝䨏艸木曰零落艸部落凡艸曰零木曰落詩定之方中靈兩既零毛傳零落也野有蔓草零露漙兮鄭箋同皆為其引申義然則霝者本字零者引申義字而苓為卷耳音同義異蓋為其假借字矣

昆蟲直隆反下同未蟄直立反

不麛本又作麑音迷同○箋曰爾雅釋獸鹿子麛釋文麛音迷本或作麑音同說文十麛鹿子也鉉音莫兮切段注云論語麑裘即麛裘國語注曰鹿子曰麑莫兮音迷為直音反切之異俱為麛之本讀麑為狻麑獸音五稽切蓋即與麛明疑同收

鼻音之假借字**不夘**力管反**殺胎**吐來反**殀夭**上於表反殺也下烏老反少長**斷殺**丁亂反又音段○

校語錄云上文斷耳條注云音短下斷殺同是此字已音於上不必再出又彼云音短此云丁亂反亦不相應廣韻斷有三讀

獨不音段疑段當作短又見少儀大喚反並宜校改箋曰按問喪釋文斷決丁亂反與此首音同音段即讀斷戳之斷說文十

四斷戳也鉉音徒玩切徒玩即此音段則此又音為本讀段注云今人斷物讀上聲物已斷讀去聲引申之義為決斷讀丁貫

切段說是也少儀折斷丁管反又大喚反丁管即音短大喚即音段亦以二音分別二義足證此又音不誤上文斷耳音短謂

斷殺同者蓋此亦為斷物之義也此不音短者乃互文以見也**少長**上詩名反下丁丈反**不覆**芳服反注同**之**

杪亡小反末也**度支**大各反下音之○校語錄云支之不同音箋曰無支在照紐支韵之在照紐之韵蓋其時支之無

別今讀亦然陸故以之音支也**豐耗**呼報反○攷證云注疏本作秏字俗注疏校勘記云閩監毛本同岳本同嘉靖本同

衞氏集說同石經耗作秏宋監本同釋文同石經考文提要引宋大字本同按作秏是也秏者乏無之謂箋曰說文秏下段注

云水經注曰燕人謂無為毛故有用毛為無者又有用秏者初讀莫報切既又讀呼到切改禾旁為耒旁罕知其本音本義本

形矣大雅秏斁下土秏者乏無之謂故韓詩云惡也此與阮說同盧校阮說俱是也所殺色戒反又色例反○校勘記云撫本葉本列作刈按依前後音列為例字之誤校語錄引阮云云是也箋曰阮校法說俱是也色例讀作鎩檀弓殺也所戒反又所例反下同所戒即此色戒所例即此色例今依正之臧校列作刈北館本同例殺俱在祭刈則在廢則刈為例形似之譌俱沿撫本葉本所致量入音亮之率音律又音類本又作綷○箋曰儀禮聘禮釋文之率音律劉音類則此又音用劉讀詳彼箋音律蓋讀作綷詩采薇毛傳曰綍綷也謂麻繩也釋文綷音律可證率者捕鳥畢也則為綷之假借字陸以此本用之之畜勑六反後皆同之仂音勒又音力什音十越紼音弗躐也力輒反輴車勑倫反索悉各反曰浩胡老反食日人亦反下同降期居宜反○校語錄云期宜在不同部箋曰期在之宜在支此時支之讀同陸亦不分縣封上音玄下音窆彼驗反不為于偽反注又為同引紼音弗以上時掌反下大夫以上同無辟音避之祧他彫反契及息列反適寢丁歷反曰礿余若反夏曰戶嫁反注夏曰礿夏祭曰礿下云夏薦同禘大計反曰烝之承反曰祠音詞中霤力救反

郊鮌古本反黄能乃登反本又作熊音雄○攷證云黄能注疏本作熊注疏校勘記云監本同岳本同嘉靖本同衞氏集説同毛本熊作能閩本熊字闕釋文出黄能云本又作熊按段玉裁云凡左傳國語中黄能字後人皆改為黄熊非也箋曰説文十熊熊獸似豕鉉音羽弓切能熊屬鉉音奴登切奴登即此乃登羽弓即此音雄段注云左傳國語皆云晋侯夢黄能入於寢門韋注曰能似熊按本記注云晋侯夢黄能入國孔疏云按爾雅鼈三足能先師或以為黄熊義或然也則孔所見本作熊已為後人所改者陸以此本用能他本用熊而不云非者葢以熊與能相屬皆可用耳犆音特袷禘音洽合也歲朝直遥反互音户又户故反下天子户嫁反大牢如字又音泰少牢詩照反四之日人一反稻音盜○校語錄云廣韻稻上聲盜去聲箋曰稻在晧韻盜在号韻此以盜音稻則讀上為去今音亦然陸時已如是矣卵力管反繭栗字又作蠒公典反○攷證云蠒俗字箋曰詩召南采蘋釋文絲繭古顯反本亦作蠒希麟音義四心地觀經一云繭古典反經作蠒非本字則蠒為俗作古顯古典公典俱為用字異陸以此本用正字他本用俗字握厄角反○校語錄云握厄不同紐厄當作戹箋曰廣韻二十一麥戹於革切厄上同四覺握於角切與厄同在

影紐則厄未誤**長不**丁丈反**出膚**方于反**燕**伊見反**藉**在亦反**稅**式銳反**借**子亦反**市**

廛直連反**邸舍**丁禮反**闕識**居宜反○校語錄云識宜不同部此與雜記下饑字同誤箋曰識在微宜在支此時支微混用細攷雜記上下二篇釋文俱無饑字月令有乃饑居疑反又音機饑亦在微音機為本讀居疑在之足見其時之微混用故支之微三部今讀俱同如其說則亦當云此與下月令饑字同誤法氏不檢太疏矣**不征**本又作正音同注下皆同○箋曰本記云闕識而不征注云征亦稅也按周禮夏官司勳唯加田無國正鄭司農云正謂稅也釋文國正音征注同本亦作征孫詒讓正義云司書注義問亦讀正為征也司門注云正讀為征征稅也此不云讀為征者文略然則正為假借字陸以或本用之征為後出字陸以此本用之**凶札**側八反又音截**林麓**音鹿山足也**夫圭**音珪**不粥**音育賣也後皆同**執度度地**上如字丈尺也下大洛反量也○校勘記云葉本洛作各是也十行本及岳本並作洛校語錄引阮說云云偉案洛各同下條亦作大洛箋曰洛各同在鐸俱與度量之度為疊韻反切下字取同韻則二字無是非法說是也阮校拘於葉本臧校亦同**沮澤**將慮反沮沮洳也**寒煖**乃管反又況袁反下文同○箋曰說

文十爔温也鉉音況袁切段注云今人讀乃管切同煗則此又音為本讀首音即讀同煗按下文不爔乃管反温也葢其時讀音已如是故陸列之於首也謂萊音來何胤云草所生曰萊庾云草也沛也蒲貝反何胤云水所生曰沛何休注公羊傳云草棘曰沛之處昌慮反任而鴆反築邑音竹食壯音嗣又如字下側狀反燥素老反好惡上呼報反下烏路反異齊才細反緩急戶管反異和胡卧反下同臭尺救反器械戶戒反何休注公羊云攻守之器曰械鄭注大傳云禮樂之器及兵甲也郭璞三蒼解詁云械器之總名旃裘上之然反下音求與絺勑宜反○校語錄云絺宜不同部箋曰絺在脂宜在支其時支脂讀同陸亦不分曲禮絺勑宜反即與此同綌去逆反被髮彼義反下同雕本又作彫同彫刻鏤也題大兮反交趾音止刻其音克肌音涅之乃結反相嚮許亮反僢昌戀反衣皮於既反下同不粒音立耆欲市志反曰寄京義反狄鞮丁兮反知也曰譯音亦閒之如字又閒廁之閒度大洛反必參七南反咸行緘反樂事音岳又音洛以防本又作坊音同○箋曰本記云齊八政以防淫說文十四防隄

也鉉音符方切段注云引申為凡備禦之偁防之俗作坊然則陸以此本用正字他本用俗字恤孤辛聿反以逮音代又大計反不肖音笑以絀勑律反帥音率循音巡謂教本又作傲同五報反○箋曰注云不循教謂教狠說文八傲倨也鉉音五到切段注云古多假敖為傲五報五到為用字異則此敖為倨傲字之假借陸以此本用之故釋以本字傲之音也很胡懇反孝弟大計反本又作悌○箋曰說文十新附悌善兄弟也經典通用弟鉉音特計切特計大計用字異按弟本訓韋束之次弟引申之為兄弟之弟因之善兄弟亦謂之弟後遂製從心之悌以別之今經典孝弟字弟悌互見陸以此本用初文他本用後出專字曾子問孝弟大計反又作悌同此皆朝直遥反于庠音祥與執音預國蜡仕詐反覬其音冀亦復扶又反下又復復移復與同為之于偽反下又為親為為其大亦為皆同選士宣戀反下皆同德行下孟反不給音急徭役本又作繇音遥○攷證云注疏本作繇役校勘記云撫本役作役按役字與注疏本同五經文字役役二字同經典通用役注疏校勘記云閩監毛本同岳本同嘉靖本同衞氏集說同釋文出徭役云本又作繇正義作繇又云按依說文當作傜從人䍃聲隸變而為傜或假而為繇作徭者

俗字。箋曰：阮校是也。段注說文八僖下云：凡傜役字即此字之隸變。漢書七十二貢禹傳云：諸離宮及長樂宮衞可減其太半以寬繇役。師古曰：繇讀曰傜。則繇為傜之借字矣。雜記給繇音遥，本又作傜。周禮天官敘官注云：此民給傜役者。釋文：傜役音遥。是此本傜用隸變字，漢書用假借字，周禮則用俗字矣。役江校作役。按說文三役，戍邊也，從殳從彳。役，古文役從人。段注云：與戍從人持戈同意。則作役者古文，陸以本書用之也。書作役，蓋用小篆。樂正音岳之長丁丈反，下同夔求龜反命女音汝冬夏戶嫁反，注及下注夏官同適子丁歷反，下注同皆造才早反，徐七到反小胥息餘反，又息呂反，下同去食丘呂反屏之必郢反。○校語錄云：上文屏之四方之屏與此同義，而彼音必政反，據廣韵上聲乃屏蔽之義，去聲乃屏去之義，疑郢字譌也。箋曰：本記云：屏之遠方。按詩大雅皇矣作之屏之，釋文：屏，必領反，除也。必領即此必郢，則此郢字非譌。上文屏之必政反，足明其時屏去之義有上去聲兩讀也。釋文讀音自有條例，不可以廣韵律之也曰棘依注音僰，又作僰，蒲北反，偪也。○箋曰：本記云：西方曰棘。注云：棘當脫為僰，僰之言偪。孔疏云：按漢書云：西南有僰夷，知非彼夷，而讀為偪者，為偪迫於夷狄也。按孔說是也。蒲北為僰之本讀。史記西南夷傳索隱云：僰屬犍為，音蒲北反說文八㚸犍為蠻夷也鉉音同段注云經傳之棘多訓亟也故曰棘之言偪使與寄字一例則此以注之音讀經文故陸直云依注而以偪為釋也劉履芬本以朱△又作㚸三字旁書眉云以注改經之本此明本書易㚸為棘也

言偪彼力反

大逵音泰舊他佐反

其論如字舊力困反

任官而金反下注同

衣甲於既反

發卒子忽反

執技其綺反本或作伎後同○箋曰本記云凡執技論力按說文十二技巧也鉉音渠綺切段注云古多假伎為技能字渠綺即此其綺則陸以此本用本字或本用借字矣

臝本又作臝力果反○箋曰本記云臝股肱注云謂擐衣出其臂脛按說文八臝袒也裸臝或從果鉉音郎果切段注云左傳僖二十三年欲觀其裸正義曰裸謂赤体無衣也俗作贏致為不通郎果即此力果又按小雅小苑蜾蠃負之毛傳蜾蠃蒲盧也釋文音力果反則蠃為臝裸之音借字臝從果從亯俱為其聲當是後出譌字故段謂為不通左昭三十一年傳云趙簡子夢童子臝而轉以歌釋文臝本又作裸力果反注疏本裸作臝校勘記云諸本作臝北宋刻釋文云本又作臝風俗通義引作裸是陸所見此本作臝用俗譌字他本作臝用假借字也

肱古弘反

擐衣舊音患今讀宜音宣依字作擐字林云擐擐臂也先全反○校語錄云音患本徐爰作擐音宣本蕭該詳顏氏家訓

書證篇箋曰儀禮士虞注云鉤袒如今擐衣也賈疏云鉤袒若漢時人擐衣以露臂彼釋文作撏衣云音宣手發衣曰撏又作擐音患然則音患為擐之本讀音宣即讀作撏先全為其反語用字之異故陸云依字是此謂依字者實指士虞所用之字彼謂又作者則指王制所用之字矣此即陸氏作音以他書互證明其音義之例也按顏氏家訓書證篇引本記鄭注謂撏衣出其臂脛云今書皆作擐甲之擐國子博士蕭該云擐當作撏音宣擐是穿著之名非出臂之義案字林蕭讀是徐爰音患非也可證陸云舊音正指徐讀今讀即用蕭音法氏引之以明其所本是也彼以音患列末此云宜音宣葢亦從蕭該之說以字林為釋與顏氏意同歟

臂脛胡定反 見勇賢遍反 明辟婢亦反注同 三刺七智反殺也 斷其丁亂反下制斷斷計同 之中如字又丁仲反 天論音倫理也注同 郵罰音尤俗作卸過也○攷證云舊卸譌郵今據郊特牲改校語錄云小字郵盧依郊特牲改卸是箋曰本記云郵罰麗於事注云郵過也孔疏云謂斷人罪過按爾雅釋言郵過也釋文音尤郭注道路所經過引申義為過失則鄭注本於爾雅說文三訧罪也鉉音羽求切詩邶風綠衣俾無訧兮毛傳訓訧為過釋文音尤然則郵即訧之借字矣又按郊特牲云饗農及郵表畷禽獸釋文郵有周反字或作卸卸本訓舍

車解馬無過失義可見為鄭字傳鈔形譌故陸以為俗作盧校鄭為御是也法氏所以從之劉履芬本以朱丨小字鄭旁書眉亦云有誤當作御見郊特牲麗郎計反當丁郎反假他古雅反之量徐音亮後皆同以別彼列反氾與本又作汎孚劍反比必利反注同例也正平皮命反棘木紀力反要之於妙反謂要最舊一遥反槐回懷二音三又義作宥○箋曰本記云王三又然後制刑注云又當作宥宥寬也孔疏云王得三公之告則以三事命寬之也按孔申鄭說是也又即寬宥陸依鄭義為釋也故劉履芬本以朱△於小字旁而書眉云此不言依注音宥者以宥又同音也正明此言義作宥不同他注之以音為釋也遺忘音妄為人于僞反易犯以豉反後易犯同侀也音刑○攷證云舊作侀人譌今改正校語録云侀入盧改侀也是箋曰攷本記云刑者侀也侀者成也釋文例以先見者作音則此音刑之字當為侀也之侀故盧以侀人為誤法從之析言思曆反亂名如字王肅作循名巧賣起教反又如字巫蠱音古鷸冠尹必反徐音述瓊弁皮變反般百間反行僞下孟反虛華户瓜反又如字○校語録云户瓜反即如字也蓋誤或音花乃如字耶再攷箋曰廣韵麻韵户花切華草

盛也說文作蕚榮也呼瓜切引爾雅釋草云華荂也户花即此户瓜呼瓜即此如字法所謂或音是也按本記云行偽而堅言偽
而辯學非而博順非而澤以疑衆殺注云皆謂虛華捷給無誠者也是華之義為榮故陸以户瓜為首音則此户瓜為華之本
讀如字蓋讀作荂法氏謂户瓜即如字為誤者蓋以說文鉉音律之不知釋文音訓自有其條例也日卜人一反金
璋之羊反不中丁仲反下皆同幅廣方服反耒耜力對反下音似仲夏户嫁反下春夏同蜃
常忍反雉化為之竟上音境苛察音何又呼河反本亦作呵○攷證云注疏本作呵察注疏校勘記云閩監毛本
同岳本同嘉靖本同衛氏集說同釋文出苛察云本亦作呵箋曰注云譏呵察按周禮比長注又作呵釋文呼河反又音何正
字當作訶說文三訶大言而怒也鉉音虎何切虎何呼河用字異音何為苛之本讀禮記樂記苛音何為其比周禮春官世婦
及射人經注並作苛天官閽人注云則苛其出入釋文苛本又作呵呼河反又音何孫詒讓正義云苛者訶之假字呵即訶之
俗按孫說是也方言二苛怒也陳謂之苛注云相苛責也即假訶之義為苛矣陸以此本用借字明鄭君所用者如是他本用
俗字與賈氏所見者相同諱惡烏路反注同札書側八反齊戒側皆反本亦作齋下皆同司會古外

反注同司會冢宰之屬掌計要者勞農力報反食禮音嗣注及下注並下文食之並同養於如字徐以
尚反下同○箋曰如字讀上聲義為養育以尚讀去聲義為供養養育謂以大對小供養謂以小事大義各有殊故音分上去
下文不養者如字又以尚反則此徐讀同於又音矣瞽亦音古異粻陟良反糧也不離力智反止觀
古亂反唯絞戶交反紟其鴆反衾冒亡報反不煖乃管反溫也下同珍從才用反又如字
不與音預下及注同言糾居黝反徐居酉反○校語錄云徐蓋有黝不分部故音黝為居酉也箋曰居黝為糾之本
讀居酉在有其時有黝混同徐讀不分陸亦沿用也作絿音求又音糾○校勘記云葉本糾作蚪是也十行本同校語錄
引阮說箋曰本記云周人養國老於東膠注云膠之言糾也膠或作絿音求在尤為絿之本讀音糾在幽蓋讀作糾此幽尤混
用陸以膠義釋其或字之音也臧校糾作蚪北館本改字上俱從葉本𦏧音皇本又作皇○攷證云注疏本作皇注疏校
勘記云閩監毛本同石經同岳本同嘉靖本同衛氏集說同正義本亦作皇釋文出𦏧云音皇本又作皇箋曰本記云有虞氏
皇而祭注云皇冕屬也畫羽飾焉按說文四𦏧樂舞吕羽翿自翳其首吕祀星辰也讀若皇段注云周禮舞師云教皇舞注鄭

司農云翌舞蒙羽舞書或為皇樂師云有皇舞注故書皇作翌鄭司農云翌舞者以羽冒覆頭上衣飾翡翠之羽翌讀為皇書亦或為皇按大鄭從故書作翌後鄭則從今書作皇按段說是也此注謂冕屬畫羽飾與司農以羽冒覆頭上衣飾翡翠羽同然則陸從大鄭因以此本用周禮故書之翌他本用今書之皇賈從後鄭故注疏本作皇也

冔況甫反 縞衣古老反又古報反 纁許云反 則牟亡侯反 追丁雷反 復除上音福下如字又直慮反 不養者如字

又以尚反 期音基 少而詩照反下注少者同 之矜本又作鰥同古頑反〇箋曰本記云老而無妻者謂之矜孔疏云矜與鰥同按古頑為鰥之本音此假矜為鰥也詩大雅鴻雁序云至于矜寡釋文本又作鰥同古頑反與此說同互詳彼箋

廩兵品反〇攷證作力甚反云舊作兵品反譌今依月令音改他處亦多作力稔反校語錄云兵品反盧依月令改力甚反偉案此字有兵品一讀似不必改又按盧氏攷證云改為力甚反與月令音合而書內則作為力品反誤也箋曰廩之本音為力甚周禮地官廩人良甚反良甚力甚用字異是其證兵品則為稟之讀說文五稟賜穀也鉉音筆錦切筆錦即此兵品陸此讀廩作稟故以稟之音釋廩也按孝經士章釋文食稟必錦反公羊傳云廩賜禁祿也本記云此四者天民之家而無告者也

皆有常餼注云餼廩也則此廩正公羊傳賜穀祿之義與餼饋客芻米同實即稟之假借也中庸釋文稟彼錦反一本又力錦反既稟謂稍食也盧氏不察於攷證中徙以月令倉廩力甚反之本音徑改本篇所用借字之舊讀而於釋文內又從正義本作力品反也力品雖即力錦讀作廩然使一人一處之讀而有二種反語矣法氏既以力品反為誤又謂兵品一讀似不必改則亦未審此因之所以然耳故今仍舊

瘖於金反啞也　聾力東反　跛彼我反　躄必亦反兩足不能行也　侏儒音朱　遠別彼列反下文並注同　隨行如字一音戶剛反下雁行同○箋曰本記云父之齒隨行兄之齒雁行按說文二行人之步趨也鉉音戶庚切段注云引伸為行列戶庚即此如字之音戶剛則讀作行列之行文王世子釋文行列戶剛反可證則一音為引伸之義陸以此行讀本義故如字為首音一音同於又音矣

任　并必性反本又作併　提音啼　契本亦作挈苦結反　十億於力反　雍州於用反　斷長音短　去一羌呂反　為率音律又音類　閒田音閑下同　祿食音嗣又如字下皆同　為朝于偽反　絜清如字徐才性反　用潘芳袁反米汁也　辟賢音避　冠古亂反　長幼丁丈反　斛洪谷反　幅方服反　狹戶甲反

月令第六 此是呂氏春秋十二紀之首後人删合為此記蔡伯喈王肅云周公所作

卷之五

孟春昬參 所林反 中 如字徐丁仲反後放此 長也 丁丈反 於陬 足俱反又足侯反本又作娵同○攷證云注疏本作諏注疏校勘記云閩監毛本同岳本同嘉靖本同衛氏集説諏作娵釋文出於陬云本又作娵案正義皆作娵箋曰注云孟春者日月會於諏訾按開元占經六十四分野略例云自危十六度至奎四度於辰在亥為諏訾諏訾歎息也爾雅釋天娵觜之口營室東壁也釋文娵子瑜反左襄三十年傳云歲在娵訾之口釋文娵子須反子瑜子須皆與足俱為用字異説文陬訓隅鉉音子侯切諏訓謀鉉音子于切可見此又音亦為陬之讀矣然則釋文本作陬注疏本作諏皆其假借也 訾 子斯反 為人 于偽反 軋也 乙八反 解孚 音敷 大皡 上音泰後文及注大蔟大史大寢大室大微大廟大祝大尉大宰皆同皡亦作昊胡老反大皡宓戲也 句芒 古侯反下音亡句芒木正也少昊之子曰重為之後句芒皆放此 宓戲 音密又音服戲又作虧亦作犧又作羲同許宜反○攷證云案音服當作虙伏戲本當作虙戲

校勘記云撫本葉本作虧十行本同此本誤虧注疏校勘記惠棟校宋本作窒此本窒誤宊閩監毛本同校語錄引阮說箋曰音窒為宊之本讀音服即讀作虙或讀作伏明堂位宊音窒本又作虙音伏是其證按白虎通二號篇云因夫婦正五行始定人道畫八卦以治下下伏而化之故謂之伏羲也史記三皇本紀云於是始制嫁娶以儷皮為禮結網罟以教佃漁故曰宊犧氏風俗通引禮含文嘉曰虙戲陸以此本用宊他本用虙或用伏此本用戲他本用犧或用羲皆與之同今攷釋文用字易繁辭下犧許宜反字又作羲鄭云鳥獸全具曰羲孟京作戲戲化也書序犧本又作羲亦作戲許皮反張揖字詁云羲古字戲今字莊子人間世伏戲本又作羲亦作犧同許宜反然則此戲亦作犧又作羲蓋俱有所指矣據上所引未聞有作虧或虧者疑虧為戲俗寫之譌而虧又為虧形之變臧校虧作虧王校同北館本改字上俱惑於撫本葉本阮校謂虧誤虧是殆亦未曾細審全書歟

曰重 直龍反

律中 丁仲反猶應也後放此凡如此之例十二月文注皆可以類求之

大蔟 七豆反奏也

猶應 應對之應下皆放此

律長 直亮反又如字後皆放此

律空 徐音孔

臭羶 失然反

先脾 婢支反

於藏 才浪反後放此

直脾 文吏反又如字下宿直同後放此

于奥 烏報反

及腎 時忍

反解凍東送反蟄蟲直立反上冰時掌反下注以上同獺祭他達反又他瞎反左个古賀反偏也後放此乘鸞力官反路本又作輅載青音戴後放此旂巨機反後放此衣青於既反後放此下注衣甲保猶衣同○校勘記云撫本葉本小字作衣此本誤依校語錄云依盧作衣是箋曰詩鄘風君子偕老釋文冬衣於既反著也則此衣讀作動詞下注云人君之車必使勇士衣甲居右而參乘備非常也保猶衣也孔疏云保即褓保保謂小被所以衣覆小兒故云保猶衣也是衣亦皆讀作動詞故陸云同今此本衣甲作依甲依無二音亦無著義盧阮俱以為誤是也故法從之臧校江校北館本並同茲依正之其噐本又作器同冬夏此卷內可以意求之衡璜音黃火畜許又反貫土古亂反朝祀直遙反下文注同龍卷本又作袞古本反○攷證云注疏本作袞注疏校勘記云閩監毛本同岳本同嘉靖本同衛氏集說同釋文出龍卷云本又作袞按作卷與玉藻合箋曰說文八袞天子亯先王卷龍繡於下常段注云詩豳風九罭袞衣繡裳傳曰袞衣卷龍衣也卷龍謂龍拳曲禮記袞衣字皆作卷鄭於王制釋之曰卷俗讀也其通則曰袞蕃袞與卷古音同故記假卷為袞也按段說是也本記注引玉藻曰天子龍袞以祭則鄭易卷為本字矣

古本即為衮之讀詩豳風衮衣古本反字或作卷音同此以本字之音釋借字也陸以此本用借字作卷益從記文注疏本用本字作衮則從注文矣

玄端音晃　先立春悉薦反　乃齊側皆反本亦作齋卷内放此　還乃音旋後放此○孜謚云注疏本無乃字注疏校勘記於還反賞公卿諸侯大夫於朝云閩監毛本同岳本同嘉靖本同衛氏集說同石經反作乃釋文出還乃石經考文提要云宋正義曰孟夏云還乃行賞封諸侯孟秋云還乃賞軍帥武人於朝孟冬云還乃賞死事恤孤寡是四時皆作還乃也後漢書郎顗傳章懷注禮記正月迎春於東還乃賞公卿諸侯大夫於朝是唐初本如此九經古義云呂覽反作乃案穆天子傳云天子還返還返連文月令是也箋曰經義述聞十四還返條引禮記古義云云惠說非也穆天子傳自作還返月令自作還句乃賞公卿諸侯大夫於朝不得援彼以例此也又引釋文及正義云云據此則四時皆作還乃明矣唐刪定月令亦作還乃四時皆同則唐時本無作還反者因謂自宋撫州本始作還反而諸本悉仍其誤按王駁惠說是也還從釋文之音讀作旋故一字絕句復以乃為下文發語詞讀猶於是然後之義則全書還乃皆得自通矣注疏本還反連文盧氏所謂無乃字於詞氣皆不可通疑是後人據已誤之經文增改之也

命相息亮反注同下善相並注放此

施惠如字又始豉反　**休其**許收許蚪二反美也○校語錄云他處皆許收訓息許蚪訓美再通攷之箋曰按詩豳風破斧亦孔之休傳云休美也商頌長發何天之休箋云休美也釋文並音虛蚪反美也大雅江漢對揚王休箋訓同釋文許蚪反虛蚪許蚪為用字異然大雅生民以為王休傳及爾雅釋詁亦訓休為美釋文皆未作音則依其本義息止之音讀也許收反在尤即為休之本讀許蚪在幽以其時幽尤混用故一音而有此二反語於義之分別無關釋文音訓條例如是也法謂再通攷之誠然惜未能行其言而解其疑耳　**毋有**音無本亦作無下同　**不當**丁浪反　**宿**息六反徐音秀○箋曰注云宿儷謂其屬馮相氏保章氏掌天文者相與宿偶孔疏云辰有二十八宿亦隨天左行大史令其屬官在其候處上宿配偶按息六讀止宿之宿為宿之本讀音秀則讀辰宿之宿詞別名動故音分去入徐以宿為辰名謂如日月五星並逆行天陸以宿為止相配偶謂大史令其官屬馮相保章相與審察伺候天之變異故列本音於首也周禮春官序官宿劉息就反一音夙息就即此音秀音夙即此息六則徐讀同劉而此首音同彼一音矣　**離**依注音儷呂計反偶也○箋曰本記云宿離不貸注云離讀如儷偶之儷按呂計為儷偶之讀左傳成十一年云鳥獸猶不失儷釋文失儷力計反耦也力計即此呂計是其比按

儀禮士冠及聘禮儷皮鄭云儷猶兩也古文儷爲離儷是配偶故此云讀如陸從鄭説乃以擬字之音釋經文之義故直言依注以曉人耳

不貸　吐得反徐音二○校語録云貸當作貣見春官序官馮相氏貣貳形近故徐音二也箋曰攷周禮春官序官馮相氏釋文不貣吐得反或音二注疏本作不貸法於彼校云貣今本作貸而此又謂貸爲誤何耶按吐得爲貣之本讀説文鉉音他得切可證莊子外物貸粟音特或一音他得反彼或音即讀同貣故經典作貣作貸互見則貸非誤音二即讀作貣詩小雅都人士箋云變易無常謂之貳釋文不貳音二變易無常謂之貳檢本疏云相與審候不得貸變過差然則貣貳義同矣法氏謂徐音由於貣貳形近徒周禮所用貣字校本書俱未加詳審耳

以**馮**　音憑

相　息亮反又如字

候伺　音司又息嗣反

載耒　力對反字林云耕曲木垂所作力佳反又力水反○校勘記云撫本作佳十行本同此本佳誤佳校語録云佳盧作佳是下三推注同箋曰北館本佳旁注佳墨筆與阮校法説俱同按説文四耒手耕曲木也古者垂作耒梠鉉音盧對切段注依本書刪手字是字林本説文盧對力對用字異則此首音爲本讀考工記車人爲耒釋文耒劉音誄或良水反良水即此力水音誄爲直音反切之異則此又音亦爲耒之讀矣力佳則讀如纍與力水平上相承集韻脂韻纍絫有耒注

云田器殆依本書耜音似措七故反置也保介音界注同帝藉在亦反說文作耤云帝耤千畝○攷證云
注疏本作籍後同注疏校勘記云宋監本同岳本同嘉靖本同惠棟校宋本同衞氏集說同閩監毛本藉誤籍釋文出帝藉云
在亦反石經字亦作藉注放此箋曰說文四耤帝耤千畝也古者使民如借故謂之藉鉉音秦昔切段注云親耕不能終事故
借民力而謂之藉田言藉者歉然於當親事而未能親事也按本記注云帝藉為天神借民力所治之田也則鄭與許同秦昔
在亦反為用字異此陸引說文以證本書用假借字也閩監毛本作籍雖俗書艸頭為竹頭音同義異然亦假借字也三推
出隹反又吐回反下同推謂伐也○校勘記云撫本作隹十行本同此本隹誤佳箋曰出隹穿紐脂韻為推之本音吐回透紐
灰韻以其時脂灰二韻之穿透二紐合口音同故混用也檀弓釋文推昌隹反又吐回反昌隹即此出隹可證隹原誤佳依校
勘記及上文載耒條校語錄說正參乘繩證反為天于偽反下為仲春為傷為死氣皆同勞酒力報反注
同氣上時掌反注土上同萌動莫耕反蒸達音證又之丞反冒莫報反覆也橛求月反封
疆居良反注皆同經術古定反注同術依注音遂○攷證改經作徑云舊作經術今從注疏本注疏○校勘記云閩監毛

本經作徑岳本同嘉靖本同衛氏集說同釋文出經術云古定反注同呂覽亦作經此本注疏俱作經校語錄云經盧改徑案二字古通用箋曰本記云審端經術注云術周禮作遂夫間有遂遂上有徑遂小溝也步道曰徑按說文二徑步道也鉉音居正切段注引周禮遂人注云此云步道謂人及牛馬可步行而不容車也居正在勁古定在徑此時徑勁混用陸此讀經作徑蓋以注義釋記文可知釋文本為經字也若果是徑徑無二音陸又何必為之作釋耶莊子刻意釋文經如字李古定反檀弓雜經徐古定反此音蓋從李徐二家之讀矣然則舊作經非誤盧校失審閩監毛本據注改經糅雜不辨矣按孔疏云術周禮作遂以田農之事無稱術者術遂聲相近故疑術為遂學記云術有序義同陸從鄭說讀術為遂故云依注也孔云聲相近者謂遂在邪紐術在神紐此位同雙聲也

田畯音俊之分扶問反嵎夷音愚阪險上音反又蒲版反下許檢反道民音導既飭音勑農率所類反謂田正用牝頻忍反妊而林而鴆二反毋覆芳服反孩蟲戶哀反胎吐來反夭烏老反麛音迷卵力管反掩骼江百反埋胔才賜反蔡云露骨曰骼有肉曰胔胔亦作骴肉腐扶矩反蚤落音早有恐丘勇反大疫音役猋風必遙

反徐芳遥反本又作飄〇攷證云案說文有猋字無焱字校勘記云按當依岳本及十行本作猋說文有猋字無猋字注疏校勘記於正月至為焱下云閩監毛本焱作猋是也下焱風謂之焱為焱皆同校語錄云焱盧改猋是阮云岳本十行本作猋案阮盧並云說文有猋無焱不知說文自有焱部殆惟求之犬部而不得耳箋曰本記云猋風暴雨總至注云回風為猋按爾雅釋天扶搖謂之猋郭注云暴風從下上釋文猋必遥反字林作飆音同說文十三飆扶搖風也鉉音甫遥切則字林本說文此首音為猋之本讀段注焱下云古書焱與猋二字多互譌如曹植七啟風厲猋舉當作焱舉班固東都賦焱焱炎炎當作猋猋炎炎王逸曰猋去疾貌也法謂說文自有焱部是也攷焱之本訓為火䔢其音切為以冉俱與猋異觀陸所釋則知此焱為猋形譌然本書已久陸援引當文故仍舊不改而以正字之音為釋也盧阮云云俱未審釋文條例矣又按釋天迴風為飄郭注旋風也釋文飄音瓢此鄭注蓋本之芳遥在詩與音瓢在並其時讀同則徐音為注作釋也陸謂本又作飄者殆指爾雅所用之字歟 **宿直**音秀 **好風**呼報反 **藜**力兮反 **莠**音酉 **水潦**音老 **大摯**音至蔡云傷折 **首種**章勇反鄭云首種謂稷蔡云宿麥 **仲春日在奎**苦圭反 **昏弧**音胡 **降婁**户江反 **夾鍾**古洽

反一音頻**四隙**去逆反**倉庚**並如字本或加鳥非○箋曰本記云倉庚鳴注云倉庚驪黃也按爾雅釋鳥倉庚商

庚郭注云即鶬黃也釋文倉庚商庚本或旁盧本誤作皆加鳥方言八驪黃自關而東謂之倉庚注云又名商庚說文四離黃倉庚

也驪鵹鸝離形異音義並同皆作倉庚則記文亦用本字陸所謂並如字也而倉旁加鳥之鶬本訓麋鴰郭注釋鳥云今呼鶬

鴰攷漢書司馬相如傳顏注云鶬鴰今關西呼為鴰鹿鶬鴰鸝黃顯然二物庚又因鶬而隨字旁加鳥作鶊然則鶬鶊實為俗

寫之譌明矣故陸於此云非葢所以曉人區別其正俗耳**驪黃**力知反**搏穀**音博**幼少**詩反**名省**所景

反注同減也徐所幸反○校語錄云省音與廣韻同徐音合古韻箋曰注云省減也所景在梗為省之本讀周禮內宰省文所

景反可證所幸在耿與首音疏紐無別左傳昭元年釋文省所景反徐所幸反正與此同乃一音而有二反語也法謂徐音合

古韻者葢以所景反為蕩韻所幸反為迴韻故云其實省聲之字二韻俱有足明梗耿讀同徐時古音已不存何能以之相比

哉**囹**音零**圄**魚呂反圄圄今之獄**去**羌呂反**桎**音質今之械也**梏**古毒反今之杻也木在足曰桎在手曰梏

掠音亮考捶○校勘記云葉本捶作棰按當作捶箋曰說文十二捶以杖擊也鉉音之壘切段注云內則注曰捶擣之也引

申之杖得名捶而此注云掠謂捶治人則捶爲引申之義下文捶治之蘂反葢旨紙混用皆是從手之捶從木者當傳寫之譌臧校才作木殆誤於葉本故攷證於捶治下亦云注疏本捶作棰譌與阮校此說同俱是也**械**戶戒反**暴尸**步卜反**捶治**之蘂反**高禖**音梅**施生**始豉反**孚乳**上如字一音芳付反下而樹反季春同〇箋曰注云燕以施生時來巢人堂宇而孚乳按說文三孚卵孚也段注云廣雅釋詁一孚生也謂子出於卵也方言三雞卵伏而未孚於此可得孚之解矣鉉音芳無切芳無即此如字之音芳付葢讀作娩爾雅釋獸釋文娩又匹附反本或作嬔匹附芳付用字異說文十二嬔生子齊均也段注云謂生子多而如一也按依列篆次第求之則此篆爲免身按段說是也嬔爲生子免身與孚謂子出於卵義同二讀平去相承一音同於又音矣乳者謂既生而乳哺之也**娀簡**夙中反簡狄有娀氏女**生契**息列反**九嬪**毗人反**謂從**才用反**弓韣**大木反弓衣**有娠**音身一音震謂懷妊〇箋曰說文十二娠女妊身動也鉉音失人切失人音身爲直音與反切之異則此首音爲本讀音震葢讀作震左傳昭元年邑姜方震大叔杜注云懷胎爲震釋文震本又作娠之慎反又音申懷妊也哀元年后緡方娠注云娠懷身也釋文音震又音身音身即音申

音震即之慎二讀平去相承則此一音同又音矣始電大練反先雷悉薦反奮鐸方問反下大各反

度量上音杜下音亮注同○校勘記云撫本作量此本量誤重注疏校勘記云監本同岳本同衛氏集說嘉靖本同石經同釋文同考文引宋板作度量毛本度量二字倒校語錄云度音杜薔誤度去聲杜上聲引阮說云云箋曰度在暮韻杜在姥韵此度音杜杜亦讀作去聲今語猶然陸時蓋已如是王制稲音盜盜在号韻稲在晧韻亦讀上為去是其比當非誤按劉履芬本以朱丨重書眉云失校墨寫量於其旁並8之觀此云音亮足證重為量字形近之譌阮謂此本誤是也今依正之斗

甬音勇斛也權槩古代反○孜證云注疏本作概校勘記云撫本槩引作概代作大按概字與岳本十行本合校語錄引阮說云偉案槩概溉等字多古代古愛反無作古大者箋曰注云稱錘曰權概平斗斛者槩與概字同古代在代為概之本讀古大在泰其時泰代混用下文戴勝音帶即其證也故劉履芬本亦以墨筆於代旁書大8之即用撫本耳法氏云云蓋以廣韵律之殊知釋文自有其音例也稱上尺證反下同稱錘丈偽反又丈為反闔扇户臘反小間

音閑毋漉音鹿竭也陂池彼宜反畜水曰陂穿地通水曰池尚書傳云澤障曰陂停水曰池畜水勑六反

乃鮮依注音獻　朝覲大歷反　沍寒戶故反　朝之直遥反　秬黍音巨　皆與音預　祭寒

而藏之本或作祭司寒案左氏傳無司字○箋曰按劉履芬本以朱△於字旁書眉云此涉詩七月箋而誤有攷詩豳風七月箋云祭司寒而藏之孔疏云傳言祭寒而藏之不言司寒箋引彼文加司字者彼文上句云以享司寒下句重述其事略其司字箋以經有藏冰獻羔二事故略引下句以當之不引上句故取上句之意加司字以足之孔說是也左傳昭四年云祭寒而藏之杜注云享司寒釋文祭寒而藏之本或作祭司寒者非校勘記引詩疏云云釋文是也彼此參證知鄭氏於詩於禮皆引左傳之文為注彼加司字以足其意此則直用原文陸氏會通諸義故於此注則引左氏以證本無司字於左傳則即書有司字為非正所以明經注之文各異也

之長丁丈反　中丁音仲本亦作仲　為季于偽反下注同　好雨呼報反　大陰音泰　煖氣乃緩反又音暄　蟲螟亡丁反爾雅云食苗心螟　季春在胃音謂　季少詩名反　姑洗素典反　為鴽音如母無也蔡云鶉鴽之屬　虹音紅又音絳蝃蝀也　始見賢遍反　萍始步丁反水上浮萍也　毋無上音牟又如字○攷證云注疏本作鴾母注疏校勘記云閩本同岳本同嘉靖本同

考文引古本同足利本同正德本同惠棟校宋本宋監本毋作毋釋文本作毋無監毛本毋無攷鴾毋衛氏集說同正義云今此注作毋無毋當作牟謂牟無也可證注文本作毋無不作鴾毋校語錄云爾雅作鴾毋則此必作毋無若作毋無則二字同音如燕燕之類疊字可矣不必異其字也此作毋蓋後人所誤毋無今本作鴾毋箋曰注云鴽毋無孔疏云某氏云謂鴽也李巡云鴽鶴一名牟毋郭景純云鶴也青州呼鴾毋舍人云毋作無今此注毋無毋當作牟謂牟無也聲轉字誤牟字作毋按爾雅釋鳥鴽鴾毋釋文鴾字或作牟音謀毋如字李音無舍人本作蕪儀禮公食大夫注云鴽無毋說文四鴽作翟云牟毋也牟與無亦雙聲相通左傳定十五年無婁公羊作牟婁可證然則釋鳥之鴾毋舍人作鴾蕪公食注之無毋說文之牟毋正義本之牟無與此本作毋無並同此上字音牟而下字爲無則作毋不誤若果作無陸氏何必云又如字耶且毋無本同音法說是也　蝃　本又作螮丁計反亦作蜥同○攷證云注疏本作螮箋曰丁計爲螮之本讀說文十三螮蝀虹也鉉音都計切可證詩鄘風蝃蝀作蝃釋文蝃丁計反爾雅釋天釋文螮丁計反本或作螮蜥同然則蜥即蜥爲螮之假借字螮爲其後出字陸以此本用蝃字與毛詩同　蝀　本亦作東同丁孔反○箋曰爾雅釋天釋文蝀丁孔反詩作東音同則此他本用螮字與爾雅同

音為蝀之讀東亦為假借字陸以此本用蝀字與爾雅同他本用東字與毛詩同 蓱萍音平 曰蘋毗人反 鞫

衣居六反如菊華也又去六反如麴塵 為將于偽反下文乃為注為烏同 覆舟芳服反下及注同 薦鮪

于軌反 發泄息列反 句者古侯反屈生也 倉廩力甚反 上騰時掌反下注以上同 循行下孟

反 隄防丁兮反下音房 道達音導 有障之亮反又音章 便民婢面反 罝子斜反 罘音浮 畢

翳於計反 餧於偽反 獸罟音古 為弋羊職反 桑柘之夜反 戴勝音帶注同本亦作戴

戴勝鳥名○校語錄云廣韵戴帶不同音陸殆不分代泰耶箋曰戴勝織紝之鳥戴在代帶在泰以其時泰代混用陸亦不分

法說是矣按詩周頌絲衣載弁俅俅釋言郭注引作戴弁俅俅釋訓注謂戴弁服釋文作載云丁代反本今作戴是載戴韵同

義通陸以此本用戴他本用載 織紝女今反 曲植直吏反曲薄也植蠶槌也 籧筐居呂反亦作筥下丘狂反

方曰筐圓曰筥 槌也直追反又直類反又丈偽反○攷證云宋本偽作為校勘記云葉本偽作為十行本亦作偽校語錄

云廣雅槌馳偽切與丈偽同然直類反是也箋曰說文六槌關東謂之槌關西謂之持鉉音直類切則直類為槌之本讀丈偽

在寘與直類寘至混用宋本作爲當僞鈌人旁之誤直追益讀作椎史記周勃世家集解引韋昭云椎不撓曲直至如椎索隱直追反是其比東鄉許亮反注同毋觀古喚反注同省婦所景反去容起呂反線息賤反組音祖紃音旬分繭古典反效功戶教反以共音恭敢惰徒臥反之量音亮注同筋角音斤箭幹古旦反凡糅如九反監工古銜反注同悖必內反淫巧如字又苦孝反注同春液音亦纍牛力追反注同騰大登反遊牝毗忍反徐扶死反皆乘繩證反在廄居又反校數所主反國難乃多反後及注同驅疫鬼磔竹栢反磔磔牲也禳本又作攘如羊反○攷證云注疏本作攘校勘記云葉本作禳此本禳誤禳岳本十行本字作攘段玉裁校云說文從示云磔禳祀除厲殃也校語錄云禳盧作禳是阮云葉本作禳箋曰本記云命國難九門磔攘以畢春氣注云此月之中日行歷昴昴有大陵積尸氣佚則厲鬼隨而出行命方相氏帥百隸索室毆疫以逐之又磔牲以攘於四方之神所以畢止其災也按說文一示部禳磔禳祀除厲殃也鉉音汝羊切段注引本記及注云云許與月令注合按段說是也左傳僖四年注云攘除也釋文如羊反除也又昭十七年注云

辭命注故書作汁辭命鄭司農云汁當為叶書或為叶然此音協則以小篆釋古文周禮秋官鄉士汁音協本亦作協即以汁為叶與此或本同陸故以此本用叶字他本用汁字

禺人 音遇

椓聚 丁角反又作涿同○攷證云注疏本作涿聚與韓非子史記同漢書古今人表作顏濁鄒注疏校勘記云閩監毛本同岳本同嘉靖本同衛氏集說同正義亦作涿釋文出椓聚云又作涿箋曰左哀二十七年傳名顏涿聚晉之子晉曰隰之役而父死焉釋文涿聚中角反二十三年傳晉智伯親禽顏庚注云齊大夫顏涿聚釋文涿聚丁角反俱與此言又作字同陸此以椓為大字者蓋其所見本如是也又按漢書古今人表顏燭雛補注梁玉繩曰左哀傳之顏庚亦名顏涿聚說苑正諫主鳥章作燭雛游海章作燭趨晏子外篇作燭鄒俱形近通借先謙曰官本燭作濁盧此引雛作鄒未審

釁龜 許靳反○校語錄云廣韻釁靳不同部箋曰釁在震靳在焮廣韻分部如此然釋文則焮震混用若易繫辭釁許覲反許覲音釁固同廣韻攷周禮龜人釁許靳反大卜釁舊許靳反亦並與此同

筴 初格反○校語錄云格蓋革之譌箋曰注云筴著也孔疏曰曲禮云筴為筮知是著也攷曲禮注云筴或為著孔疏云筴為筮者筮在龜前為決也謂著為筴者筴以謀筴為義按孔申鄭說皆是也莊子人間世鼓筴初革反崔云揲著鑽龜也則筴之本

音爲初革雖然筴在麥初格在陌其時陌麥混用如人間世釋文剋核幸格反核亦在麥之比陸作音仍舊故亦不分則此格非譌法說未周

著音尸**緜文**直又反**相爲**于僞反下爲仲冬爲天子皆同**上騰**時掌反又如字下上泄同

蓋藏才浪反又如字**循行**下孟反**積聚**子賜反下才柱反又並如字仲冬同○校語錄云聚才柱反即如字也柱疑住或注之譌又案據郊特牲當作才樹反箋曰本記云命司徒循行委積無有不斂注云謂芻禾薪蒸之屬按周禮天官宰夫掌其牢禮委積注云委積謂牢米薪芻給賓客道用也釋文委積下子賜反漢書史丹傳武彊聚注如淳曰聚字喻反聚邑居也字喻才柱上去相承陸意蓋謂此司徒循行邑居有芻薪之屬者故列其音爲首也說文七積聚也鉉音則歷切又八聚會也鉉音才句切段注云積以物言聚以人言其義通也並爲此如字之音陸讀積由入轉去聚由去轉上其義則由動詞變作名詞矣又按郊特牲積聚並如字徐上音玆賜反下才樹反玆賜即此子賜才樹即此才柱則積本徐讀此柱非住或注之譌彼俱讀其本義矣

鍵閉其輦反又其偃反○箋曰本記云修鍵閉注云鍵牡閉牝也孔疏云凡鏁器入者謂之牡受者謂之牝若禽獸牝牡按周禮司門掌授管鍵注鄭司農云管謂籥鍵謂牡釋文鍵其展反又其偃反檀弓所舉於晋國管

欲以褱火釋文褱本亦作擭如羊反則擭為褱之假借字陸以此本用本字他本用假借字褱江校同葉本阮說是也今依正之

氣佚音逸後同　索室所白反　毆疫丘于反　大恐丘勇反　暵呼旱反又呼旦反　蚤降音早　孟夏婺女音務　言炳音丙　長育丁丈反此月內除律長長大繼長皆同　著見賢遍反　炎帝于廉反炎帝神農也　顓頊上音專下音勗　音徵張里反後放此　去一起呂反　中呂音仲又如字　無射音亦　臭焦子遙反　先肺芳廢反　竈陘音刑　螻音樓　蟈古獲反螻蟈蛙也蔡云螻螻蛄蟈蛙也　蛙烏蝸反即蝦蟇也○攷證云舊誤在卯蚓上今移正校語錄云盧移蛙烏蝸反一條於卯蚓條下箋曰盧校是也審本記云螻蟈鳴蚯蚓出注云螻蟈蛙也則蚯蚓為經文蛙為注文本書條例先釋經後釋注是蛙當在蚯蚓條下也　丘蚓以忍反　萆挈上皮八反下起八反　王萯房九反　赤駵音留本又作騮○箋曰爾雅釋畜駵馬白腹騵郭注云駵赤色黑鬣釋文駵音留字或作騮說文字林云赤馬黑毛尾也按穆天子傳一天子之駿華騮郭注云色如華而赤然則騮為駵之後出專字矣　菽本又作叔音同　以粗七奴反大也　木畜許又反下水畜同　先立悉薦反

欣說上許斤反下音悅熛怒必遥反下奴故反為將于僞反下為逆為妨為傷下文為天子皆同飲酎直又反重釀之酒長大如字下繼長同或丁丈反非也○箋曰說文九長久遠也鉉音直良切即此云如字之讀段注云引伸之為滋長長幼之長今音知丈切按本記云舉長大孔疏云經云舉長大者謂用長大之人故王肅云舉形貌壯大者審此則知長為久遠之義非滋長長幼之義故陸亦人以讀丁丈反為非也下文云繼長增高謂是月草木蕃蕪王者繼續勸民長久增植高大之物故云同必當丁浪反蕃廡音煩下亡甫反下同有壞音怪注同墮許規反又作隳下注同始絺勑其反○校語錄云絺其不同部箋曰絺在脂其在之其時之脂讀同陸亦不分左傳隱十一年釋文絺勑之反是其比出行下孟反下同勞農力報反聚畜丑六反又許六反斷薄丁亂反注同薺才禮反草艾魚廢反後皆同言醇音純謂重直龍反或直用反釀女亮反於朝直遥反飲蒸之承反後皆同數來所角反則蝗徐華孟反范音橫字林音黃○箋曰爾雅釋蟲釋文蝗華孟反下同字林音皇范宣禮記音音橫音皇音黃用字異彼首音正用此徐音按說文十三蝗螽也鉉音乎光切乎光即此音黃則呂忱

本許書其音爲本讀范音與之雙聲相轉徐讀又與范音平去相承葢皆方俗語之變異故於義無殊耳仲夏昬亢音剛又苦浪反蘵賔人讙反應鐘應對之應交酢才各反螳音堂蜋音郎螳蜋螵蛸母也鶪古闃反搏勞鳥字林工役反○校勘記云撫本役作役箋曰本記云仲夏鶪始鳴注云鶪搏勞鳥也古闃在錫爲鶪之本音工役在昔呂讀昔錫合口混用爾雅釋鳥釋文鶪古闃反字林工役反即與此同役者役之俗反舌鄭云百舌鳥蔡伯喈云蝦蟇螵匹遥反蛸音消搏勞音博又作伯○箋曰說文四鶪伯勞也爾雅釋鳥詩豳風七月箋並同搏邦紐鑮韵伯邦紐陌韵此方語雙聲之轉也陸以本書用搏他書用伯壯佼古卯反助長丁丈反下長氣同鞀大刀反本亦作鞉同○箋曰說文三鞀鞀遼也鞀音徒刀切鞉鞀或從兆聲徒刀大刀用字異陸以此本用正字他本用或字也鞞步西反竽音于竾音池本又作箎同○箋曰本記云調竽笙竾簧按說文二䶵管樂也箎䶵或從竹鉉音直離切段注云月令原誤樂記又作竾直離即此音池然則䶵爲正字箎爲或字竾爲俗字陸以本書用俗字他書用或字簧音黃飭鐘音勑柷昌六反敔魚呂反本又作圄○箋曰說文三敔一曰樂器椌楬也形如木虎鉉音魚舉切魚舉即此魚呂

明堂位敔魚呂反本又作圉樂記圉本又作敔魚呂反按圉本訓圄圄則敔為正字圉為假借字陸以此本用正字與明堂位同他本用假借字與樂記同**為將**于偽反下文為民注為傷為其皆同**大雩**音于**百辟**必亦反注同**句**

龍古侯反**龍見**賢遍反下御見同**以雛**仕于反又仕俱反雛子也爾雅云生啄雛○校語錄云仕俱與仕于同未詳疊出之故或于與俱依古韵分為兩部手箋曰說文四雛雛子也鉉音士于切士于即此仕于則此首音為本讀仕俱與之為用字異此一音而有二反語釋文條例如是也法似以為仕于為魚模韵仕俱為虞侯韵故云分兩部其實非也因古韵分部以諧聲偏旁為準不以反切定之按爾雅釋鳥生噣雛注云能自食釋文噣義當作啄雛字林云雛子也匠于反又仕俱反匠在從紐仕在牀紐位同雙聲依許呂說則雛為雛子此雛下漏子字今補正之**含桃**本又作凾湖南反含桃櫻桃也○箋曰本記云羞以含桃注云含桃櫻桃也按詩載芟實凾斯活鄭箋云凾含也釋文凾戶南反含也戶南湖南用字異則凾與含義實同**櫻**於耕反**艾藍**力甘反**可別**彼列反下文別擘同**暴布**步卜反**大陽**音泰

無索所白反**不難**乃旦反又如字**挺重**大頂反寬也**則執**如字蔡本作槷○攷證云注疏本作槷箋

曰本記云則縶騰駒按說文十縶馬唘或從糸執聲馬絆馬足也鉉音陟立切執捕辠人也鉉音之入切韵同義近故此本用執蔡本用縶毛注疏本執縶互易

相蹄 大計反蹋也本或作踶音同○箋曰大計為踶之本讀莊子馬蹄釋文相踶大計反李云踶蹋也廣雅字韵聲類並同按說文二蹄足也段注云俗作蹄然則此義本於李軌而或本則指莊子蹏踶為名動詞引伸互訓也陸依當文作釋故於彼用踶字於此用蹄字周禮夏官校人蹄齧大計反同此互詳彼箋

廋人 所留反

敎駣 音兆又音道字林音桃○箋曰周禮夏官校人職云教駣攻駒鄭司農云馬三歲曰駣釋文駣音肇劉音道沈徒刀反音肇即此音兆徒刀音桃為直音與反切之異然則此首音用徐音即是駣之本讀又音用劉音呂音同於沈讀矣音桃在豪音道在晧正為平上相承故陸云又互詳彼箋

陽爭 爭鬭之爭注同

從八能 子用反

致和 戶卧反

嗜欲 市志反○孜證云舊者作嗜注疏本經文作耆依宋本則此作耆注疏本作嗜足利古本亦同今從改校勘記云撫本嗜作耆校語錄云嗜盧改耆阮云撫本作耆案與志不同部箋曰說文二嗜喜欲之也鉉音常利切段注云經傳多假耆為嗜按常利在至市志在志此時至志混用陸亦不分詩衞風伯兮心嗜市志反可證本記云節嗜欲則當作嗜耆其假借字也本書

通用何必改之故此仍舊晏陰伊見反角解户買反蟬始市志反○校語錄云志字誤此為蟬字作音非
為始字作音也篇中屢以始字記候無異讀不應此獨去聲皆疑衍即讀去聲亦當仍為審紐字何又改為禪紐種種不合然
羣經音辨集韻並收此讀且引蟬始鳴為證則宋時已譌集韻收于審紐內較賈氏稍有斟酌蓋已微覺其誤矣詩蕩爾雅釋
虫蟬並音市延反當據彼改正箋曰法校是也詳檢本篇始電始見蓱始始絺等條釋文俱不為始作音通攷詩及爾雅有始
之處亦然而蟬字則有音蓋以始無二讀又為常見字也廣韻六止始詩止切法所謂審紐上聲正是今讀亦無別足明此音
為蟬而作志字疑後人傳鈔涉上文嗜欲之反語而誤寫之耳故法云志當改延也半夏户嫁反半夏藥草木堇
音謹木堇王蒸也一名舜華王蒸之承反臺榭音謝樓觀古喚反闍者音都雹步角反凍
丁貢反百螣音特食苗葉蟲乃饑居疑反又音機○校語錄云饑疑不同部此音屢誤箋曰說文五饑穀不孰為
饑鉉音居衣切居衣音機為直音反切之異則此又音為本讀居疑在之讀若姬音機在微此是之微混用陸從時讀不分今
音亦然爾雅釋天釋文饑居疑反實非屢誤法未細審零落本又作苓音同民殃於良反疫音役季夏

去一起呂反後放此不任音壬又如字純恪苦各反蟋蟀上音悉下音率腐草扶矩反為

熒本又作螢户扃反螢火蟲也或作腐草化為螢者非也○注疏校勘記云腐草為螢閩監毛本同岳本同嘉靖本同衛氏集說同石經同釋文出腐草為熒云本又作螢或作腐草化為螢者非也洪頤煊九經古義補云按呂氏春秋淮南子周書時訓解皆有化字藝文類聚三引月令亦有化字按有化字非也正義引蔡氏云鳩化為鷹鷹還化為鳩故偁化今腐草為螢螢不復為腐草故不偁化箋曰注云螢飛虫螢火也按爾雅釋虫熒火即炤注云夜飛腹下有火釋文作螢户扃反本今作熒熒本訓屋下鐙燭之光螢虫光微有似之矣音同義近故假借也詩豳風東山傳云熠燿螢火也釋文螢惠丁反惠丁即此户扃陸以此本用熒字與爾雅同他本用螢字與毛傳同今驗螢虫寄生腐草昆虫中本有之非即腐草所變成故不得謂之為化陸謂或本有化為非者蓋所以明後世附會其說而失經文之舊也阮校從之是矣

攫俱縛反一音九碧反○箋曰注云鷹學習謂攫搏也俱縛為攫之本讀攷工記梓人攫俱縛反可證九碧讀同廣韵錫韵之古闃切蓋非攫正讀故云一音集韵昔韵俱碧切有攫云搏也莊子徐无鬼攫俱縛反三蒼云搏也徐居碧反居碧即此九碧則此一音本於徐讀矣

搏音博始

鷙音至本亦作摯同　蛟音交　鼉大多反又徒丹反○箋曰說文十三鼉水蟲似蜥易長丈所鉉音徒何切徒何大多為用字異則此首音為本讀徒丹蓋讀如壇集韵寒韵壇紐有鼉云水蟲名似蜥蜴殆依此章氏所謂歌寒對轉也　黿音元　冒亡報反　榜人必孟反　材葦于鬼反　柔刃而慎反　為艾于偽反下文為民注為求福為其同　以共音恭　黼音甫　黻音弗　差貸音二又他得反○校語錄云貸亦作貣見孟春箋曰孟春宿離不貸注云不得過差也釋文不貸吐得反徐音二彼法校云貸當作貣貣貳形近故此即言貸亦作貣經義述聞十四徵此二例辨之云謹案呂氏春秋孟春紀季夏紀貸並作忒高誘注曰忒差也正當音吐得反而徐又音二者忒字通作貸豫象傳四時不忒釋文忒京作貸忒又通作貣洪範衍忒史記宋微子世家作衍貣貣與貳字形相似故貣字多譌作貳者徐音二則所見本作貳貳者貣之譌也若諸本皆作貸字不得有二音矣按王說是也陸作釋皆據當文首標勝義乃其条例也故此又音同彼首音首音則用徐音矣互詳彼箋　以別彼列反　旗音其　章識申志反又如字　行木下孟反　傜役音遙　徑音逕○攷證云案此當在者欲句下校語錄引盧說箋曰詳審傜役與辱暑二條間經文注文俱未及徑字故劉履芬本以朱△徑旁書眉云未詳而前嗜欲晏陰二條

閒經文云節者欲定心氣百官靜事毋刑以定晏陰之所成在事毋刑下注云罪罰之事不可以閒今月令刑為徑足見徑音遝一條本當廁於者欲晏陰二條閒盧校法一說俱是也當依其說移此於彼

辱暑　如字本或作溽音同濕也○弢證云注疏本作溽暑注疏校勘記云閩監毛本同岳本同嘉靖本同衞氏集說同石經同惠棟校宋本溽作辱宋監本同考文引古本同釋文出辱暑云本或作溽注此本作潤辱與惠棟校宋本同各本俱作溽箋曰本記云土潤溽暑注云潤溽謂塗濕也按說文十一溽溽暑溼暑也鉉音而蜀切裁注云溽暑二字依李善注悼亡詩補引本經及注云云記言土塗溼而暑上烝也謂之溽者濃也厚也按辱本訓恥為溽之假借陸所見本為借字故以此本用辱他本用溽

燒薙　他計反芟草又直履反○箋曰注云薙謂迫地芟草也薙人掌殺草職曰夏日至而薙之孔疏云燒薙謂迫地芟除草名也周禮立其官使除田草也薙氏云夏日至而夷之康成云夷之以鉤鎌迫地芟之也按孔申鄭說是也周禮秋官敘官薙氏注云玄謂薙讀如鬀小兒頭之鬀釋文薙字或作雉同他計反他計即讀作鬀鄭釋彼夏日至而夷之所謂以鉤鎌迫地而芟之是即如鬀小兒頭之義也蓋為薙之本讀矣直履則讀如雉左傳昭十七年曰五雉為五工正夷民者也正義引服虔曰雉者夷也言芟夷田草以火焚燒

之也此亦薙之正讀耳故陸云又按陸於薙氏云字或作雉同以明周禮之薙也他書或有作雉於月令云又直履反正言禮記燒薙之薙讀同雉夷之音義也彼此參證音義兼通亦可以攷知釋文詳畧互見矣芟草所銜反萊地音來夏日人一反畜於勑六反不復扶又反以糞方問反土彊其丈反注同○校勘記云撫本葉本疆作彊注疏校勘記云惠棟校宋本宋監本並作疆岳本同嘉靖本同石經同此本疆誤彊閩監毛本同衛氏集說同注放此釋文出土彊云注同此本疏中皆作彊不誤箋曰注云土彊強檃之地孔疏云強是不軟檃是鏬闞也並謂磦礰磊磈之地也依注疏說則此作彊誤阮校是也按周禮地官草人職云彊檃用蕡注云彊檃強堅者也與此義同釋文彊其兩反注同其兩即此其丈彼彊檃鄭此注引作強檃則強與彊同互詳彼箋然則此當是左下無土之彊字故臧校作彊王校彊朱本作彊北館本朱○土皆與盧阮之說合今依正之易行以豉反強其兩反檃好覽反○攷證云舊呼作好譌今依周禮音改校語錄云盧依周禮音改好為呼偉案好與呼同箋曰周禮地官草人釋文檃呼覽反即盧改此所依案好呼同在曉紐俱與檃為雙聲乃反語用字異法所謂好與呼同是也盧徑以彼改此豈非自擾乎鮮落音仙又仙典反○校語錄

云典字謁平聲既在仙部則上聲不得與典同部箋曰本記云季夏行春令則穀實鮮落孔疏云穀實鮮落謂鮮少墮落由風
多故也或云以夏召春氣初鮮絜而逢秋氣肅殺故穀鮮絜而墮落也按孔說是也音仙即讀鮮絜之鮮所謂穀實鮮絜墮落
也仙典則讀鮮少之鮮所謂穀實鮮少墮落也按爾雅釋詁鮮善也釋文鮮息淺反又音仙息淺在獮為鮮少字之本讀仙典
在銑為先上聲此乃先仙混用六朝如是也法以唐韵律之故多此謬言耳風欬苦代反鷹隼息允反蚤
鷙上音早下音至亦作鷙摯也走竄七亂反中央於相反蟲倮力果反虎豹之屬淺毛者又乎瓦反
○箋曰本記云其蟲倮注云象物露見不隱藏虎豹之屬恒淺毛按大戴禮易本命云倮之蟲三百六十而聖人為之長左傳
僖二十三年欲觀其裸釋文裸力果反正義曰裸謂赤體無衣也虎豹之屬淺毛有似赤體無衣也說文衣部裸為羸袒之或
字倮與鱗羽毛介各物連言故從人則為裸之後出專字矣乎瓦盖讀如踝曲禮倮也力果反沈胡瓦反胡瓦手瓦為用字之
異則此又音本於沈重之讀也臧氏不審校手為采手匣紐采清紐不僅無所依據而且采瓦不能成音實非露見賢遍
反中霤力又反複穴方服反五藏才浪反圈于權反以閎音宏之長丁丈反土畜

呼又反下全畜同○攷證云舊許作呼謞校語錄云呼又反盧改呼為許云舊作呼謞偉案作呼亦不謞一全之一盧本作下

是也箋曰法說是也呼許俱在曉紐同與畜為雙聲改之何為案本記云季夏天子食稷與牛注云牛土畜也孟秋天子食麻

與犬注云犬金畜也則此一字為下缺筆之誤輙然盧改是也臧校同故法從之今依正**孟秋少皞**詩召反注下放

此少皞金天氏黃帝之子**蓐收**音辱蓐收少皞之子曰該為之**應涼**應對之應**狐貉**戶各反依字作貈○箋曰

注云狐貉之屬生旃毛出按說文九貉北方豸種也鉉音莫白切貈似狐善睡獸也鉉音下各切下各即此戶各則此音為貈

之本讀段注云凡狐貉連文者皆當作此貈字今字乃皆假貉為貈造貊為貉矣然則此以正字之音釋借字故直云依字作

貈也所以如是言者陸曉人知鄭注之貉為許書貈字之通借也毛注疏本貈作貊誤**生旃**之然反○校勘記云撫本

作旃此本旃誤旃校語錄云盧作旃是阮云撫本作旃箋曰阮校法說俱是也說文七旃從㫃丹聲鉉音諸延切諸延即此之

然則此本旃為旃之形近誤依正**則陂**彼義反**左樞**昌朱反**行戮**音六**寒蜩**大彫反**蜺也**

五兮反寒螿**總章**子孔反**白駱**音洛**黑鬣**音獵本亦作髦音毛又一本作鬣尾也○箋曰本記云駕白駱

注云白馬黑鬣曰駱按此鄭引爾雅文釋畜白馬黑鬣駱釋文鬣舍人同衆家並作髦駱下引說文云白色馬黑毛尾也上文
繁鬣力涉反髦也音獵力涉為直音與反切之異則此首音為本讀此云本亦作髦者則指衆家所說也又按釋畜獵牛郭注
云旄牛也釋文旄作髦云本又作旄同音毛是髦旄同音通用彼陸見本亦為毛髮之髦此云又一本作旄者字與彼郭注所
用同義則與駱下所引說文合葢俱以旄為尾矣先立秋悉薦反軍帥所類反下同本或作師注放此於
朝直遙反招拒音矩諸將子匠反下同詰誅去吉反好惡並如字又上呼報反下烏路反繕
囹市戰反罪邪似嗟反搏執音博窾創初良反注同審斷決丁亂反下同蔡徒管反一讀絕
句決字下屬○箋曰審斷決獄訟必端平丁亂為斷決之本讀問喪斷決丁段反徒管則讀作斷絕之斷易繫辭下斷木又徒
緩反斷斷絕丁段即此丁亂徒緩即此徒管俱是其比然則蔡音決字下屬決獄連文陸意決字上屬與斷連讀故以丁亂為
首音也贏音盈注同猶解古賣反完胡官反隄本又作堤丁兮反○孜證云舊堤作提謁校語錄云提盧
改堤偉案堤提古亦同用如提封亦作堤封是也箋曰案穀梁定九年釋文堤下丁兮反左襄二十六年釋文堤亦作隄本正義

徐丁兮反是此音本於徐堤隄通用矣陸以本書用隄字他書用堤字俱順當文也段注隄下云俗用堤爲隄然攷諸書未聞有用提爲隄者可見此提爲堤形誤劉履芬本即以朱丨提於書眉云誤故毛阮注疏本俱作土旁之堤盧改是也法徙丨以提堤同用遂謂此從手之提不誤殊難盡信

防本又作坊音房○注疏校勘記云完隄坊閩監毛本同衞氏集說同岳本坊作防嘉靖本同釋文出防云本又作坊石經考文提要云宋本九經南宋巾箱本皆作防箋曰說文十四防隄也鉉音符方切段注云防者鍺旁隄也引申爲凡備禦之稱禮記鄭目錄云名曰坊記者以其記六藝之義所以坊人之失者也防之俗作坊然則陸以此本用正字他本用俗字葢其所見本如是也

謹壅於勇反　**畢好**呼報反　**坏**步回反　**牆垣**音袁　**大使**色吏反　**介蟲**音界注同　**稻蟹**胡買反　**復還**扶又反下音環又音旋　**多瘧**魚畧反

仲秋觜子斯反又子髓反○箋曰子斯讀星名之觜爾雅釋天娵觜之口營室東壁也釋文觜咨移反又子髓反咨移子斯用字之異子髓葢讀作鳥喙之觜釋鳥鷽山鵲郭注長尾觜脚赤釋文鷽子髓反字或作觜廣雅云口也是其比

觿戶圭反又戶規反○箋曰史記天官書小三星隅置曰觜觿爲虎首正義云觜觿胡規反胡規即此戶規戶規在支戶圭在齊

此時二韵合口混用陸仍不改盲風亡庚反疾風謂閩音文依字作蝨又作蚊○箋曰注云白鳥也者謂閩蚋也按說文十三蚊俗蝨從虫從文蝨齧人飛蟲鉉音無分切無分音文為直音反切之異莊子天運釋文蚊音文字亦作蝨經典中正俗互用也若閩之本訓為東南越後鄭注周禮職方氏七閩云閩蠻之別也則音同義別陸言依字作者所以明鄭此注之閩即假借為許書之蝨也蚋人銳反又如悅反○箋曰說文十三蜹秦晉謂之蜹楚謂之蚊鉉音而銳切而銳即此人銳則此首音為本讀爾雅釋虫蜹人銳反字林人劣反秦人謂蚊為蜹漢書枚乘傳師古曰蚋蚊屬蚋音芮又人悅反人劣人悅如悅俱為用字之異然則此與師古又音俱本於呂忱之讀矣其養餘亮反下同糜亡皮反粥之六反字林羊六反具飭丑力反後放此有量音亮下度量同朝宴直遥反此為于僞反下為民同必當丁浪反下不當及注同枉紆往反橈女教反又乃絞反字林作撓非○校語錄云林疑又之譌箋曰本記云毋或枉橈孔疏云枉謂違法曲斷橈謂有理不申按孔說是也說文六橈曲木也鉉音女教切段注云引伸為凡曲之偁古本無從手撓字後人臆造之以别於橈非也則此首音為本讀段說正申明陸意矣攷易說卦釋文橈徐乃飽反王肅乃教反乃飽即乃

絞此又音蓋本徐讀女教娘紐效韵乃絞泥紐巧韵泥娘類隔上去相承撓之本訓煩亂與橈為曲折義迴別故知又音讀若撓而非讀作撓偏旁木才之字隸書多混字林作撓亦誤以從才為從木之橈陸謂為非者所以明二字異義曉人知曲義之橈古本無作從才者呂忱始誤用也漢書䨻錯傳注師古曰橈曲也其字從木亦恐人誤從才耳正與陸說相合毛阮注疏本俱作字林法疑林為又謁殊不可信**申重**直用反**循行**下孟反**芻**初俱反草也**豢**音患養也養牛羊曰芻犬豕曰豢以所食得名**瞻**音占**肥瘠**在亦反**皆中**丁仲反**乃難**乃多反注同**竇**音豆**窖**古孝反**脩囷**丘倫反**隋曰**他果反謂狹而長**趣民**七住反本又作趣又七綠反○箋曰七住為趣之本讀學記釋文趣七住反詩十月之交趣七住反本又作趣皆為其證按春秋序旨趣七住反即讀趣為趣七綠蓋讀作促攷工記矣人趣七喻反一音促公羊定八年趣七欲反一音七住反音促七欲為直音反切之異七綠在屋與音促為屋燭混用則此又音同於一音矣**坏户**音陪**務畜**丑六反○攷證云舊誤置坏户下今移正校語錄云盧移務畜條於坏户條上箋曰按本記云務畜菜多積聚是月也日夜分雷始收聲蟄虫坏户可見坏户在務畜下盧校是也今依正之**浸盛**子鴆反

始涸户各反竭也角見賢遍反下同易闕以豉反注同便婢面反匱其位反注同賈客音古又古雅反應陽應對之應有恐丘勇反復生扶又反數所角反季秋無射音亦詰貞列反來賓高誘注呂氏春秋則云賓雀與鄭異為蛤古荅反鞠本又作菊九六反豺音柴○校語錄云廣韻豺柴不同音箋曰廣韻豺在皆柴在佳佳皆部異故法以為不同音按爾雅釋獸豺仕皆反字林云狼屬狗足固為豺之本讀而釋天熾柴仕皆反則皆與佳混此則佳與皆混足見陸時二韻已不分其音當同矣僇禽音六本或作戮○攷證云注疏本僇作戮注疏校勘記云閩監毛本同岳本同嘉靖本同衞氏集說同釋文出僇禽云本或作戮按依說文作戮是也箋曰阮校是也本記云豺乃祭獸戮禽注云戮猶殺也孔疏云以經祭獸戮禽禽獸皆殺之但殺獸而又陳戮禽則殺之而已不以為祭故直云戮禽此亦互文也按說文十二戮殺也鉉音力六切然則鄭說本於許而此音為戮之本讀矣大學辟則為天下僇矣釋文僇音六荀子非相篇為天下大僇楊注云僇與戮同皆借僇為戮字也釋文本用借字注疏本用正字申重直用反之簿步古反徐步各反○攷證云舊各作角今從撫本注疏本同校語錄云盧依撫本改各是也箋曰注

云定其祖税之簿按左桓二年傳注云若今吏之持簿釋文簿步古反則此音為本讀步各益讀同薄易説卦相薄旁各反書益稷薄蒲各反徐扶各反酒誥同詩載驅薄薄徐扶各反是徐音混艸頭為竹頭依隸變字作釋也各在鐸與薄疊韻角在覺覺韻無薄盧依撫本改之是也故法從之今亦依正

之收如字又守又反　之委紆偽反　猥卒温罪反下七忽反　習吹昌睡反注同　為將于偽反下文縣為注主為又為同　偏祭音遍　合諸侯制絶句

而縣音玄　殳音殊　矛亡侯反　度大各反　同乘繩證反　校人户教反　而頒音班　騶側求反　載丁代反又如字注同　旐音兆　以級九立反　趣馬七住反又七走反〇箋曰注云七騶謂趣馬主為諸官駕説者也孔疏云按周禮趣馬職云掌駕説之頒謂第次也是貴賤等列故云為諸官駕説也書立政偽孔傳云趣馬掌馬之官釋文趣馬七口反詩十月之交趣七走反趣馬官名掌王馬之政七口七走為用字異則此又音為本讀七住即讀作趣向之趣上文趣民七住反可證陸益以此官職趨向王馬之政故以七住為首音

駕説始鋭反　之陳直覲反

大常音泰　載旟音餘　搢如字又音箭　扑普卜反　挾矢子協反又音協　祀祊鄭注周禮音方　為

炭吐旦反皆墐其靳反辟殺音避乃趣音促又七住反不當丁浪反注同供養九用反下
餘亮反注同以去起呂反貪者市志反熊手弓反○攷證云舊于作手譌今依詩斯干音改校語錄云盧
改于是也然本書手于亦互用箋曰手在匣熊在喻正匣喻通用本書例如此何必改之蹯音煩鼽音求說文云病寒鼻
窒嚏丁計反邊竟音境注及後同隆六中反坼丑白反煖風乃管反又許元反○注疏校勘記云
閩監本同岳本同嘉靖本同衞氏集說同石經同毛本煖作暖疏同箋曰許元為煖之本讀乃管蓋讀作暖此首音則以煖為
暖也故毛本直作暖字王制寒煖乃管反又況袁反況袁即此許元是陸時讀音已如此詳彼箋氣解古買反○校語
錄云買當作賣箋曰古買讀同廣韵佳買之解散也古賣讀同古隘之解除也本記云民氣解惰其義為散則買非誤惰
徒臥反孟冬析木思歷反顓音專頊許玉反顓頊高陽氏玄冥亡丁反少昊之二子脩及熙為玄冥
玄冥水官龜鼈必滅反財匱其位反譍譍對之譍注同臭朽許九反本亦作歹字林云歹腐也說文云
歹或為朽字○箋曰說文四朽歹或從木歹腐也鉉音許久切許久許九用字異則字林本說文陸以此本用或字他本用正

字引許呂之説蓋以明其與鄭注氣若有若無為朽之義相殊也**辟除**必亦反又婢亦反**為軟**步昌反**壤**

如文反**厚**二戶豆反**廣**五古曠反**為蜃**常忍反大蛤**不見**賢遍反下注錄見同**鐵驪**力知

反**與彘**直吏反○校語錄云吏當作例箋曰彘在祭吏在志例雖與彘同韻然其時志祭不分陸仍其舊故混用也

為袗之忍反又之刃反○箋曰注云今月令曰乘軫路似當為袗字之誤也孔疏云軫是車之後材路皆有軫何得云乘

軫路此軫字當衣旁者今袗是玄色故以今月令軫字似當為袗字錯誤以車旁為軫必知袗字為色者以此經云乘玄路玄

袗義同故昏禮云女從者畢袗玄鄭雖以袗為同要袗是玄之類按孔申鄭說是也說文衣部袗玄服車部軫車後橫木也徐

鉉之並音之忍切則此首音為袗軫二字之本讀儀禮士昏袗玄之忍反一之慎反士冠袗玄一作劉餘同則此又音同於一音

與首音上去相承蓋本於劉讀矣陸列之忍於首者殆以表明袗軫俱為其音歟毛阮注疏本皆作軫之忍反袗之刃反失陸

意矣**先立冬**悉薦反**叶光**本又作汁音協○箋曰注云迎冬者祭黑帝叶光紀於北郊之兆也按說文十三叶

古文協從口十鉉音胡頰切段注云字見周禮大史協事注曰故書協作叶杜子春云叶協也書亦或為協或為汁大行人協

庫之士注云管鍵也釋文其展反徐其偃反籥也其展其輦為用字異此又音正用徐讀其輦其偃獮阮混用互詳彼二箋

管籥羊灼反 封疆居良反注及下注同 要塞先代反注同 塞徯上先則反下音奚 徑古定反

鍵牡亡古反又茂后反○校語錄云牡亡古反北音也字書多不收此讀箋曰說文二牡畜父也鉉音莫厚切莫厚茂后用字異則此又音為本讀亡古蓋讀如姥與今西南江淮音俱同則非獨北音如是此列之為首者陸氏厚今足見當時廣大人民口語已然耳

摶鍵音博一本作傳直專反○箋曰注云管籥摶鍵器也孔疏云摶鍵器以鐵為之似樂器之管籥播於鑠內以摶取其鍵也音博為摶之本讀尚書益稷摶音博周禮夏官射人注摶音同俱為其證直專則讀傳之音爾雅釋宮植謂之傳注云戶持鎖植也義疏云植謂立木所以鍵門持鎖古人門外閉訖中植一木加鐵其上所以竟歫兩邊固其鍵閉其木植故謂之植又可傳移故謂之傳釋文傳音椽音椽直專為直音反語之異然則首音讀摶取其鍵之義為動詞次音讀持固鍵閉之義為名詞此因義變則形變故音亦隨之而作矣陸以此本用摶他本用傳音博列首敘錄所謂依注也次以直專敘錄所謂兼通也

害處尺慮反○攷證云前後俱作昌慮反箋曰昌尺俱在穿紐此為用字異故反語上字他處用昌

此處用尺不一律也爲璽音徙○攷證云說文下從土箋曰說文十三璽王者之印也㠯主土從土爾聲璽籀文從玉鉉
音斯氏切段注云蓋周人已刻玉爲之曰籀從玉則知從土者古文也然則此用籀文塋音營丘壟力勇反襲
音習斂力驗反又力檢反效功戶教反淫巧如字又苦孝反注同○箋曰本記云毋或作爲淫巧以蕩上心
注云淫巧謂奢僞怪好也按如字讀技能之巧說文五巧技也鉉音苦浩切是也苦孝則讀詐僞之巧廣韻效韻苦教切巧巧
僞是也鄭言奢僞怪好則記義爲苦孝之音此陸從許義故列如字爲首而以鄭讀爲又也功致直吏反下注同○校
語錄云致吏不同部箋曰致在至吏在志以其時志至混用陸亦不分此本書之音例也之長丁丈反不當丁浪
反注同別之彼列反國索所百反屬民之玉反下同滌大歷反場直良反躋彼子兮
反兕徐履反觵古宏反○校語錄云廣韻觵宏不同部箋曰觵在庚宏在耕廣韻分部如此詩卷耳釋文觵古橫反
固與廣韻同然清人英如字沈於耕反閎宮英沈作徐餘同英音於驚亦在庚韻可見徐仙民沈重皆用耕韻字爲庚韻字作
切二部不分矣陸此音正本徐沈之讀也獵先祖力合反○校語錄云合當作盍攷工記桃氏音作力闔反箋曰臘在

盍力合在合以其時合盍混用切語下字用盍用合俱同實無是非 謂蜡仕迓反字林作褚○箋曰本記云獵先祖五祀注云此周禮所謂蜡祭也按周禮地官黨正云國索鬼神而祭祀注云謂歲十二月大蜡之時建亥之月也釋文大蜡仕詐反依字作褚孫詒讓正義云案月令釋文引字林作褚即蜡之俗仕詐即此仕迓依孫說則褚為蜡之後出專字禮運釋文蜡仕嫁反字林作褚同 勞農力報反 將帥上子匠反下色類反 大閱音悅 唯狩手又反 上泄息列反下同 復出扶又反 參伐所林反下同 仲冬東辟必亦反又必狄反○箋曰必亦為辟之本讀爾雅釋詁辟必亦反可證釋天辟本又作壁布覓反今案此星有人居之角象宜為壁布覓必狄用字異然則必狄即讀作壁也

益壯莊亮反 曷旦本亦作鶡同苦割反曷旦鳥名○孜證云注疏本作鶡旦苦割作户割注疏校勘記云閩監毛本同岳本同嘉靖本同衞氏集說同釋文出曷旦云本亦作鶡考文引古本鶡作曷石經作鶡鳥不鳴按說文鶡下云山雉鳴下云渴鴠段玉裁云渴鴠當依月令作曷旦淺人改之也箋曰坊記引詩云相彼盍旦尚猶患之注云盍旦夜鳴求旦之鳥也釋文盍旦音渴徐苦葢反方言八鶡鴠自關而東或謂之鶡鴠自關而西秦隴之内謂之鶡鴠郭注云鶡鴠鳥似雞五色冬無

赤倮晝夜鳴侃旦兩音苦割音渴爲直音反切之異音侃與毛之去入相承攷本記云仲冬之月曷旦不鳴鄭注云曷旦求旦之鳥也正爲一物則陸言本亦作者即指方言石經所作之字是也惟注疏本所謂户割之音乃阮校所謂說文山雞之鶡與此鶡旦迥然二物故其名異盧阮二家皆分別未審

鶡月勑亮反充也

猶女音汝

大陰音泰

必重直龍反注同

酋婦所景反注同

大酋子由反又在由反大酋酒官之長○箋曰本記云乃命大酋注云酒孰曰酋○大酋者酒官之長也按呂覽仲冬紀高誘注云大酋主酒官也酋醞米麴使之化熟故謂之酋於周禮爲酒正而鄭於天官酒正注引此大酋爲釋意以酒正掌酒之政令以式法授酒材故謂爲酒官之長正與高說義同陸從其說遂引以爲證說文十四酋繹酒也禮有大酋長酒官也鉉音字秋切字秋即此在由則此又音爲酋酒之本讀子由即讀大酋之音酒正釋文大酋將由反是其比陸依經義故列之爲首

秫稻音述

麴丘六反

蘖魚列反

湛子廉反漬也

熾尺志反炊也

火齊才計反注火齊同

監古銜反

差貸音二又他得反注同○校語錄云貸當作貣箋曰前孟春釋文不貸吐得反徐音二法彼校語與此同季夏差貸音同此校語又云貸亦作貣則不以貸爲譌法未通攷故其說前後乖異王引之

辨之審矣詳彼二箋互之長丁丈反穫稻户郭反畜獸許六反不詰起吉反藪澤素口

反敎道音導陽爭爭鬭之爭注同去聲起呂反注及下同禁者市志反從八子用反芸

音云香草荔力計反馬𩣡挺出大頂反麋亡悲反角解音蟹○攷證云舊誤在馬𩣡之下今移正校語

錄云盧移麋角解二條於馬𩣡原作荔挺出誤條上箋曰攷本記云荔挺出蚯蚓結麋角解注云荔挺馬𩣡也然則麋角解二條當在

荔挺出二條與馬𩣡條之間盧校是也法引盧說或為傳鈔之誤馬𩣡户介反○校勘記云撫本葉本𩣡作𩣡是也校

語錄引阮說箋曰說文七𩣡𩣡菜也似韭從韭𣦼聲鉉音胡戒切則此本作𩣡形誤故臧校叉亦作又北館本朱涂丷俱與阮

說同今依正之上文荔下注同上行時丈反○攷證云按前俱作時掌反注疏校勘記云閩監本同岳本同嘉靖本同衛

氏集說考文引宋板同釋文出作行毛本行誤下箋曰丈掌俱在養韵此用文前用掌一音而有二反語為用字之異本書固

有此條例也按此注云水泉動潤上行依鄭說則作行較出為長氛霧芳云反雨汁子付反下音執注同謂雨

雪雜下也瓜瓠户故反好雨呼報反多疥音介季冬婺女無付反昬婁力侯反旦

氏　丁兮反一音丁計反○箋曰爾雅釋天天根氏也郭注云角亢下繫於氏若木之有根釋文氏都黎反郭音觝丁禮反注云若木之有根尋義應作丁計反丁禮丁計聲調之殊郭讀上聲陸讀去聲以彼證此都黎即此丁兮則此首音爲星名本讀丁計蓋讀作柢柢即從木根之義而作音儀禮士喪進柢丁計反可證此一音同於又音矣

玄枵　許驕反

北鄉　音向

雉雊　古豆反雉鳴

雞始乳　如住反

大難　乃多反下注同

磔出　竹百反

爲厲　于僞反

題

肩　丁兮反

神祇　音祁○校語錄云廣韻祇祁不同音箋曰廣韻祇巨支切祁渠脂切支脂不同部廣韻分韻如此按莊子列禦寇釋文祇司馬云巨移反爾雅釋訓祁祁亦音巨移反巨移與巨支同則祁讀音亦與祇同實其時脂支混用矣若祭統祇祁之反則之與支亦混用是其讀音皆同也

腹堅　本又作複方服反厚也○校語錄云又字複蓋衍箋曰法校是也儀禮士喪釋文應複方服反則複腹音同是不應有又字如上文隄本又作堤丁兮反防本又作坊音房之比今依刪正按本記云水澤腹堅注云腹厚也此陸引鄭說爲釋以明腹之讀耳

五種　章勇反注同

鎡　音茲

錤　音其○攷證云注疏本作音基是校語錄引盧說箋曰廣雅釋器鎡錤鉏也錤曹憲音基王氏疏證云說文六欘原誤作斫齊謂之茲其孟子公孫丑篇

云雖有鎡基不如待時漢書樊酈滕灌傅靳周傳贊作茲基周官薙氏注作茲其月令注作鎡錤並字異而義同按王說是也此注云田器鎡錤之屬田器茲即鉏也秋官薙氏注云以茲其斫其生者夷之釋文茲其音基茲其鉏也陸意亦同盧以注疏本作音基為是者葢據廣雅與周官音為準也詳審廣韵七之姬紐有錤云鎡錤大鋤其紐亦有錤云鎡錤鋤別名也前者固本於廣雅與周官之音後者則本於此禮記之音矣盧法俱未通攷耳 合古荅反 吹昌睡反 而罷如字又音皮 乃復扶又反 君子說音悅 小人樂音洛 以共音恭下文共皆同 薪燎力召反 可析思歷反下同 炊爨七亂反 幾終音祈又音機 故處昌慮反 猶女音汝 令之力呈反 而縣音玄 辟寒毗異反○校語錄云異誤辟異不同部箋曰辟在寘異在志其時志寘混用陸亦不分本書此例多矣則異非誤法分別未審 胎吐來反 夭烏老反注同 少長上詩召反下丁丈反 乃句古侯反 消釋如字一本作液音亦

經典釋文卷第十一終

經典釋文集説附箋卷第十四

成都趙少咸

禮記音義之四 起第十六盡第二十

唐國子博士兼太子中允贈齊州刺史吴縣開國男陸德明撰

中庸第三十一 鄭云以其記中和之為用也庸用也孔子之孫子思作之以昭明聖祖之德也 卷之十六

率性 所律反循也 則知 音智下知者大知皆同 人放 方往反 傚之 胡教反 離也 力智反下及注同 惡乎 音烏 不睹 丁古反 恐懼 匡勇反注同 閒居 音閑下同

莫見 賢遍反注顯見同一音如字○箋曰本記云莫見乎隱注云小人於隱者動作言語自以為不見睹不見聞則必肆盡其情也若有佔聽之者是為顯見甚於衆人之中為之按鄭解經義是也賢遍讀為表見之見謂動作言語無以為於

幽隱之處表見恒須慎懼也說文八見視也鉉音古甸切古甸即此如字之音即讀為視見之見謂須慎懼於幽隱之處無以為不見不聞便即肆盡其情也此一音同於又音矣

有佔勑廉反○攷證云宋注疏本作覘後來皆改從釋文箋曰說文八覘闚視也按檀弓晋人之覘宋者注云覘闚視也釋文覘勑廉反學記呻其佔畢釋文佔勑沾反視也勑沾勑廉用字異本記注云若有佔聽之者則佔為覘之借字矣宋注疏本用本字釋文用借字

哀樂音洛注同

中節丁仲反下注為之中同

長也丁丈反

小人之中庸也王肅本作小人之反中庸也

忌憚徒旦反忌畏也憚難也

畏難乃旦反

常行下孟反

中庸其至矣乎一本作中庸之為德其至矣乎

民鮮息淺反下及注同罕也

罕也呼坦反希也少也

知者音智下文大知也予知注有知皆同

不肖音笑下同

矣夫音扶

也與音餘下強與皆同

舜好呼報反下同

易以以豉反

罟音古罔之總名

擭胡化反尚書傳云捕獸機檻

陷陷沒之陷

阱才性反本或作穽同穿地陷獸也說文云穽或為阱字也○箋曰說文五阱陷也穽阱或從穴鉉音疾正切疾正即才性為用

字異則是許以阱為正字穽為或體陸引說文謂穽或為阱字也者蓋以從穴之穽有穿地陷獸之義與本記所云陷阱義合以明為經不為字也按希麟音義一窓多經五穽情性反鄭注周禮云穿地為深阬捕禽獸也或作阱又十釋教錄下穽疾政反尚書敍乃穽傳穽陷也又作阱字音訓同俱與此大小字互易陸以此本用阱為正他本用穽為或則與說文同矣

知辟音避注知辟辟害皆同

期月音基

拳拳音權又起阮反徐羌權反奉持之貌○箋曰注云拳拳奉持之貌音權為拳之本讀左莊十九釋文拳求圓反求圓音權為直音反語用字之異起阮則讀如綣羌權則讀如棬集韻苦遠驅圓二切俱有拳注云拳拳奉持貌正依本書

服膺徐音應又於陵反○校語錄云膺二音未詳徐蓋讀應為去聲乎箋曰孔疏云膺謂匈膺按說文四膺匈也鉉音於陵切則此又音為本讀爾雅釋詁釋文應本又作膺於矜反於矜即於陵然則音應與於陵為直音反語用字之異徐實讀應為平聲陸列之於首者正以示其與本音同也法不以同音而有二反語故云未詳

奉持芳勇反

可蹈音悼又徒報反○箋曰說文二蹈踐也鉉音徒到切徒到即徒報音悼與之為直音反語之異曲禮釋文悼徒報反可證

問強其良反下同

所好呼報反

言女

音汝下抑女同不校交孝反報也衽金而審反又而鴆反不厭於豔反哉矯
居表反下同不倚依彼反徐其蟻反○箋曰禮器釋文倚於綺反本讀依物曰倚於綺依彼用字異則此首音為本讀
其蟻蓋讀作綺易說卦參天兩地而倚數釋文而倚於綺反馬云依也王肅其綺反云立也虞同廣韵渠綺切作綺書序左史
倚釋文倚於綺反劉琴綺反其綺渠綺琴綺俱同其蟻則劉音亦與徐同皆本於王肅之讀矣所傃音素猶
鄉本又作嚮許亮反下皆同○箋曰坊記釋文嚮卜許亮反本亦作嚮與此大小字互易者陸順當文未改也互詳彼箋
行佹久委反下同譎音決汲汲音急隱行下孟反遯世本又作遁同徒頓反
費而本又作拂同扶弗反猶佹也徐音弗注同○校勘記云十行本同段玉裁校本引羣經音辨拂作佛○校語錄引
阮說云云案作佛故音扶弗反若作拂當作芳弗反矣大學注拂猶佹也與此相同亦借拂為佛也箋曰江校朱筆大書佛字
下雙行注羣經音辨北館本如江俱與段校同按本記云君子之道費而隱注云費猶佹也道不費則仕孔疏云言君子之人
遭值亂世道德違費則隱而不仕攷羣經音辨貝部費佹也扶弗切禮君子之道費而隱人部佛佹也扶物切手部扶違也符

弗切比而觀之扶弗扶物符弗俱同音而用字異可見賈說費字義本於鄭拂字義同於孔則佛字為陸此所見或本分别迥然故阮段江俱從之至若大學釋文拂人扶弗反注同佹也法所謂亦借拂為佛然則陸以他本作拂者殆指大學所用之字歟盧本與阮刻注疏本亦俱作拂今仍其舊音弗蓋讀如弗徐讀奉紐為非紐聲由濁轉清當是方音之變也

以與音預注皆與之與以其與同

舜好呼報反

故與音餘

所憾本又作感胡暗反恨也注同○攷證云古即以感為憾箋曰本記云人猶有所憾注云憾恨也胡暗為憾之本讀左傳隱三年降而不憾釋文憾恨也胡暗反是其比攷左昭十一年傳唯蔡於感校勘記云諸本作感釋文云户暗反石經亦不加忄旁此古字之僅存者正盧所謂古以感為憾也史記吳太伯世家美哉猶有憾索隱憾或作感字省耳亦讀為憾漢書張安世傳何感而上書歸衞將軍富平侯印師古曰感恨也音胡闇反是亦以感為憾之省耳

鳶飛悦志反字又作鳶○箋曰爾雅釋鳥鳶烏醜其飛也翔釋文鳶悦專反字亦作鳶按此注引詩鳶飛戾天詩大雅旱麓釋文鳶悦宣反悦宣即悦專漢書五行志成帝河平元年二月庚子泰山山桑谷有鳶焚其巢師古曰鳶鴟也音緣音緣悦專為直音反語用字之異則此言字又作者殆指漢書所用耶

戾

力計呂結二反　魚躍羊灼反　猶著張慮反下同　道造在老反　伐柯古何反

睨而徐音詣睥睨也　言顧行行顧言皆下孟反注聖人之行同或一讀皆如字○箋曰孔疏云言顧行者使言不過行恒顧視於行行顧言者使行副於言謂恒顧視於言也按孔說是也下孟為行事之本音下文言行下孟反是其比說文二行人之步趨也鉉音户庚切户庚即此如字之讀段注云步行也趨走也二者一徐一疾皆謂之行引申為行事然則此讀引申之義故以本義為一讀一讀即又讀言或又讀本音也　慥慥七到反守實貌　言行下孟反

相應於陵反舊音應對之應○箋曰詩周南麟之止釋文應音鷹當也於陵音鷹為直音反語用字之異此謂言行相當也舊音即讀去聲書康誥應對之應徐於甑反謂言行相和也陵以此讀平聲故列舊音於末　患難乃旦反下同

不援音園注同牽持也　己音紀　無怨於願反又於元反下及注並同○箋曰哀公問釋文怨天於元反又於願反首音又音與此互易而義相引申則同詳彼　居易以豉反注同平安也　徼幸古堯反

正音征注同　鵠古毒反注同正鵠皆鳥名也一曰正正也鵠直也大射則張皮侯而棲鵠賓射張布侯而

設正也　棲皮細兮反　辟如音譬下同　自邇音爾近也　自卑音婢又如字注同

好合呼報反　既翕許急反合也　和樂音洛下及注同　且耽丁南反　妻帑音奴子孫也本又作孥同尚書傳毛詩箋並云子也杜預注左傳云妻子也○箋曰本記引詩云樂爾妻帑注云古者謂子孫曰帑孔疏云帑子也古者謂子孫為帑故甘誓云予則帑戮汝按尚書甘誓孔傳云帑子也釋文作孥音奴子也詩小雅常棣毛傳云帑子也釋文帑依字吐蕩反經典通為妻孥字今讀音奴子二字原作孥依校勘記正也此云毛詩箋則箋為傳之誤左文六年傳云宣子使臾駢送其帑杜注云帑妻子也可知鄭義與杜同與孔毛異陸具引之所以明其同異又依詩音義所云則帑為假借字孥為後出字陸以此本用帑他本用孥　相應應對之應　和胡臥反　齊明側皆反本亦作齋

洋洋音羊　其傍皇薄剛反謂左右也徐方岡反○校勘記云葉本同撫本岡作罔按作罔是也校語錄云案作罔是惟徐義讀如仿佛之仿則方當作芳箋曰本記云洋洋乎如在其上如在其左右注云洋洋人想思其傍僾之貌按薄剛為傍之本讀儀禮鄉射釋文傍蒲郎反或作旁蒲郎薄剛用字異言鬼神之形人想像之如在左右隱蔽也說文八仿仿

佛相似鉉音妃罔切妃罔即芳罔言人仿佛如見鬼神之形也故阮法俱以罔為是則罔為罔形近而譌北館本亦作罔今依正之

僾徐於愷反又音愛○箋曰說文八僾仿佛也鉉音烏代切段注云僾僾與爾雅之薆隱也烝民傳之愛隱也竹部之䈇蔽不見也義相近烏代即音愛直音反語用字之異於愷蓋讀如唉集韵海韵唉紐有僾云仿佛也正依此音則徐讀去聲為上聲殆其時音如是故陸列之為首歟

之格古百反來也

不可度待洛反注同

思矧詩忍反況也注同

可射音亦厭也

厭也於豔反字又作猒下同

盡敬子忍反

不可揜音掩於檢反

此夫音扶

而著張慮反

也與音餘

令聞音問下令聞同

故栽依注音災將才反注同植也○箋曰本記云故栽者培之注云栽讀如文王初載之載栽猶殖也今時人名草木之殖曰栽孔疏云詩大明云文王初載天作之合彼注云載識也言文王生適有所識此載為栽殖者載容兩義亦得為識亦得為殖此對傾者覆之故以為殖按孔申鄭義是也音災本為栽之讀此言依注者即謂初載之載音下文初載之載並音災是其比將才本災之反語亦為栽作釋也校勘記云草木之殖閩監毛本殖作植則與陸所用字同

培之蒲回反益也

覆芳伏反初載之載並音災本或作哉同○箋曰音災即讀載作哉上文故哉依注音災可證言文王生適有所栽植也按爾雅釋詁釋文哉子來反亦作栽子來即音災此言本或作者實與爾雅所用字同嘉樂戶嫁反詩本作假音同假嘉也皇音加善也○箋曰詩大雅假樂序曰假樂嘉成王也釋文假音暇爾雅釋詁假嘉也釋文假戶嫁反戶嫁音暇為直音反語用字之異假嘉也者以正字釋借字也本記引詩假樂作嘉樂與之不同者毛詩用借字禮記用正字蓋本於齊魯韓詩之字矣陸引詩文證之以明假嘉字異而音義相同也音加則為嘉之本讀釋詁嘉善也皇讀實本之憲憲音顯注同興盛貌一音如字○箋曰本記引詩曰憲憲令德注云憲憲興盛之貌孔疏云詩人言善樂君子此成王憲憲然有令善之德案詩本文憲憲為顯顯與此不同者齊魯韓詩與毛詩不同故也按孔說是也如字即為憲之本讀一音同又音言成王興盛有令德也音顯則讀憲憲為顯顯詩大雅假樂顯顯令德箋云顯光也天嘉樂成王有光光之善德彼孔疏云光光雖為總辭安民官人即亦善德之事也然則中庸所引為三家詩與毛詩字異而義相因矣保佑音祐助也下注同○校語錄云盧本作音祐是箋曰注云佑助也按佑佑同字不能為音劉履芬本于音佑佑字旁寫祐

阮刻注疏本即作祐故法以盧本為是今依正之

纘 徐音纂哉管反繼也〇箋曰本記云武王纘大王王季文王之緒注云纘繼也孔疏云言武王能纘繼父祖之業以王天下也按詩大雅大明纘女維莘毛傳纘繼也釋文纘子管反子管即哉管與音纂俱為直音反語用字之異

大王 音泰下及注大王皆同

壹戎衣 依注衣作殷於巾反戎兵也謂一用兵伐殷也尚書依字讀謂一著戎衣而天下大定〇箋曰注云戎兵也衣讀如殷聲之誤也齊人言殷聲如衣虞夏商周氏者多矣今姓有衣者殷之胄與壹戎殷者壹用兵伐殷也孔疏云案尚書武成云一戎衣謂一著戎衣而滅殷鄭必以衣為殷者以十一年觀兵于孟津十三年滅紂是再著戎服不得稱一戎衣故以衣為殷故注云齊人言殷聲如衣按孔申鄭義是也於巾在真讀如因殷在欣此為欣真混用因殷今讀亦無別衣在微與殷影紐雙聲異韵故鄭謂為聲之誤陸從鄭說易衣為殷言武王用兵伐殷故云依注引尚書如字讀言武王著戎衣而定天下所以明鄭讀與經典殊義也

胄與 直救反下音餘

武王末 亡過反老也

追王 于況反注追王同

期之 音基注同

組 音祖

紺 古闇反組紺大王之父也亦曰諸盩盩音置留反

以上 時掌反

不為服 于偽反

埽

悉反 報**糞**弗運反本亦作攢亦作拚同○箋曰注云脩謂掃糞也按曲禮釋文攢本又作糞徐音奮掃席前曰攢詩小雅伐木攢本又作拚甫問反甫問即弗運與音奮俱為直音反語用字之異互詳彼箋 **昭穆**常遙反穆又作繆音同

以還本又作逮同音代○注疏校勘記云所以逮賤也各本同石經同釋文出以還云本又作逮按隶眾古音同十五部箋曰爾雅釋言逮還也郭注今荊楚人皆云還釋文逮音代還孫郭徒荅反則此音為逮本讀讀還作逮也按說文二逮唐逮及也鉉音徒耐切徒耐音代為直音反語用字之異方言三迨還及也東齊曰迨關之東西曰還或曰及然則逮還義同定紐雙聲公羊哀十四年傳祖之所逮聞也漢石經逮即作還陸以此本用還與石經同他本用逮與皐經同 **燕毛**於見反注並同 **别所**彼列反 **共雞**音恭 **饋食**其位反 **舉觶**音至○校語錄云觶至不同音箋曰詩大雅行葦釋文觶之豉反爵名容三升之豉寘韵是觶在寘音至在至此為至寘混用按儀禮士冠觶之豉反爵容三升也字林音至則此音本於呂忱也 **於其長**丁文反下謂長同 **省文**色領反 **示諸**依注音寘之致反置也 **易為**以致反 **知力**音智本亦無力字 **治之要也**治音直吏反一

本作治國之要治則如字○孜證云注疏本作治國之要無也字箋曰注云序爵辨賢尊尊親親治國之要按說文治下段注云今字訓理蓋由借治爲理鉉音直之切直之即此如字之音直吏蓋讀去聲如値漢書趙廣漢傳師古曰治理也音直吏反義本無殊惟音由平轉去耳爾雅釋詁釋文治如字施直吏反故與此首末互易矣

方筴 初革反方版也筴簡也

方版 音板本亦作板○箋曰本記云文武之政布在方策注云方版也孔疏云言文王武王爲政之道皆布列在於方牘簡策按孔說是也段注說文版下云凡施於宮室器用者皆曰版今字作板曲禮釋文方板字又作版大小字與此互易者陸依舊文未改也周禮掌次版徐音板則此音本於徐矣莊子庚桑楚金版本又作板陸俱以此本從正字用版他本從今字用板

蒲盧 並如字爾雅云蜾蠃蒲盧即今之細腰蜂也一名蠮螉

蜾 音果

螺 力果反本亦作蠃音同○孜證云注疏本作蠃注疏校勘記云各本同釋文出蜾螺云本亦作蠃箋曰注云蒲盧蜾蠃謂土蜂也按說文十三蠃蠇蠃也鉉音郎果切郎果即力果蠇或從果作蜾然則蜾蠃蒲盧即土蜂也其字作蠃釋虫釋文蠃魯果反是也段注說文蝸下云今人謂水中可食者爲螺陸生不可食者曰蝸牛是則蠃螺同音而異物鄭以蜾蠃釋蒲盧謂之土蜂則陸以此本用螺爲

後出字矣　土蜂芳封反字亦作蠭同　螟莫瓶反　蛉音零螟蛉桑蟲也　為己音紀　之

殺色界反徐所例反　而治直吏反一音如字　脫誤音奪　重在直用反　知仁音智

下近乎知注言有知皆同　長丁文反　己臨之音紀　勉强其兩反注同　好學呼報

反　近乎附近之近下同　力行皇如字徐下孟反　子庶民如字徐將吏反愛也下句放此

蕃國方元反　不眩玄遍反　齊明側皆反　去讒起呂反　遠色于萬反

好惡呼報反下烏路反又並如字注同　薄斂力驗反　既依注音餼許氣反　稟彼錦反一本又

力錦反既稟謂稍食也○注疏校勘記云既廩稱事閩監毛本同石經同南宋石經同岳本同嘉靖本同衛氏集說同釋文廩

作稟不誤十三經音略七云稟朱子本釋文音彼錦幫母如字力錦來母同廩兩翻今通讀但知力錦翻矣校語錄云一本又力錦反六

字疑後人校語陸氏作音無音一本者箋曰既讀為餼餼廩稍食也孔疏云稍食者謂稍稍給之故周禮月終均其稍食是也按

孔說是也說文五稟賜穀也鉉音筆錦切筆錦彼錦為用字異段注云賜穀曰稟中庸既稟稱事鄭注周禮宮正內宰廩人掌

固皆云稍食祿稟也又司稼注云賙稟其艱阨晋惠帝云官鼃可給稟凡若此類今本多譌為廩即有未譌者亦皆讀為力甚切矣按段説是也力甚即此力錦俱為廩之本讀周氏所謂同廩廩者亩之或體𣪊所振入也與稟義正相反故𣪊謂為譌此陸云一本者其意蓋謂各本皆一如字讀首音惟有一本又讀作廩所以示其誤也故他處無音一本者法不審此意致疑一本又力錦反六字為後人校語況釋文全書中並無校語為後人參入者 稱事尺證反 朝聘直遥反 槀人苦報反一音古老反 以下上時掌反 不跲其劫反皇音路躓也○校語録云音路跲盧本作給是也箋曰本記云言前定則不跲注云跲躓也孔疏云案字林云跲躓也躓謂行倒蹶也將欲發言能豫前思定然後出口則言得流行不有躓蹶也按孔申鄭義是也儀禮士相見釋文跲其業反劉居業反爾雅釋言跲劉作又餘同其業即其劫居業音路為直音反語用字之異則皇音與劉音同於又音矣然路跲字同不能為音切給在緝與跲緝業異韵則二字俱非疑當袷形之誤也 行前下孟反 不疢音救病也 躓也徐音致 而中丁仲反又如字下中道同 從容上七容反 弗措七路反下及注皆同置也 必强其良反 大平音泰

禎祥音貞　妖於驕反左傳云地反物為妖說文作祅云衣服歌謠草木之怪謂之祅　孽魚列反說文作蠥云禽獸蟲蝗之怪謂之蠥　見乎賢遍反下不見注著見同一本乎作於　蓍龜音尸注同　皆為于僞反　自道音導注自道同　知也音智注同　無疆居良反　不貳本亦作⿰亻貳音二○箋曰本記云其為物不貳注云言至誠無貳孔疏云不有差貳按述聞十四云貳當為貣之譌貣音他得切即忒之假借字貣與測為韵若作貳則失其韵矣貣測古音在之部貳古音在脂部脂之二部古不相通注內無貳當作無貣正義差貳當作差貣貣亦差也說文玉篇廣韵俱無⿰亻貳字其本亦作⿰亻貳蓋貸字之僞貸亦音他得反與忒同音故忒字或作貸陸氏不能釐正而音二失之矣其為物不貳者言天地之道無有差忒豫象傳曰天地以順動故日月不過而四時不忒是也按王謂⿰亻貳為貸字之譌是謂貳當為貣之譌則非致緇衣云衣服不貳注云貳不壹也釋文不貳本或作貸音二下同又引詩其儀不忒釋文忒他得反本或作貳音二可見音二自是貳字他得則為忒字貸與忒同音相借⿰亻貳與貸形近故誤審此注云乃能生萬物多無數也生殖衆物多無數鄭解經為物不貳之義矣音二陸從鄭說為貳作釋貸與貳音義別故陸於彼云或謂他本或有作此字者亦當從貳讀也王以陸

音二為失殊誤解本書音義矣**今夫**音扶下同**昭昭**章遙反注同本亦作炤同猶耿耿小明也○箋曰注云昭昭猶耿耿小明也哀公問釋文炤炤音照本亦作照炤即照之或體說文十照明也段注云與昭音義同此謂昭炤平去相承而義相同也祭法炤本又作昭同章遙反與此大小字互易者陸各有所本也詳彼箋**一撮**七活反**華嶽**戶化戶瓜二反本亦作山嶽○考證云案山嶽是也中庸子思所作何為近舍泰嶽而遠取華左傳莊公二十二年山嶽則配天有成文矣當作山嶽無疑箋曰本記云載華嶽而不重注云此言地之博厚本由撮土是則華嶽山嶽皆借以喻地由土合少成多自小致大其廣博不知載物之重非謂華嶽實西嶽山嶽即泰嶽故於下文振河海而不洩河海亦汎言之耳陸以此本用華嶽他本用山嶽乃順當文故不云有是非也盧說拘滯矣按尚書武成釋文華胡化胡瓜二反華山在恒農胡化胡瓜即戶化戶瓜俱為用字異詳彼箋**不泄**息列反**一卷**李音權又羌權反范羌阮反猶區也注同○箋曰注云卷猶區也音權為卷石之本讀羌權蓋讀卷曲之卷周禮追師釋文卷劉羌權反則此又音本於劉羌阮則讀如綣集韵綣紐有卷注云區也禮一卷石之多范宣讀正據本書**寶藏**才浪反**一勺**徐市若反**黿**音元

鼉 徒河反一音直丹反○箋曰詩大雅靈臺釋文鼉徒河反沈又音檀音檀直丹為直音反語之異則此一音同又音本於沈讀當方音之轉也說文十三鼉水蟲似蜥易長文所鉉音徒何切則此首音乃其本讀也

鮫龍 音交本又作蛟○攷證云注疏本作蛟注疏校勘記云石經南宋石經岳本宋監本同閩監毛本鮫作蛟嘉靖本衛氏集說同惠棟校宋本亦作鮫本釋文出鮫龍云本又作蛟箋曰說文魚部鮫海魚也虫部蛟龍屬無角曰蛟鉉音俱為古肴切古肴即音交段注云按蛟或作鮫然鮫者魚名其字不相代也是則鮫為蛟之音借字陸以此本用借字作鮫他本用正字作蛟

鼈 必列反

耿耿 公迴反又公頂反舊音孔頂反○校語錄云爾雅音義迴户頂反則公迴與公頂不得為異讀疑公頴之譌書立政篇耿工迴反徐公頴反是其證又案禮雜記下頴口迴反沈苦頂反亦二讀並出此殆辨開合口之異也箋曰工迴在迴公頴在靜彼尚書音異韵為靜迴混用此公迴公頂為一音而反語用字不同如所引雜記頴之二反語是也法疑頂為頴之譌者以為二反語必異讀也孔頂蓋讀若褧詩碩人褧苦迴反苦迴孔頂用字異是其比

猶區 羌俱反

於穆 上音烏下於乎亦同

於乎 好奴反

慎德 如字一本作順○攷證云舊注疏本亦作慎惟毛本作順箋曰

易升卦象辭君子以順德釋文順如字王肅同本又作慎師同與此大小字互易者陸依當文為釋也

是與音餘

洋洋音羊　峻極思閏反高大也　優優於求反倡優也○攷證云倡優也此語不曉何義得無竄入與校語錄云盧疑倡優也三字為竄入是也箋曰劉履芬本以朱△於倡優也三字旁書眉云未詳與盧法俱未明其故審孔疏云優優寬裕之貌聖人優優然寬裕其道按説文八優饒也一曰倡也鋌音於求切段注云引伸之凡有餘皆曰饒詩瞻卬箋曰寬也魯語注曰優裕也其義一也段説是矣優之本義為饒優優實饒之義孔疏所謂寬裕貌也陸以倡優釋優優經典未見有此者攷證所謂不曉何義也是則此當從孔説矣詳覽釋文無一條為後人竄入者盧獨疑之法以為是葢謂陸述卸責歟

不凝本又作疑魚澄反成也○箋曰注云凝猶成也按尚書臯陶謨庶績其凝釋文凝魚淩反馬云定也魚淩即魚澄則此音為凝之讀作疑葢為凝之省故陸以此本用凝他本用疑

如焞音尋　不驕本亦作喬　音嬌

不倍音佩　其默亡北反　且哲陟列反徐本作知音智　謂與音餘　而

好呼報反下同　烖及音災　行同倫下孟反　杞不音起　王天下于況反又

如字　不繆音謬　不悖布內反後同　遠之如字又于萬反　近之如字又附近之近

不厭於豔反後皆同　無射音亦注同　而蚤音早　行在下孟反　而斷丁亂

反　曷為于偽反又如字　撥亂半末反　莫近附近之近又如字　道與音餘

編年必緜反又甫連反○校語錄云編字廣韻平聲收先仙兩部此有二讀葢與廣韻同然廣韻綿連並收於仙部則此

二字必有一誤箋曰詩有瞽釋文編字林聲類韻集布千反布千在先必緜在仙其時仙先無別甫連以輕脣反重脣與首音

同等韻家所謂輕重交互也儀禮公食大夫若編必緜反劉方緜反正與此同互詳彼箋

幬徒報反　之錯七各反　當焉丁浪反又丁郎反　浸潤子鴆反　作燾徒報

反　明叡音銳　知音智下聖知同　齊莊側皆反　有別彼列反　溥博音普

普徧音遍　思慮息嗣反又如字　見而賢遍反　不說音悅　施及以豉反　蠻貉

本又作貊武伯反說文云北方人也○攷證云注疏本作貊案說文無貊字注疏校勘記云各本同不經同釋文出蠻貉云本

又作貊案貉正字貊俗字箋曰阮說是也說文九貉北方豸種也鉉音莫北切段注云俗作貊按周禮夏官職方氏九貉鄭司農云北方曰貉狄釋文貉孟白反孫氏正義云職方孔注云貉狄之別字俗作貊詩大雅韓奕篇其追其貊毛傳云追貊戎狄國也毛孔亦以貉狄爲一案貉即今朝鮮國地然則段孫亦皆謂貊爲俗字按韓奕釋文貊武伯反追貊戎狄國名說文作貉云北方人也俱引說文者證貉爲北方之狄國也陸以此本用貉與說文字同他本用貊與毛詩字同

所隊 直類反

能經論 本又作綸同音倫○注疏本作綸校勘記云各本同石經亦作綸釋文出能經論云本又作綸箋曰易雜卦釋文經綸本又作論音倫與此大小字互易者陸順當文爲釋也

夫焉 於虔反

所倚 依綺於寄二反注同○箋曰注云安有所倚言無所偏倚也檀弓釋文偏倚於彼反又於寄反於彼依綺爲用字異則於寄爲又音詳彼箋

肫肫 依注音之淳反懇誠貌○箋曰本記云肫肫其仁注云肫肫讀爲誨爾忳忳之忳忳忳懇誠貌也按誨爾忳忳詩大雅抑之篇忳忳作諄諄彼釋文云諄字又作訰之純反說文埤蒼並云告曉之熟段注說文諄下引本記注云云按其中懇誠其外乃告曉之孰義相足也之純之淳爲用字之異則此讀肫爲忳從鄭義也故陸直云依注

浩浩 胡老

反

被德皮義反　偏頗破河反　懇誠口很反　純純音淳又之淳反○箋曰注云肫肫或為純純音淳為純之本讀儀禮既夕釋文肫劉音純又音之春反之春即之淳則此首音亦為肫作釋之淳蓋讀作忳上文肫肫依注音之淳反即其比也

尚絅本又作熲詩作褧同口迥反徐口定反一音口熲反○十三經音略七云絅口迥翻讀如頃溪母字也又户頂翻讀如幸匣母字也又古螢翻讀如扃見母字也從朱子本釋文當讀口迥翻釋文徐口定翻又口熲翻今俗讀居勇翻撮口讀如俗呼引上聲非箋曰本記引詩曰衣錦尚絅注云禪為絅錦衣之美而君子以絅表之孔疏云絅禪也以單縠為衣尚以覆錦衣也案詩本文云衣錦褧衣此云尚絅者斷截詩文也按孔說是也儀禮士昏注云衣熲禪也賈疏云此讀如詩云褧衣之褧故為禪也釋文熲苦迥反詩鄭風丰箋云褧禪也蓋以禪縠為之釋文褧衣苦迥反禪也禪者細絹也說文八褧檾衣也段注云檾者枲屬績檾為衣是為褧也玉藻中庸作絅禮經作熲皆假借字也鉉音去熲切苦迥即口迥去熲即口熲俱為反語用字之異則此一音同彼又音苦迥合口口熲開口讀音小異故云一音一音即或音言或有作此音也陸以此本用絅他本用熲皆借字故引詩以明其本字口定則轉上為去集韻徑韻絅口定切禪衣也禮衣錦尚絅徐邈讀正依

本書殆方音之變也又寀口迴戶頂俱在迴頃在靜幸在耿周說不分者乃用坊閒本也**惡其**烏路反**之著**張慮反**闇然**於感反又如字○箋曰本記云故君子之道闇然而日章孔疏云言君子以其道德深遠謙退初視未見故曰闇然按孔說是也說文十二闇閉門也鉉音烏紺切閉門則光不明引申為深遠闇昧之偁烏紺即此如字之音則此又音為本讀於感葢讀作晻說文七晻不明也鉉音烏敢切烏敢於感讀同以其時感敢混用漢書元帝紀三光晻昧師古曰晻又音烏感反是其比闇然正謂君子之道深遠日久自明故初視之如未見也**而日**而一反下同**的然**丁歷反**易知**以豉反下易舉同**禪為**音丹**為其**于偽反**露見**賢遍反**淡而**徒暫反又大敢反下注同○箋曰本記云淡而不厭注云淡其味似薄也說文十一淡薄味也鉉音徒敢切徒敢大敢用字異則此又音為本讀徒暫葢讀如憺音則上去相承而義無殊故表記釋文淡以大敢反又大暫反與此首音又音互易矣**不厭**於豔反**其睹**音靚**探端**音貪**之昭**本又作炤同之名反又章遙反○箋曰案法釋文炤本又作昭同章遙反又之名反與此大小字互易者陸據當文不改也之名為炤之本音章遙為昭之本音首音又

音亙易者陸於彼讀炤爲昭於此讀昭爲炤也亙詳彼箋

不疚九又反

隱遯大困反本又作遁字亦同

○攷證云宋注疏本作遁足利本作遯今注疏本作居注疏校勘記云閩監毛本同惠棟校宋本居作遁嘉靖本同宋監本岳本作遯考文引足利本同釋文出隱遯云本又作遁箋曰詩緇衣釋文有遯徒遜反亦作遁逃也書堯典遁本又作遯徒遜反退也避也徒遜即大困爲用字異詳彼箋按本記注云言聖人雖隱遯其德亦甚明矣下文注云言君子雖隱居不失其君子之容德也則今注疏本遯作居疑傳鈔者涉下文注隱居而誤改故惠棟校宋本亦作遁是也

無愆起虔反

相在息亮反注同

不愧本又作媿同九位反○箋曰說文十二媿慙也愧媿或從恥省鉉音俱位切俱位即九位陸以他本用正字此本用或體爾雅釋言釋文愧九位反本亦作媿小爾雅云慙愧大小字與此互易者所據當文如是也

視女音汝

奏如字詩作鬷子公反○箋曰本記引詩曰奏假無言時靡有爭注云言奏大樂於宗廟之中人皆肅敬金聲玉色無有言者以時太平和合無所爭也孔疏云此商頌烈祖之篇美成湯之詩詩本文云鬷假無言此云奏假者與詩反異也按烈祖傳云鬷總也總大無言無爭也釋文鬷子東反總也孔疏云鬷總古今字之異也總大無言無爭者以諸侯大衆總集或有言語忿爭故云無言無爭美其能心平性

和也子東子公用字異陸此不加釋義語者互文以見也攷詩在亦有和羹之句下彼引證君臣之和記在不言而信之句下此引證君子不言而民信其義迴別孔氏所謂此奏假與詩反異也如字即為奏進之本讀陸依經文為釋也引詩作鬷者證詩禮用字不同而取義亦各有所相因也

假 古雅反大也

有爭 爭鬬之爭注同

大平 音泰

鈇 方于反又音斧○箋曰說文十四鈇斫莝刀也鉉音甫無切甫無即此方于段注云禮記屢言鈇鉞秋官掌戮注曰斬以鈇鉞若今要斬古多訓鈇為椹質文選卌魏公九錫文注引倉頡篇鈇椹質也鉞斧也公羊昭二十五年傳曰不忍加之鈇鑕鑕即質何休云斬膂之刑若五經文字云鈇音斧又與斧同則甚繆誤按段說是張參之讀鈇作斧蓋沿本書且鈇義為椹質斧乃鉞之義音雖相承物實非一陸故以斧音列末而云為又又者或也言或有作此音也

鉞 音越

百辟 音壁君也注同

末也 亡曷反

德輶 音酉一音由注同○箋曰本記引詩曰德輶如毛注云輶輕也言化民常以德德之易舉而用其輕如毛耳按說文十四輶輕車也段注云本是車名引申為凡輕之偁大雅德輶如毛箋云輶輕也此引申之義也鉉音以周切大雅烝民釋文德輶餘久反又音由輕也以周即音由餘久即音酉俱為直音反語用字之異則此一音同彼又音互詳彼箋

易以豉反之載依注讀曰栽音災生也詩音再○通志堂本栽誤作𢦏劉履芬本以朱丨𢦏旁於書眉云栽失校箋曰注云載讀曰栽謂生物也孔疏云案文以載為事此讀為栽者言其生物故讀載為栽也按孔說是也音災即讀載為栽言天之造生萬物也音再則為載之本讀詩小雅大田釋文俶載衆家並如字載事也此言上天造生萬物之事也陸引詩者證注易字殊讀也猶比必履反下同或音毗志反又必利反皆非也○箋曰本記引詩曰毛猶有倫注云倫猶比也孔疏云毛雖細物猶有形體可比並按孔申鄭義是也詩唐風椒聊釋文朋比王肅孫毓申毛必履反謂無比例也則此首音為其本讀矣攷廣韵旨韵卑履切比並也至韵毗至必至二切比近也卑履即必履必至必利為用字異毗至毗志為志至混用此又音同或音陸謂為皆非者蓋以其義相乖也有重直勇反又直容反

表記第三十二鄭云以其記君子之德見於儀表者也　卷之十七

不矜居陵反自尊大也應聘應對之應用己音紀心厭於豔反足憚大旦反

裼襲思歷反下音習毋相音無下同瀆也大木反以樂音洛注同又音岳朝極

直遥反下注朝聘同 以倦本又作勸其眷反 分別彼列反 已至音以 以辟音避

不揄於檢反 遠恥于萬反 日强上人實反下同下其良反 安肆音四 日偷

他侯反注同苟且也 放恣咨嗣反 僾焉徐在鑑反又仕鑒反輕賤貌○箋曰注云僾焉可輕賤之貌也

曲禮釋文毋僾徐仕鑒反則此又音本於徐為僾之本讀案在鑑從紐鑑韵鑑韵二等無從仕鑒則是以其時精照互用如左

襄二十五年傳釋文驟慈又反徐在遘反周禮載師僾徐才鑒反凡二等韵牀紐徐俱讀從紐故陸列之於首也 齊

戒側皆反 以見賢遍反注同 邑竟音境 狎下甲反習也 侮亡甫反 怢於

時世反又時設反○箋曰詩大雅蕩釋文怢市制反又時設反說文習也市制時世用字異此注云怢於無敬心也與彼義合

互詳彼箋 褻息列反 謂摯音至本亦作贄 初筮市制反 再三息暫反又如字

所懲直陵反 創初亮反又初良反 乂本又作艾魚廢反皇於蓋反○攷證云注疏本作艾箋曰魚廢為乂

之本讀爾雅釋詁乂字亦作刈同魚廢反可證魚蓋則讀作艾詩南山有臺艾五蓋反是其比陸以此本用乂他本用艾

不讎音酬　大甲音泰注同　無能胥以寧尚書作罔克胥匡以生　以辟音壁君也

之仁音民出注　刑戮音六本或作僇音同　而好呼報反　而惡烏路反　强

仁其兩反下文同　知者音智　所辟音避　謂斷丁亂反　道有至義依注讀為

道有至有義　以王于況反　字脱音奪　有數所住反　憯七感反　怛丹葛

反　豐水芳弓反　有芑音起　詒厥以之反遺也　烝哉之承反君也　數世色主

反○劉履芬本以朱△主字旁又於上文有數所住反下文取數色住反○二住字旁書眉云當作住去聲也又云上音所住下音色住所色互易而住字同書足以黑書云查宋本此主字撫亦誤蓋葉鈔同箋曰上文云仁有數義有長短大小注云數與長短大小互言之耳下文云取數多者仁也注云取數多言計天下之道仁居其多俱謂數目為名詞故音所注色注二反讀去聲莊子逍遥遊釋文數數簡文所喻反謂計數是其比若此則云數世之人也孔疏由其義云以武王行仁遺及子孫是仁之所及其數長也即言其年世之計筭子孫長遠也則當讀上聲為動詞老子道經善數色主反河上作計此其證也劉本

以主爲住誤是未審上下文與此經義之不同也 枸本亦作苟 檵音計 遺于季反下同 我今
毛詩作我躬 不閱音悅容也 能勝音升 取數色住反 度人待洛反注同 儗
度魚起反 難中丁仲反 德輶音酉一音由輕也○箋曰注云輶輕也中庸釋文德輶音酉一音由
與此同詳彼箋 民鮮息淺反注及下並同 仰止本或作仰之 景行下孟反注明行同 行止
詩作行之 好仁呼報反下同 鄉道許亮反 年數色住反 强焉其兩反一本作
俛音勉本或作僶非也○攷證云注疏本作俛箋曰本記云俛焉日有孳孳斃而后已注云俛焉勤勞之貌孔疏云言形貌俛
俛焉勤勞行仁每日恒有孳孳唯力之斃仆而后已止言行仁之道深也熊氏云俛焉謂前僶焉可輕賤以為字同而注異熊
氏之說非也按孔申經義是也中庸釋文勉强其兩反則此首音為本讀音勉葢讀作勉謂勤勞日孳孳也此俛以音假為勉
字作僶即以俛為僶上文注云僶焉可輕賤之貌僶俛形相似熊氏以為字同然僶仕鑒反與俛音義並乖故孔以熊說為非
此云或作僶非也者陸意即與孔同且曉人識熊本之失正故云或 孳孳音茲 斃而音弊仆也本又作獘○箋

曰注云斃仆也按檀弓斃一人注云斃仆也釋文本亦作獘婢世反仆也婢世即音獘為直音反語用字之異詳彼箋 后已音以 罷音皮 頓如字又徒困反○箋曰注云廢喻力極罷頓不能復行則止也按如字為頓之本讀徒困蓋讀作鈍檀弓注云魯鈍也釋文作頓也徒困反本亦作鈍然則彼假頓為鈍故以徒困列首即讀作鈍也詳彼此云罷頓則頓為正字故以如字列首徒困次末為又音又音即或音陸俱以此本用頓者所據當文未改也 能復扶又反 仆也蒲北反又音赴○箋曰檀弓釋文仆也蒲北反又音赴同此左成二年傳仆車音赴又蒲北反與此首音又音互易按廣韻遇韵赴紐仆云僵仆說文八僵偃也段注云玄應音義二十二引僵却偃也仆前覆也按僵謂仰倒如莊子則陽篇推而僵之漢書金日磾傳觸寶瑟僵皆是則義有前覆仰倒之不同音亦隨之而分去入也 易辭以豉反下同 猶解古買反徐又音蟹○箋曰注云辭猶解說也按古買音如辭為解說之義春秋經傳集解佳買反是其證音蟹為解曉之義左桓十三年不解戶買反戶買音蟹為直音反語用字之異依注為解說故陸列古買為首說之而後曉其意相因故以為又 恭敬附近之近下同 罪咎其九反 制行下孟反 以己音紀 以移

吕氏反注氾移之移移猶大也同徐又怡者反一音以示反○箋曰本記云衣服以移移之注云移讀如禾氾移之移移猶廣大也按吕氏即讀作侈公羊成十年注云侈侈大大也釋文侈吕氏反此因義爲大故首音讀作侈言用衣服侈大之使之尊嚴也怡者則爲本字之讀以示益爲貤字之音段注説文移下云古假移爲侈如攷工記輿人飾車欲侈故書侈爲移少牢饋食禮移袂皆是鉉音弋支切又注貤下云漢武帝詔曰受爵賞而欲移賣者無所流貤應劭訓貤爲移鉉音以豉切弋支即怡者以豉即以示俱爲用字之異移借爲侈貤訓爲移皆非廣大之義故陸謂移爲又音謂貤爲一音一音同於又音矣

氾移 芳劒反

慙怖 普故反

其行 下孟反注無其行同

衰 七雷反

經 田節反

甲胄 直又反

色稱 尺證反下文并注同

惟鵜 音啼徒兮反鵜鵜胡汚澤之鳥一名淘河○箋曰注云鵜鵜胡汚澤也爾雅釋鳥鵜鴮鸅郭注云今之鵜鶘也俗呼之爲淘河釋文鵜大兮反義疏云詩候人疏引舍人曰鵜一名汚澤陸璣疏云鵜水鳥形如鶚而極大喙長尺餘直而廣口中正赤頷下胡大如數斗囊若小澤中有魚便羣共抒水滿其胡而棄之令水竭盡魚在陸地乃共食之故曰淘河陸疏郭義是也大兮即徒兮與音啼俱鵜之本讀爲直音反語用字之異此即同音而

有二反語也　不濡而朱反　彼記本又作己音同徐紀吏反○注疏校勘記云閩本毛本石經惠棟校宋本宋監本岳本嘉靖本同衞氏集説同監本記作其詩考列之詩異字異義中釋文出彼記云本又作己石經考文提要云宋大字本九經南宋巾箱本余仁本劉叔剛本並作彼記箋曰本記引詩云彼記之子孔疏云記是語辭按記侯人作其經傳釋詞五其音記條云其語助也或作記或作己義並同也詩揚之水曰彼其之子箋曰其或作記或作己讀聲相似又羔裘彼其之子襄二十七年左傳及晏子雜篇並作己候人彼其之子表記作記僖二十四年左傳及晉語並作己則王氏所舉是鄭箋或作記或作己之證陸以此本用記即從經文他本用己與左氏晉語晏子諸書並同矣　汙澤音烏本又作洿一音火故反○箋曰注云汙澤善居泥水之中在魚原以不濡汙其翼爲才按汙澤爾雅釋鳥作鵜鶘郭注云好羣飛沈水食魚故名洿澤釋文鵜毛詩傳作洿同音烏郭火布反音烏即讀汙作洿汙蓋洿之假借字言能洿河水以取魚也火布即火故爲用字異則讀作戽戽者戽斗舀水器也淮南齊俗訓云鵜胡飲水數斗而不足高誘注鵜胡汙澤鳥則此一音同又音本於郭讀矣然則二音皆因其義而作也陸以此本用汙當依注説他本用洿殆指毛傳歟　濡汙汙辱之汙　粢

盛音咨杜預云黍稷曰粢在器曰盛 秬音巨黑黍 鬯勑亮反香酒也 庇民必利反徐方至反又音祕覆也
○箋曰注云庇覆也按說文九庇蔭也鉉音必至切段注云引申之為凡覆庇之偁必至即必利方至與之同音此為輕重交
互音祕蓋讀如祕集韵祕紐有芘注覆也或作庇殆據本書然則又音即或音謂或有作此音也 易道音亦 徼
祿古堯反 葛藟音誄力水反 施于以豉反 條枚亡回反毛詩傳云枝曰條幹曰枚 凱本亦
作愷又作豈同開待反樂也後放此○注疏校勘記云各本同石經同考文引古本凱作愷下放此按釋文出凱云本亦作愷
箋曰注云凱樂也按說文五豈還師振旅樂也愷康也鉉音苦亥切苦亥即此開待段注云詩又作凱俗字也按毛傳釋豈弟
曰豈樂也乃用其引申之義故奏豈經傳多作愷愷樂毛詩亦作豈是二字通用也然則豈為正字愷為後出分別文凱為其
俗字也左僖十二年傳愷悌釋文作凱開在反本亦作愷詩大雅旱麓豈弟本亦作愷又作凱苦亥反開在苦亥俱與開待為
用字異則毛詩用本字左氏用後出字本記用俗字矣互詳彼箋 弟如字本又作悌音同易也注及下皆同○注疏校勘
記云各本同石經同考文引古本弟作悌下放此按釋文出弟云本又作悌箋曰注云弟易也按詩小雅蓼蕭傳云弟易也釋

文弟如字本亦作悌音同則此鄭說本毛陸說依鄭互詳彼箋此言本又作之悌正與左氏所用字同　**樂也**音洛下同　**易也**以豉反下同　**回邪**似嗟反曲也　**之行**下孟反下至下文行之浮於名也文注皆同　**以要**一遥反　**延蔓**音萬　**之謂與**音餘　**聿懷**尹必反述也　**謂王**于況反　**謚以**音示　**下賢**户嫁反　**不復**扶又反　**欲行**下孟反　**便人**婢面反又婢緜反注同謂便習也○箋曰本記云故自謂便人注云辟仁聖之名云自便習於此事之人耳孔疏云言后稷唯欲得實行過於虛名故自謂便於稼穡之人不自謂己之仁聖也按孔說是也婢面為便習之音婢緜蓋為便平之讀音雖相承義則有殊故陸云又也　**辟仁**音避　**以强**其良反徐其兩反　**以説**音悅　**毋荒**音無　**憐之**力田反　**而遠**于萬反注及下同　**近人**附近之近注及下同　**朝廷**直遥反下同　**惷而**傷容反徐昌容反范湯江反又丁絳反字林音丑降反又丑凶反○箋曰本記云其民之敝惷而愚孔疏云敝謂其後世政教衰敗時夏家後世政教敗時民皆惷愚按説文十惷愚也鉉音丑江切丑江即湯江為用字異則范音為惷之本讀

也哀公問釋文惷愚始容反徐昌容反又湯邦反一音丁絳反字林丑凶反又丑絳反愚也儀禮士昏惷失容反劉敕用反又池江反一音竹絳反字林丑凶反又丑降反愚也始容失容俱即傷容並列之于首者當亦為惷之本音也丑降丑絳俱同敕用則呂又音即劉音矣湯江池江僅為清濁之異則范音即劉又音矣餘詳彼二箋陸於此不著義者互文以見也

喬而 音驕 **朴而** 普角反 **詐諼** 況袁反詐也忘也 **以贄** 音至 **相施** 始豉反下文同

勝而 始證反 **以本怢** 音誓與上怢於同 **令其** 力呈反 **淫巧** 苦教反又如字○箋曰說文五巧技也鉉音苦絞切苦絞即如字之音則此又音為本讀苦教蓋讀作巧僞之巧月令云無作淫巧釋文淫巧如字又苦孝反是其比

而蔽 畢世反又音弊○箋曰本記云賊而蔽孔疏云以本為治之時上下有序至其敝末尊卑錯失為饒獄訟共相賊害而因蔽以其禮失於煩故致然也按孔申經義是也左襄二十七年傳以誣道蔽諸侯釋文必世反服虔王肅董遇並作弊婢世反云踣也必世即畢世婢世即音弊俱為用字異孔疏所謂困蔽困蔽猶言困頓也是則音弊即讀作弊矣故陸云又也

本數 色角反 **未厭** 於豔反 **强民** 其兩反注同 **貢**

稅申銳反　不勝其倣音升任也注同倣音弊　猶任如金反　難復音伏　易之音亦　不勝世證反又音升○箋曰本記云虞夏之文不勝其質殷周之質不勝其文孔疏云虞夏之文不勝其質者言虞夏之時雖有其文但文少而質多故文不勝於質殷周之質不勝其文者言殷周雖有其質亦質少而文多故不勝其文按廣韵證韵詩證切勝云勝負詩證世證用字異則此首音為本讀音升則讀作勝任之勝上文不勝其倣音升任也可為其證易繫辭釋文勝升證反一音升則彼一音同此又音矣　憯七感反　怛旦達反　恥費芳貴反注同　不傳文專反　辯別彼列反下不別同　刑曰音越　惟威如字威畏也讀者亦依尚書音畏也○箋曰本記云甫刑曰德威惟威注云德所威則人皆畏之言服罪也孔疏云下威訓畏言舜之道德欲威懼於人則在下之民惟畏懼之按孔說是也尚書臯陶謨釋文明畏畏如字徐音威馬本作威如字為威之本讀言上以威懼於人也音畏則讀作畏言下民惟畏懼之也陸謂讀者亦依尚書音者即指僞孔本也若馬本尚書則與此本用字同矣引之所以明威畏二字音相承而義相因但經文異用各有所取也　不誣音無　為君于僞反　大畜

勑六反下同　彖吐亂反　靖共音恭本亦作恭同　以女音汝注同　則讇本亦作諂勑檢反○箋曰本記云事君遠而諫則讇也孔疏云若與君疏遠強欲諫諍則是讇佞之人望欲自達也按說文云讇諛也諂讇或从臽鉉音丑剡切丑琰即勑檢則陸以此本用本字他本用或體爾雅釋詁釋文諂沈勑檢反是此音本於沈讀矣　藏之如字鄭解詩作臧云善也○箋曰本記引詩云中心藏之孔疏云藏善也言中心善此君子詩之本文如此今記人所引與詩文同王肅以為藏善鄭亦然也皇氏以為人臣中心包藏君惡不欲嚮人陳之非其義也按此詩見小雅隰桑之篇鄭箋云藏善也彼釋文作臧之云鄭子郎反善也王才郎反說文新附藏匿也鉉音昨郎切才郎昨郎用字異俱即此如字之音皇氏所謂人臣中心包藏君惡也陸以之列首正與孔說相反矣子郎則為藏之本讀故鄭訓善易繫辭藏諸用釋文藏鄭作臧善也師卦藏作郎反善也俱為其比攷羣經音辨艸部云藏善也音臧詩中心藏之鄭康成讀則賈所見詩本作藏依鄭讀則作臧陸以此本用藏正同而云鄭解詩作臧者明與記人所引義別也　易退以豉反下及下注易絕同　以遠于萬反　為主人于偽反下同　出竟音境　不要於遙反注同　言為于偽

士倫之士疑為市誤

反　其強其良反，舊其兩反　不辟音避　難乃旦反　朝廷直遥反　則慎本亦作古昚字○攷證云：舊昚下從目作日原誤譌，今依說文改。校語錄云：盧依說文所為昚是也。箋曰：說文十慎，昚古文。段注云：奈字從此。釋文敘錄偁昚徽五典，是陸氏所據堯典作昚，然則盧改法說俱是，今依正之。陸以此本用慎從隸書，他本用昚從古文。　不復扶又反　唯天子唯音雖，出注　不易以豉反　鶬之字林作鶬，說文作䧿，音七略反　姜姜居良反　鶉之士倫反　賁賁音奔，注同　餘行下孟反，下文并注同　能賻音附　所費芳貴反　饋焉其位反　皆辟音避　如醴徐音禮　淡以大敢反，又大暫反，徐徒闞反，注同○箋曰：中庸君子之道淡而不厭，釋文淡而徒暫反，又大敢反。徒暫即大暫，與此首音又音錯列者，以其義相合也，互詳彼箋。徒闞與大暫音同字異，陸列之于末者，畢書衆家別讀也。　酸悉官反　酢七故反　餤音談，徐本作鹽，以占反○箋曰：本記引小雅曰：盜言孔甘，亂是用餤。注云：餤，進也。孔疏云：孔，甚也。餤，進也。言盜賊小人其言甚美，幽王信之，禍亂用是進益。引之者，證小人甘以壞。按孔說是也。此引詩巧言之篇，毛傳云：餤，進也。釋文餤沈旋音談徐音鹽爾雅釋詁餤進也釋文餤沈大甘反徐仙民詩音閻餘占反大甘即音談音閻音鹽餘占以占讀同俱為直音反語用字之異則此首音本於沈旋鄭說宗毛毛用爾雅沈依鄭作釋陸從鄭義故列沈音於首音鹽即讀作鹽故此云徐本作鹽以占益為鹽作音鹽為餤之借字其義亦為進也

口譽 音餘注同

繩也 市升反○左傳以繩為譽○箋曰本記云君子不以口譽人注云譽繩也孔疏云言繩可以度量於物凡口譽於人須先忖度亦量之於心故以譽為繩也案莊十四年左傳云蔡侯繩息嬀以語楚子杜注云繩譽也繩既訓為譽譽亦訓繩鄭注以為此解按孔申鄭義是也左莊十四年傳釋文繩食承反說文作譝檢今說文言部無譝字廣韻食陵切譝稱舉集韻神陵切譝譽也通作繩繩無譽義傳假為譝則鄭義本於左氏矣陸引之以證注說之所本耳又按食承食陵神陵俱為神紐蒸韻是用字異市升則為禪紐蒸韻以其時神禪混用故也

則衣 於既反

則食 音嗣

皆為 于偽反

歸說 音悅又始銳反注同○校勘記云十行本岳本並同葉本銳作悅撫本同校語錄云始銳反即音悅也阮校葉本撫本銳作悅是也箋曰悅銳臧校俱作悅北館本同又各注墨悅于旁按本記引國風曰心之憂矣於我歸說注云欲歸其所說忠信之人也孔疏云說舍也國

既滅亡於我之身何所歸舍此則引詩斷章故義不與時相當言虛華之人心憂矣我今歸此所說忠信之人依注疏義則悅當為悅始銳不誤音悅蓋讀作悅鄭君所謂欲歸此所悅忠信之人也始銳則讀作稅孔氏所謂國亡我身何以歸舍也詩曹風蜉蝣歸說音稅舍息也是各依義釋之若悅則是佩巾始悅則是告說義俱與此相乖矣悅臧校及北館本作悅是也當依正之始銳阮校葉本撫本作始悅非也法說臧校北館本並同則沿其誤 怨菑音災 所惡烏路反

有巳音以 晏晏於諫反 信誓本亦作矢誓 旦旦如字字林作怛 亦巳音以 和說音悅 反覆反覆並芳服反 穿音川 窬范羊朱反徐音豆○箋曰說文七窬穿木戶也鉉音羊朱切則此范音與徐同為窬之本讀儒行篳門圭窬鄭注圭窬門旁窬也穿牆為之如圭矣釋文窬徐音豆說文云穿木戶也郭璞三蒼解詁云門旁小窬也音臾左傳作竇杜預云圭竇小戶也上銳下方狀如圭形也觀陸於彼列音豆為首則徐音亦為窬之讀矣按穿窬論語陽貨篇作穿踰解為穿壁踰牆釋文音瑜本又作窬音同說文作窬穿木戶郭璞云門邊小竇音臾一音豆則此徐音為彼一音一音者或音也謂或有作此音以其豆為竇之本讀音豆蓋讀作竇竇者孔穴也 也與

音餘　順而說音悅　夏至戶嫁反　別乎彼列反　牲牷音全純色也本亦作全注

同○箋曰注云牷猶純也按周禮地官牧人職云以共祭祀之牲牷注鄭司農云牷純也玄謂牷體完具釋文牲牷音全孫氏正義云說文牛部牷牛純色禮祭祀牷牲牷為牛純色引申之凡牲純色並謂之牷先鄭及許說得之後鄭注別為體完具不從先鄭意牷從全得聲聲亦兼義說文入部云全完也牛部云牲牛完全也完具與完全義同按孫說是也牲牷對言則牲謂體具牷謂色純故此注云牷猶純也是亦取先鄭純色之訓與彼釋牷為體完具而讀作全言牷以見牲之全明不完全則不可以為牲也陸申此注與先鄭及許說同故釋為純色也又按玉人職云天子用全上公用龍釋文龍莫江反莫江蓋讀為尨以尨與全對言則全正為陸所謂本亦作之字矣　齊盛音咨本亦作盛　易富以豉反注同　傳

世文專反注同　共儉音恭　以迄許訖反至也　祭處昌慮反下建國之處同　巡

守手又反　大廟音泰　朝聘直遙反　君長丁丈反　下應應對之應　慢

也字又作慢武諫反

緇衣第三十三鄭云善其好賢者之厚故述其所稱之詩以為其名也緇衣鄭詩美武公也劉瓛云公孫尼子所作也

子言之曰此篇二十四章唯此一子言之後皆作子曰　上易以豉反下同　不苛音何

以錯七故反本亦作措同○攷證云注疏本作措注疏校勘記云閩監毛本岳本嘉靖本衛氏集說同釋文出以錯云本亦作措按措正字經傳多假錯為之箋曰阮說是也禮器措則正注云措置也釋文作錯七路反本又作措七路七故為用字異本記注云言君不苛虐臣無姦心則刑可以措其義正同詳彼箋　好賢呼報反注同　如緇側其反

惡惡上烏路反下如字注同　巷伯戶降反巷伯小雅篇名　作愿音願　還于音旋

粲兮七旦反　衣緇衣上於既反下如字　取彼讒人本又依詩作譖人　投畀必利反下同　豺虎仕皆反　有昊胡老反本或作晧同○箋曰爾雅釋天夏為昊天郭注言氣晧旰釋文昊胡杲反晧胡老反本亦作昊光明也胡老胡杲用字異則昊晧同音按段注說文晧下云引伸為凡白之偁又改其字從白作皓矣

注皡下云古者大皡少皡益皆以德之明得偁俗作大昊少昊依此則昊為皡之俗字皓為皡之借字皓又為皓所改之字也

有格古伯反來也　**有遯**徒遜反亦作遁逃也　**不倍**音佩下注同　**涖之**音利又音類○箋曰儀禮鄉射釋文為涖音利又音類與此同詳彼箋　**孫心**音遜注同　**蚩尤**尺之反　**倍**

畔本或作叛俗字非也○箋曰説文半部叛半反也田部畔田界也鉉音並為薄半切按段注云畔經典多借為叛字按段説是也論語用畔凡四見雍也篇亦可以弗畔矣夫顔淵篇同注俱引鄭玄曰弗畔不違道也陽貨篇公山不擾以費畔胇肸以中牟畔皇侃義疏並釋畔為背叛是則論語假畔為叛皇疏以本字釋借字也尚書康誥序傳周公懲其數叛釋文叛亦作畔是經典用正字之僅存而他本亦有作俗字者故陸以記文此本用畔為俗字以其與反背之義相乖故斥之曰非所以曉人辨經典用字之正俗也此之謂俗字者蓋其時習用之字也

不任而鴆反　**所行**下孟反注同又如字　**不拘**音俱　**上好**呼報反下皆同　**好惡**烏路反　**如景**如字一音英領反○注疏本作影校勘記云閩監毛本岳本嘉靖本同惠棟校宋本影作景衞氏集説同釋文同按景影古今字箋曰注云言民之從君如影

逐表按說文七景日光也鉉音居影切居影即此如字之音段注云火部曰光者明也左傳曰光者遠而自他有耀者也日月皆外光而光所在處物皆有陰光如鏡故謂之景後人名陽曰光名光中之陰曰影別製一字異義異音按段說是也葢音景為光景後乃別製影為形影之專字英即讀景作影所謂光明之處物有陰影用其引申義也則此一音同又音左昭元年釋文曰景如字又於領反於領英領用字異是其比矣**儌禹**胡孝反**赫赫**許百反**成王**如字徐于況反**故長**丁丈反**以說**音悅**有梏**音角詩作覺大也直也○箋曰本記引詩云有梏德行四國順之注云梏大也直也孔疏云梏大也言賢者有大德行四國從之引者證上有其德下所從也按此引大雅抑之篇彼詩梏作覺毛傳云覺直也鄭箋云有大德行則天下順從之其政言在上所以倡道然則孔說本於詩箋陸說本於記注各順其文為釋也爾雅釋詁梏駿直也郭注云梏較皆正直也釋文梏古沃反郭音角較古學反則此音本於郭覺與較音義同左襄二十一年傳夫子覺者也杜注云覺較然正直是也按說文二告牛觸心角箸橫木橫之引申為直則梏覺較皆為其借字可見陸之引詩證記文用字異而音義並同皆取用其假借字也**德行**下孟反**如綸**音倫又古頑反

緌也○箋曰本記云王言如絲其出如綸注云綸今有秩嗇夫所佩也孔疏云王言初出微細如絲及其出行於外言更漸大如似綸也言綸麤於絲引張華云綸如宛轉繩按爾雅釋草綸似綸東海有之郭注綸今有秩嗇夫所帶糾青絲綸釋文綸古頑反則郭說與鄭義同俱以綸為緌也故陸云又音倫則為絲綸之本讀廣韵諄韵倫紐有綸云絲綸可證孔疏所謂微細如絲漸大如綸陸意正與孔同故列之于首也

如紼 音弗大索 **嗇夫** 音色 **棺索** 悉洛反

不倡 昌尚反 **危行而行** 皆下孟反注及下皆同 **相應** 應對之應 **不愆** 起虔反過也

慎女 音汝 **道人** 音導 **必稽** 古兮反 **出話** 胡快反善言也 **於** 音烏注同

緝 七入反 **熙** 許其反毛詩傳云緝熙光明也 **長民** 丁文反下君長同 **不貳** 本或作貸同音二下同○校語錄云貸盧依中庸改作貣箋曰劉履芬本以朱△於貸旁書眉云當作貣見中庸按其說非也審下文不忒他得反本或作貳音二為貳作釋他得為忒之音貸與忒音同則此或本假借為忒字中庸釋文本亦作貣王引之已證為貸字之譌其說極是當從之詳彼箋

從容 七凶反 **黃黃** 徐本作橫音黃 **大蜡** 仕嫁反 **而說**

音悅

尹吉 依注為告音誥羔報反○箋曰注云吉當為告告古文誥字之誤也尹告伊尹之誥也孔疏云是伊尹誥大甲故稱尹誥則咸有一德篇是也按孔申鄭義是也音誥為告之讀羔報音誥為直音反語用字之異尹吉之義不明吉乃告之形譌故鄭改其字陸從鄭說故直云依注也

不忒 他得反本或作貳音二

章義 如字尚書作善皇云義善也○攷證云注疏本作善注疏校勘記云閩監毛本嘉靖本衞氏集說陳澔集說同宋監本岳本善作義石經初刻作善剜刻作義釋文出章義云尚書作善皇云義善也石經考文提要云宋大字本宋本九經南宋巾箱本余仁仲本劉叔剛本並作章義按義字是也箋曰本記云有國者章善癉惡孔疏云章明也癉病也言為國者有善以賞章明之有惡則以刑癉病之也按孔說是也如字為義之本讀言為國者有義君民賞好以章民俗病惡以刑禁民是則章義就君言之癉惡就民言之對文自見故阮謂義字是也陸云尚書作善正注疏本所用字也而以此本作義則與皇氏所見本相同矣

癉惡 丁但反病也

靖共 音恭本亦作恭○注疏校勘記云惠棟校宋本同閩監毛本共作恭按詩鄭箋共訓具則非恭字可知箋曰本記引詩云靖共爾位此引小雅小明篇鄭箋云共具也孔疏云言更待明君靖謀共具爾之祿位愛好正直之人然

後事之也依此則共讀如字之音故阮氏謂非恭字陸音恭則讀作恭詩大雅韓奕虔共爾位鄭箋云古之恭字或作共釋文共鄭音恭云古恭字則此音本於鄭讀也抑篇溫溫恭人釋文作共音恭本亦作恭與此正同可知記人所引非詩義所以證上民情不貳皆恭敬於爾之祿位也

好是 呼報反

章好 如字又呼報反注同

愼惡 如字又烏路反注同

貪侈 昌氏反又式氏反○箋曰注云淫貪侈也按說文八侈一曰奢也鉉音尺氏切尺氏即昌氏昌氏原作昌式式在入聲職韵當涉又音式字之誤今依正式氏蓋讀作弛弛義本為弓解引申則有奢侈之義故陸以為又音也

臣儀 音義出注

行 如字

不援 音袁注同

知慮 音智

版版 布綰反注同○注疏本作板板校勘記云各本同石經同釋文出版版云注同按版板古今字箋曰詩大雅板作板板釋文板音版按中庸釋文方版版音板本亦作板則陸順當文俱以此本用版詳彼箋

卒亶 丁但反病也本亦作𤺺○攷證云注疏本作𤺺注疏校勘記云閩監本石經岳本嘉靖本衛氏集說同毛本卒誤作釋文出卒亶云本亦作𤺺箋曰本記引詩云下民卒𤺺注云卒盡也𤺺病也孔疏云言君上邪辟下民盡皆困病按此引大雅板之篇詩作卒癉毛傳癉病也釋文作僤云本又作癉當但反沈本

作癉爾雅釋詁癉病也釋文癉丁但反孫炎云疸病郝氏義疏云癉者癉之或體也說文癉勞病也通作僤桑柔釋文僤本亦作亶又通作亶士冠禮注古文亶為癉引本記釋文云云然則癉古作亶後人加疒為癉耳依此知癉為正字癉為或體亶為癉之古字矣則釋文本用古字與桑柔或本同注疏本用或體與板沈本同 **辟也** 匹亦反字亦作僻同 **上**

共 音恭皇本作躬云躬恭也 **之邛** 其恭反勞也○校語錄云卬當作邛盧本已改正箋曰盧校法說俱是也臧校及北館本亦同按本記引小雅曰惟王之邛注云邛勞也此小雅巧言之篇彼釋文云邛其恭反其恭正為邛之音若作卬則讀五剛魚兩二切音義皆非是此卬為邛之形近誤今依正之 **以褻** 息列反 **播刑** 徐補餓反 **不**

迪 音狄道也 **衍字** 延善反 **不治** 音值 **臣比** 毗志反注同親也 **見遠** 賢遍反下同 **君母** 音無下同 **柄權** 音秉兵氷反 **交爭** 爭鬬之爭 **不蔽** 必世反 **葉**

公 舒涉反注同葉公楚大夫沈諸梁也字子高為葉縣尹僭稱公也 **敗大** 補邁反 **以嬖** 必惠反徐甫詣反又補弟反字林方豉反賤而得幸曰嬖云便嬖愛妾○箋曰本記云毋以嬖御人疾莊后注云嬖御人愛妾也按左隱

三年傳公子州吁嬖人之子也杜注嬖親幸也釋文嬖必計反賤而得幸曰嬖必計即必惠則此音為本讀補弟必惠為用字異故陸云又甫詣必惠輕重交互此一音而有二三反語也方豉在寘與甫詣音同呂讀寘霽混用陸列之於末者示其眾家別讀也又按說文十二嬖便嬖愛也鉉音博計切此兼用許鄭之義矣便嬖臧校江校俱作便辟北館本同殆未審說文歟盧本云上有一字益以表其二義也此無似漏

莊后 側良反齊莊也下及注同

適夫人 丁歷反

齊莊 側皆反下同

仇仇 音求爾雅云敎也

君陳 本亦作古敶字○敶原作陳劉履芬本以朱△記其旁書眉云當作敶箋曰此尚書篇名也彼釋文云君陳鄭注禮記云周公之子按段注說文敶下云廣韻十七真曰敶者陳之古文古文當作古字又注陳下云陳本大皞之虛正字俗假為敶列之敶然則此大字作陳為敶借小字作敶為古字矣其說是也今依正之

若己弗克見 音紀尚書無己字

小人溺 乃歷反

謂覆 芳服反

水近 附近之近注由近人同

德易 以豉反下同

狎 徐戶甲反

絜清 如字又才性反

洪波 本又作鴻

泳之 音詠潛行為泳

游之 音由

則侮 亡甫反

捍 胡旦反

格 戶白

反　口費芳貴反注同　煩數色角反　所覆芳服反又芳又反　為悖或為悖並布內反　可慢本又作慢音武諫反○箋曰本記云可敬不可慢慢敬對文是為不遜之義雜記下釋文倨慢武諫反本亦作慢其義正同而以此本他本用字互易者陸順當文為釋也互詳彼箋　難卒寸忽反　大甲音泰　自覆芳服反注同　省括古活反　于厥度如字又大各反注同尚書無厥字○注疏校勘記云閩監毛本岳本嘉靖本衛氏集說同石經闕石經考文提要云坊本無厥字案釋文出于厥度云尚書無厥字則此有厥字可證宋大字本宋九經南宋巾箱本余仁仲本劉叔剛本並有厥字箋曰本記引太甲曰若虞機張往省括于厥度則釋注云厥其也度謂所擬射也按尚書云若虞機張往省括于度偽孔傳云虞度也度機機有度以準望釋文度如字虞度待洛反待洛即大各為用字異如字即為度之本讀言射者之心往機向機有法度以準望所射之物也大各則讀忖度之度孔疏云虞謂虞人機謂弩牙蓋言虞人射矢必先忖度弩牙也陸云尚書無厥字者明記人引文有所省也　蹷其厥反又紀衛反一音厥○箋曰注云越之言蹷也言無自顛蹷女之政教以自毀敗按左襄十九年傳云是謂蹷其本釋文蹷徐求月

反拔也又居衛反求月即其厥居衛即紀衛皆為用字之異則此首音本於徐為顛拔之義曲禮足毋蹶注云蹶行遽貌釋文本又作蹷居衛反又求月反行急遽貌則此又音同彼首音為行急之貌詳彼箋說文二蹷僵也鉉音居月切居月音厥為直音反語之異則此一音讀同說文為蹷僵之義一音同於又音矣

女之 音汝

儗 魚起反本亦作擬

射 食亦反下同

兊命 依注作說本亦作說○箋曰注云兊當為說謂殷高宗之臣傅說也作書以命高宗尚書篇名也按尚書說命上云高宗夢得說作說命三篇釋文說本又作兊音悅注及下篇同審此下文為說傅說俱音悅則兊說二字讀同記人假兊為說鄭注以說釋兊陸從鄭義故云依注是此言本亦作者正指尚書所用字彼言本又作者正指禮記所用字互文自見耳

起兵 尚書作戎

在笥 司吏反○校語錄云司殆思之誤箋曰廣韵七之思司俱息茲切則二字同音思能作笥之切語上字司又何得謂為誤耶

為說 音悅

傅說 音悅

朝祭 直遥反

天作孽可違也 魚列反下同尚書作天作孽猶可違也

不可以逭 本又作逭乎亂反逃也尚書作弗可逭無以字○攷證云注疏本作逭注疏校勘記云各本同石經同釋文出不可以逭云本又作逭按逭正字逭

俗字箋曰本記引大甲曰自作孽不可以逭注云逭逃也孔疏云己自作禍物皆怨恨所在而致禍害故不可逃也按尚書自作孽不可逭僞孔傳云逭逃也言自作災不可逃釋文逭胡亂反胡亂乎亂用字異陸引之證記人所引省文取義也又按說文足部無⿰𧾷官辵部逭逃也鉉音胡玩切故阮謂逭正⿰𧾷官俗是則釋文用俗字作⿰𧾷官注疏本用正字作逭　猶辟音避

尹吉音誥出注　天見天依注音先西田反　相亦息亮反　在亳步各反

好之呼報反下同　莊齊側皆反　詩云昔吾有先正從此至庶民以生總五句今詩皆無此語餘在小雅節南山篇或皆逸詩也　且清舊才性反一云此詩協韻宜如字上先正當音征

誰能秉國成毛詩無能字　卒勞力報反注勞來同詩依字讀　君長丁丈反　勞來力再反　者與音餘　君雅音牙注同尚書作牙○箋曰注云雅書序作牙假借字也君雅周穆王司徒作尚書篇名也孔疏云言古牙字假雅字以爲牙故尚書以爲君牙此爲君雅按孔申鄭義是也尚書君牙云穆王命君牙爲周大司徒作君牙釋文君牙或作君雅則彼言或作者正指此所用之字此音牙即以正字之音釋借字陸亦讀雅爲牙從

尚書用字也**夏日**户嫁反注同尚書無日字**資冬**資依注音至尚書作咨連上句云怨咨**祁寒**巨伊反徐巨尸反是也字林上尸反○箋曰注云祁之言是也齊西偏之語也孔疏云至於冬日是大寒之時按詩小雅吉日其祁孔有毛傳祁大也釋文祁毛巨私反又上之反大也巨私即巨伊與巨尸俱為用字異上之上尸之脂混用則此首音本於毛字林所讀同彼又音矣**行無**下孟反下行有格同**比式**如字比方法式**是故**一本作是以○攷證云注疏本作是以箋曰經傳釋詞五云故猶則也昭二十年左傳曰夫火烈民望而畏之故鮮死焉水懦弱民狎而翫之則多死焉互文耳經詞衍釋一云以猶則也禮記則燕則譽大戴禮作以燕則譽是以與則同義也按則者承上起下之詞本記云是以生則不可奪志死則不可奪名此用以字亦承上起下故字亦然陸以此本用故益順當文他本用以即與注疏本同矣**精知**如字一音智注同○箋曰如字為知之本讀音智則讀作智説文四智識詞也鉉音知義切段注云此與矢部知音義皆同故二字多通用則此一音同於又音矣**汜愛**音泛**虞度**待洛反下同**能**

好呼報反下皆同**其正**音匹下同出注**有鄉**許亮反又音香注同○箋曰本記云故君子之朋友有鄉注云

鄉喻輩類也按廣韻陽韻許良切鄉鄉黨漾韻許亮切嚮與向通用謂向往也此云朋友有鄉言有向往君子者則爲君子所親之朋友故陸以許亮爲首音音香許良爲直音反語用字之異鄉黨輩類義相近故陸以之爲又音也

輩類布內反

徼利古堯反下同

惡惡上烏路反下如字

不著張慮反

此近附近之近

問遺于季反

邪似嗟反徐以車反○箋曰檀弓注爲有凶邪之氣釋文邪似嗟反莊子逍遥遊釋文邪也差反助句不定之辭也差以車用字異此言相惠以褻瀆邪辟之物則邪非語助辭之耶徐讀當誤故陸以似嗟爲首音而列徐音於末者所以表其別讀之誤也

辟四亦反

周行戶剛反又如字

其軾音式

其敝鄭婢世反敗也庚必世反隱蔽也○箋曰本記云苟有衣必見其敝注云敝敗衣也孔疏云言人苟稱家有衣必見其所著之衣有終敝破也按詩齊風敝笱釋文敝笱婢世反本又作弊敗也則鄭讀爲弊敗之弊道經釋文蔽必世反王云覆蓋也則庚讀作隱蔽之蔽周禮大宰釋文敝鄭婢世反干必世反庚音與干同矣陸從注說故俱列鄭說爲首音也

人苟或言之一本無人字

不見如字又賢遍反

葛蕈徒南反

毋射音亦注同

射厭於豔反後皆同

今君子力呈反 行從而下孟反下則行下注以行同 寡言寡音顧出注○箋曰本記云故君子寡言而行以成其信注云以行為驗虛言無益於善也寡當為顧聲之誤也孔疏云以其言行相副之故君子當顧言而行以成其信也按孔申鄭義是也說文宀部寡少也鋐音古瓦切頁部顧還視也鋐音古慕切二字聲同此謂君子之行恒顧視於言使行副言以成其信所謂行顧言非謂少言而行故鄭以寡為顧聲之誤陸從鄭義即讀寡為顧示人因音以求義故直云出注也

之玷丁簟反又丁念反鈌也下及注同○箋曰本記引詩云白圭之玷尚可磨也注云玷鈌也言圭之鈌尚可磨而平之按此大雅抑之篇毛傳云玷鈌也鄭箋云玉之鈌尚可磨鑢而平釋文玷丁簟反沈丁念反說文作㓠則此又音本於沈說文刀部㓠鈌也引詩白圭之㓠鋐音丁念切與沈讀同缶部𦈢鈌也鋐音都念切都念即丁念然則刀鈌謂之㓠瓦器鈌謂之𦈢而玉鈌即別製其後出文謂之玷鄭義宗毛陸本於鄭矣丁簟蓋讀作點爾雅釋器釋文點丁簟丁念二反孫本作玷是也玷者玉瑕謂白玉有小赤點也陸意如此故列其音于首

可摩莫何反

君奭音釋

周田觀文依注讀為割申勸寧○箋曰注云古文周田觀文王之德為割申勸寧王之德割之言蓋也言

文王有誠信之德天蓋申勸之孔疏云此周字古文為割此田字古文作申此觀字古文為勸皆字體相涉今古錯亂此文尚書為寧王亦義相涉也按孔說是也鄭意以古文尚書與此記文異而近於義理故引以為證陸依注讀者明記人所引與尚書舊文有異也

名公 上照反本亦作卲○箋曰詩關雎釋文名公本亦作卲同上照反曲禮釋文名公時照反又作卲音同時照即上照陸俱以此本用名他本用卲名正卲俗互詳彼箋

近之 附近之近

使王 于況反

言與 音餘

兑命 音悅

毋予 音無

放 方往反

傚 户教反

德偵 音貞問也

周易作貞○箋曰本記引易曰恒其德偵注云偵問也問正為偵按周禮春官大卜凡國大貞注鄭司農云貞問也國有大疑問於蓍龜玄謂貞之為問問於正者必先正之而從問焉是後鄭以貞兼問正二訓故增成先鄭義此注義正同說文三貞卜問也鉉音陟盈切攷孔疏恒卦六五爻辭云六五係應在二不能傍及他人是恒常貞一其德故曰恒其德貞也又疏本記云偵正也言恒常其德問正於人男子若問正於人失男子之道引之者證男子之無恒德其行惡也據孔兩說則是文同而義異矣陸引周易為證者所以明記人用字不同因解義各有所取也

幹事 古半反

奔喪第三十四 鄭云奔喪者居於他邦聞喪奔歸之禮實曲禮之正篇也 卷之十八

奔𠷔 此正字也說文云從哭亡亡亦聲也〇攷證云注疏本作喪注疏校勘記云各本同石經同釋文作奔𠷔云此正字也說文云從哭亡亡亦聲也按大徐本說文同小徐本作從哭亡聲故段注云此從禮記奔喪之禮釋文所引可知陸所見本為正字即小篆之𠷔孔所見本為俗字即隸書之喪

以哭 空木反

荅使 色吏反注同

驚怛 都達反

猶辟 音避

之分 扶問反又方云〇箋曰左昭五年傳注取二分釋文分扶運反或如字少儀注折斷分之也釋文分之方云反又扶問反然則如字即方云之音為分散之義扶問扶運用字異為分劑之義本記注云晝夜之分別於昏明與杜注左傳分之義同言分劑也故陸俱列去聲為首也互詳彼箋

別於 彼列反

冒昏 亡北反又亡報反〇箋曰漢書王吉傳朝則冒霧露注師古曰冒犯也音莫克反莫克即此亡北月令注云土長冒橛釋文冒莫報反覆也亡報與莫報同等韻家謂之輕重交互按本記注云侵晨冒昏冒與侵對文則冒為干犯之義言唯父母之𠷔聞則夜行干犯晨昏故陸以亡北為首音而以冒覆之音為又也

唯著 張慮反

有為 于僞反一音如字

至

竟音境下同　哭辟音避　而朝直遥反　為驚于偽反　斬衰七雷反後皆同　括髮古活反　袒徒旱反　去飾羌呂反　西鄉許亮反下西鄉同　絞帶古卯反下同徐戶交反○箋曰古卯為絞之本讀喪服小記釋文絞垂古卯反是其比玉藻絞衣以襲之注云絞蒼黃之色也釋文絞戶交反蒼黃色則此徐音為別讀陸故列之于後也　成踊音勇　不散悉但反　闔門戶臘反　相者息亮反下相者皆同　次倚於綺反　不以數也色主反本亦作不以為數數色具反○攷證云注疏本作不以為數注疏校勘記云閩監毛本岳本嘉靖本衞氏集說同釋文出不以數也云本亦作不以為數按老子道經釋文善數色主反河上作計則讀上聲之數為動詞此言不用計算也表記云仁有數義有長短大小釋文有數所住反所住色具用字異以數與長短大小相較言之則數為名詞讀去聲此言不以為數目也陸以此本所用為計算之義他本所用為數目之義　為之于偽反注變於為父下注為母皆同　自齊音咨下同　免麻音問下及注皆同　而免本或作而不免者非○箋曰注云為母於又哭而免輕於父也孔疏云此文又哭不括髮與喪服小記篇云又哭而

免其理雖同其日則異於喪服小記據在家小斂之後又哭之時不括髮而免也此則從外喪至內乃不括髮而免也按注疏皆云而免無不字與陸所據本同故陸以或本作而不免者為非

東髽側瓜反

拾踊其劫反更也注同

闈門音違舊音暉○箋曰儀禮士冠釋文闈音韋劉音暉宮中小門也音違音韋用字異而此云舊音或指劉昌宗儀禮之讀歟詳彼箋

去起呂反

纚色買所綺二反○箋曰周禮天官追師釋文纚所買反又所綺反所買即色買蓋讀如灑以其時音如此故陸俱列於首也詳彼箋

大紒音計

更也音庚下同

相者息亮反下同

為父于僞反

遂冠音官

袒成音但

殺之色界反下哀殺同

不復扶又反

旣期音基下同

為母于僞反注下為父同

有酇子短反

之處昌慮反下之處同

不離力智反

明日之朝朝旦也下同

而數色主反

亦為于僞反

待齎子西反資糧也一音咨○校勘記云齎字唯十行本作賫餘注疏本並與此同箋曰注云外喪緩而道遠成服乃行容待齎也按周禮春官小宗伯之職受其將幣之齎釋文齎子兮反本又作賫子兮即子西此十行本所作者正彼

或本之字也外府共其財用之幣齎注云齎行道之財用也釋文齎音咨則二音皆為齎之讀也一音同於又音矣之

差初佳反又初宜反下同○箋曰周禮春官大宗伯釋文差初佳反沈初宜反則此又音用沈重之讀初佳義為差殊初宜義為差次本記注云奔喪哭親疏遠近之差也是為差殊之義故陸列初佳於首也　辟為音避　使於色吏反　皆為于偽反下注各為同　拾踊其劫反　便也婢面反　祔則音附　長者丁丈反　如昆弟之喪如若也　不稅吐外反　唯嫂悉早反　凡為于偽反下注同

問喪第三十五

鄭云問喪者善其問以知居喪之禮所由也

雞斯依注為笄纚笄音古兮反纚音色買反徐所綺反○箋曰本記云親始死雞斯注云雞斯當為笄纚聲之誤也親始死去冠二日乃去笄纚括髮也孔疏云雞斯者笄謂骨笄纚謂縚髮之繒以縱雞斯二字不當始死者之義聲與笄纚相涉故云笄纚也按孔申鄭義是也說文鎑音雞古兮切斯息移切則雞笄同音斯在心紐纚在疏紐心疏位同故鄭謂為聲之誤雞則

者知時畜斯者析也是與笄纚之義不同故孔謂不當始死者之義陸讀縰斯作笄纚則本於鄭義故直云依注儀禮士喪釋
文縰斯所買反劉霜綺反下作纚同所買即色買霜綺即所綺俱為用字異可見徐邈劉昌宗讀同互詳彼箋**徒跣**悉典
反**扱**初洽反**上衽**而鴆反又而甚反〇箋曰本記云扱上衽注云上衽深衣之裳前孔疏云案深衣衽當旁此云
深衣之裳前者既扱之恐履踐為妨故解為裳前也其實衽象小要屬裳處皆狹旁與在前俱得衽名但所扱之處當衽也案
公羊傳云昭公以衽受於齊之唁禮亦謂裳當前者也按孔說是也公昭二十五年釋文衽而甚反又而鴆反掩裳際也喪服
同無掩字與此首又互異詳彼箋**惻怛**都達反**傷腎**市軫反**乾肝**並音干**焦肺**方廢
反**水漿**本亦作[illegible]子羊反〇箋曰周禮天官酒正三曰漿注云漿今之截漿也曲禮酒漿處內釋文酒漿子羊反字亦作
[illegible]正與此同唯彼言許書小篆此言記文他本詳彼箋**之䭧**武皮反本亦作糜同〇攷證云注疏本作糜爾雅釋
言釋文糜也靡為反粥之稠者曰糜孟子滕文公上注云飦䭧粥也孫奭音義云䭧字亦作䭧音義與糜同靡為武皮用字異
則糜為正字䭧為或體䭧為形誤陸以此本用或體與孟子注同他本用正字與爾雅字同**粥**之六反字林與六反云淖

糜也○箋曰爾雅釋言鬻糜也郭注淖糜釋文鬻之六反字林亦作粥云淖糜也又與六反糜葢糜之形譌說文三鬻鍵也鉉音之六切段注云鬻作粥者俗字也然則首音為粥本讀其義本於郭字林為别讀同又音義亦無殊耳爾雅用正字禮記用俗體

以飲音蔭食之音嗣去冠起呂反耶巾似嗟反亦作邪○攷證云注疏本作邪是箋曰檀弓注云為有凶邪之氣釋文邪似嗟反則此音讀為衺正之衺鄭言其時始喪親者人子有著邪巾也案段注說文邪下云近人隸書從耳作耶然則邪為借字耶為俗字矣

袹頭亡瞎反本或作貊○攷證云注疏本作貊袹貊二字皆不見說文釋名作陌頭說文亦無陌字箋曰按廣雅釋器帞頭絡頭幧頭也帞曹憲音陌疏證云方言四自關以西秦晉之郊曰絡頭南楚江湘之閒曰帞頭自河以北趙魏之閒曰幧頭釋名釋首飾或謂之陌頭言其從後橫陌而前也引本記注云邪巾貊頭釋文貊作袹帞袹貊陌並通按此本無正字故俱不見於說文廣韵鎋韵莫鎋切有帕云帕額首飾莫鎋即亡瞎則帕袹同然亦為後出字也

五藏才浪反心脾婢支反夫悲音扶相應應對之應而斂力豔反下同曰柩其又反志懣亡本反又音滿范音悶下同○箋曰說文懣煩也鉉音莫困

切段注云煩者熱頭痛也引申之凡心悶皆為煩悶喪曰悲哀恚懣氣盛古亦假滿為之段說是也莫困音悶為直音反語用字之異則范徐音同音滿益讀如滿故古假滿為之陸因云又也亡本則讀廣韵模本切之懣云悶也與范音上去相承觀陸列之于首可知其為恚懣之本讀益言悲哀之人其志愁悶而氣盛也

殷殷 並音隱

如壞 音怪字林作𣪠音同○箋曰爾雅釋詁壞毀也釋文壞音怪說文云敗也籀文作𣪠字林云壞自敗也下怪反𣪠毀也公壞反公壞音怪為直音反語用字之異是呂忱以壞為自毀自敗之義其音如字以𣪠為人毀人敗之義其音如怪音隨義為二讀與古以𣪠為籀文壞為篆文二字一音殊異矣陸引字林為證者明壞𣪠同讀如怪而義則為人毀敗之如史記秦始皇紀所謂墮壞城郭即人毀之為壞是也

辟踴 婢尺反徐扶亦反注及下皆同○注疏本作踊校勘記云各本同石經同釋文出辟踴按依說文當作⿺走甬從走甬聲箋曰說文走部⿺走甬喪辟⿺走甬段改辟作擗注云今禮經禮記皆作踊足部曰踊跳也是二字義殊也左傳僖二十八哀八曲踊三百三踊于幕庭之類當從足若即位哭三踊而出之踊當從走擗銍作辟詩邶風柏舟爾雅釋訓諸家本多作擗然則段說與阮校同此記云辟踊哭泣是踊為⿺走甬之假借字注云辟拊心也用爾雅釋訓文郭注云謂椎胸也釋文

辟婢亦反字宜作擗引詩寤擗有摽婢尺婢亦用字異可知此首音讀辟為擗扶亦音同婢尺徐讀輕重交互陸氏別讀畢書故次列之耳　拊心芳甫反　汲汲音急　上堂時掌反　不可復扶又反下復反復生皆同　心悵勑亮反　愴焉初亮反　惚焉音忽　愾焉徐音慨苦代反○箋曰詩曹風下泉愾我寤嘆箋曰愾嘆息之意釋文愾苦愛反嘆息也說文云大息也苦愛即苦代按愾說文鉉音許既切此苦代即為慨作音音慨則讀愾如慨以其音當如此故陸從徐邈讀也　徼幸古堯反　成壙古晃反　倚廬於綺反　寢苫始占反草也　枕之蔭反　塊苦對反又苦怪反土也○箋曰說文土部塊凷或從鬼凷墣也鉉音苦對切則此首音為本讀苦怪蓋讀作蕢檀弓釋文蕢苦怪反是其比禮運云蕢桴而土鼓注云蕢讀為凷聲之誤也凷堛也釋文蕢依注音凷苦對反又苦怪反土塊也𣪍梁僖五年塊音同俱可為證詳禮運箋　匍音蒲又音扶　匐蒲北反又音服　益衰色追反　為之于偽反下注相為為褻同　斷決丁段反下古穴反　猶傎丁年反○攷證云注疏本作顛說文無傎字箋曰儀禮士喪注或傎倒衣裳釋文傎本又作顛丁田反𣪍梁宣十一年注傎倒

上下釋文同丁田即丁年其字又作傎廣雅釋言傎倒也曹音顛疏證云傎通作顛說文顛下段注云顛為最上倒之則為最下故大雅蕩篇顛沛之揭傳曰顛仆也論語里仁顛沛馬注曰僵仆也按本記注云匍匐猶顛蹷即顛沛之義則顛為引申字注疏本用之本於詩毛傳傎為後起字傎蓋傎之省釋文用之本於禮經注矣 蹷求月反又九月反 冠者音官 之免音問注及下皆同 為褻息列反 則著張慮反又張略反 而廣古曠反

禿者吐祿反無髮也 傴者於縷反一音紆矩反背曲也○箋曰說文八傴僂也鉉音於武切於武即於縷段注云問喪注曰傴背曲也通俗文曲脊謂之傴僂喪服四制釋文傴者紆主反紆主即紆矩並與首音為用字異則此一音同於又音矣 跛者補禍反又彼我反足廢也○箋曰說文二跛行不正也鉉音布火切布火即補禍為用字異彼我在哿音同補禍以其時哿果混用陸亦不分故云又也 有錮音故 稽音啓注同 顙桑朗反下注同

何為于偽反盡篇末文注皆同 不緦音思謂緦服也 冠也古亂反 苴杖七餘反 削杖悉若反 體羸力垂反劣也疲也 辟尊音避 之處昌慮反下同 不遽

其慮反

服問第三十六鄭云服問者善其問以知有服而遭喪所變易之節也

傳曰此引大傳文也有從如字范才用反為其于偽反注及下皆同齊衰上音咨下七雷反後放此○箋曰盧文弨攷證本作齊衰既校注疏本毛刻注疏本俱同惟通志堂本誤倒今依正之不厭於涉反下同

服差初佳反又初宜反下同○箋曰前奔喪釋文之差初佳反又初宜反與此同詳彼箋有期音基下及注皆同

累重劣彼反又劣偽反○箋曰本記云小功無變也注云無所變於大功齊衰之服不用輕累重也按劣彼讀增累之累莊子達生釋文累丸劣彼反駢拇纍瓦同俱為其比此言無以大功而增重小功喪服也劣偽蓋讀累及之累儒行不累力偽反注同傈也可證此言不變小功喪服累及大功也

以上時掌反澡麻音早斷本丁管反下文同於免音問下及注不免者皆同去経起呂反下同為稅上如字下吐外反注及下皆同此要一遥反殤長丁丈反月筭徐音蒜悉亂反○箋曰本記云終殤之月

筭孔疏云謂著此殤喪服之麻終竟此殤之月筭數如小功則五月緦麻則三月按孔說是也論語子路篇何足算也鄭注算數也釋文算悉亂反本或作筭悉亂音蒜為直音反語用字之異葢筭者算之器鉉音穌貫切讀去聲算者筭之用鉉音穌管切讀上聲穌貫即悉亂則徐邈與徐鉉讀同而義各别此記人假筭為算徐邈本論語鄭說以其二字義别而音同故仍讀筭之本音如蒜也陸意正如是故標徐邈之讀耳

重麻 直勇反徐治龍反注同○箋曰直勇讀為重厚之重治龍讀為重複之重此因義異而音分平上也曲禮釋文重汙直勇反徐治龍反與此正同

為其 于偽反注除為殤在緦皆同

不縟 音辱繁綵飾也

君為 于偽反後文皆同注諸侯為天子下注亦為此三人士為國君同

遠嫌 于萬反

纖外 音祈

大子 音泰下及注同

適婦 丁歷反下同

見大 賢遍反

驂 七南反

乘 音剩

所不為 于偽反下為其母同

伸君 音申

錫衰 思歷反

無免絰 音勉去也下無免絰並注皆同徐並音問恐非(是)○校勘記云葉本無是字撫本同十行本同箋曰臧校江校俱依葉本北館本同則此是衍今依删之曲禮上冠毋免注云免去也陸此釋義從彼鄭說音勉為免之本讀音問葢為絻之讀杜

注左哀二年傳云絻者始發喪之服釋文音問又注僖十五年傳云免衰經遭喪之服釋文作絻音問又作免音同俱為其比則徐音讀免作絻矣攷本記云凡見人無免經雖朝於君無免經注云經重也孔疏云凡見人無免經者謂己有齊衰之喪無免去經重故也雖朝於君無免經者以經重縱往朝君亦無免稅於經也葢此言不奪人喪亦不自奪喪所以己有重喪猶經以見人則俱為除去之免而非喪服之絻是徐讀誤矣故陸云恐非葢所以曉人辯別二音之是非也

雖朝直遥反

有稅吐活反注同

說或吐活反又始銳反○箋曰本記云唯公門有稅齊衰注云稅猶免也古者說或作稅有免齊衰謂不杖齊衰也按鄭解經義是也吐活即讀作脫少儀釋文說屨吐活反本亦作脫可證此言已有不杖齊衰之喪至公門脫去其衰經猶不去也始銳葢讀作稅鄭注所謂古者說或作稅稅猶免也亦言至公門免去其衰也儀禮士昏注云今文說皆作稅則說為禮經古文二字音異義同故陸云又也

罪多本或作辠案辠正字也秦始皇以其似皇字改為罪也○箋曰說文网部罪捕魚竹网秦以為辠字辛部辠犯灋也秦以辠似皇字改為罪鉉音並徂賄切段注云古有假借而無改字罪本訓捕魚竹网始皇易形聲為會意而漢後經典多從之非古也然則陸此所釋本諸許說罪葢辠之借云

皐正字也者明記文之罪為俗用字也況經典多出秦後故皆作罪陸因以此本用罪與諸經同他本用皐與說文同

上附時掌反 列也徐音例注同本亦作例 等比必利反

閒傳第三十七鄭云名閒傳者以其記喪服之閒輕重所宜也

服苴七余反 而見賢遍反 齊衰音咨下同 若枲思里反 喜樂音洛

而偯於起反聲餘從容也說文作㤇云痛聲○箋曰本記云三曲而偯注云偯聲餘從容也按說文心部㤇痛聲也孝經曰哭不㤇鉉音於豈切段注云此許所學孔氏古文也作偯者俗字孝經喪親章哭不偯鄭注云氣竭而息聲不委曲釋文不偯於豈反說文作㤇云痛聲也於豈在尾於起在止此為止尾混用㤇者正字經傳多用偯陸俱引說文作㤇者證經傳用俗字也

三折之設反 從容七容反 唯而于癸反徐以水反○箋曰于在為紐以在喻紐徐讀喻為混用內則釋文男唯于癸反徐以水反正與此同互詳彼箋

士與音預 斂焉力驗反 食粥之六反

一溢音逸劉音實二十兩也○箋曰儀禮既夕釋文一溢音逸劉音實喪服經傳一溢如字劉音實鄭云

二十兩曰溢如字即音逸為溢之本讀陸此釋義本於禮經鄭說此不言者互文以見也劉俱讀溢如實當方俗之音矣互詳彼箋莫一音暮疏食音嗣下疏食同醯醬本亦作醓呼兮反下同○箋曰内則釋文諸醓徐呼兮反本或作醯又用醯呼兮反本又作醓酢也則此音用徐邈讀也說文五醯酸也鉉音呼雞切呼雞呼兮用字異醯𥁃醯之俗作也故陸俱以此本用正字之醯他本用俗字之醯醴酒音禮期而音基下及注皆同中月如字徐丁仲反而禫大感反居倚於綺反寢本亦作寑七審反苫始占反枕之鴆反塊苦對反又苦怪反○箋曰問喪釋文塊苦對反又苦怪反土也與此同詳彼箋不稅吐活反苄戶嫁反蒲苄也翦子踐反牀可徐仕良反柱知矩反一音張炷反○注疏校勘記云閩本石經岳本嘉靖本衛氏集說同監毛本柱作拄釋文亦作柱箋曰說文六柱楹也鉉音直主切段注云按柱引伸為支柱凡經注皆用柱俗乃别造從手拄字音株主切株主即知矩為用字異則此柱讀引伸假借之義也喪大記柱張主反正與此同張炷蓋讀若註集韻遇韵株遇切有柱云掌也殆依本書則此一音為或音或音者言或有作此音讀上聲為去也按炷字既在麌韵主紐又在遇韵

注紐俱非建首常用字則此作切語下字者恐非　**楣**音眉　**居復**音伏　**去其**起呂反下去麻同

其縷力主反　**之差**初佳反後放此　**為母**于偽反下注為後同　**三重**直龍反注三重同

縓七戀反　**緣**徐音掾悅絹反○箋曰本記云期而小祥練冠縓緣孔疏云又練為中衣以縓為領緣也按郊特牲

注云纁䋣丹朱以為中衣領緣也釋文領緣移絹反移絹即悅絹則此音為領緣之本讀音掾悅絹為直音反語用字之異則

徐讀正為領緣陸特標其音為釋者意猶如此以明他家之讀則否也　**要經**一遥反　**素縞**古老反又古報

反注同○箋曰古老為縞之本讀喪大記釋文縞衾古老反為其證古報蓋讀如告音轉義同詩出其東門縞古老反又古報反

白色衣曲禮縞冠古老反沈又古到反左襄二十九年縞帶古老反徐古到反繒也古到即古報為用字異則此又音本於沈

重徐邈所讀矣互詳彼箋　**而纖**息廉反注同黑經白緯曰纖　**去一**起呂反下同　**四糾**居黝

反下同　**一股**音古　**辟男**音避　**朝服**直遥反　**素紕**婢支反又音綼○箋曰注引玉

藻云縞冠素紕按玉藻注云紕緣邊也紕讀如埤益之埤釋文素紕音埤婢支反婢支即申埤之音音埤益讀紕如埤則此首

音本鄭作釋也音綼與婢支同為直音反語用字之異故陸云又互詳彼箋　白緯音謂　紛芳云反　帨始銳

反　綅徐息廉反又音侵○箋曰注云纖或作綅按說文糸部綅絳綫也鉉音子林切段注刪絳字云以綫訓綅不言色也綅既為絳綫則經不必言朱矣子林音侵是塞聲塞擦聲之異息廉蓋讀作纖上文而纖息廉反可證審注云黑經白緯曰纖經緯為綫所織纖綅義相因故記文纖或作綅徐音綅即為纖鄭以經文為釋陸從注說列音少儀釋文朱綅息廉反又音侵詩閟宮朱綅息廉反沈又倉林反又音侵倉林音侵為直音反語之異則此又音從沈讀讀作綫義矣　麻葛

重直龍反注及下不言重言重者同　著張慮反　主為于僞反　長中丁丈反

三年問第三十八

鄭云名三年問者善其以知喪服年月所由也

稱情尺證反注及下皆同　別親彼列反　無易音亦注同　創音瘡初良反　鉅音巨大也

其愈徐音庾差也　遲徐直移反　倚廬於綺反　枕塊之鴆反　思慕如字一音息吏反○箋曰曲禮釋文若思如字徐息嗣反息嗣息吏用字異則此一音本於徐讀矣詳彼箋　是斷丁亂反

復生音伏　之屬音蜀　失喪息浪反又如字○箋曰詩唐風葛生釋文喪息浪反弃亡也又如字與此同詳彼箋　反巡徐詞均反　過其徐音戈一音古臥反○箋曰說文二過度也鉉音古禾切古禾即音戈為直音反語之異爾雅釋言郵過也郭注云道路所經過釋文過古臥反經過過度其義相同則此僅為平去聲之轉耳故一音同於又音矣　嗚號音豪户羔也　蹢本又作躑直亦反徐治革反○校勘記云十行本同葉本躑作鄭非箋曰易姤釋文蹢直戟反徐治益反一本作躑直戟在陌治革在麥直亦治益俱在昔以其時陌昔及麥昔皆混用則其讀同躑蓋蹢之俗互詳彼箋臧校躑作鄭江校及北館本並同俱從葉本而誤　躅直錄反徐治六反蹢躅不行也○攷證云注疏本作躅注疏校勘記云各本同石經闕釋文躅作躅箋曰說文二躅蹢躅也鉉音直錄切廣雅釋訓蹢躅跢跦也曹憲音逐緣疏證云此雙聲之尤相近者也急言之則曰蹢躅徐言之則曰跢跦俱此不行之義也易姤初六羸豕孚蹢躅釋文躅直錄反本亦作躅蹢躅不靜也逐緣直錄為用字異互詳彼箋治六在屋與直錄在燭為燭屋混用故陸列徐音於末也　踶徐音馳字或作踟○攷證云注疏本作踟注疏校勘記云各本同石經闕釋文踟作踶云字或作踟嘉靖本誤作蜘蟵箋曰本

記云踟蹰焉詩邶風静女搔首踟蹰釋文踟直知反文選鸚鵡賦注引薛君韓詩章句云踟蹰躑躅也直知音馳為直音反語用字之異則徐音為踟之本讀踶蓋踟之異文矣 之**躕**音廚 **燕**於見反 **雀**本又作爵 **有啁**張留反

噍子流反啁噍聲 **頃**苦潁反 **莫知**音智 **由夫**音扶下皆同 **邪淫**似嗟反

人與音餘下君子與同 **曾鳥**則能反 **夫焉**於虔反 **若駟**音四馬也 **之過**古臥反徐音戈 **隙**本又作郤去逆反空隙之地也○箋曰本記云若駟之過隙注云駟之過隙喻疾也孔疏云駟謂駟馬隙謂空隙駟馬峻疾空隙狹小以峻疾而過狹小言疾速之甚按孔申鄭義是也說文𨸏部隙壁際也鉉音綺戟切綺戟即此去逆殺注云引申之凡坼裂皆曰隙又引申之凡閒空皆曰隙假借以郤為之按郤與隙音同其義為晋大叔虎邑郤之借為隙者莊子知北遊人生天地之間若白駒之過郤忽然而已釋文過郤去逆反本亦作隙隙孔也陸以此本用正字作隙與莊子或本同他本用借字作郤與莊子正本同

為之于僞反下注為母同 **立中**如字又丁仲反注同 **去也**起呂反 **至期**音基注及下同 **期斷**丁亂反下注同 **加隆焉爾**一本作加隆為爾 **焉**

使 徐如字一音於乾反焉猶然也一云發聲也注及下同○箋曰本記云焉使倍之故再期也注云焉猶然孔疏云焉猶然也子既加隆於父母故然使倍之然猶如是倍之言倍一期故至再期也按孔申鄭義是也説文四焉焉鳥鉉音有乾切鍇注云古多用焉為發聲訓為於亦訓為於是經義述聞二引本記云云言於是使倍之也鄭注曰焉猶然然者乃也義亦與於是同有乾即此如字之音則徐讀焉為發聲助詞之用與然同義惠校云檀弓注讀然為焉蓋二字通用是也按段王説皆是顏氏家訓音辭篇云自葛洪要用字苑分焉字音訓若訓何訓安當音於愆反若送句及助詞當音矣愆反於愆即於乾矣愆即有乾俱為用字之異王引之云案禮記三年問先王焉為之立中制節荀子禮論篇焉作安安於一聲之轉則助詞之焉亦可讀於愆反不必訓何訓安而後讀於愆反也或讀矣愆反方俗語有輕重而義則無分也依王説則一音同又云徐音乃方俗語之轉其時蓋讀如此故陸列之於首也猶注疏本同通志堂本盧本作由誤今依正

倍之 步罪反注同

為

殺 色界反徐所例反○校勘記云十行本列作例箋曰祭統釋文之殺色界反徐所例反與此同詳彼箋例注疏本同盧改同通志堂本誤列今正

深衣第三十九

鄭云以其記深衣之制也名曰深衣者謂連衣裳而純之以采也有表則謂之中衣以素純則曰長衣也

以應於證反　短毋音無下同　見膚賢遍反　被土彼義反　為于僞反　汙汙辱之汙一音烏臥反◎箋曰說文十一洿濁水不流也鉉音哀都切段注云汙即洿之假借字孟子梁惠王作洿滕文公作汙按引申之義為汙辱此以汙辱之汙為音者本鄭注為汙辱也之義而釋也烏臥盍讀作涴書胤征釋文汙烏故反汙辱之汙又音烏涴泥著物也一音烏臥反玉藻為汙穢之汙又烏臥反汙辱與汙穢同即烏故之音俱可為證互詳彼箋　續衽而審反又而鴆反◎箋曰本記云續衽鉤邊注云衽在裳旁者孔疏云凡深衣之裳上二幅皆寬頭在下狹頭在上皆似小要之衽是前後左右皆有衽也按喪大記釋文衽而審反又而鴆反裳際也正與此同互詳彼箋　鉤邊古侯反　屬也音燭下皆同　烏喙許穢反　裕以樹反　要一遙反注同　縫扶用反下注同　袼之本亦作胳音各腋也◎箋曰本記云袼之高下可以運肘注云肘不能不出入袼衣袂當掖之縫也孔疏云袼謂當臂之

處袂中高下宜稍寬大可以運肘按孔說是也玄應音義五文殊師利問菩薩署經云提胳公諸反引埤蒼云胳肘後也說文四胳腋下也鉉音古洛切段注引記文及注云云按衣袂當胳之縫亦謂之胳俗作格公諸古洛俱與音各為直音反語用字之異胳為腋下或肘後俱與格為當臂之處義近故俗借格為胳也陸意此本用格與他本用胳同故以胳字之義為釋也因從經注故列格為大字胳為小字也

運肘 竹九反又張柳反○箋曰注云肘當臂中為節臂骨上下各尺二寸按說文四肘臂節也鉉音陟柳切段注云厷與臂之節曰肘然則鄭謂臂骨上為肱下為臂也陟柳與張柳竹九俱音同為用字異

當掖 本亦作腋音亦○箋曰說文十二掖一曰臂下也鉉音羊益切段注云此義字本作亦或借掖為之非古也儒行逢掖之衣高后本紀見物如蒼犬據其掖俗亦作腋廣雅釋親胳謂之腋疏證云腋本作亦說文亦人之臂亦也則此音亦即讀作亦然則掖為亦之借腋益亦之俗陸以此本用借字與說文同他本用俗字與廣雅同

袂之 彌世反袪末曰袂

反詘 丘勿反

為腕 烏亂反

毋厭 於甲反徐於涉反下同○箋曰左襄三十一年傳釋文將厭本又作壓於甲反徐於輒反成十六晨壓音同於輒即於涉詳彼箋

髀 卑婢反徐亡婢反一音步啓反○校語錄

云注疏本亡作匹葢是箋曰説文四髀股也鉝音并弭切并弭即卑婢則此首音為本讀爾雅釋畜釋文髀甫爾反又步啟反説文云股外也甫爾與卑婢音同此為輕重交互步啟即讀作骹骨之髀儀禮士昏釋文髀步米反字林方爾反骹骨也步米步啟為用字異是其證也則此一音同於又音矣互詳彼箋亡婢葢讀若弭集韻紙韵普弭切無髀毋婢切有髀注云股也殆依本書徐讀則注疏本亡作匹匹普同紐實為亡字形似之譌法謂為是誤矣　厭脅許劫反　當無丁浪反注同又丁郎反　為中丁仲反又如字　以應應對之應下同　之殺色界反徐所例反　袂圜音圓　胡下下垂曰胡　曲袷音劫交領也下注同　及踝胡瓦反　謂裻音督○校勘記云十行本同一葉本督作督俗字箋曰繩謂裻與後幅相當之縫也説文八裻一曰背縫段注云此則冬毒切引本記注云云按後幅當是裳幅之誤衣與裳正中之縫相接也今本作督五經文字引作裻古多假督為裻又注督下云緅者作督然則阮謂葉本俗字與段説同是也　跟也音根　下齊音咨亦作齋下同　緝也七入反　行乃下孟反又如字　若卬音仰本又作仰一音五郎反○孜證云注疏本作或卬阮校注疏本作或仰校勘記云閩

監岳本嘉靖本衞氏集説同考文引古本監毛本仰作卬惠棟校宋本或仰作若仰宋監本同六經正誤下或亦作若釋文出若卬云本又作仰按卬與仰音同義近故古多互用箋曰詩小雅北山或棲遲偃仰釋文作卬云音仰本又作仰爾雅釋畜角一俯一仰觭郭注云牛角低仰釋文低卬五剛反又魚丈反五剛即五郎魚文即音仰俱為用字之異案説文八卬望欲有所庶及也鋖音伍岡切仰舉也鋖音魚兩切段注云與卬音同義近古卬仰多互用與阮説正同

志者與音餘

擯相息亮反

完且音丸

弗費芳貴反又孚沸反注同○校語錄云孚芳同紐蓋浮之誤箋曰莊子庚桑楚釋文期費芳貴反廣雅云費耗也言若存分外而不止者卒有所費耗也是此首音為本讀孚沸芳貴音同字異此一音而有二反語者且浮在奉紐與芳敷紐不同則孚非浮之誤可知也

苦衣於既反

而易以豉反

鍛丁亂反

濯音濁

朝祭直遥反

以上時掌反

大父母音泰大父母祖父母也

衣純之允反又之閏反後皆同○箋曰注云純謂緣之也孔疏云解經文二箇純字一是純袂二是純邊皆謂緣之也按孔説是也雜記云純以素注云在下曰純孔疏云純緣也釋文純之閏反又支允反支允即之允雖着音又音互易其義無殊

是其比矣互詳彼箋

以繢胡對反畫文也

袂緣悅絹反下同

廣各古曠反下同

緆徐音以豉反皇音錫案鄭注既夕禮云飾衣領袂口曰純裳邊側曰綼下曰緆也○箋曰注云緣緆也孔疏云緣緆也解經緣字讀為緆謂深衣下畔也故既夕禮云明衣縓綼緆鄭注云在幅曰綼在下曰緆今經云此緆則深衣之下緣也按孔申鄭義是也陸引既夕禮注意同以豉讀作滑易之易儀禮喪服傳云無事其縷有事其布曰錫鄭注云治其布使之滑易也釋文滑易以豉反是其比少牢饋食主婦被錫注云今文錫為緆釋文為緆悉歷反又羊豉反悉歷音錫為直音反語用字之異則皇音為緆之本讀緆者細布也此謂緆為深衣下畔故陸列徐音于首也互詳彼箋

投壺第四十

鄭云投壺者主人與客燕飲講論才藝之禮也別錄屬吉禮亦實曲禮之正篇也皇云與射為類宜屬嘉禮或云宜屬賓禮也

卷之十九

投壺壺器名以矢投其中射之類

奉矢音捧芳勇反下及注皆同徐音如字下奉中同○箋曰說文三奉承也鉉音扶隴切扶隴即此如字之音音捧蓋讀作捧芳勇即釋捧之音詩北山釋文捧芳勇反曲禮凡奉本亦作捧同芳勇反

俱是其證音雖有清濁之異而義無殊矣

枉矢紆往反

哨壺七笑反徐又以救反枉哨不正貌王肅云枉不直哨不正也○箋曰本記云某有枉矢哨壺注云枉哨不正貌為謙辭孔疏云枉謂曲而不直也哨謂哨峻不正是主人謙遜之辭按周禮考工記梓人注云燿讀為哨頃小也漢讀攷云說文哨不容也記投壺曰枉矢哨壺哨是頃意不容是小意頃今傾字頃不正也依段說則許釋哨為小王釋哨為不正梓人鄭義則兼之矣段申此義是也七笑即為哨不正意之本讀以救蓋讀如狖集韵宥韵余救切有哨云不正也正依本書徐存別讀故陸云又此引王肅析義為證者明鄭說枉哨混言不別也

樂賔音洛下同一讀下以樂音岳言投壺以樂

嘉肴户交反

又重直用反下及注同

稅屨本亦作脫吐活反○攷證云注疏本作脫箋曰少儀釋文說屨吐活反本亦作脫儀禮士昏注云今文說皆作稅則此稅為禮經今文吐活為脫之本讀此蓋以本字之音釋借字也

請投七井反下文同

人般步干反下同

還音旋下同

曰辟音避徐扶赤反注及下同○箋曰本記云主人般還曰辟孔疏云主人見賔之拜乃般曲折還謂賔曰今辟而不敢受按孔說是也音避即讀作避謂主人迴避不受賔之拜也扶赤則讀便辟之辟論語鄉黨辟婢亦

反可證所謂主人見賓之拜乃般曲折還也音為去入相承故義亦相似矣南鄉許亮反度壺徒洛
反注同以二矢半一本無此四字依注則有八筭悉亂反下皆同○攷證云注疏本作算下同注
疏校勘記云閩監本石經岳本嘉靖本同毛本筭作算下竝同衞氏集說唯此筭作算下竝作筭釋文出八筭云下皆同按筭
籌字與算數字有別說文云從竹從弄言常弄乃不誤也箋曰說文五筭長六寸計歷數者鉉音穌貫切算數也讀若筭鉉音
穌管切段注云筭為算之器算為筭之用二字音同而義別穌貫即悉亂然則此計筭字為正字本書用之算數字為借字毛
注疏本用之之處昌慮反去坐才臥反又如字下同○箋曰論語鄉黨居必遷坐釋文遷坐如字范
甯才臥反則此首音本范讀又音同彼首音也才臥讀同廣韻祖臥切坐罪之坐如字讀同祖果切坐起之坐二義不同故音隨
之而別上去也邪行似嗟反比投毗志反頻也徐扶質反注同○箋曰廣韻至韻毗至切比近也質韻
毗必切比比次頻近義同毗至毗志音同以其時志至混用陸亦不分毗必即扶質為用字異徐音輕重交互也勝
飲上尸證反下於鴆反注及下同○校勘記云十行本同撫尺作尸誤校語錄引阮云云偉案作尸是作尺乃誤耳箋曰少

儀釋文不勝詩證反樂記樂勝始證反詩始尸俱在審紐為用字異爾雅釋鳥勝即尸證反尺則在穿紐當為字形之誤法説

是阮説非今依撫本正之

請為于僞反

勝者立馬俗本或此句下有一馬從二馬五字誤〇攷證云注疏本有此五字注疏校勘記云各本同石經同釋文出勝者立馬云俗本或此句下有一馬從二馬五字誤正義云定本無此一句今大戴記亦無此一馬從二馬五字孫志祖云鄭注一馬從二馬之義在下文疑此處無此五字也箋曰孫説是也按下記文云正爵既行請立馬馬各直其筭一馬從二馬以慶注云當其所釋筭之籌三立馬者投壺如射亦三而止也三者一黨不必三勝其一勝者並其馬於再勝者以慶之明一勝不得慶也審本記云正爵既行請為勝者立馬一馬從二馬三馬既立請慶多馬兩文相較彼言以慶則以少慶賀於多故云一馬從二馬此言三馬既立則勝者得三馬若有得二馬取足於劣者則亦該其中故不待言矣且孔疏云此請立馬者是司射請辭一馬從二馬以慶是禮家陳事之言也足見此五字蓋涉下記文義相似而誤衍定本無是俗本有非陸故於此表明之以曉人鑑別古書之真贗也

不拾其劫反下文及注皆同

技藝其綺反

任為而林反

將子匠反

帥色類反

為樂音洛

貍首吏直反

閒若一閒廁之閒，注同。大師音泰。拾更古衡反，下同。請數色主反，注同。為純音全，下及注同。鄭注儀禮如字，云純全也。○箋曰：本記云二筭為純，一純以取。孔疏云純全也，二筭合為一全，地上取筭之時一純則別而取之。按儀禮鄉射云二算為純，注云純猶全也。釋文為純，純如字，全也。禮記音全，兩兩互文相釋。如字為純之本讀，音全益讀作全。鄭於禮經純讀本音，釋為全義，於禮記則略之，互文耳。陸此音全，全純讀異，引儀禮注為證者，所以明其音亦依鄭義而作，實與孔疏解作全之義相同也。互詳彼箋。為奇紀宜反，下同。遂以奇筭告一本此句上更有有勝者司射五字，誤。○箋曰：本記云一筭為奇，遂以奇筭告。注云一筭為奇，奇則縮諸純下，兼斂左筭實於左手，一純以委，十則異之，其他如右。獲畢則司射執奇筭以告於賓與主人也。按奇者隻也，餘也。記文言不滿純者為隻，遂以數鈎等之餘，左右手各執一筭以告，其義已該，且與上文二筭為純、一筭以取語句相似。若有有勝者司射五字於其間，則義反滯礙，疑涉注文所衍，故陸示人明言其誤也。鈎居句反，等也。則縮色六反，直也。其它音他。勝與音餘，下勝與同。尚技其綺反。行觴失羊反，字或作⿰酉昜，同。○注疏本作⿰酉昜。校勘記云：惠棟校宋本石經岳本嘉靖本同閩監毛本⿰酉昜作觴衛氏集說同釋文出行觴云字或作⿰酉昜此本下奉⿰酉昜又作觴岐出惠棟校宋本石經岳本並作奉觴三本及集說並作奉觴按⿰酉昜觴正俗字箋曰說文角部觴實曰觴虛曰觶鉉音式陽切式陽即失羊本記云命酌曰請行觴段注說文酌下云盛酒於觶中以飲人曰行觴則觶賓為觴也莊子徐无鬼釋文觴音商李云酒器之總名也俱作從角之觴音商失羊為直音反語用字之異攷廣韵陽韵式羊切觴酒器俗作⿰酉昜說文亦無從酉之⿰酉昜則阮謂⿰酉昜觴正俗倒置矣

皆跪其委反

奉觴芳勇反下注奉觴同

賜灌古亂反

敬養羊尚反注同

猶飲於鴆反下飲不勝同

各直如字又持吏切

請為于偽反

去其起呂反

其坐如字又才臥反注同

籌室中直由反

五扶方于反下及注同

鋪四指普烏反又芳夫反

禮褻息列反

常處昌慮反

筭長直亮反注同

壺頸吉井反又九領反徐其聲反○校語錄云吉并盧本作吉井以玉藻證之則作井殆是然作吉井則與九領非異讀不當别出且玉藻亦吉井吉成兩讀吉并與吉成同今姑仍之俟考箋曰說文九頸頭莖也鉉音居郢切居郢即吉井則此首音為本讀并為井形似之譌甚

明今依正之九領音同吉井爲用字異故此云又乃本書固有條例也法不以同音而有二反語故謂不當別出攺玉藻其頭吉井反又吉成反吉成在見其聲在犀陸時見犀混用此徐音正同彼又音與首音平上相承故其義無別耳互詳彼箋

爲其　于偽反

躍而　羊略反

圜　音圓

囷　去倫反

有奇　紀宜反

其滑　乎八反

以柘　止夜反木名

毋　音無下皆同

去其　起呂反注同

毋憮　好吾反下同教也○校勘記云按憮字當從巾旁十行本及岳本並作幠是也校語錄引阮云云偉案宜再攷箋曰說文七幠覆也鉉音荒烏切段注引記文云無幠無教注幠教皆慢也又其引伸也正謂慢爲覆義之引伸故其字從巾從忄者蓋字形之誤阮段說俱是也江校亦云字當從巾而葉本亦誤按詩巧言釋文此幠火吳反鄭教也火吳即好吾義亦同其字正作從巾之幠法不審此故云再攷

毋教　五報反舊五羔反教慢也○箋曰注云教慢也按說文敖部敖出游也鉉音五牢切段注云經傳假借爲倨傲字五牢五羔用字異此云慢也即倨傲義則舊讀爲假借矣五報乃爲傲之本音下文傲也五報反王制釋文謂教本又作傲五報反曲禮教五報反慢也皆爲其證按尚書益稷傲五羔反徐五報反可見此首音本於徐以本字傲之音爲借

字教作釋也偝立音佩徐扶代反舊又蒲來反○箋曰本記云毋偝立注云偝者不正鄉前也音佩為偝之本讀大學偝棄音佩是其證蒲來蓋讀如焙扶代轉平為去集韵咍韵蒲來切有偝注云不正鄉禮記毋偝立代韵蒲代切有偝注云偝立不正鄉前也一引記文一引注文為證可見其音俱依本書也若是者浮縛謀反罰也年

穉直吏反為其于偽反憮敖五報反又五羔反下同○箋曰憮誤作憮詳上毋憮箋敖音詳上毋敖箋傲也五報反正鄉許亮反梁丘據本又作處同音据作匏薄交反○箋曰本記云若是者浮注云浮或作匏或作符按薄交為匏之本讀今音說浮僅見於文言世俗口語亦說為匏符音更為廣大人民羣衆之口語矣可見鄭君作注時重脣已讀輕脣至今尚流傳此音也○圜音圓鼙薄迷反鄭呼為鼙也其聲下其音榻榻然榻音吐臘反□方鼓鄭呼為鼓也其聲高其音鏜鏜然鏜音吐郎反庭長丁文反注同及冠古亂反皆與音預

儒行第四十一行音下孟反鄭云以其記有道德之所行儒之言優也和也言能安人能服人也此注云儒行

之作益孔子自衛初反魯之時也

服與音餘　少居詩照反注同　衣於既反注所衣也衣少所居同　逢掖上如字下音亦逢掖大掖也　長居丁丈反注同　冠章甫古亂反注而冠焉冠長所居同章甫殷冠也　單衣本又作襌音丹　袪尺去居反　儒行下孟反下力行同　遽其據反卒也急也　數之色主反下同　更僕古衡反代也注同一音加孟反○箋曰左定八年釋文更音庚代也舊古孟反音庚即古衡古孟即加孟俱為用字之異則此一音同彼舊音矣互詳彼箋　猶卒七忽反　大僕音泰　燕朝直遙反　擯必慎反　相息亮反　為久于偽反下為孔子同　猶鋪普吾反又音孚下同　如慢音慢　而易以豉反下險易同　粥粥徐本作鬻章六反卑謙貌一音羊六反○箋曰本記云粥粥若無能也孔疏云粥粥是柔弱專愚之貌言形貌粥粥然如無所能也按孔說是也左隱十一傳釋文鬻本又作粥之育反又與六反爾雅釋言鬻之六反字林亦作粥又與六反之育之六俱即章六與六即羊六則此徐本之鬻實為鬻形之變一音同彼又音

矣按樂記釋文孕鬻音育生也徐又扶袁反音育羊六為直音反語用字不同扶袁即為鬻之讀此言徐本作鬻者正指樂記所用之字徐音歟互詳彼箋

不愊 普力反一音逼謂愊怛也○箋曰注云如慢如偽言之不愊怛也孔疏云愊怛謂急促之意言語之時不愊怛切急如似慢然如似偽然普力為愊之本讀說文心部鉉音芳逼切乃輕重交互也音逼蓋讀如逼塞擦音轉為破裂音發聲雖變於義無殊故云一音一音猶又音也

怛 丹達反驚怛也本或作恨者非○箋曰莊子大宗師云叱避无怛化注云夫死生猶寤寐耳於理當寐不願人驚之將化而死亦宜無為怛之也釋文无怛丁達反案怛驚也鄭衆注周禮考工記不能驚怛是也丁達丹達用字異為怛之本讀言之不愊怛也者謂言語之時不急促驚奇有如傲慢詐偽也則非怨恨之意是本有作恨者當為怛形相近之譌故陸以此本作怛者為是本或作恨者為非明言之以曉人也

處齊 側皆反注同齊莊也 **難** 乃旦反注同可畏難也 **行必** 皇如字舊下孟反 **冬夏** 戶嫁反

有為 于偽反 **選處** 昌慮反 **以遠** 于萬反 **多積** 子賜反又如字○箋曰本記云不祈多積多文以為富孔疏云積積聚財物也儒以多學文章技藝為富不求財積以利其身也按孔申經義是也詩小雅楚

茨傳云露積曰庾正義云言露地積聚之釋文積如字又子賜反昬義釋文委積子賜反則如字讀積聚之義子賜為委積之音陸以詩義為積聚故列如字為首音以此義為委積故列子賜為首音也 **易祿** 以豉反又如字○箋曰本記云難得而易祿也孔疏云非道之世則不仕是難得也先事後食是易祿也按孔說是也左襄十五年傳豈其以千乘之相易淫樂之矇注是重淫樂而輕國相釋文易以豉反輕也則此言先事後食輕祿也易繫辭易以豉反韓音亦謂變易詩大雅文王不易毛以豉反鄭音亦言不可改易也音亦即如字之音則此謂改變食祿也與經義不合故此云又又音即或音言或有作此音也 **難畜** 許六反 **不見** 賢遍反 **近人** 附近之近下可近同 **淹之** 於廉反 **以樂** 五孝反又音岳 **好** 呼報反 **劫之** 居業反 **沮之** 在呂反注同 **鷙蟲** 與摯同音

至 **攫** 俱縛反一音九碧反○校勘記云撫本碧作碧十行本岳本同按碧字不誤校語錄引阮云云偉寀作碧是也見月今箋曰江校云此所校碧字正與宋刻同想葉抄亦寫作碧也北館本作朱碧于此不注按文選西京賦薛注挐攫相搏持也善曰居縛切居縛俱縛用字異則此首音為本讀周禮考工記梓人釋文攫俱縛反舊居碧反莊子徐无鬼同舊作徐居碧即

九碧則此一音同彼舊音蓋本於徐讀也可見碧為碧形似之譌法說是阮說非詳梓人箋　摶音博　不程音呈

不斷音短又直卯反絕也又丁亂反注同○校語錄云短與直卯不同讀短下蓋脫一又字箋曰本記云不斷其威孔疏

云斷絕言儒者不變絕其威嚴容止常可畏也按孔說是也易繫辭下釋文斷木丁緩反又徒緩反斷斷絕音短即丁緩為直

音反語用字之異直卯讀同徒緩是舌音類隔也法謂脫一又字是矣今依補又繫辭上利斷丁亂反王肅丁管反丁管丁緩

字異音同丁亂則讀為決斷之斷故此云又互詳彼箋　浸子鴆反　漬才賜反　劫脅許劫反

恐曲勇反　怖普路反　省聲所景反　猶量音亮又音良下同　不更居孟反

不溽音辱　面數所具反　剛毅魚既反　傾邪似嗟反　甲胄直又反甲鎧胄

兜鍪也　干櫓音魯干小楯櫓大楯也　載仁音戴本亦作戴　鎧開代反　兜丁侯反　鍪

莫侯反　小楯時準反又音允徐辭尹反○箋曰說文六楯闌檻也鋭音食允切段注云楯古亦用為盾字盾者瞂

也食允音即時準其時神禪混用則此楯為盾之假借字音允即讀中盾之盾漢書敘傳中盾蕭該音允可證檀弓釋文干楯

本又作盾食允反又音允與此同詳彼箋辭尹在邪讀同時準邪禪位同也徐音亦雙聲相轉耳　**環堵** 音覩方文
為堵面一堵牆也　**篳門** 徐音畢鄭云篳門荆竹織門也杜預云柴門也　**圭窬** 徐音豆鄭云門旁窬也穿牆為
之如圭矣說文云穿木戶也郭璞三倉解詁云門旁小窬也音臾左傳作竇杜預云圭竇小戶也上銳下方狀如圭形也○箋
曰本記云篳門圭窬注云圭窬門旁窬也穿牆為之如圭矣按說文七窬穿木戶也鋀音羊朱切羊朱音臾為直音反語用字
之異依鋀音則音臾為窬之本讀攷左襄十年傳云篳門閨竇之人而皆陵其上杜注閨竇小戶穿壁為戶上銳下方狀如圭
也釋文閨音圭本亦作圭竇音豆然則徐音讀窬為竇矣陸引左傳及注者證明徐音所讀之字也表記釋文穿窬范羊朱反
徐音豆徐亦讀作竇范音與鋀音同始為窬字之讀也互詳彼箋　**蓬戶** 步紅反蓬戶以蓬為戶也　**甕** 烏貢反　**牖**
音酉以甕為牖　**并日** 必政反注同下而一反　**以論** 本又作讕勑檢反○箋曰表記釋文則讕本亦作論
勑檢反與此大小字互異者陸順當文故以此本用或體與表記他本同他本用本字與表記此本同互詳彼箋　**穿**
牆 音川　**君應** 應對之應　**與稽** 古奚反注同合也　**為楷** 苦駭反法式也　**弗援** 音袁

引也取也注下同　**弗推**昌誰反進也舉也注同　**讒諂**仕咸反　**有比**毗志反徐扶至反○箋曰毗志為比之本讀扶至音同以其時至志混用徐讀輕重交互也　**竟信**依注為伸音申○箋曰注云信讀如屈伸之伸假借字也孔疏云此是信字義當如舒伸之伸但古之字皆假借此信字以為屈伸之伸也按孔說鄭義是也段注說文信下云古多以為屈伸之伸又注伸下云古經傳皆作信周易繫辭詘信相感而利生焉又尺蠖之詘以求信也又引而信之韋昭漢書音義云信古伸字謂古文假借字然則韋說與鄭意同皆以經傳借信為伸也陸從鄭義故以本字之音為借字作釋也恐人不曉乃直言依注耳　**去已**起呂反　**憂思**息嗣反　**篤行**下孟反　**上通**時掌反又如字注同　**寬裕**羊樹反　**不遠**于萬反又如字　**不辟**音避下同　**怨**於元反又於願反　**推賢而進達之**舊至此絕句皇以達之連下為句　**患難**乃旦反　**任舉**如字徐音據○箋曰本記云其任舉有如此者孔疏云謂朋友更相委任舉薦有如此在上諸事按孔說是也如字為舉之本讀音據蓋讀如據徐讀由上轉去其音相承其義無殊矣　**有澡**音早　**靜而**如字徐本作諍音爭○箋曰本

記云靜而正之孔疏云謂靜退自居而尋常守正不傾躁也按如字為靜之本讀說文言部諍止也鉉音側迸切段注云經傳通作爭此音爭則從經傳之字讀諍為爭徐本雖字異音轉然義蓋相近也

麤　本又作麁七奴反○箋曰注云麤猶疏也微也說文十麤行超遠也鉉音倉胡切段注云引伸之為鹵莽之偁篇韵云不粗也大也疏也皆今義也俗作麁倉胡七奴用字異則陸以此本用正字作麤他本用俗字作麁

翹之　祁饒反

世治　直吏反注同

不沮　徐在呂反注同

獨行　下孟反注及下注同又如字

脫脫　吐外反

怪妬　丁路反○攷證云注疏本作妒與說文合經典內多作妬字注疏校勘記云閩監本岳本嘉靖本同釋文出怪妬毛本妬作妒下疏疏並同箋曰說文十二妒婦妒夫也戶聲鉉音當故切當故即丁路段校作妬石聲注云各本作戶聲篆亦作妒今正此如柘橐蠹等字皆以石為聲戶非聲也依此則釋文從經典作石聲之妬是毛本從說文作戶聲之妒非矣

壞已　乎怪反又音怪○箋曰爾雅釋詁壞毀也釋文壞音怪說文云敗也字林云壞自敗也下怪反下怪即乎怪為用字之異即壞之本讀然則本音為自毀敗之義音怪為人毀敗之義義有不同故音分兩讀攷本記云世亂不沮注謂不以道衰廢壞己志也則言不沮壞己之本志

是自毁敗之義故陸以本讀為首音而與釋詁互易也

近文 附近之近

砥 音脂又音旨○箋曰尚書禹貢釋文砥音脂徐之履反韋昭音旨莊子養生主砥石音脂又之履反尚書傳云砥細於礪皆磨石也音旨之履為直音反語用字之異則此又音本於韋昭之讀也互詳彼箋

厲 力世反

分國 如字

錙 側其反八兩為錙說文云六銖也

銖 音殊說文云權分十黍之重○校勘記云撫本硃作殊是也十行本岳本同校語錄引阮說箋曰孔疏云案筭法十黍為絫十絫為銖說文十四銖權十分黍之重也鉉音市朱切市朱即音殊為直音反語用字之異阮校是也今依正之分段校作絫注云厽部曰絫十黍之重也言十絫黍者謂百黍也必言黍者蒙十黍之重為絫而言則此分十當為十絫之誤倒許說與筭法合皆謂銖為百黍之重也陸引說文以證孔引筭法以解其意蓋相同矣

賢知 音智

並立 如字又步頂反本亦作竝○注疏校勘記云閩監本石經嘉靖本衛氏集說同考文引古本足利本同毛本並作竝岳本同釋文出並立云本亦作竝箋曰本記云並立則樂孔疏云謂與知友並齊而立俱同仕官則歡樂也按說文十竝併也鉉音蒲迴切蒲迴即步頂乃用字異是此又音為本讀如字蓋讀同併說文八併竝也鉉音卑政切則此音轉上為去以其時邦並混用也段

注云竝併義有別許互訓者禮經注曰古文竝今文作併是古二字同也依段說則此竝讀如字亦即竝之本音也曲禮釋文竝坐如字又步頂反正與此同竝者竝之隸變陸以此本用隸字他本用篆文

則樂音洛又音岳 相下戶嫁反

不厭於豔反 其行皇音衡又下孟反 本方絕句 立義絕句 志行下孟反下注儒行同

毀謗補浪反 孫音遜 接似輒反又如字○校語錄云似字誤箋曰說文十二接交也鉉音子葉切子葉即此如字之音按內則注接讀為捷捷勝也釋文字妾反易晉接如字鄭音捷勝也似輒讀同字妾以其時從邪混用則此首音讀接為捷殆本於鄭注內則之意易晉之音故陸以讀如字為又音也法謂似字為誤者以廣韻律之未審本書音例耳

分散方云反徐扶問反○箋曰少儀注折斷分之也釋文分之方云反又扶問反奔喪注晝夜之分釋文分扶問反又方云反兩兩相較可見分開之義則以方云為首音分劑之義則以扶問為首音按此言分散蓄積而振貧窮是分開之義故陸列方云為首此徐音同彼又音矣互詳彼箋

之施始豉反 斥己音尺 隕于敏反 獲本又作穫同戶郭反注同隕穫困迫失志貌○箋曰注疏本作穫注云隕穫困迫失志之貌也陸此引鄭義為釋爾雅釋詁釋

文穫禾一本作穫禾户郭反彼此大小字互易者陸順當文未改也按廣韵穫在匣紐鑊韵則户郭為穫之本音作獲者以其時麥鐸相混故二字互用矣

充詘 求勿反注同徐音丘勿反充詘喜失節之貌○注疏校勘記云閩本惠棟校宋本岳本嘉靖本同監毛本喜上有歡字衛氏集説宋監本同與正義合箋曰本記云不充詘於富貴注云充詘喜失節之貌孔疏云言雖得富貴不歡喜失節按此陸引鄭義為釋求勿反為詘之本讀丘勿基讀如屈入聲溪群混用二音無别矣集韵渠勿切詘注充詘喜失節貌曲勿切詘注一曰義同正用本書

不慁 胡困反注同辱也

不累 力偽反注同係也一音力追反○箋曰本記云不累長上注云累猶係也按唐寫本玉篇糸部累字書亦纍字也纍下引穀梁傳劉兆曰累連及也漢書音義曰諸不以罪死曰累荀息仇牧是也本記及注云云皆音力偽反則此首音為本讀左成三年傳兩釋纍因杜注云纍繫也釋文力誰反繫也力誰力追用字異段注説文繫下云六朝以後舍糸不用而假繫為糸按糸者係也則繫與係通此一音同於又音矣

長上 丁丈反

不閔 本亦作愍武謹反病也○箋曰本記云不閔有司注云閔病也按爾雅釋詁閔病也鄭義本之陸從鄭説説文十愍痛也鉉音眉殞切玄應音義三道行般若經五愍念引字詁云

古文愍今作閔同眉殞反則愍閔爲古今字眉殞在軫武謹在隱以其時隱軫混用故也詩鄘風載馳序云閔其宗國顛覆釋文閔一本作愍密謹反密謹即武謹爲用字異耳陸俱以此本用閔他本用愍

不爲于僞反

命儒命名也

妄常鄭音亡亡無也王亡尚反虛妄也○箋曰本記云妄常以儒相詬病注云妄之言無也言今世名儒無有常人按易无妄釋文妄亡亮反无妄无虛妄也亡亮即亡尚爲用字異則此王弼之音爲本讀陸引之以證與鄭說相殊也音亡葢讀作亡此以注義之音爲經字作釋陸從鄭義故列其音于首按集韵陽韵亡紐妄云無也引禮妄常以儒相詬病爲證即據本書鄭讀也

相詬徐音遘耻也又呼候反○箋曰注云詬病猶耻辱也按說文三詬謑詬耻也鉉音呼寇切呼寇呼候用字異則此又音爲本讀音遘葢讀如遘徐讀或方音之轉故廣韵集韵遘紐俱未收此字也

靳故居覲反杜預云戲而相媿爲靳也

行加下孟反注同

大學第四十二

鄭云大學者以其記博學可以爲政也

大學舊音泰劉直帶反○箋曰直帶與廣韵徒葢切之大同劉音類隔也音泰則讀爲太易泰釋文泰如字馬云大也音

雖有透定清濁之轉而於義則無殊也 則近 附近之近 其知 如字徐音智下致知同○箋曰如字為知
之本讀音智則讀作智緇衣釋文精知如字一音智與此正同徐音同彼一音一音猶又音也互詳彼箋 在格 古百
反 所好 呼報也 國治國治 並直吏反下同 毋自 音無 如惡惡 上烏路反
下如字 臭 昌救反 好好 上呼報反下如字 自謙 依注讀為慊徐苦簟反厭也○箋曰本記云此
之謂自謙注云謙讀為慊慊之言厭也孔疏云以經義之理言作謙退之字既無謙退之事故讀為慊慊不滿之貌故又讀為
厭厭自安靜也按孔申鄭義是也坊記注慊恨不滿之貌釋文不慊口簟反恨不滿之貌口簟苦簟用字異則徐讀謙為慊本
於鄭義故陸云依注也 閒居 音閑 厭 讀為黶烏斬反徐又烏簟反厭然閉藏貌也○箋曰注云厭讀為黶
黶閉藏貌也按說文十黶中黑也鉉音於琰切段注引本記注云云其引申之義也於琰烏簟讀同以其時琰忝混用則徐又
音為本讀孔疏所謂小人獨居無所不為見君子而後乃厭然閉藏其不善之事蓋厭無閉藏義故鄭讀為黶左襄九年傳釋
文欒黶於斬反於斬烏斬為用字異陸從鄭易字之讀故音烏斬反也 揜其 於檢反 而著 張慮反後

同

其肺芳廢反 **肝然**音干 **言厭**於琰反一音於涉反○箋曰深衣釋文毋厭徐於涉反則此一音本於徐讀也詳彼箋於琰即讀作黶說文鉉音如此陸從鄭義作音孔疏所謂黶為黑色如為閉藏貌也此言小人見君子雖獨居之時亦厭然閉藏其不善之事也 **體胖**步丹反大也注及下同 **顯見**賢遍反 **淇**音其

澳本亦作奧於六反本又作隩一音烏報反○箋曰本記引詩云瞻彼淇澳注云澳隈崖也按此詩衛風淇澳之篇今詩作奧釋文於六反一音烏報反奧隈也爾雅釋丘隩字林烏到反郭於六反本或作澳則此首音本於郭正依澳字之本讀烏報葢為奧之音奧者室西南隅也因非此義故云一音一音猶言或音或音者謂澳或有作奧音也詩音則讀奧作澳葢依易字作釋故奧此首末互易也詳彼箋烏到烏報用字異釋丘陸列字林之音于首者以隩字兼有二音故也三處大小字不同陸沿舊不改互文自見耳 **菉竹**音綠 **猗猗**於宜反 **有斐**芳尾反一音匪文章貌○箋曰注云斐有文章貌也按詩衛風淇澳云有匪君子段玉裁詩經小學云按攷工記梓人匪色似鳴亦即斐字釋文有匪本又作斐同芳尾反文貌然則芳尾為斐之本音二音匪即又作匪葢本於詩經矣互詳彼箋 **如瑳**七何反○攷證云注疏本作磋說文所無

箋曰說文玉部瑳玉色鮮白鉉音七何切段注謂即玼之或體則與此形音同而義異唐寫本玉篇石部磋下引此詩為證可見磋為六朝通用字故注疏本用之詩淇奧釋文如磋七何反治象名然則瑳謂治象令其鮮白如玉則瑳為其正字陸氏於詩作磋於禮作瑳益順當文為釋非計字之正俗也

如琢 丁角反

如摩 本亦作磨末何反爾雅云骨曰切象曰瑳玉曰琢石曰磨○攷證云注疏本作磨說文無磨字箋曰爾雅釋器骨謂之切象謂之磋玉謂之琢石謂之磨郭注云皆治器之名陸引之以證摩為治石名易繫辭釋文摩本又作磨末何反京云相磑切也正與此同按詩淇奧釋文如磨本又作摩莫何反治石名陸以此本用摩與詩或本同他本用磨與詩正本同異文互指歟說文石部礦石磑也磨即礦之隸變

僩兮 下板反又胡板反○校語錄云胡板與下板同非異讀殆有一誤箋曰孔疏云僩然性行寬大按詩淇奧釋文僩兮遐板反寬大貌陸孔義同遐板即下板為用字異胡板之音亦同此正一音而有二三反語之例也法氏不審本書條例故言殆有一誤書實不誤而法自誤耳

赫 許百反

喧兮 本亦作咺況晚反○箋曰孔疏云喧然威儀宣美按詩淇奧釋文咺兮況晚反威儀容止宣著也韓詩作宣宣顯也然則陸孔義同顯著之訓韓用正字毛鄭俱為其借字矣陸言他本作咺

實指毛詩所用之字也

可諠　許袁反詩作諼或作喧音同忘也○箋曰注云諠忘也陸依鄭義作釋詩淇奧終不可諼兮毛傳諼忘也釋文諼兮況元反又況遠反忘也段注諼下云此諼蕿之假借蕿本令人忘憂之艸引伸之凡忘皆曰蕿詩作諼假借也況元即許袁為用字之異按文選二十五謝惠連西陵遇風獻康樂詩注引韓詩曰焉得萱草薛君曰諠草忘憂也萱與諠通則諠亦為萱之假借也從言從口之字六朝以後多混用如左成十六年釋文喧本又作諠嘩本又作譁是也故陸以此本用諠或本用喧

恂　依注音峻思俊反一音思旬反○箋曰注云恂字或作峻讀如嚴峻之峻言其容貌嚴栗也孔疏云以經之恂字他本或作峻字故讀為嚴峻之峻按孔說是也爾雅釋訓瑟兮僩兮恂慄也釋文恂音荀郭音峻鄭玄注禮記同云謂嚴慄也則恂讀為峻鄭郭意同思俊即為峻作釋下文嚴峻私俊反可證思旬即為恂之音與音荀讀同為直音反語用字之異彼為本讀故以音荀列首此從鄭說易字故以音峻列首陸恐人不曉於彼以鄭注記義證之於此直言依注互文以見則此一音同於又音矣

慄　利悉反

澳　於六反

隈　烏回反

嚴峻　私俊反

於　音烏下於緝熙同

戲　好胡反徐范音羲○箋曰本記引詩云於戲前王不忘孔疏云於戲猶言嗚呼矣按孔說是也

好胡即讀呼之音詩大雅蕩釋文式呼火胡反火胡好胡用字異可證漢書司馬遷傳師古曰於戲嘆聲戲讀曰呼古字或作嗚虖今字或作嗚呼音義皆同耳音義亦為戲之讀後漢書岑彭傳注於戲歎美之詞戲許宜反許宜即音羲為直音反語之異書序釋文引張揖字詁云羲古字戲今字則徐范以古字音釋聲借之今字也

樂其樂 並音岳又音洛注同

康誥 古報反

大甲 音泰

顧諟 上音故本又作頋同念也下音是正也○箋曰注云顧念也諟猶正也孔疏云伊尹戒大甲云爾為君當顧念奉正天之顯明之命不邪僻也按陸孔義同俱依鄭作釋尚書大甲釋文顧音故諟音是與此正同詩邶風日月我顧本又作頋如字頋蓋顧之俗陸俱以此本用正字作顧他本用俗字作頋互詳彼箋

峻德 徐音俊又私俊反○箋曰注云峻大也按孔子閒居峻極於天注云峻高大也釋文私俊反中庸峻極於天注同釋文思閏反高大也思閏私俊用字異則此又音為本讀音俊蓋讀作俊俊說文八俊材過千人也鉉音子峻切則徐音從帝典讀也孔疏云尚書之意言堯能明用賢俊之德此記之意言堯能自明大德也陸以此為賢俊之德故列徐音于首而不引鄭注為釋也

為題 徐徙兮反○校語錄云徙乃徒之譌盧本改正箋曰法說是也詩周南麟之止釋文題也徒兮反爾

雅釋言題音同穀梁僖二年言提徒兮反本又作題同以徒題同在定紐故也若徙則在心紐足見徙為徒形似而誤故法云盧本改正

盤步干反

銘徐音冥亡丁反○箋曰注云盤銘刻戒於盤也孔疏云沐浴之盤而刻銘為戒按孔申鄭義是也音冥為銘之本讀亡丁反釋冥亦為銘作音詩靈臺釋文冥亡丁反士喪禮為銘亡丁反禮記云銘明旌也俱為其證此一音而有二反語也

邦畿音祈又作幾音同

緡蠻音緜一音亡巾反毛詩作緜傳云緜蠻小鳥貌○箋曰本記引詩云緡蠻黃鳥孔疏云言緡蠻然微小之黃鳥按孔說是也此引小雅緡蠻之篇毛傳云緡蠻小鳥貌彼疏云言緜蠻然而小者是黃鳥也緜蠻文連黃鳥黃鳥小鳥故知緜蠻小貌釋文緡蠻面延反緜蠻小鳥貌則此音緜即讀緡為緜陸從詩經故列于首而引毛傳以釋其義亡巾則為緡之本讀說文十三緡釣魚緐也鋂音武巾切因無小義故云一音一音猶言或音謂或讀緡之本音也

岑仕金反

蔚音鬱又音尉○箋曰孔疏云蔚謂草木蓊蔚按易革象傳其文蔚也虞翻注云蔚蔇也釋文文蔚音尉又紆弗反廣雅云茂也數也紆弗即音鬱為直音反語用字之異與此首音又音互易按廣雅釋詁三蔚數也曹音尉玄應音義七宏道廣顯三昧經二蔚有於胃反紋彩繁數也則音尉為訓繁數之意說文一蔇艸多貌虞

翻釋為革象之蔚義段注蔚下云古多借為茂鬱字則音鬱即為茂鬱之義革象謂文彩盛陸故列音尉為首此記注言草木多故列音鬱為首其序錄所謂首標勝義者互文即可證知其條例之謹嚴耳又詳彼箋

安閒音閑

止處齒渚反

樂土音洛

焉於虔反

得知音智

於緝七入反

熙許其反

吾聽訟似用反

猶人也論語作聽訟吾猶人也

毋訟音無

虛誕音但

所忿弗粉反

懥勑直反忿懥怒貌也范音稚徐丁四反又音勱○箋曰注云懥怒貌也或作懫按勑值讀如佁為懥之本音丁四讀如致舌音類隔徐即作懫音下文懫音致可證音稚音勱俱為別讀集韵六至直利羊至二切俱有懥注云怒貌蓋依本書反

所好呼報反下好而知同

故樂徐五孝反一音岳

作懫音致

作疐音致又得計反○箋曰爾雅釋言疐仆也釋文疐都麗反一音致都麗即得計為用字異彼此首音又音互易兩兩相較彼訓頓仆之義都麗列首則得計為疐之本音此訓忿怒之義音致列首蓋讀疐作懥或作懫上文懥徐音丁四反懫音致是其比鄭注所謂懥或作懫或作疐皆是也陸從鄭義故以得計為又音列末也

而辟音譬下及注同謂譬喻也○注疏校勘記云閩監毛

本岳本衛氏集説同惠棟校宋本辟作譬宋監本石經嘉靖本考文引古本同下四而辟焉並同釋文出而辟云音譬下及注同今各本注譬猶喻也並作譬獨衛氏集説作辟按譬正字辟假借字阮校是也今本記文作辟注文作譬説文三譬喻也鄭義與許同陸用鄭説為釋孝經天子章釋文引辟本或作譬同匹臂反按文選四十三為石仲容與孫晧書李善注引鄭玄孝經注曰引譬連類則陸所據本皆用聲假字之辟而以他本用正字之譬

賤惡烏路反下惡而知同

所教五報反

惰徒臥反

其惡惡上如字下烏路反

鮮矣仙善反注同

故諺魚變反俗語也

心度徒洛反

美與音餘下薄與同

志行下孟反

弟者音悌

事長丁丈反下長長并注同

不中丁仲反注同

耆欲時志反

貪戾力計反

賁事徐音奮本又作僨注同覆敗也○攷證云注疏本作僨注疏校勘記云各本同石經同釋文出賁事云本又作僨注同按賁假借字

箋曰本記云一言僨事注云僨猶覆敗也按説文八僨僵也段注云引伸之為凡倒敗之偁引本記及注云云廣韵方問切方問即音奮為直音反語用字之異則徐音讀賁為僨以本字釋借字陸用鄭注釋僨之引伸義也射義釋文賁軍依注讀為僨

音奮覆敗也是射義假賁爲債與此記文同阮說是矣

覆敗芳福反　于濟子禮反　爲犇音奔○箋曰注云債或爲犇詩小雅行葦傳云奔軍之將釋文奔音奮奮覆敗也互文以證則犇之音奔正爲債之讀鄭注所謂債猶覆敗也此陸所以明鄭言或本之音義皆與正本無異也

所好呼報反注同　君行下孟反或如字　夭夭於驕反　蓁音臻　不忒他得反　興弟音悌　不倍音佩注同

有絜音結　拒之音矩本亦作矩○攷證云注疏本作矩官本改從釋文注仍作矩校語錄云雷氏浚曰拒或是柜之譌漢碑規矩多作規柜此即榘字省矢旁猶今字省木作矩也非說文木部之柜字箋曰注云矩法也按左宣十二年傳云將右拒卒釋文拒音矩本亦作矩以彼證此可見拒非柜之譌雷說未可爲據詳彼拒蓋矩之假借字故陸俱以此本用拒他本用矩而以本字之音釋借字之義也

偝棄音佩本亦作倍下同○攷證云注疏本作倍棄官本改從釋文注疏校勘記云各本倍字同釋文出偝棄云本亦作倍偝乃倍之或體按投壺云毋偝立注云偝者不正鄉前也釋文偝立音佩則此音爲偝之本讀說文八倍反也段注云此倍之本義中庸爲下不倍緇衣信以結之則民不倍皆是也倍之或體作偝見坊記投

壺荀卿子按中庸緇衣及此此上文不信皆音佩則此音又為倍之讀也注云信或作偝阮挍俱本鄭說也陸以此本用或體作

偝他本用正字作倍　**絜也**苦結反　**為巨**音拒本亦作拒其呂反○攷證云注疏本作巨巨注疏校勘記

云各本同釋文作作為箋曰為作義同經傳釋詞二云為猶用也左傳宣二年云棄人用犬雖猛何為作亦用也哀二年云無

作三祖蓋並是用義也則釋文與注疏本各取其所見耳按注云矩或作巨其呂為巨之本音說文鉅音可證音拒蓋讀巨作

矩上文拒之音矩本亦作矩是其比陸依經文故以正本之音為或本之字作釋而列之于首也　**所惡**烏路反下

皆同　**毋以**音無下同　**樂只**音紙　**所好好**皆呼報反　**節彼**徐音截前切反一音如字

○箋曰本記引詩云節彼南山孔疏云節然高峻者是彼南山按孔說是也此引小雅節南山之篇彼傳云節高峻貌釋文節

在切反又如字又音截高峻貌左昭二年傳釋文賦節才結反徐又如字在切才結皆即此前切與音截為直音反語用字之

異則此前切正為釋截之音徐蓋讀節為截截者顯盛貌言南山顯盛也如字則為節之本讀故云一音一音者又音也然此

一音亦依左氏徐讀也　**巖巖**五銜反　**辟則**匹亦反注同　**僇矣**音六　**其所行**

下孟反又如字

邪辟 似嗟反

未喪 息浪反

峻命 恤俊反大也

不易 以豉反注同

爭民 爭鬭之爭

施奪 如字

言悖 布內反下同

以上 時掌反

多藏 才浪反

專佑 音又

觀射父 食亦反又食夜反父音甫○箋曰易井釋文射食亦反徐食夜反則此又音本於徐讀也檀弓賁父下音甫人名字皆同

時辟 音避

驪姬 力宜反本又作麗亦作孋同○校勘記云葉本孋作驪非也十行本同箋曰阮校是也臧校孋亦作驪北館本注于旁則與大字之驪無別俱從葉本之誤按詩秦風渭陽序晉驪姬釋文作麗姬云本又作驪力馳反而注云時辟驪姬之讒則此用驪鄭君本詩小序穀梁僖十年傳麗姬力池反左氏伐麗戎所得檀弓注云驪姬獻公伐驪戎所獲女也釋文作孋姬云本又作麗亦作驪同力知反力馳力池力知與力宜俱為用字異此一音而有二三反語者則陸以此本作驪依鄭注他本作麗從二傳皆其假借字作孋據檀弓而為後出字是此與檀弓及渭陽三處所列大小字互易者可知陸順當文未改也互詳彼箋

在翟 音狄

子顯 許遍反

為之 于僞反

若有一个 古賀反一作介音界○攷證云宋注疏本作介足利古本同說文無个字注疏校勘記云

惠棟校宋本宋監本並作介石經岳本同此介作个嘉靖本閩監毛本同衞氏集說同釋文出若有一个云一讀作介石經考文提要云宋大字本作一介案正義說一介爲一耿介則當以作介者爲是釋文作个與正義本異箋曰孔疏云此秦穆公誓辭云羣臣若有一耿介之臣斷斷然誠實專一按古賀爲个之本讀儀禮士虞俎釋三个注云个猶枚也則作數量詞用言若有一誠實專一之臣我當任用也音界即爲介之讀禮器釋文七介音界可證則作形容詞用孔疏所謂若有一耿介一心之臣也按經義述聞三十一个條云介字隸書作亽省丿則爲个矣介音古拜反又音古賀反猶大之音唐佐反柰之音奴箇反皆轉音也後人於古拜反者則作介於古賀反者則作个而不知个即介字隸書之省非兩字也秦誓如有一介臣大學引作若有一个臣文十二年公羊傳引作介是个即介字釋文雖强分古賀反者爲个然大學釋文云个古賀反一讀作介音界則作个者亦可音界公羊釋文云介古拜反尚書音古賀反則作介者亦可音箇介與个豈有兩字乎王說是也則个爲介字隸書之省介字之音可以轉而爲箇矣介變作个其音轉讀古賀反者與音界似異而未嘗異也

臣此所引與尚書文小異

斷斷丁亂反　無它音他　技其綺反下及注同　休休許虯反尚書傳曰樂善也鄭注尚書

云寬容貌何休注公羊云美大之貌○箋曰本記引泰誓曰其心休休焉孔疏云惟其心休休然寬容形貌似有包容按孔說是也尚書泰誓云其心休休焉鄭注休休寬容貌公羊文十二年傳云其心休休何注休休美大貌釋文休休許虯反美大貌陸引鄭注尚書何注公羊爲證者明俱與僞孔傳之義有殊也

好之 呼報反

不啻 音試詩豉反○箋曰尚書多士不啻不有家土釋文不啻始豉反左昭元年傳不啻音同始豉即詩豉爲用字異則詩豉爲啻之本讀音試在志詩豉在寘以其時志寘混用故詩豉又爲釋試之音故此不云又不云一也

媢疾 莫報反妬也尚書作冒音同謂覆蔽也○箋曰本記引泰誓曰媢疾以惡之注云媢妬也孔疏云此論蔽賢之惡也媢妬也見人有技藝則掩藏媢妬疾以憎惡之也按孔說是也廣雅釋詁一媢妬也疏證云泰誓冒疾以惡之引本記及注云云媢冒嫉疾並通尚書釋文冒莫報反謂覆蔽賢人也陸引尚書爲證者明禮注與書音同而字異於義亦各有所屬也

以惡 烏路反下能惡人同

俾不 本又作卑必爾反使也

所敗 必邁反

於穀 户交反

皆樂 音岳又音洛

妬也 丁路反

佛戾 上扶弗反下力計反

迸諸 北孟反又逼諍反諍音爭鬬之爭皇云迸猶屏也○攷證云注疏本北皆作比

似誤校語錄云陸殆讀争門之争為去聲觀檀弓注争字音可見箋曰劉履芬本以朱△於諍音争門之争旁書眉云此大可疑果爾但作逼争反足矣前後皆無音中有音之例毛居正所見亦如此然恐非陸氏元文按廣雅釋訓趀趀走也曹音方孟疏證云玉篇迸散也王延壽王孫賦云或蹫趹以跳迸迸與趀同重言之則曰趀趀方孟即北孟則此首音為本讀逼諍在諍與北孟諍映混用是其音同左閔二年傳注招懷迸散釋文迸必諍反定四年傳注或迸散在魯迸彼諍反必諍彼諍俱與逼諍為用字之異是此又音當本於舊因又為諍作音審檀弓注云開謂諫争有所發起釋文諫争争鬬之争段注說文諍下云經傳通作争然則諫争即諫諍彼云争鬬之争正與此音同是陸讀争門之争亦如諫争之争法所謂讀争為去聲是也可見陸音中作音實明此又音之諍既與檀弓注之争相同又與首音映韵相混故無可疑矣詩大雅皇矣作之屏之釋文屏必領反除也陸引皇說以證與迸散聲同義近也北注疏本作比比北雙聲非誤

放去丘呂反　**命也**依注音慢武諫反○箋曰本記云見賢而不能舉舉而不能先命也注云命讀為慢聲之誤也舉賢不能使君以先己是輕慢於舉人也按鄭解記義是也以記文之義言作使命之字既與使命之事不合故易之為慢謂輕慢於舉人也武諫為慢之本讀緇

衣可慢音武諫反是其比命音眉病與慢雙聲故鄭謂為聲之誤陸從鄭說故直云依注也能遠于萬反好人呼報反下皆同之所惡烏路反下同拂人扶弗反注同佹也菑必音哉下同逮音代一音大計反○箋曰注云逮及也按易說卦釋文逮音代一音大計反禮運逮音代及也一音代計反代計大計為用字異詳彼夫身音扶猶佹九委反不肖音笑於施始豉反予由汝反畜許六反下同馬乘徐繩證反下及注同仲孫蔑莫結反以上時掌反采地七代反本亦作菜○箋曰注云百乘之家有采地者也按左莊元年經云夏單伯送王姬注云單伯天子卿也單采地伯爵也釋文采七代反孔疏云單者天子畿內地名人君賜臣以邑令采取賦稅謂之采地孔申杜義是也七代讀采作菜孟子音義萬章下采地音菜可證離婁下田菜丁云菜謂菜地菜之言采也故禮曰大夫有采以處其子孫則此言本亦作者正指孟子所用之字矣又按方言十三冢或謂之埰注云古者卿大夫有采地死葬之因名也依杜說則埰為其後出專字矣為之于偽反長國丁丈反患難乃旦反猥至烏罪反捄之音救本亦作救已

著張慮反

冠義第四十三冠音古亂反鄭云名冠義者以其記冠禮成人之義　卷之二十

和長丁丈反下同　三行下孟反　故冠古亂反除下文玄冠及注緇布冠玄冠以外並同

衣紒音計　筮日市至反著曰筮○箋曰筮在祭市至在至此為至祭混用　重禮直用反注同

於阼才故反　以著張慮反　醮於子笑反　彌尊音迷　適子音嫡　不醴音禮　見於賢遍反下皆同　奠摯本亦作贄同音至○箋曰儀禮士冠注云摯雉也賈疏云士執雉是其常故知摯是雉也釋文奠贄云本又作摯音至段注說文摯下云周禮六贄字許書作摯或假摯為之按摯者握持也引伸之為所握持之物非摯字之借贄者摯之後出字陸以此本用摯與儀禮或本同他本用贄與儀禮正本同彼此大小字互易者乃依當文未改耳互詳彼箋　鄉大夫鄉先生並音香注同○攷證云案注云鄉先生同鄉老而致仕者正義云見於鄉大夫謂在朝之鄉大夫也以注疏推之經文鄉大夫當作卿大夫而疏之兩鄉字亦卿之譌見大夫不當遺卿注於鄉

先生始釋爲同鄉，則上本不作鄉字可見。若指地官之鄉大夫，則益偏矣。此字沿誤已久，陸氏亦不能辨，而云並音香，更使後人不復致疑矣。注疏校勘記云：見於鄉大夫謂在朝之鄉大夫也，閩、監、毛本同，劉台拱校二鄉字並改卿，衞氏集說作卿大夫在朝之鄉大夫。箋曰：孔疏云見於鄉大夫謂在朝之鄉大夫也，鄉先生謂鄉老而致仕也，與陸讀音同。按儀禮士冠云遂以摯見於鄉大夫鄉先生，注云鄉先生鄉中老人爲卿大夫致仕者，賈疏云此即鄉飲酒與鄉射記先生及書傳父師皆一也，則二鄉字賈與陸讀亦同。彼校勘記云近有據誤本疏文欲改經鄉大夫爲卿大夫者，段玉裁云鄉大夫謂每鄉卿一人之鄉大夫及同一鄉中仕至卿大夫者，鄉飲酒禮鄉射禮所謂遵者也，鄉先生同一鄉中嘗仕爲卿大夫而致仕者也，必皆云鄉者，謂同一鄉，周禮重鄉飲鄉射以鄉三物賓興之意也。禮記冠義釋文云鄉大夫鄉先生並音香，此則經文不作卿字甚明，依阮、段說則此鄉大夫實非卿大夫之誤。盧謂經文之鄉大夫當作卿大夫，以陸氏音香爲誤，劉氏並改作卿，俱據注疏誤本耳。

於朝直遙反 爲人少詩照反 之行下孟反，下同 重與音餘 孝弟音悌

可以治直吏反 不敢擅市戰反

昏義第四十四

鄭云昏義者以其記娶妻之義內教之所由成也

昏者一本作昏禮者婚禮用昏故經典多止作昏字 將合如字徐音閤 之好呼報反 納采七在反采擇也 請期徐音情又如字○箋曰孔疏云請期者謂男家使人請女家以昏時之期由男家告於女家何必請者男家不敢自專執謙敬之辭故云請也女氏終聽男家之命乃告之按孔說是也公羊桓八年釋文請期音情又七井反詩邶風匏有苦葉請期音同是音情俱標于首則徐讀合理會時七井即如字之音左襄二十四年傳是以請請罪焉釋文請並七井反徐上請字音情可知如字之義為求孔疏所謂男家使人請女家以昏時之期也音情之義為受孔疏所謂女氏終聽男家之命以告之是也此辭有主動被動之分故音別平上也 筵几音延 使者色吏反 所傳直專反 醮子子妙反 之迎魚敬反下以迎同 男先悉薦反 子承命本或作子承父命誤○箋曰本記云父親醮子而命之迎男先於女也子承命以迎此言壻父身親以酒醮子而命之親迎壻則秉承父命以迎其婦所謂承命自是承父之命不言父者省之與上文相應自見是以陸氏謂或本有父字為誤也 壻字又

作聟悉計反女之夫也依字從士從胥俗從知下作耳○箋曰儀禮士昏釋文壻之悉計反從士從胥俗作埍女之夫按干祿字書云聟埍壻上俗中通下正則埍聟皆為壻之隸變陸故云俗說文士部壻夫也從士胥引詩曰女也不爽士貳其行士者夫也讀與細同鉉音穌計切穌計即悉計為用字異正許君讀細之音陸云依字者用許說以明字之正俗及其本義也然於禮經禮記分別出其俗字者正以博異聞耳互詳士昏禮箋

拜奠大見反

授綏音雖

合徐音閤又如字

卺徐音謹破瓢為杯也說文作𧯷云蠡也字林几敏反以此卺為警身有所承說文云讀若赤舄几○校語錄云比當作此箋曰本記云合卺而酳孔疏云卺謂半瓢以一瓠分為兩瓢謂之卺陸說與孔義同也按儀禮士昏注云合卺破匏也釋文音謹字林作𧯷居敏反蠡也以此卺為警身所奉之警則比為此形誤依正徐音為本讀矣居敏即几敏互詳彼箋又按說文己部卺謹身有所承也讀若詩云赤舄几几豆部𧯷蠡也徐鉉並音居隱切段注云瓠部曰瓢蠡也然則𧯷瓢也蠡之言離方言曰劙解也一瓠離為二故曰蠡卺者𧯷之假借字居隱音謹為直音反語用字之異陸云說文作𧯷證記文假借卺為合𧯷字云字林几敏反明呂讀在軫與徐音在隱軫隱混用也

而酳徐音胤又仕覲反○箋曰儀禮士昏釋文三酳

以刃反劉士吝反以刃音胤為直音反語用字之異仕覲即士吝則此又音同彼劉音互詳彼箋**酬酢**音昨

如冠古亂反下文始於冠同**醮與**音餘**先道**音導**之別**彼列反下同**朝聘**直遙反下匹政反**沐**音木**浴**音欲**俟見**賢遍反下及注同**執笲**音煩一音皮彥反器名以葦若竹為之其形如筥衣之以青繒以盛棗栗腶脩之屬○箋曰儀禮士昏云婦執笲棗栗自門入注云笲竹器而衣者其形蓋如今之筥𥫱蘆矣釋文執笲音煩竹器賈疏云下記云笲緇被纁裹加于橋注云被表也笲有衣者婦見舅姑以飾為敬云如今之筥𥫱蘆者此舉漢法以況義則此首音為本讀皮彥蓋讀若卞廣韵線韵皮變切有笲云竹器則此一音同於又音矣**棗栗**音早爾雅云棘實謂之棗俗作棗誤○箋曰小爾雅廣物棘之實謂之棗疏云說文朿部棘小棗叢生者棗羊棗也爾雅釋木云遵羊棗郭注實小而圓紫黑色今俗呼之為羊矢棗引孟子曰曾晳嗜羊棗又云樲酸棗郭注樹小實酢引孟子曰養其樲棘按趙岐孟子注云羊棗棗名也樲棘小棘所謂酸棗也據說文以棗為羊棗則羊棗是棗之大名趙岐以樲棘為小棘則棘自當更有其大者然則爾雅釋棗雖有壺邊櫅楊徹洗煮蹶泄晳還味之異名而總不離乎棘實依是可知凡棗皆棘實

也則此爾雅上漏小字干祿字書上聲桼桼上俗下正則桼爲桼俗書之變於義無取焉陸云誤者所以曉人知字從重束之意也

段脩丁亂反本又作腶或作鍛同脩脯也加薑桂曰腶脩何休云婦執腶脩者取其斷斷自脩飾也○箋曰儀禮士昏受笄腶脩注云腶脩者脯也賈疏云禮婦人見姑以腶脩爲贄釋文作段脩云丁亂反本又作腶同脯也禮記郊特牲尚腶脩而已矣釋文腶脩丁喚反鍛脯加薑桂曰腶脩丁喚丁亂用字異爲腶之本讀所謂脯也之義亦即鍛之音所謂鍛脯加薑桂之義公羊莊二十四年傳腶脩云乎何注云腶修者脯也腶脩取其斷斷自脩正釋文作斷脩云丁亂反注同本又作腶音同鍛脯加薑桂曰脩陸引之以證與鄭義不同則作段脩爲其假借字矣互詳士昏禮郊特牲二箋

贄醴依注作禮

脯醢音海○校勘記云撫本作醢此本醢誤醢校語錄引阮說箋曰說文皿部醢酸也鉉音呼雞切酉部醢肉醬也鉉音呼改切呼改與音海同一爲直音一爲反語依音義俱當作醢故阮謂醢爲誤法校從之北館本在書眉爲墨寫醢字按曲禮醢醬釋文作醢醬云徐音海本又作醢呼兮反廣韵沿用之上聲十五海呼改切有醢注肉醬亦作醢然則此音海作醢陸殆以本字之音釋聲借所用之字歟故爾仍舊

婦以特豚饋其位反一本無婦字

供俱用反

養

羊尚反　適寢丁歷反　以上時掌反　當於夫丁浪反稱也一音丁郎反下注同下注和當亦同○箋曰注云當猶稱也按丁浪讀當去聲其義為稱言婦順於舅姑而後與夫相稱也丁郎則讀平聲其義為敵言婦順於舅姑而後與夫匹敵也二義相似故其音相承此一音同於又音矣　委於偽反　積子賜反　蓋藏才浪反　猶稱尺證反下同　行和下孟反　先嫁悉薦反　芼莫報反　以蘋音頻　藻音早毛詩傳云蘋大萍藻聚藻詩箋云蘋之言賓早之言早　婉紆免反　娩音晚詩箋云婉娩貞順貌又音挽○校語錄云紆免內則作紆晚是也又云挽晚音同挽疑免之譌廣韵有此一讀箋曰詩名南采蘋序箋云姆教婉娩聽從孔疏云婉謂婦言娩謂婦容釋文婉怨遠反娩音晚怨遠紆免阮猶混用內則作紆晚用字異音晚為娩之本讀挽與晚字異音同故陸云又音也俱非誤　齊盛音咨　為壇徒丹反　九嬪毗人反　內治直吏反下及注除后治陰德皆同　相應如字音應對之應　適直革反下注同責也　見賢遍反下及注同　日為于偽反下文皆同　蕩滌上徒浪反下直曆反又杜亦反○箋曰注云蕩蕩滌去穢惡也按周禮秋

官條狼氏釋文音滌徒歷反除也直曆即徒歷舌音類隔之異則為滌之本讀杜亦在昔與直歷在錫音同以其時昔錫混用也陸故云又音 去起呂反 穢紆廢反 斬衰七雷反下同 資衰依注作齊音咨注又作齎者同

○箋曰注云資當為齊聲之誤也按曲禮去齊尺注云齊謂裳下緝也釋文齊音咨本又作齎檀弓齊音咨本亦作齎齎衰之字後皆放此則齎為正字齊為借字資齎音同故鄭謂為聲之誤

鄉飲酒義第四十五

鄭云鄉飲酒義者以其記鄉大夫飲賓於庠序之禮尊賢養老之義也別錄屬吉禮

于庠音詳鄭云鄉學也州黨曰序學記云古之教者家有塾黨有庠術有序國有學 盥洗音管 揚觶之豉反說文云鄉飲酒角也字林音支○箋曰說文四觶鄉飲酒角也鈺音支義切支義之豉用字異則此首音為本讀檀弓杜蕢洗而揚觶釋文觶字林音支以彼證此則呂忱為揚觶之義作音曾子問奠觶之豉反字林音支同此引說文所以明觶之本義本音也 致絜音結下同一本作致絜敬也 不爭爭鬭之爭下同 則遠于萬反 鬭辯如字徐甫免反下同○箋曰周易同人釋文辯物如字王肅卜免反卜免與甫免同等韻家謂之輕重交互則徐與王讀

同詳彼箋

鄉人士君子鄭云鄉人鄉大夫士州長黨正也君子謂卿大夫士也周禮天子六卿鄭司農云百里內為六鄉外為六遂司徒職云五家為比五比為閭四閭為族五族為黨五黨為州五州為鄉鄉大夫每鄉卿一人州長每州中大夫一人黨正每黨下大夫一人族師每族上士一人閭胥每閭中士一人比長五家下士一人諸侯則三鄉州長丁丈反篇內皆同謂卿去京反注同飲國於鴆反羞出音脩主人共之也音恭東榮如字屋翼也劉音營○箋曰儀禮鄉飲酒注云榮屋翼賈疏云榮在屋棟兩頭與屋為翼若鳥之有翼釋文東榮如字劉音營與此同詳彼箋猶清如字皇才性反○箋曰少儀釋文絜清徐才性反又如字則此皇音與徐同彼讀以絜瀞為義此讀以清絜為義故首音又音互易矣介音戒下放此輔賓者僎音遵輔主人者

成魄普百反說文作霸云月始生魄然也○校語錄云如乃始之誤見書武成箋曰書康誥釋文魄字又作鬼普白反馬云鬼朏也謂月三日始生兆朏名曰魄按說文月部霸月始生魄然也鉉音普伯切普白普伯與普百俱為用字異段注云律歷志曰死霸朔也生霸望也孟康曰月二日以往明生魄死故言死魄魄月質也漢志所引武成顧命皆作霸後代魄行

而霸廢矣依是則皰為後出字陸引說文正以明其本字本義也始原作如依法說正正之坐才臥反又如字○箋
曰投壺釋文去坐才臥反又如字正同此詳彼箋嚴凝魚矜反成也祭薦本又作荐同○箋曰易豫
象曰殷薦之上帝釋文薦將電反本又作荐同儀禮士冠釋文薦脯本又作荐互詳彼箋按說文十薦獸之所食艸則荐為薦
之或體矣故陸以此本用正字他本用或體嚌才細反肺芳廢反啐七內反專為于偽
反下及注專為同孝弟音悌下同之行下孟反國索色百反禮屬音燭大
守音泰下手又反相息亮反漢制郡有太守國有相或息羊反則以連下句○箋曰注云如今郡國下令長於鄉射飲酒
從太守相臨之禮也孔疏云云如今郡國下令長於鄉射飲酒者謂郡治之下及王侯有國治之下滿萬戶以上之令不滿萬
戶之長於己縣或射或飲酒則從郡之太守及王國之相來自行禮相監臨之儀不用令長禮也令長射而飲酒似州長黨正
也太守與相來監臨似鄉大夫監臨也故引以相證也按孔申鄭義是也息亮即讀輔相為名詞與太守對文陸所謂郡有太
守國有相也息羊則讀相視為動詞說文相省視也鉉音息良切爾雅釋詁覛相也注云覛謂相視也釋文相息羊反讀者或

息亮反今不用息良息羊用字異鄭所謂從太守相臨之禮言令長來自行禮太守及國相來監臨相視之也故陸云以連下句　易易皆以豉反注及下易易同　別矣彼列反注及下注同　省矣所領反徐疏幸反注同○箋曰按廣韻梗韻省所影切此所領在靜疏幸在耿則其時疏紐靜耿二韻俱與梗混用矣　不酢音昨　隆殺色戒反注及下同　笙八音生　閒歌閒廁之閒　合樂如字徐音閣　不復扶又反　少長詩名反　於沃於木反○箋曰於木在屋與沃作音以其時屋沃混用也　能弟音悌下弟長同　猶脫徒活反又音奪○校語錄云音奪即徒活反非異讀必有誤或徒為吐之譌箋曰音奪即徒活一為直音一為反語乃用字之異此一音而有二反語本書固有之例也法謂非異讀則是謂必有誤則未審　廢朝直遥反注朝夕既朝同　莫不音暮下同　先夕悉薦反　五行下孟反　亨狗普萌反　在阼才路反　之委於偽反　大古音泰　南鄉許亮反下及注鄉仁南鄉東鄉皆同　蠢也尺允反蠢動生之貌　者夏戶嫁反下同　假也古雅反下同大也　愁也依注讀為揫子

留反下同斂也爾雅云揫聚也 **中者藏也** 如字下同徐才浪反○箋曰禮運釋文之藏如字徐才浪反與此讀同按說文新附藏匿也鉉音昨郎切即此如字之音羣經音辨一昨郎切藏入也才浪切藏藏物之府也然則讀如字為動詞讀才浪為名詞徐音由平轉去以其讀動為名也 **偝藏** 音佩 **嚴殺** 如字又色戒反 **介覸** 音間

廁之間 **所共** 音恭 **三卿** 去京反 **大參** 七南反

射義第四十六

鄭云射義者以其記燕射大射之禮觀德行取於士之義也別錄屬吉禮

長幼 丁丈反 **言別** 彼列反 **老稺** 音值 **德行** 下孟反下文注德行皆同 **必中** 丁仲反下同 **正** 音征○校勘記云十行本岳本並作音征校語錄引阮說○箋曰劉履芬本以墨寫彳於小正字旁書尾云征最是按正正同字不能為音切作征是也今據以補正 **鵠** 古毒反徐又如字○箋曰說文四鵠鴻鵠也鉉音胡沃切胡沃即此如字之音段注云鴻之言琟也言其大也則謂鵠為大鳥也周禮天官司裘設其鵠注云謂之鵠者取名於鳱鵠鳱鵠小鳥而難中釋文鵠古毒反則謂鵠為小鳥此首音為正鵠之本讀也 **騶虞** 側尤反徐側侯反○箋曰側在莊紐侯韵

一等無莊側侯讀同側尤等韻家所謂正音憑切也 貍首力之反貍之言不來也首先也此逸詩也鄭以下所引曾孫侯氏為貍首之詩也 采蘋音頻 采蘩音煩 樂循徐辭均反 五豝百麻反獸一歲曰豝詩傳云豕牝曰豝 南澗音諫山夾水曰澗 之濱音賓涯也 被之皮義反徐扶義反○箋曰注云被首飾也皮義為被之本讀扶義與皮義同徐音輕重交互也尚書堯典釋文被皮寄反徐扶義反皮寄皮義用字異徐音亦與此同 僮僮音童本亦作童毛詩傳云竦敬也○箋曰詩名南采蘩被之僮僮毛傳僮僮竦敬也釋文僮僮音同竦敬也按廣雅釋訓童童盛也疏證引詩及傳云云案詩言被之僮僮被之祈祈則僮僮祈祈皆是形容首飾之盛下乃言其奉祭祀不失職耳僮與童通廣雅訓童童為盛蓋亦本三家也按王說甚是此鄭引詩經文所以申禮記文樂不失職之義童童為首飾盛毛公於僮僮探下文夙夜在公訓為竦敬則首飾之盛自不待言矣三家與毛字異而音同義異而實同故引毛說證之也鄭君注禮宗毛陸本鄭說故以此本用僮他本用童 可數色角反下同 長學丁文反

比於毗志反下同親合也 而中丁仲反下同 得與音預下皆同 而削胥略反

計偕 音皆俱也 **共工** 音恭 **瞿** 俱縛反注同 **相** 息亮反相地名 **瞿之圃** 音補徐音布樹菜蔬曰圃○箋曰注云樹菜蔬曰圃按説文六圃種菜曰圃鉉音博古切博古即音補一為反語一為直音乃用字之異則此首音為本讀音布蓋讀如布由上轉去而於義無殊徐讀同於又音也故周禮大宰二曰園圃釋文布古反又音布公羊定七年傳爾雅釋地並音同詩東方未明圃音布又音補樹菜蔬曰圃又樊圃音義同首音又音彼此互易也 **蓋觀** 如字又古亂反○箋曰如字為觀之本讀廣韵古丸切觀視也古亂則讀如貫易觀釋文官喚反示也官喚古亂為用字之異然則以我視物曰觀讀平聲以物示我曰觀讀去聲雖為一義之轉移而有主動被動之差異者故音亦隨之而相轉矣詩行葦觀古亂反又音官周禮大宰氏音同示也此其比矣 **如堵** 丁古反 **菜蔬** 一本作疏所魚反○箋曰周禮天官大宰云臣妾聚斂疏材鄭注疏材百草根實可食者疏不熟曰饉釋文疏色居反菜也曲禮注云嘉善也稻菰蔬之屬也釋文作嘉疏云本又作蔬色魚反色居色魚俱與所魚同為用字異蔬者疏之俗陸以此本用蔬與曲禮注同從俗字他本用疏與大宰文同從正字 **責軍** 依注讀為債音奮覆敗也○箋曰本記云責軍之將注云責讀為債債猶覆敗也孔疏云

責讀為債者若春秋鄭伯之車債於濟説文云債僵也是債為覆敗也按孔申鄭義是也大學云一言債事注云債猶覆敗也
釋文作責事云徐音奮本又作債注云覆敗也則此音本於徐讀記文假責為債鄭以本字易之陸從鄭説以本字釋借字讀
責為債恐人不曉故直云依注也之將子匠反與為音預奇也注同不入一本作不得入者非
也責讀音奔○箋曰詩小雅行葦傳云奔軍之將釋文奔音奮奮覆敗也以彼證此則責之音奔正為債之讀鄭
注所謂責讀為債債猶覆敗也釋文債亦音奮覆敗也如此相參知陸作音所以明禮記用字雖與毛傳異而其音義則皆與
鄭讀債字相同責為借字記人用之奔為本字毛公用之也覆敗芳卜反○箋曰覆是三等卜是一等以卜切覆
此時脣音混用也奇也居宜反下同後人者如字又音候公罔人姓也又作冈之裘
裘名也之語助序點多簟反序姓點名也揚觶之豉反孝弟音悌耆音祁巨支反六十曰耆○箋曰
曲禮云六十曰耆釋文耆渠夷反渠夷即音祁一為直音一為反語此用字異巨支與音祁讀同以其時支脂混用也耋
大結反七十曰耋一云八十曰耋好禮呼報反下同脩身以俟死絶句者不此二字一句下

及注皆同

旄 本又作耄莫報反八十九十曰耄○箋曰注云八十九十曰旄按曲禮八十九十曰耄釋文作八十九十曰旄云本又作耄同亡報反惛忘也亡報莫報用字異陸引記文為釋與此同詳彼箋

期 本又作旗音其如字百年曰期頤頤養也○箋曰注云百年曰期頤按此注引曲禮文彼注云期猶要也頤養也不知衣服食味孝子要盡養道而已則言當此之時事事皆待於養故曰頤如字則為期之本音音其葢為旗之讀此讀期作旗也國策秦策中期推琴史記魏世家作中旗弟子列傳魯巫馬施字子旗家語弟子作字子期是期旗二字互用也故陸以此本作期他本作旗按如字與音其不同讀則如字上當漏又字如三年問釋文失喪息浪反又如字昏義請期徐音情又如字是其證也

稱道 如字稱言也行也○校語錄云言也行也下葢脫道字箋曰本記云旄期稱道不亂者注云稱猶言也行也孔疏云年雖甚老行道不亂依鄭孔所釋則行亦為稱字之義非道字之義陸引鄭注為釋與孔意同法疑脫道字乃臆必之語

不亂 絶句本或作而不亂

葢

勵 音勤又音覲少也○箋曰本記云葢勵有存者段注說文僅下引記文證之云言存者甚少勵即僅字按广部廑云少劣之居鉉音巨斤切段注謂引伸之義與人部之僅同古多用廑為僅亦用為勤字文選長楊賦注引古今字詁曰廑今勤字集

韵欣韵以勵勵為廑之或體巨斤音勤為直音反語用字之異則此首音為勵本讀矣音覲即讀作僅段氏所謂引伸之義與僅

同也**期頤**以支反鄭注曲禮云期要也頤養也**言有此行不**絶句行音下孟反**繹**音亦

徐音釋〇箋曰本記云射之為言者繹也孔疏云此記者訓釋射之名射者是繹也繹陳也言陳己之志按孔說是也詩小雅

車攻會同有繹傳云繹陳也釋文繹音亦陳也是此首音為本讀音釋蓋讀為釋釋者解也言記者訓解射之名也集韵昔韵

以繹為釋之或殆依此徐音矣**舍也**如字舊音捨〇箋曰本記云射之為言或曰舍也孔疏云是記者又解射名故

云射者舍也舍中也謂心平體正持弓矢審固則能中也按孔說是也詩清人釋文舍命音赦處也王云受也音赦即此如字

之音左哀十二年舍音捨釋也然則舊音與徐音讀繹為釋意同桓二年舍爵音赦置也舊音捨與此亦同**中矣**

丁仲反下及注皆同**父鵠**古毒反徐如字注同〇箋曰上文正鵠古毒反徐又如字與此同詳彼箋**各射**

食亦反下射天地四方同**得與**音預下皆同**紲地**勑律反**朝者**直遙反**先令**

力呈反**已乃**音以**課中**口臥反**桑弧**音胡以桑木為弓**蓬矢**步工反**飯**

扶晚反食音嗣注同人為于僞反所爭爭鬬之爭下及注有爭皆同揖讓而升

下絶句而飲一句者袒音但決遂古穴反說吐活反決拾音十郤左手丘逆反又羌略反○箋曰丘逆讀作郤曲之郤莊子人間世釋文郤曲去逆反字書作迟廣雅云迟曲也去逆丘逆用字異羌畧蓋讀作退郤之郤少儀襲郤去畧反公羊定八年傳郤反同去畧羌略亦用字異然則首音讀從卩之郤為此字之本讀又音讀從卩之郤為隸變字之音此以晋宋而下俗書卩卩混用釋文者亦隨字形而作兩音也按周禮攷工記梓人注云郤行蝡衍之屬釋文郤行羌畧反劉去逆反則此首音本於劉互文相見彼以蝡衍能兩頭行故列羌畧為首音此以襲說決拾郤左手故列丘逆為首音則彼劉音混郤為郤此又音混郤為郤以陸列音條例可以諟知其字正俗矣互詳彼箋

弛弓式氏反又始是反○校語錄云始是與式氏同鄉射大射弛可之弛亦止尸氏反一音此又始是反四字或校者語也箋曰始是與式氏音同而用字異此本書固有之條例也法疑又音四字為校者語也者不以一音而有二反語之故也實未審耳

爭中丁仲反下文注同失正音征注同若夫音扶不肖音笑棲皮音西

梏音角，直也，下同。有的丁歷反。辭養如字，徐羊尚反。○箋曰：本記云「求中以辭爵」者，辭養也。注云：「辭養讓見養也。」孔疏云：「若已有老病而可受養，今已為射不中而受爵，是無功受養，不敢當之，故讓矣。」按孔申鄭義是也。說文：「養，供養也。」鉉音余兩切，余兩即此如字之音。羊尚則讀如漾。詩小雅蓼莪釋文：「終養，餘尚反。」餘尚即羊尚，為用字異。徐音轉上為去，後人因分別上聲之義為養育，去聲之義為供養，古無是也，此殆方音之轉耳。易井釋文：「井養，如字，徐以上反。」是其比矣。

之識音式，一音志。飲女音汝。

燕義第四十七

鄭云：名燕義者，以其記君與臣燕飲之禮，上下相報之義也。

之卒依注音倅，七對反，又蒼忽反，副也。○箋曰：本記云「庶子之卒」，注云：「卒讀皆為倅，諸子副代父者也。」孔疏云：「云卒讀皆為倅者，以經云庶子之卒，下文云國子存游卒，以卒字非一，故云卒皆為倅。若旁置人者，是副倅之倅；若不置人者，則百人為卒之卒，故讀卒從倅也。云諸子副代父者也，此諸適子皆副代於父，與父為倅，故稱倅也。」按孔申鄭義甚析。七對為倅之音。文王世子釋文：「之倅，七對反，副也。」此釋卒為倅。下文「游卒」七內反，七內即七對。鄭君所謂卒讀皆為倅是也。陸本鄭義，故云依注。

蒼忽由去轉入讀爲倉卒之音蓋爲别讀故爾云又曲禮釋文卒寸忽反是其比又按周禮小司徒五人爲伍五伍爲兩四兩爲卒注云卒百人夏官序官百人爲卒孔疏所謂旁不置人者之義與陸讀作倉卒不同廣韵没韵作倅則以副倅字爲士卒從鄭君所易之字也此記人以卒字爲副倅蓋用其借字耳

教治 直吏反注及下同

别其 彼列反

大子 音泰後大子大學同

朝位 直遥反

合其 如字徐音閤

卒伍 子忽反注同伍音五

弗正 音征

游卒 七内反注同

南鄉 許亮反

莫敢適 音敵大歷反本亦作敵○箋曰本記云莫敢適之義也孔疏云莫敢適言臣下莫敢與君匹敵而爲禮按孔說是也左傳成二年經注云非匹敵和成之類釋文匹敵如字本或作適亦音敵則此音敵即讀適作敵孔疏所謂臣下莫敢與君匹敵而爲禮也大歷蓋爲敵之本讀且爲適作音與音敵用字異一爲直音一爲反語玉藻敵者不在釋文敵者本又作適音狄音狄大歷亦用字異然則適敵二字記文互用矣故陸以此本用適與玉藻或本同他本用敵與玉藻正本同

爲其 于僞反下文爲疑同

踧 本亦作蹴子六反

踖 子昔反又積亦反○校勘記云十行本同撫本葉本積作精亦同毋字校語録引阮説云云偉案釋文無以積

為紐者況踖積同讀乎作精蓋是然精亦子昔初非異讀亦不可解廣韻踖字又有從紐一讀考棗冠釋文瘠情昔反恐精積並情之譌箋曰注云定位者為其始入踧踖揖而安定也按儀禮大射儀釋文猶踧子六反踖子亦反論語鄉黨踧踖上子六反下子亦反踧踖恭和貌子亦即子昔則此子六子昔為踧踖之本讀哀公問孔子蹴然避席而對注云蹴然敬貌釋文蹴然子六反敬貌孟子公孫丑上云曾西蹴然曰趙注蹴然猶蹴踖也是則蹴與踧同故陸以此本用踧與孟子同他本用蹴與趙注同又按積江校亦作精北館本如江則撫本葉本是也精亦音同子昔為用字異法謂非異讀不可解者不審本書一音而有二反語之條例也然則積非情字之誤明甚凡聯語必同紐廣韻踖有從紐一讀實非此義法說未審

使宰夫本亦作使膳夫　亢禮苦浪反　上至時掌反　復以扶又反　大音泰舊他佐反○箋曰詩大雅雲漢釋文大音太徐他佐反曲禮大溫音泰徐他佐反則此舊音本於徐讀也　相近附近之近　稽首徐本作䭫音啟○箋曰周禮春官大祝辨九拜一曰䭫首注云拜頭至地也釋文䭫首音啟本又作稽則徐本用字與周官同按玄應音義十四四分律一稽首引字詁云古文䭫首同苦禮反苦禮音啟一為直音一為反語說文九䭫下首也鉉音康禮

切康禮即苦禮故陸以此本用稽與經典同徐本同蹟與說文同　以道民音導下同　什一音十

不匱求位反　等差初佳反又初宜反○箋曰曲禮釋文差退初佳反徐初宜反經解差若同則此又音本於徐

讀矣詳彼箋　脯醢音海

聘義第四十八鄭云名聘義者以其記諸侯之國交相聘問重禮輕財之義

七介音界下及注同　各下戶嫁反　而傳文專反下同　陳擯必刃反本又作儐下文及注皆

同說文云擯或儐字○箋曰儀禮士相見注云傳命者謂擯相者賈疏云謂出接賓曰擯釋文謂擯必刃反說文八擯儐或從手儐導也鉉音必刃切按導者導引也則許以儐與擯同攷周禮秋官司儀云賓亦如之注云賓當為儐上於下曰禮敵者曰儐段注儐下引證釋之云上於下曰禮謂如主國之禮聘賓是也敵者曰儐謂如儐勞者儐歸饔餼者等是也鄭易賓為儐取賓禮相待之義非擯相之義也依段說可見鄭君本二禮以擯為導儐為禮賓其分別與許合一不同本記注云賓見主人陳擯以大客禮當己則三讓之是此為擯相之義則作旁從手之擯若為從人之儐同音假借也曲禮釋文其擯本又作儐必刃

反蓋與此同故陸以此本用擯他本用儐從鄭説也引説文儐擯爲一字以證禮注二字義別許鄭所解義異也聘禮釋文儐

勞必刃反劉云與擯同則從許説矣

之使所吏反

于竟音境

郊勞力報反

拜況本亦作貺音同貺賜也○攷證云注疏本作貺説文新附字注疏校勘記云各本同石經同釋文出拜況云本亦作貺按説文有況無貺箋曰本記云北面拜貺注云貺賜也孔疏云北面拜貺者君於阼階之上北面再拜拜聘君之貺貺謂惠賜也聘禮云公當楣再拜是也按孔説是也爾雅釋詁貺賜也釋文貺許誑反本或作況左僖十五年傳女承筐亦無貺也釋文貺音況本亦作況説文新附同爾雅鋕音許訪切陸用鄭義鄭本諸釋詁文惟大小字與彼互易耳又按漢書武帝紀遺天地況施注應劭曰況賜也又丁酉拜況于郊師古注同則知古作況後別爲從貝之貺陸以此本作況與漢書同他本作貺與左傳同

當楣音眉

私覿大歷反見也

雍字又作饔音同○攷證云注疏本作饔注疏校勘記云各本同石經同釋文出雍云字又作饔箋曰詩小雅瓠葉序雖有牲牢饔餼鄭箋云孰曰饔釋文饔於恭反孰曰饔字又作饔史記吳太伯世家太伯弟仲雍索隱引系本曰吳孰哉居藩籬宋衷曰孰哉仲雍字解者云雍是孰食故曰雍字孰哉也比而觀之可

知二字義同按說文五饔孰食也鉉音於容切是則饔為饔隸變注本用之雍為饔省文釋文用之

餼許既反

還圭音旋下及注同

璋音章

賄贈呼罪反字林音悔○箋曰孔疏云賄贈者因其還玉之時主人之卿并以賄而往還玉既畢以賄贈之故聘禮還圭璋畢大夫賄用束紡是也按孔說是說文六賄財也鉉音呼罪切則此首音為本讀音悔轉上為去蓋讀作悔聘禮注云古文賄皆作悔是古假悔字為之則呂忱讀作假字矣故此音相承而義相同也曲禮釋文貨賄呼罪反字林音悔與此同

正**享**許兩反本又作饗○孜證云注疏本作饗案說文享作亯獻也饗為鄉人飲酒義別箋曰儀禮聘禮小聘曰問不享釋文享本又作饗左成十二年傳有享宴之禮釋文享宴許丈反本亦作饗宴許丈許兩用字異按說文五亯獻也亯篆文饗鄉人飲酒也鉉音俱許兩切亯益亯之變而本記云饗食燕孔疏申之云謂主君設大禮以饗賓設食禮以食賓皆在朝也又設燕以燕之燕在寢也據是知享宴之享正作享享獻也左傳作享為正字周禮大行人禮記月令作饗為同音假借字孜證所謂義別也故陸以此本用享他本用饗

食音嗣下同

比年必履反

使者色吏反

以媿本又作愧音同○孜證云注疏本作愧說文媿為正字愧或從恥省注疏校勘記云各本同石經同釋文出以

媿云本又作愧箋曰說文十二媿慙也鉏音俱位切本記云所以愧屬之也者言所以使賔慙愧自勉勸屬也則作媿為正字故陸以此本用之作愧為或體以他本用之爾雅釋訓愧慙九位反本亦作媿與此大小字互易矣　皆為于偽反　壁琮才工反○校語錄云才工蓋誤他處皆才冬才宗等反箋曰儀禮聘禮釋文加琮才宗反半璧也才宗在冬才工在東以其時東冬混用陸亦不分則此才工非誤法說未審本書音例矣　三積子賜反　匑薪初俱反　倍禾步罪反　乘禽繩證反　一食一又作壹食音嗣○攷證云注疏本作壹箋曰儀禮聘禮釋文壹食音嗣注及下皆同則此謂又作壹者殆指禮經所用之字與記入所引者形異而義同也　幾中徐音譏又音基○箋曰本記云曰幾中而後禮成孔疏云幾近也曰近在於中而後禮成畢按孔說是也易小畜月幾望釋文幾徐音祈又音機子夏傳作近音祈音譏為用字異音機在微音基在之此時之微混用左襄十一年傳幾音機近也徐音譏與此首音又音互易然於義則無殊矣　行成下孟反　人渴苦葛反○校語錄云若乃苦之譌箋曰法說是也苦渴同在溪紐作若則在日紐是若為苦形近之譌今依正之　肉乾音干　日莫音暮　齊莊側皆

反　敢解佳賣反　惰徒臥反　長幼丁丈反　有行有行並下孟反下有行同

順治直吏反　為陳直靳反　賤碈武巾反字亦作瑉似玉之石○校勘記云葉本從昏作碈與石經同箋曰臧校從葉本按本記云君子貴玉而賤碈者何也注云碈石似玉孔疏云按呂諶字林云碈美石以其石之美者故云似玉也按孔申鄭義是也周禮夏官弁師瑉玉三采釋文瑉本又作珉亡貧反亡貧武巾用字異說文一珉石之美者鉉音武巾切故陸謂瑉本又作珉其時二字音讀無殊然則瑉為珉之或體碈蓋瑉之分別文是此云字亦作瑉者殆指周禮所用字弁師謂本又作珉者正與說文玉部同　為玉于偽反下同　多與音余　作玟武巾反又音枚○箋曰注云瑉或作玟也說文一玟火齊玟瑰也段依韵會引作玟瑰火齊珠一曰石之美者鉉音莫栝切注云謂石之美者名枚此字義之別說也今音則前義讀如枚後義讀如罠莫栝即音枚一為直音一為反語則此又音為玟瑰之本讀段氏所謂前義讀如枚也讀如罠即武巾段氏所謂後義之音此蓋讀玟作瑉以許君別說字之義明即鄭君此注記文本字之音二字形雖異而音義皆同也陸從鄭說故列其音於首而以玟瑰之義為又音也　為濡音儒　縝密音軫

一音眞○箋曰本記云縝密以栗知也注云縝緻也按漢書司馬相如傳縝紛注孟康曰縝眾盛師古曰縝音爭忍反爭忍在莊音軫在照二等與三等讀同其義亦相似音眞蓋讀作稹周禮攷工記輪人稹理而堅鄭注云稹致也致今之緻字釋文稹理之忍反本又作縝一音眞段注說文稹下云引伸為凡密緻之偁則此一音讀作稹引伸之義矣

知也音智

致直置反本亦作緻○注疏校勘記云各本同釋文出致云本亦作緻按致緻古今字箋曰詩小雅斯干箋云其堅致則鳥鼠之所去釋文堅致直置反本亦作緻同都人士箋云其情性密致釋文密致同緻蓋致之後出專字直置在志致在至此時志至混用詳彼箋

不劌九衞反傷也字林云利傷也又音己芮反○箋曰本記云廉而不劌義也注云劌傷也義者不苟傷人也孔疏云廉稜也劌傷也言玉體雖有廉稜而不傷劌於物人有義者亦能斷割而不傷物故云義也按孔申鄭說是也說文刀部劌利傷也鉉音居衞切居衞即九衞段注云利傷者以芒刃傷物則是字林之義本說文陸引之為證者正與孔所謂玉體廉稜而不傷割於物之義同明較鄭君所言傷害之義為確然又以鄭義列首者則亦注釋記文也己芮讀同居衞為用字異故云又音莊子在宥釋文劌居衞反司馬云傷也廣雅利也則彼司馬之義本於此鄭注引廣雅訓亦與此字林

同

如隊　直位反又音遂○注疏校勘記云閩監毛本岳本嘉靖本同釋文出如隊石經隊作墜箋曰本記云垂之如隊禮也孔疏云言玉體垂之而下墜人有禮者亦謙恭而卑下故言禮也按孔說是爾雅釋詁隊落也釋文作墜云本又作隊同直類反直類直位用字異說文十四隊從高隊也則隊墜正俗字此首音為本讀音遂蓋讀如隧故集韵至韵直類切以墜隧為墜之或體也隊在澄紐遂在邪紐則此又音由舌上轉為齒頭而發聲之形態無殊殆方音之流變矣

叩之　音口

詘然　其勿反絕止貌

枯木　苦老反亦作槁○攷證云注疏本作槀校語錄云枯蓋槀之誤阮刻注疏本作槀樂記同箋曰注引樂記曰上如槀木彼釋文云槀苦老反則此音為槁作釋按說文六枯槁也鉉音苦孤切槀木枯也段注云枯槀字古皆高在上今字高在右是則枯槁為轉注字槀槁為古今字依注疏本則切語為本字作依釋文則切語為轉注字作此云亦作槁枯槀二字皆通蓋孔陸所見本為異各有其據耳法以枯為槀誤不審陸書音例矣

瑕　音遐玉病

揜　音掩

瑜　羊朱反玉中美

孚　依注音浮

尹　依注音筍又作筍于貧反○箋曰本記云孚尹旁達信也注云孚讀為浮尹讀如竹箭之筠浮筠謂玉采色也采色旁達不有隱翳似信也孔疏云孚浮也浮者在外之名尹讀如筠筠

者若竹箭之筠筠亦潤色在外者按孔申鄭義是也此讀孚爲浮者取浮見於外音浮即讀孚爲浮讀尹如竹箭之筠鄭意謂筠即筍禮器如竹箭之有筠釋文筠于貧反鄭云竹之青皮也正義謂此爲尚書顧命敷重筍席之注是則鄭説以筍爲筠故訓竹青皮以其滑色有光謂之浮筍聘義取以喻玉之采色音筍即讀尹爲筍陸俱從鄭説故直云依注也説文五筍竹胎也鉉音思允切段注云胎言其含苞引伸爲竹青皮之偁此又從均作筠葢以别於竹胎之筍故陸引之以爲證明記文用假借字也

隱翳於計反

作姕音孚徐方附反○箋曰注云孚或作姕按音孚爲姕之本讀廣韵虞韵芳無切姕姕悦可證方附葢讀如付集韵遇韵付紐有姕注云美色致此記文云孚尹旁達以言玉之采色旁達是則首音以記文之音爲注文作釋徐音正爲集韵之義所本矣

白虹音紅天氣

見於賢遍反

朝聘直遥反

喪服四制第四十九

鄭云以其記喪服之制取其仁義禮智四者也别錄屬喪禮

訾之徐音紫毁也一音才斯反○江校云玄應引作呰徐音紫正呰音也訾思也子斯反見少儀箋曰本記云訾之者是不知禮之所由生也注云口毁曰訾孔疏云言若訾毁不信禮之體天地法四時則陰陽順人情如此之人是不識知禮之所

由生也按孔說是也說文口部呰苛也鉉音將此切玄應音義二十四俱舍論十六毀呰子爾反引記文及注訾作呰將此子爾俱與音紫為直音反語用字之異江氏所謂徐音正呰音也少儀注兩云訾思也釋文不訾子斯反江氏亦以訾義非毀故引少儀證之蓋訾與呰雙聲平上相承故為呰之借經典多如是曲禮不苟訾注云人之性不欲見毀訾釋文訾毀也沈又將知反莊子人間世訾向徐音紫崔云毀也山木訾音紫毀也徐音疵音疵即才斯則此一音同或音亦本徐讀逍遙遊釋文疵司馬云毀也一云子爾反彼子爾即讀疵作呰此才斯又讀訾作疵互文以見知訾疵皆為呰之假借矣

知也音智

下同

故為于偽反下及注同

斬衰七回反注及下同

之治直吏反下同

恩揜於檢反

義斷丁亂反

猶操七刀反皇云持也

期而音基下同

苴衰七余反

墳墓扶云反

不培步回反徐扶來反○箋曰本記云墳墓不培孔疏云培益也一成丘陵之後不培益其土按中庸故栽者培之注云培益也釋文培蒲回反益也蒲回步回用字異則此首音為本讀孔氏之義亦本於鄭說也扶來在咍與步回音同此為灰咍混用徐讀開合不分莊子達生釋文倍音裴徐扶來反音裴步回直音反語用字之異是其比矣

為母于偽反下注為君同齊衰音咨見無賢遍反食粥之六反擔主是豔反又食豔反又餘塹反○校語錄云是豔與食豔同此本上豔字乃改刻下豔字又剜去未知原本如何盧阮校亦未及箋曰本記云或曰擔主孔疏云解無爵而亦杖故記者稱或曰擔主喪服傳云杖者何爵也無爵而杖者何擔主也鄭注云擔假也尊其為主假之以杖按孔申經義是也是豔蓋讀作贍說文新附贍給也銓音時豔切義近而音同食豔在神與是豔神禪混用亦為此擔主字之本音儀禮喪服經釋文擔主市豔反禮記大傳釋文不贍本又作儋食豔反儋俗作擔則此本禮經用字也餘塹蓋讀如豔集韻豔韻時豔以贍二切俱有擔注並云假也禮記擔主正依本書法以是豔與食豔同而疑非原本字者不審本書一音而有二反一語也

不言而事行者扶而起一本作扶而後起扶或作杖非○箋曰本記云或百官備百物具不言而事行者扶而起言而後事行者杖而起注云扶而起謂天子諸侯也杖而起謂大夫士也合記注之義觀之則謂天子諸侯雖有杖不能起故又須有人扶然喪具備事委任百官不假自言而事得行若大夫士不用扶所以杖而起既無百官百物須己言而後喪事乃行也此文既云不言而事行者則是天子諸侯當為扶而起若作杖而後起又是大夫

士之事與上文義不相應矣是或本杖為扶形似之譌故陸明言或作字為非也

面垢音苟 禿者吐木反 不髽側瓜反 傴者紆主反 不袒徒旱反 跛者彼我反 男子免音問下同 不解佳買反○校語錄云買當作賣否則不解衣一條可以不書矣況又有雜記音義可證也箋曰本記云始死三月不解注云不解不解衣而居不倦息也孔疏云三月不解者謂不解衣而居依孔說則不解衣為不解作釋佳買讀作解脫之解言三月不脫衣而居也下文不解衣古買反古買佳買用字異此為一音二反語正以明其義同也故雜記云三月不解注云解倦也釋文不解佳賣反佳賣讀作解除之解彼孔疏云以其未葬之前朝奠夕奠及哀至則哭之屬蓋言奠哀之事未除至三月也二義迥然孔本鄭說申其義陸本鄭說釋其音此意正同也阮校注疏本於雜記引釋文賣作買法於此謂釋文買當作賣俱未能明辨鄭義及陸氏作音之意耳

期悲音基 之殺色戒反 不解衣古買反 不肖音笑 諒闇依注諒讀為梁闇讀為鵪音烏南反下同徐又並如字案徐後音是依杜預義鄭謂卒哭之後翦屏柱楣故曰諒闇闇即廬也孔安國讀為諒陰諒信也陰默也○箋曰本記引書曰高宗諒闇注云諒古作梁楣謂之梁闇讀如

鶉鵪之鵪闇謂廬也廬有梁者所謂柱楣也按諒闇書無逸作亮陰僞孔傳解云信默論語憲問引書云高宗諒陰何晏集解云諒信也陰猶默也釋文諒音亮信也陰如字默也鄭讀禮為梁鵪杜預解左傳為諒闇貌也則何解義本孔傳言高宗居父喪信任冢宰默而不言也說文十二闇閉門也鉉音烏紺切段注云借以為幽暗字烏紺即徐如字之音則杜謂高宗居父憂處寒諒幽暗之處也諒讀為梁從古字闇讀如鵪即作庵烏南即釋其音梁庵猶言凶廬鄭意高宗居凶廬守父喪也陸本鄭說故云依注引杜孔之義以證徐讀之所本明與此注音義皆異也

楣謂 音眉○校勘記云案楣字誤當依十行本作楣校語錄云楣盧本作楣是也箋曰撫本亦作楣劉履芬本以朱丨楣旁於書眉云失校按注云楣謂之梁本爾雅釋宮文儀禮聘禮當楣亡悲反亡悲音眉為直音反語用字異則此楣為楣形近之譌明甚應依正之

如鶉 音湻

柱楣 知主反

殷衰 色追反

而復 扶又反下同

言不文 如字徐音問

事辨 本又作辯同皮莧反○箋曰易剝釋文辨徐音辦具之辦儀禮聘禮俟辦蒲莧反辦具之辦辦者辨之俗蒲莧皮莧用字異此注云言不文者謂喪事辨不所當共也則辨為具之義皮莧正為辨之音也按周禮天官冢宰辨本亦作辯徐邈劉昌宗皆方

免反別也雖彼音義異此然俱辨辯通用說文刀部辨判也鉉音蒲莧切楷書刀旁作刂於兩形中者即作刂故廣韵即作辨云具也辨俗則辯治之辯為其借字矣故陸皆以此本用辨他本用辯

當共音恭

唯而余癸反徐以水反○校語錄云余乃于之誤此再通考箋曰于在為紐余在喻紐此是喻為混用當無正誤可言常考本書所載唯字之音內則應唯于癸反徐尹水反又男唯尹作以餘同玉藻而唯閒傳唯而俱與男唯同曲禮慎唯于癸反應辭也徐于比反沈以水反于比于癸及尹水以水俱用字異皆用為紐之于與法說合者然如左昭四年傳唯維癸反徐以水反孝經喪親章徐作又餘同詩敝笱唯維癸反沈養水反維養以俱在喻與全同紐則是維癸即余癸又與此音用字合者互文以證足見其時唯音喻紐三四等讀音已無別陸故不分也法謂余乃于誤其說不能自信故云再通考實亦未能通考之耳

齊衰音咨本又作齋○箋曰說文八齋緶也裳下緝鉉音即夷切段注云按經傳多假齊為之亦省作齋即夷音咨為直音反語用字之異則陸以此本用假字他本用本字

侑者音又

為之于偽反

應耳應對之應

衰冠七雷反

菅音姦

屨徐紀具反

食粥之六反

期三年音基○校語錄云期三年誤盧本作期十是也

攷證未言其異箋曰法校語是也攷本記云父母之喪三日而食粥三月而沐期十三月而練冠三年而祥則此作期三年當誤　比終必利反　知者音智本或作智　弟弟上音悌下如字○箋曰孔疏云弟弟者謂遜弟之弟按孔説是也如字即讀兄弟之弟爲韋束之次弟義之引申音悌則讀孝弟之弟王制釋文孝弟大計反本又作悌曾子問同大計即音悌悌爲後出專字此上音以後出字釋初文也互詳彼箋

卷末校勘記式墨筆録于左與葉本同者不著

禮記釋文

禮記

撫州公使庫

新刊注禮記二十卷并釋文四卷

福州鄉貢進士陳　寅　校正

修職郎司户參軍權教授趙善璿
修職郎司理參軍權推官佘騆
從事郎軍事判官逄維翰
從政郎充州學教授張湜
朝奉郎權通判軍州事吴子康
奉議郎權發遣撫州軍州事趙焯
淳熙四年二月　日

經典釋文集説附箋卷第十四終

經典釋文集說附箋卷第二十

成都趙少咸

春秋左氏音義之六起第二十六盡第三十

唐國子博士兼太子中允贈齊州刺史吳縣開國男陸德明撰

昭七第二十六　杜氏　盡三十二年

經二十七年　居于鄆音運　吳弒申志反注同　君僚力彫反　亟欺冀反　罷音皮　殺始察反○校語錄云殺始不同紐始字誤箋曰殺說文鎩音所八切屬疏紐始屬審紐然疏審同是摩擦清聲僅疏為正齒音審為舌齒音之小異故今讀審紐之書詩升等字與疏紐之疏師生等字無別則此始察反正沿作音家之舊製也且察字在黠韵有疏紐無審紐今讀始使亦無別使屬疏紐則始察即使察矣　郤去逆反　宛於阮反又於元反　信近附近之近　祁犁力兮反又力之反○攷證云此為犂字作音二十九年傳可證

注疏本删去犇字大謬校勘記引盧說箋曰二十二年釋文云祁犇力私反又力兮反盧說是也按兮在齊韻此釋文之齊二韻來紐不分也 扈音户 曹伯午音五 郳快苦夬反○攷證云注疏本苦怪反箋曰周易艮卦釋文說文鉉音及廣韻之快字皆苦夬切然釋文夬怪二韻不分如蜂蠆之蠆廣韻丑犗切犗在夬韻而小雅都人士云㤝界反莊子天運云敕介反左僖二十二年云勑戒反說文鉉音丑芥切界介戒芥諸廣韻並在怪韻則苦夬與苦怪之音實不殊也

傳二十七年 掩餘於檢反 後復扶又反 蔿尹由九反 工尹麇九倫反 沈尹戌音恤○校勘記云葉抄本戌誤戍箋曰臧校改戌為戍北館本同即誤依葉抄本也從人持戈者讀傷遇切乃戍守之戍此音恤者乃從戊一之戌詳僖二十九年 有復音福 校人胡孝反 沙汭如銳反○校勘記云葉抄本銳作說箋曰臧校改銳為說北館本同即誤依葉抄本也說字有弋雪失爇始銳三讀自不得用作反語下字故釋文全書不一見阮氏不以作說者為非臧氏且用以改不誤之字皆迷信宋本耳尚書堯典左傳隱八年莊四年閔二年昭元年諸汭字釋文皆云如銳反 以殺申志反下文同 鱄設諸音專

上國有言賈云上國與中國同服云上古國也○惠棟校云通吴于上國賈說是箋曰傳文上云使延州來季子聘于上國杜預于彼及此皆無注故陸元朗引賈服之說正義于彼云服虔云上國中國也蓋以吴辟在東南地勢卑下中國在其上流也正義于此云賈逵云上國中國也服虔云上國謂上古之國賢士所言也此猶如上文聘于上國則賈言是也今按陸氏以賈說列爲首義服說爲次義猶全書列首音次音之例正以賈說爲長也

不索所白反

堀室本又作窟同苦忽反○注疏校勘記云光伏甲於堀室而享王釋文亦作堀云本又作窟陳樹華云史記堀作窟下同初學記引亦作窟按作窟即釋文所謂又作之本也箋曰襄三十年傳鄭伯有耆酒爲窟室杜注云窟室地室釋文云窟室口忽反地室也杜預于此傳無注故陸云本又作窟謂此傳之堀室與襄三十年之窟室相同非謂此傳之他本也

掘其勿反又其月反○箋曰文十八年與此同詳彼

夾之古洽反又古協反下同○箋曰古洽反爲夾之本音故以爲首古協反則讀如廣韻古協切之頰亦即讀爲筴也詳大雅公劉篇

以鈹普皮反說文云劍也

恐難乃旦反

寘劍之豉反

炙者夜反○校勘記云北宋本葉抄本盧文弨本者作章案者亦同位同等字箋曰通志堂本作

者夜反藏校改者爲章江校及北館本並同即依北宋本葉抄本也者章二字皆屬照紐不必改注疏本所附釋文亦作章盧文弨所據爲通志堂本今盧本作章依注疏本所附也

抽劒 勑留反

刺王 七亦反

闔廬 戶臘反

相傳 直專反

立適 丁歷反

使命 所吏反

説之 音悦

鄢將師 於晚反又音烏戶反○攷證云鄢本或作鄔故有此音箋曰昭二十八年釋文云鄔藏舊烏戶反又音偃於晚反即讀如偃此以爲首音者以傳文之字從邑焉聲也烏戶反則其字從邑烏聲故云又音互詳二十八年

費無極 扶味反

比 毗志反

而惡 烏路反注同

賄而 呼罪反

譖郤 側鴆反

飲子 於鴆反

好甲 呼報反○校勘記云葉抄本呼作手非也箋曰北館本改呼爲手即誤依葉抄本也此云呼報反讀爲愛好之好即廣韻之呼到切呼屬曉紐手則屬匣紐故阮氏以葉本作手爲非

吾幾 音祈○校語録云音祁祁乃祈之譌注疏本作祈箋曰祁廣韻渠脂切在脂部祈渠希切在微部傳云吾幾禍子陸云音祈蓋讀同廣韻渠希切之幾近也其渠脂切實無幾字且釋文於周易小畜大雅民勞禮記樂記左傳襄二十八年之幾皆云音祈足見用祈爲直音乃典籍常用故廣韻渠

希切祈為建首字若太原祁縣之祁經傳或用為盛也之義釋文且為之作音如毛詩采蘩七月吉日韓奕玄鳥左傳莊六年僖十年成七年昭十四年等之祁字即是陸氏自不得用之以作直音也下文幾及音祁又音機祁亦祈之譌今並依注疏本所附釋文改正 **羣帥**所類反 **爇**如悅反燒也○校勘記云爇葉抄本盧文弨本爇作爇是也箋曰通志堂本爇誤爇北館本改為爇即依葉抄本是也說文火部爇燒也其字從埶不從執俗寫埶執無別耳故注疏本傳文亦有爇誤為爇者如毛本是今正 **一編**必然反又必千反○箋曰廣韻然在仙部千在先部此釋文仙先不分也互詳周頌有瞽編小條 **菅**古顏反 **秉秆**古但反說文云禾莖也或古旦反○箋曰古但反為秆字本讀上聲故為首音古旦反則讀去聲蓋讀為榦也 **苫也**式占反李巡云編菅茅以覆屋曰苫 **把**必馬反 **槀**古老反

炮之步交反又彭交反燔也○校勘記云陟交反北宋本陟作步是也箋曰通志堂本步誤陟北館本改為步即依北宋本是也步彭皆屬並紐此為反音同而反語有異者亦具列之之例周禮膳夫禮記內則釋文俱云步交反故此列于首以其為典籍所常用者陟交反則讀如嘲炮從包聲自為脣音不得讀知紐也凡步交作陟交諸本實譌今正 **燔**音煩

及佗徒河反　勾古害反　呼于火故反　而説他活反　堅守手又反　不惱他刀反疑也　也夫音扶　且知子餘反　近鄭附近之近　之難乃旦反年末同　進胙才故反　詛也側慮反　中廄九又反　謗讟音獨　去朝起呂反朝如字下朝夕同　喪大子息浪反　邇近附近之近　幾及音祈又音機○校語錄云音祁此祁字注疏本亦作祈箋曰各本作祁蓋祈之譌今正詳上吾幾條此云音祈又音機者僖十四年幾亡條亦具此二讀詳彼　將焉於虔反　矯子居表反　不愆起虔反　疆埸居良反下音亦○校勘記云葉抄本埸作場是也箋曰臧校改埸為場北館本同即依葉抄本也按埸從易聲非從昜聲故云音亦周易大壯毛詩信南山周禮載師諸篇釋文于疆埸之字從易聲皆云音亦注疏校勘記于此傳亦云疆埸日駁纂圖本監本毛本埸誤場而于此見葉本作場遂以為是則自相違異矣臧校竟改埸為場亦迷信宋本也　知者音智　在坐才臥反　曰重直勇反又直恭反　重見賢遍反注同○校勘記云葉抄本反作切非也箋曰臧校改反為切北館本同

即誤依葉抄本也釋文全書用反不用切葉本實非

子憖魚覲反　媟息列反

經二十八年

斥丘音尺一音昌夜反○箋曰襄十一年音尺上有徐字詳彼　竟音境傳同

傳二十八年

其造七報反　一个古賀反注同　單使所吏反　逆著中略反一音直略反○箋曰禮記玉藻釋文著冠皇直略反徐丁略反丁略即此中略中屬知紐丁屬端紐類隔也皆讀同廣韻之張略切詳玉藻

祁勝巨之反字林云大原縣上尸反○箋曰字林上尸反即豳風七月一音上之反也此釋文脂之不分詳彼此謂人姓當讀在羣上尸在禪非其義也

鄔臧舊烏戶反又音偃案地名在周者烏戶反隱十一年王取鄔留是也在鄭者音偃成十六年戰于鄢陵是也在楚者音於建反又音偃昭十三年王沿夏將入鄢是也在晉者音於庶反字林乙祛反郭璞三倉解詁音瘀於庶反闕駰音厭飫之飫重言之大原有鄔縣唯周地者從烏餘皆從焉字林亦作隖音同傳云分祁氏之田以為七縣司馬彌牟為鄔大夫即大原縣也鄔臧宜以邑為氏音於庶反舊音誤○校勘記云音於建友闕駰音厭飫之飫北宋本葉抄本盧文弨本友作反不誤葉抄本闕作間非也箋曰通志堂本於建反之反誤友臧校改為反江校及

北館本並同即依北宋本葉抄本是也按注疏本所附釋文皆作反盧文弨依之是也友實反譌今正臧校又改闞駰之闞為間北館本同亦誤依葉本闞駰見魏書五十二卷間駰則未聞通志本及注疏本所附皆作闞間亦闞之誤臧校又改王㳂夏之㳂為公案昭十三年傳作王沿夏此㳂即沿之俗公乃㳂之殘未知臧氏所據之本為何本也說文邑部鄔大原縣從邑烏聲銨音安古切段注云據許字從烏以烏為聲甚明此所以字林乙祛反郭樸三蒼解詁音瘀於庶反闞駰音厭飫之飫重言之也陸氏乃云大原縣字從焉作鄢誤甚且云舊音烏戶反非當從於庶反夫於庶與烏戶亦南朝魚虞斂侈之辨耳安有是非也按段說非也此云舊音烏戶反即銨音安古切也在上聲姥韻為一等洪音於庶反即廣韻依倨切在去聲御韻為三等細音郭璞音瘀闞駰音飫字異音同直音與反語並出之例也其引闞駰音飫又引重言之三字者正以飫為細音當重讀之如洪音也當陸氏時正作音家分別輕重音之際有輕重之異即有是非矣唯字林乙祛反在平聲魚韻然廣韻九魚央居切不載而十一模哀都切云鄔縣名實從烏聲讀之至集韻九魚衣虛切十一模汪胡切乃並收此鄔字云縣名在太原若又音傴及於建反之音其字皆從鄢聲作焉即陸氏所云在鄭在楚者非在晉在周也

惡直 如字又烏路反○箋曰傳

云惡直醜正實蕃有徒杜注云言害正直者實多徒衆正義云言時世慕善者少從惡者多則孔氏亦以惡如字讀烏各切為善惡之惡也又烏路反讀為憎惡之惡非傳義也　實蕃音煩　多僻本又作辟匹亦反〇攷證云注疏本作辟箋曰宣九年傳亦引大雅板篇此句釋文于彼云多辟本又作僻匹亦反注同邪也故此云本又作辟非謂此傳之他本也按匹亦反即讀為邪僻之僻詳大雅　立辟婢亦反　無與音預　為之于偽反　慭

使魚覲反發語音也　楊食我音嗣　叔向許丈反　欲娶七住反　夏姬户雅反下皆同　庶鮮息淺反少也注同　吾懲直升反　妾媵繩證反又時證反〇校語錄云繩證時證二紐疑有一誤箋曰繩屬神紐時屬禪紐此釋文神禪不分也繩證時證皆讀同廣韻之實證切故廣韻集韻常證切俱不收此媵字亦以此二反語字雖異而音實同也　少妃詩照反　子貉亡白反　黰黑之忍反美髮也說文作㐱又作鬒云稠髮也　以鑑古暫反鏡也　后夔求龜反　取之如字又七住反〇箋曰取如字讀同廣韻七庾切取收也受也又七住反則讀為娶妻之娶傳文上云初叔向欲娶於申公巫臣氏釋文欲娶七住反此

傳云樂正后夔取之謂夔娶有仍氏之女也 君長 丁丈反 貪惏 力耽反方言云楚人謂貪為惏○校勘記云力躭反北宋本盧文弨本躭作耽是也葉抄本作耽箋曰通志堂本耽作躭臧校改為眈從目北館本同即依葉本也江校又改為耽從耳即依北宋本也按廣韵丁含切耽或作躭廣韵此讀亦有從目之眈則耽眈二字同音躭為耽之俗注疏躭本所附釋文皆作耽盧文弨本作耽依注疏本也然廣韵丁含切耽為建首字則此當以從耳之耽為長 無饜 本亦作厭於鹽反○校勘記云葉抄本鹽作盐俗字箋曰臧校改鹽為盐北館本同即依葉抄本也廣韵余廉切盐實鹽之俗按昭十四年釋文云無厭於鹽反本又作饜此傳之字作饜故陸云本亦作厭正與十四年相應以見其音義俱同也餘詳彼 忿纇 本又作類力對反戾也服作類○箋曰正義依杜注纇戾也服虔為說云以纇忿共文則纇亦似忿故以為戾言狠戾也服虔云忿怒其類以饜其私無期度也今按纇說文絃音力遂切戾絃音郎計切然則纇類戾一聲之轉此但云力對反者以傳文借纇絲之纇以託事服虔訓為種類之類故云本又作類陸氏以服義列于末者左氏傳音義宗杜預注也 后羿 音詣 篡夏 初患反 共子 音恭本亦作恭○箋曰共本讀渠用切此云音恭即讀為恭以恭子之字作共

為通用字也又云本亦作恭者典籍亦用恭字也詳尚書名詁

末喜本或作嬉音同國語云桀伐有施有施氏以末喜女焉韋昭注漢書云嬉姓也〇攷證云末喜注疏本作妹喜注疏校勘記云夏以妹喜宋本淳熙本岳本纂圖本足利本妹作末是釋文云喜本或作嬉宋本正義同箋曰廣韵莫撥切妹妹嬉桀妻按史記外戚世家作末喜漢書外戚傳同則此二字從女者為後出字廣韵虛里切不收嬉字而于妹字注文出嬉字因妹字從女故連及喜字亦從女也

妲己丁達反下音几國語云有蘇氏之女也韋昭云己姓也〇攷證云下音几注疏本作音紀校勘記云北宋本几作紀箋曰江校改几為紀即依北宋本也按說文女部改女字也從女己聲鉏音居擬切段注云玉篇云妲改今按居擬切即讀如紀在止部單行本音几即廣韵居履切在旨部釋文止旨不分則音几音紀字異音同

褒姒音似龍漦所生褒人所養者也毛詩云姒姓也鄭箋云姒字也〇校勘記云北宋本葉抄本盧文弨本音姒作音似是也校語錄云音姒姒乃似之譌箋曰通志堂本似誤姒江校改為似北館本同即依北宋本是也注疏本所附釋文皆作音似盧文弨本作似亦據注疏本也今正

孋姬本又作麗同力知反獻公伐孋戎所得而以為夫人穀梁傳云滅虢所得莊子云艾封人之子〇攷證云案檀弓釋

文有亦作驪三字注疏本作驪注疏校勘記云以驪姬廢釋文驪作孋云本又作麗穀梁亦作麗盧文弨云淮南說林訓王注楚詞思美人章皆作驪案驪與孋麗實一字耳箋曰盧文弨本于本又作麗下增亦作驪三字按通志堂本及注疏本所附釋文俱無此三字此盧文弨依檀弓釋文妄補也陸云本又作麗者穀梁僖十年釋文云麗姬力池反伐虢所得左氏伐麗戎所得莊子齊物論釋文云麗姬力知反下同麗姬晉獻公之嬖以為夫人此條但舉穀梁莊子之訓義以廣異聞而彼二書之字作麗故云本又作麗勿庸再云亦作驪也此條孋戎之孋通志堂本亦誤作驪字從馬今依注疏本所附釋文正校勘記云艾封人之子葉抄本艾作支箋曰臧校改艾為支北館本同即誤依葉本也莊子齊物論云麗之姬艾封人之子也葉本作支實艾之形近譌字阮氏不以為誤臧氏據以改不誤之本皆非也

女何 音汝

不敢取 七住反又如字

强使 其丈反

叔向嫂 素早反兄妻也依字宜如此

長叔 丁丈反

是豺 本又作犲同仕皆反○箋曰材即豺字也小雅巷伯釋文云豺士皆反字或作犲

莫喪 息浪反

梗陽 古杏反

盂 音于下文同

銅鞮 丁兮反

魏戊 音茂

知徐 音智

榆次 資利反又如字

○箋曰資利反讀如廣韻資四切之恣屬精紐如字讀同說文銍音七四切屬清紐杜注云太原榆次縣則此為地名乃作音家依其時方音讀之是以有精清二紐之微異

樂霄音消

趙朝如字

儀僚安力彫反

見

於賢遍反注及下見魏子並同

成鱄音剸又市轉反又音附○攷證云又音附鱄或亦作鱄故有此音校語錄云剸注疏本作剸殆是鄟有岐讀且字僻也定八年音專又市轉反與此同剸又疑不誤襄二十七年鱄市轉反又音專箋曰鱄說文銍音旨兖切廣韻旨兖切剸為建首字故陸以音剸為首剸作鄟者皆字之譌今正市轉反讀同廣韻市兖切廣韻此讀雖不載鱄字按襄十四年釋文云鱄徐市轡反市轡即市轉則實本徐仙民所讀此皆從魚專聲之鱄字也又音附則其字從魚尃聲蓋有依誤字之鱄而為之作音者陸氏不以為是故綴於末文招之說是也

不偪彼力反

淫

行下孟反

唯此文王詩作唯此王季

帝度待洛反下及注同

莫其詩音亡白反又如字爾雅云貊莫安定也下及注同○攷證云按今爾雅莫作嗼箋曰大雅皇矣篇釋文亡白作武伯為用字之異皆讀同廣韻之莫白切如字讀則為慕各切按說文口部嗼啾嗼也嗼為本字莫為通借字今爾雅用本字耳餘詳大雅

克長丁丈

反下及注同　王此于況反注能王同　帝祉音恥　施于以豉反注同　應和應對之應

下如字又胡臥反　勤施式豉反注及下注同　徧服音遍注同　悔吝力刃反　近文

附近之近　鬷蔑子工反　以上時掌反下並注同　娶妻七住反　為妻于偽反

射雉食亦反　女遂音汝下同　夫音扶　不颺餘常反○攷證云注疏本改音揚

吾幾音祈○箋曰通志堂本盧文弨本祈作祁字之誤也今依注疏本所附釋文改正昭二十七年釋文吾幾音祈通志

本盧本亦譌為祁詳彼　毋墮音無下許規反損也　不能斷丁亂反　閻沒以占反

聞於如字又音問○箋曰聞如字讀說文鉉音無分切平聲為動詞又音問則讀去聲為名詞詳大雅卷阿　饋

入求位反　比置必利反　令坐力呈反　自咎其九反　食之音嗣　軍

帥所類反本又作率同○箋曰小雅采薇釋文云將率所類反本亦作帥同正與此相應詳彼　屬之玉反注同

厭於鹽反又於豔反注同○箋曰齊風還篇釋文云無厭於豔反又於占反止也於占即此於鹽皆讀同廣韵一鹽切之猒

飽也杜注云言小人之腹飽猶知猒足廣韻於豔切亦有猒字注云飽也又於廉切於廉於豔亦用字之異此平去二讀葢皆讀為猒飽之猒傳文作猒猒為借字

經二十九年　來唁音彥　復不扶又反

鄆潰戶對反

傳二十九年　君祇音支○校勘記云北宋本祇作祇是也注疏校勘記云君祇辱焉石經祇作祇是也箋曰通志堂本祇誤祇從氏聲北館本改為祇從氏聲即依北宋本是也今據改凡音支訓適者從氏聲不從氏聲詳小雅我行其野篇　故復扶又反　名伯上照反　不說音悅　數

曰所主反　于鄻列勉反　賈馬音古買也注同　具從才用反下同　衣屨九具反

乘馬如字又繩證反○箋曰乘如字讀食陵切平聲為動詞繩證反則讀去聲為名詞詳昭十七年乘舟條

塹而七豔反　隋塹徒火反　將為如字一音于偽反　之櫝徒木反棺也　為

作于偽反下同　以食音嗣　帷裹古火反○攷證云帷裹注疏本作幃注疏校勘記云乃以幃裹之石經宋本岳本足利本幃作帷與釋文合箋曰說文巾部幃囊也幃帷也帷在旁曰帷幕帷在上曰幕此傳謂用以裹馬則其字

當作帷幕之帷　龍見賢遍反下見龍朝夕見同　莫知音智下謂之知實知注無知同　豢音患養也

飂力謬反古國名○箋曰廣韵飂在宥部謬在幼部此釋文宥幼不分猶全書之尤幽混用也　有裔以制反　甚好呼報反　耆時志反○箋曰廣韵耆在至部此亦釋文至志不分也　以飲於鴆反下同

食之音嗣下不能食能飲食之食夏后同　乃擾而小反順也　鬷川子工反○箋曰通志堂本鬷誤鬷北館本改為鬷與各本並同是也鬷從㚇聲㚇不成字實譌　有夏户雅反下皆同　少康詩照反下少皞同

乘龍繩證反　河漢各二杜云合為四也服云河漢各二乘　所治直吏反　以更音庚注同代也　復承扶又反　灊醢音海　不知音智　朝夕如字下朝夕見同

若泯彌忍反滅也　乃坻音旨又丁禮反止也○箋曰說文土部坻小渚也從土氐聲鉉音直尼切坻箸也從土氐聲鉉音諸氏切段注云左傳昭二十九年物乃坻伏杜注坻止也此坻字之見於經者而開成石經譌作坻其義迴異尋其所由蓋唐初已有誤坻者故釋文曰坻音旨又音丁禮反後一音則已譌坻凡字切丁禮者皆氐聲也案段說是

也陸以音旨為首即謂此傳之字當為氏聲鉉音諸氏切讀如紙釋文紙旨不分也又音丁禮反則讀同廣韵都禮切之底上也其字從氏聲此乃作音家有據誤本之字從氏聲而為之作音然陸氏列為又音固已見其二讀之長短矣

鬱堙音因塞也○攷證云鬱堙注疏本作湮校勘記云北宋本葉抄本堙作湮與石經合箋曰江臨段校云湮石經同北館本改堙為湮即依北宋本葉抄本也杜注云堙塞也正義云傳謂塞井為堙井是堙為塞也按襄二十五年傳井堙木刊釋文云音因塞也各本並從土作堙則孔所見此傳之字亦從土也典籍或借用同音之湮為堙如莊子天運釋文湮音因李云塞也葢從水之湮其義為落也見爾雅釋詁若石經注疏本北宋本葉抄本此傳之字從水作者為借字段校改堙為湮非也當仍各本之舊

君長丁文反下皆同　**句芒**古侯反注及下皆同　**祀重**直龍反下皆同　**祀犂**力兮反

蓐收音辱本又作蓐○箋曰說文一篇蓐陳艸復生也十四篇辱耻也從寸在辰下失耕時於封畺上戮之也鉉音並而蜀切杜注釋此傳蓐收云秋物摧蓐而可收也則傳文用同音借字故禮記祭法其神蓐收釋文亦云本亦作辱此云音辱即讀如辱也

摧徂回反　**玄冥**亡丁反　**中霤**力救反　**在乾**其連反本亦作

乹○箋曰乹盧文弨本誤乾通志堂本誤乹臧校改爲乹江校及北館本並同是也阮元注疏校勘記所據之宋本其所附釋文正作乹按干禄字書云乹乹乾上俗中通下正此云本亦作乹之乹正顔元孫所云中通者然周易乾卦釋文云乾依字作乹下乙則乹乃乾之省寫亦俗體耳 之姤古豆反 巽下音遜 爻辭戶交反 其夬古快反 兑上徒外反 亢龍苦浪反 其巛本又作坤空門反○攷證云注疏本作坤注疏校勘記云其坤釋文坤作巛云本又作坤坤案說文無巛字即三之變耳箋曰周易巛卦釋文云本又作坤坤今字也同困魂反按巛乃川字也詳彼 之剝邦角反 艮上古恨反 少暭戶老反 曰重直龍反 曰該古咳反 顓頊音專許玉反 共工音恭 大暭音泰 烈山如字禮記作厲山 以上時掌反 汝濱音賓 中行戶郎反 以鑄之樹反 計令力呈反 被廬皮義反下力居反 文公搜本又作蒐所求反○攷證云注疏本作蒐箋曰杜注云僖二十七年文公蒐被廬按僖二十七年釋文云蒐于所求反故此云本又作蒐 中軍帥所類反 擅作市戰反

今復扶又反　其咎其九反　與焉音預　朝歌如字　經三十年

去疾起呂反　頃公音傾　傳三十年　且徵直升反明也本或作懲誤○箋曰詳襄二十八年徵過條　非復扶又反　詰之起吉反　子蟜居表反　共使所吏反　在共音恭注及下同　備御魚呂反注同　及辦皮莧反　嘉好呼報反

之閒音閑下同　執紼音弗索也　輓索本又作挽音晚下悉各反○箋曰爾雅釋訓釋文挽本亦作輓亡遠反聲類引也亡遠即讀如晚此云本又作挽正謂釋訓之字作挽也廣韵無遠切挽引也輓上同直謂挽輓為一字異體

明厎音旨○攷證云明厎當作底校勘記云盧文弨云當作厎非也箋曰說文广部之底鉉音都禮切讀如邸广部之厎鉉音職雉切讀如旨攷證謂此傳之厎當從广作底實誤厎底二字在首筆有無之異故阮氏以盧說為非也宣三年釋文所厎音旨致也盧文弨亦誤謂當作底互詳彼　印段一刃反　少卿詩照反注同　女盇音汝下胡臘反下同　有省所景反下同　監馬古銜反　於竟音境　莠尹音誘

吾好呼報反一本作若好吾○攷證云注疏本作若好吳注疏校勘記云若好吳邊疆石經宋本岳本足利本吳作吾釋文作吾好云一本作若好吾　邊疆居良反　以重直用反　之胄直又反　大王音泰

翦喪息浪反　以祚才故反　姑億於力反安也　將焉於虔反　播揚彼我反又波賀反注同○箋曰小雅大東釋文云簸揚波我反徐又府佐反此播與詩之簸同彼我即波我故同為首音又波賀反即説文鉉音補過切乃依播之本音讀故為次音　以灌古亂反　斷其丁緩反注同

伍員音云　又惡烏路反　防壅於勇反　莫適丁歷反　任患音壬　以肄本又作肆以制反下同勞也○箋曰以制反讀同廣韵餘制切之勩勞也此傳作肄為借字釋詁釋文云勩字亦作肄正謂此傳及詩谷風之字作肄也陸云本又作肆者肆肄古字通聘禮記為肄古文肄為肆周官小宗伯肄儀故書肄為肆可證

罷

瞂音皮下文同　亟肄欺冀反注同　數也所角反

經三十一年

荀躒力狄反　適歷丁歷反　重丘直龍反○校勘記云葉抄本重誤童箋曰臧校改重為童北館本同

即誤依葉本也此傳杜注云襄二十五年盟重丘按襄二十五年經諸侯同盟于重丘杜注云重丘齊地釋文重丘直龍反葉本童乃重之形近譌字

以濫力甘反或力蹔反○箋曰力蹔反即説文鉉音盧瞰切為濫字本讀此以力甘反為首音者杜注云濫東海昌慮縣則濫乃地名故作音家有依其時之方音讀為平聲如藍耳續漢書郡國志作藍鄉劉注即引左傳作濫為證下文昌慮陸元朗以音閭為首如字讀為又音漢書地理志東海郡昌慮師古曰慮音廬無他讀閭廬皆即廣韻之力居切亦沿方音讀之也

昌慮音閭又如字

傳三十一年

無咎其九反下注放此

為子于偽反

出君如字又勑律反○箋曰出如字讀説文鉉音尺律切義為廣韻赤律切之出遠也又勑律反則讀為黜莊子徐无鬼釋文云黜勑律反退也

跣行素典反

于費音祕

探

言他南反

知伯音智

之好呼報反

施及以豉反

宗祧他彫反

夫人

音扶下及注同

敢與音預

之難乃旦反

敢復扶又反

一乘繩證反

衆

從才用反

馬稽音啓又古兮反

不為利回于偽反下不為同

義疚久又反病也

懲不義直升反下同　而去起呂反下同　攻難乃旦反○校勘記云葉抄本旦作但箋曰藏校改旦為但北館本同即誤依葉本也釋文但讀上聲旱亶坦笴罣諸字用但作切語下字可證阮氏不以葉本為誤藏氏據之以改不誤之字皆非也　以徽古堯反　貪冒亡北反又亡報反○箋曰小雅小明同具此二音詳彼　將寘之豉反　數惡所主反注同　之稱尺證反　婉而於阮反　旨別彼列反　臝本又作裸力果反○校勘記云北宋本葉抄本裸作臝按當作臝從衣𣎆聲也注疏校勘記云趙簡子夢童臝而轉以歌諸本作臝北宋刻釋文云本又作臝風俗通義引作裸鄭氏周禮占夢注引作倮按說文作臝從衣𣎆聲裸臝或從果箋曰藏校改裸為臝江校及北館本並同皆即誤依北宋本葉本也從虫𣎆聲之蠃說文虫部有之云蜾蠃也爾雅釋蟲果蠃蒲盧郭注云即細腰蜂也可見北宋本葉本所作者非裸體之裸也此云本又作裸者裸在說文為臝之重文乃典籍常用者故風俗通引此傳之字作裸左僖二十三年傳欲觀其裸各本並從衣果聲而廣韵郎果切裸赤體臝臝並上同尤可為證周禮鄭注引此傳作倮亦裸之異體故左哀七年傳斷髮文身臝以為飾釋文云臝本又作倮力果反阮氏于哀七年注

疏校勘記云當作嬴爲正與此同拘于說文所載之形耳　入郢以井反又羊政反○箋曰文十年釋文云入郢以井反又以政反以政即此羊政亦即昭二十三年之餘政詳文十年　之應應對之應　有謫直革反

經三十二年　取闞口暫反　國參七南反　傳三十二年

疆事居良反　小爭爭鬬之爭　之分扶問反　其殃於良反　狹小音洽　俾我本又作卑同必爾反注同○箋曰杜注云俾使也則此傳作俾爲本字陸云本又作卑者經傳多借卑爲俾也成十二年釋文云卑必爾反使也本亦作俾即借用卑字且與此正相應互詳小雅菀柳　親昵女乙反　弛周式氏反注同　重耳直龍反　徽文古堯反下同　蝥賊亡侯反　無徵怨張井反名也　榮施式豉反　勿與音預　以紓音舒　又焉於虔反　衰序初危反注同　衛彪彼虯反　傒音兮　大咎其九反　之渝羊朱反　譴怒弃戰反

揣高卑丁果反度高曰揣又初委反　度高待洛反下文及注同　仞溝本又作刃而慎反○注疏

校勘記云仞溝洫釋文云仞本又作刃按刃者古文假借字也箋曰說文刃部刃刀堅也刃實仞之同音借字仞猶度也 洫況域反 相也息亮反下同 幾時居豈反下皆同 知費芳貴反 書糇音侯本又作餱○攷證云注疏本作餱箋曰糇餱一字也大雅公劉釋文云餱音侯食也字或作糇 糧音良 屬役之欲反 授帥所類反注同 而效戶孝反致也 徧賜音遍 從公才用反下同 雙 琥音虎 陪貳蒲回反 有妃音配 世從子用反本亦作縱○箋曰從如字讀才容切此但云子用反即讀為放縱之縱傳云魯君世從其失則從為借字故云本又作縱蓋典籍亦有作縱用本字者僖三十三年傳一日縱敵是也 始震如字一音身○箋曰震如字讀說文鋠音章刃切義為動也一音身則讀為娠說文女部娠女妊身動也鋠音失人切即讀如身昭元年釋文云方震本又作娠之慎反又音申懷妊也之慎即此如字讀互詳彼 嘉聞音問 遂以名之如字又武政反○箋曰尚書金縢釋文云名如字徐亡政反亡政即此武政詳彼 受 費音祕 殺適丁歷反

定公上定公名宋襄公之子昭公之弟謚法安民大慮曰定第二十七

杜氏 盡七年

經元年 仲幾音機 大雩音于 煬宫羊讓反 禱之丁老反 隕霜于敏反 殺叔本或作菽音同○攷證云殺叔注疏本作菽注疏校勘記云隕霜殺菽釋文菽作叔云本或作菽石經初刻作叔廿頭後加說文作尗今字多作菽箋曰叔為尗之同音借字菽為尗之後出字此云本或作菽者謂豳風七月小雅采菽魯頌閟宫諸篇俱用菽字也

傳元年 涖政音利又音類○箋曰禮記曲禮釋文云涖本亦作莅徐音利沈力二反又力位反力位即此音類合口音利為開口本徐仙民所讀按小雅采芑釋文云莅止本又作涖音利又音類沈力二反臨也互詳彼 奸義音千 大咎其九反 屬役之欲反 原壽過古禾反 荒蕪音無 近吳附近之近 去其起呂反注同 柏椁音郭 庚寅栽才代反又音再注同 薛郳五兮反小邾國 為夏戶雅反注同 于邳皮悲反 仲虺許鬼

反 左相息亮反 薛焉於虔反 納侮亡甫反 過分扶問反 故復扶又反 萇弘直良反 旣厭於豔反 其祚才故反 亟言起冀反 不中丁仲反 故朝夕如字 羈未居宜反子家子名 得見賢遍反下同 而從君才用反注義從同又如字下從君從公放此 守龜手又反 壞隤徐音懷又戶怪反下徒回反○箋曰羣經音辨五辨字同音異云壞自毀也胡怪切壞隤魯地也音懷春秋傳喪及壞隤按胡怪即此戶怪陸以音懷為首者正以壞隤為地名從徐仙民以其時之方音讀之也 如闞口暫反 惡昭烏路反又如字○箋曰烏路反讀為憎惡之惡杜注云季孫惡昭公欲溝絶其兆域不使與先君同故陸以為首音如字讀為各切讀為善惡之惡非杜注立文之意也故為又音 駕鵞音加下五何反○校勘記云北宋本葉抄本駕作鴐案說文無鴐字駕古音歌駕鵞即說文之鴚鵝也子虛上林賦皆作駕鵞注疏校勘記云榮駕鵞曰石經淳熙本岳本駕作鴐鵞與葉抄釋文合下同案說文無鴐字錢大昕云依正文當用鴐假借同音則駕亦通也箋曰臧校改駕為鴐江校及北館本並同即依北宋本葉抄本也案襄二十八年杜注

云成伯榮駕鴐釋文云駕音加鴐五何反實一人也北宋本于彼駕作鴐江校即依之改為從鳥之鴐臧氏江氏于此見北宋本葉本作駕又依之改為從馬之駕皆為迷信宋本而無一定之標準若阮氏累云說文無鴐字則又拘于說文之形體也餘詳襄二十八年　自旌音精　惡之如字又烏路反○箋曰傳文云季孫問於榮駕鵞曰吾欲為君謚使子孫知之杜注云為惡謚故此傳文死又惡之如字讀烏各切為善惡之惡也又烏路反為憎惡之惡非傳義也　將焉於虔反　鞏簡九勇反　而好呼報反　經二年　兩觀古亂反注及下同

囊瓦乃郎反　傳二年　為我于偽反注及下同　見舟賢遍反　夷射姑音亦一音夜○箋曰左文六年經狐射姑釋文亦云射音亦一音夜皆為人名故同具二音　閽音昏守門人也　以敲苦孝反又苦學反說文作毃云擊頭也字林同又一曰擊聲也口交反又口卓反訓此敲云橫擿也又或作摮或作搞口交反○攷證云說文作毃注疏本說文作敲謞又訓此敲云橫擿也此作從揭謞下又或作摮或作搞作又作茅或作刜皆大謞校勘記云北宋本葉抄本橫揭作橫擿作敲北宋本作作毃盧文弨本並同葉抄本口卓誤口單按說文攴

部敲字訓橫擿也從攴高聲口交切故陸云訓此敲爲橫擿也殳部毃字訓擊頭也從殳高聲口卓切校語録云説文作毃之敲當作毃又作茅以下有脱誤箋曰通志堂本説文作毃之毃誤敲江校改爲毃北館本同與説文合是也今依正口卓即上苦學此反音同而反語有異者亦具列之之例也臧校改爲口單北館本同誤依葉抄本耳橫擿通志本誤橫揭臧校改爲橫擿江校及北館本並同與説文合是也今依正擊擿二字各本並作茅刺惟盧文弨本改爲擊擿按集韻丘交切敲説文橫擿也或作擊擿殆盧氏所據者今從之説文攴部敲字段注云擿今之擲字橫擿橫投之也左傳奪之杖以敲之釋文曰説文作毃此謂左字當作毃也橫投不必以杖公羊傳以斗摮而殺之何云摮猶擊也摮謂旁擊頭項摮即敲字擊即毃字其字義異故云猶擿或作揭誤按段説是也公羊宣六年釋文云摮苦交反摮口弔反苦交即此口交口弔即此苦孝廣韻三十六效苦教切敲擊也又苦交切四覺苦角切毃打頭正本釋文

經三年 子穿音川 子拔皮八反

傳三年 臨廷音庭下同 缾水步丁反本又作瓶○校勘記云北宋本葉抄本瓶作瓴俗字之無理者箋曰臧校改瓶爲瓴江校及北館本並同即誤依北宋本葉本也陸云本又作瓶者謂襄十七年昭二十四

年之字又作瓶也且二十四年釋文云瓶之本又作鉼步丁反正與此相應北宋本葉本之缾從缶從瓦集韻俯九切缶或從

瓦乃缶之俗字阮氏謂為瓶之俗字非也　鑪力吳反　炭他旦反　隋也徒火反　先葬息薦

反又如字○校勘記云息薦反北宋本葉抄本息作悉窠息亦同位同等字箋曰通志堂本息薦反臧校改息為悉江校及北

館本並同即依北宋本葉本也注疏本所附釋文俱作悉然息悉皆心紐字則亦不必改當仍各本之舊盧文弨本作悉亦依

注疏本也　五乘繩證反　殉五人辭俊反　藏中才浪反　下急皮彥反　而好

呼報反下文及注同　躁急早報反　于郟音談　肅爽上如字又所六反下音霜肅爽駿馬名○

箋曰肅如字讀說文銈音息逐切屋韻心紐又所六反讀如縮屋韻疏紐心疏同為摩擦清聲僅心為齒頭音疏為正齒音之

小異爽本讀踈兩切此云音霜者從賈逵本也正義云爽或作霜賈逵云色如霜紈可證按廣韻息逐切驌驌驦馬名驌驦即

此傳肅爽之後出分別文其所六切不收驌字從釋文首音而不載又音也又廣韻踈兩切不載騻字而色莊切云驦驌驦良

馬騻上同正本釋文之音霜也　駿馬音俊　先從才用反下同　飲先於鴆反　自拘九于

反　弄馬魯貢反　請相息亮反注同　夫人音扶注同　以償市亮反　不共音恭

注同　而沈音鴆　若復扶又反　為質音致

經四年　國夏戶雅反

召陵上照反　楚竟音境　公孫生本又作姓音生○攷證云公孫生注疏本作姓箋曰公羊釋文云公孫歸姓二傳無歸字姓音生又音性穀梁釋文云公孫姓音生又如字此云本又作姓謂公穀二傳之字作姓也若注疏本所附釋文作公孫姓音生又作生互易生姓二字當係後人妄改　皋鼬由又反　復稱扶又反

異處昌慮反　伯成音城　劉卷音權一音眷勉反　劉岔扶粉反　為告于僞反下吳為蔡同　孔圉魚呂反　皆陳直覲反　死難乃旦反　并數所主反○校勘記云葉抄本缺主字箋曰臧校删主字江校及北館本並同即誤依葉本也所主反讀為計數之數無主字則不能成反語　惡之烏路反

傳四年　水潦音老　疾瘧魚略反　祇取音支　羽旄音毛　析羽星歷反下放此　或旆步貝反　旐音兆　令賤力呈反下欲令

蔡同○校勘記云葉抄本欲誤次箋曰臧校改欲爲次北館本同即誤依葉本也此謂下文杜注欲令蔡先衞歃之令亦與此令同讀爲廣韵呂貞切之令使也葉本次實欲之譌字按此既有下欲令蔡同而下又有欲令力呈反五字則係複出當刪

嘖有 仕責反至也一音責○校勘記云葉抄本仕作社非也箋曰臧校改仕爲社北館本同即誤依葉本也正義云嘖至賈逵云然是相傳訓也易繫辭云聖人有以見天下之賾謂見其至深之處賾亦深之義也按易釋文云賾仕責反京作嘖是嘖與賾通杜預賈逵訓爲至也葢即讀同繫辭之賾故陸以仕責反爲首音仕責反即廣韵之士革切仕屬牀紐社乃禪紐之字故阮氏以爲非若又音責讀同廣韵側革切之嘖大呼聲非傳義也故云一音昭十七年釋文云嘖嘖音責又音賾彼以音責爲首音音賾爲又音與此正相反者正陸氏各依其立文之意而列爲先後也

忿争 争鬬之争

祝佗 徒河反○校勘記云葉抄本祝作柷非下同箋曰臧校改祝爲柷北館本同下文且夫祝之祝亦改爲柷皆誤依葉本也從木者乃柷敔之柷本讀昌六切非常見之字陸氏必爲之作音如尚書益稷周頌有鞉柷皆曰柷尺叔反是也此但爲佗字作音下文且夫祝但爲夫字作音則其字從示矣又傳文云其使祝佗從杜注云祝佗大祝子魚下文傳云且夫祝社稷之常隸

也又云社稷不動祝不出竟並可為其字不當從木作祝之證 從才用反下師從旅從同 大祝音泰下大祝大

卜大史大原同 共二音恭注同 徼大古堯反 且夫祝音扶 出竟音境下同

祓社音弗徐音廢〇箋曰音弗疑當作音拂襄二十五年釋文云祝祓芳弗反徐音廢昭十八年同周禮大祝徐作劉餘同

又小宗伯祓孚物反劉音廢芳弗孚物皆即廣韵之敷勿切讀如拂嬖敷紐若說文丿部之弗鉉音分勿切屬非紐餘詳小宗

伯 釁鼓許靳反 鼓鞞步西反本又作鼙〇攷證云注疏本作鼙箋曰鞞鼙一字也廣韵部迷切鼙騎上鼓

鞞上同周禮小師釋文云鼙薄西反大司馬西作兮此云本又作鼙者謂其字本又作鼙如小師大司馬是也 以從

如字又才用反〇箋曰從如字讀同廣韵疾容切義為就也又才用反則讀同疾用切之從隨行也傳云祝奉以從則此二讀

之二義俱得通 嘉好呼報反 將長丁丈反 欲令力呈反〇箋曰上文令賤力呈反下欲令

蔡同則此條五字皆衍文當刪 先衞悉薦反下文先衞同 歃也所洽反又所甲反〇攷證云歃也注疏本無也

字箋曰宣七年同具此二讀詳彼 以蕃方元反 相王悉亮反 分魯公扶問反下並同

大輅 音路，本亦作路。大輅，金路也。下皆同。○攷證云：大輅，注疏本作路。注疏校勘記云：分魯公以大路、大旂，釋文路作輅，云本亦作路。案經傳多作路，無作輅者，輅，俗路字。箋曰：襄二十六年釋文云先輅音路，本亦作路。攷證及注疏校勘記與此說略同，阮氏實拘執于說文輅字之說解耳，詳彼。

大旂 其依反。交龍為旂，諸侯所建。

錫 星歷反。錫同姓也。

夏后 戶雅反，下皆同。○校勘記云：下音同，北宋本、葉抄本、盧文弨本下音作下皆，是也。箋曰：通志堂本皆誤音，江校改為皆，北館本同，即依北宋本、葉本，是也。此陸氏謂下文夏虛、夏政諸夏字皆同夏后氏之夏讀戶雅反也。注疏本所附釋文並作下皆同，今依正。盧文弨本作下皆同，當亦據注疏本所附耳。

之璜 音黃。美玉名。

封父 音甫，下武父同。封父，國名。

繁弱 扶元反。繁弱，弓名。

索 素洛反，下同。

長勺 市灼反，下同。

輯其 音集，又七入反。○箋曰：大雅板篇亦具此二讀，詳彼。

共魯 音恭，下文以共王職同。

倍敦 本亦作陪，同，步回反。○攷證云：注疏本作陪，兩通。校勘記云：本亦作陪，葉抄本陪誤賠。○注疏校勘記云：分之土田陪敦，諸本作陪，釋文作倍，云本亦作陪。陳樹華云：說文培字注云：培敦，土田山川也，從土咅聲，則培乃陪本字，作倍非也。箋曰：臧校改本亦作陪之陪為賠。

北館本同即誤依葉本也從貝之賠康熙字典引字彙云古無此字俗音裴作賠補之字如其說陸元朗自不得稱引後世所出之俗字阮氏以葉本作賠為誤是也按杜注云賠增也典籍或借用從人之倍傳三十年釋文云倍鄭蒲回反益也莊子養生主倍音裴加也蒲回即此步回皆讀如裴即借用倍字陳氏以作倍為非實有未憭此云本亦作陪者傳十二年傳陪臣敢辭服虔注云陪重也諸侯之臣於天子故曰陪臣釋文陪步回反又昭五年傳飱有陪鼎杜注云陪加也釋文陪薄回反薄回步回為用字之異益也加也重也增也之義並同故云本亦作陪說文土部培字段注云左傳釋文云云許所見作培左氏但言土田而魯頌曰錫之山川土田附庸許合詩以釋左也按段說是也依說文則從土之培為本字從𨸏之陪從人之倍皆其借字耳

典筞本又作冊亦作策或作篇皆初革反○箋曰說文冊部冊符命也篇古文從竹又竹部策馬箠也徐鉉並音楚革切則此典筞之本字為冊及篇策乃同音借字筞又策之隸變也詳魯頌閟宮

彝器羊之反

迸散彼諍反

皆令徐力呈反

少皡詩照反注及下同下胡老反

之虛起居反注及下皆同

綪七見反

茷步貝反又音吠○箋曰小雅六月篇釋文云白茷本又作旆蒲貝反繼旐曰茷左傳云蒨茷是也陸

氏所引左傳即此蒲貝步貝字異音同此以為首音依本字讀為廣韻蒲蓋切之旆也毛詩左傳作茷為借字詳六月篇又音吠者讀同廣韻符廢切之茷草葉多也案成十年釋文云茷扶廢反扶廢符廢皆讀如吠則此又音殆本徐仙民左傳音也文始一云說文朮艸木盛朮朮然象形八聲變易為茷艸葉多也詩以白茷為白旆然繼旐為旆最初蓋祇作朮以草木葉盛象旌旗猶旆本艸盛引伸為羽旆矣按依章說則徐讀亦是 **旃旌**章然反 **陶氏**徒刀反 **繁氏**步河

氏 **錡氏**魚綺反 **封畛**之忍反一音真○箋曰周頌載芟篇一音真作徐又音真詳彼 **甫田**布五反本亦作圃同○攷證云甫田注疏本作圃箋曰杜注云圃田鄭藪名正義云釋地十藪鄭有甫田郭璞曰今滎陽中牟縣西圃田澤是也按釋地釋文云圃布古反僖三十三年傳鄭之有原圃杜注云滎陽中牟縣西有圃田澤釋文圃布古反布古即此布五甫本讀方矩切此但云布五反即讀為廣韻博古切之圃陸云本亦作圃者以其字在釋地及僖三十三年亦作圃字也

塗所徑音徒下音經 **鄭藪**素口反 **蓋近**附近之近下近戎同 **相土**息亮反

東蒐所求反 **巡守**手又反 **聃季**乃甘反 **疆以**居良反注及下同 **闕鞏**

九勇反甲名 沽洗鍾名上音孤下音息典反 之長丁文反下文乃長衛同 甚音忌毒也 閒

王閒廁之閒 道紂音導 蔡蔡叔上素達反放也注同下蔡叔如字○箋曰昭元年釋文云而蔡蔡叔

上蔡字音素葛反放也說文作𣪠音同字從殺下米云糅𣪠散之也會杜義下蔡叔如字素葛即此素達皆即讀為廣韻桑割

切之𣪠彼注云放也若𣪠蔡叔是也此與昭元年之上蔡字俱為𣪠之雙聲借字 七乘繩證反 攺行

下孟反 見諸賢遍反 之昭上饒反說文作佋○校勘記云說文作紹段玉裁云紹當作佋箋曰通志

堂本及注疏本所附釋文並作說文作紹段校云當是說文作佋江校及北館本並同是也說文人部佋廟佋穆父為佋南面

子為穆北面鉉音市招切典籍多借昭為佋穆字故陸云說文作佋毛詩汾沮洳釋文云昭紹遙反說文作佋周禮春官昭上

招反說文作佋論語八佾昭穆常遙反說文作佋上饒市招紹遙上招常遙皆讀為佋屬禪紐昭本讀止遙切屬照紐盧文弨

本作說文作佋當亦據汾沮洳春官諸篇釋文然于攷證無一言亦其踈也今依說文及釋文全書正 伯旬徒練

反 晉重直龍反 鄭捷在接反 齊潘普安反 宋王臣如字本或作壬如林

反○箋曰文七年釋文云王臣如字往方反本或作壬臣正與此同詳彼　茲丕普悲反　可覆芳服反

弘說音悅　爲之于僞反下楚爲沈同　臨力鴆反　黃父音甫　語我魚據反

無怙音戶　無敖五報反　無復怒扶又反重也注同　伍員音云　州犂力兮

反　嚭普鄙反　子乾其連反　爲質音致　舍舟音赦置也又音捨弃也注同○校勘記云葉抄本弃誤舟箋曰臧校改弃爲舟北館本同即誤依葉本也江校云弃宋刻左傳音義作奔又一本作舟唯北宋釋文仍作弃北館本奔作奔餘同按奔不成字然奔亦弃之譌字也注疏本所附釋文作棄也棄弃一字可證葉本涉正文舟字而誤

淮汭人銳反　夾漢古洽反　沿漢悅全反　上下時掌反注同　遮

使正奢反　大隧音遂　冥亡丁反本或作寘之鼓反○注疏校勘記云還塞大隧直轅冥阸釋文云冥阸本或作寘隘石經宋本作冥與釋文合惠棟云冥阸九塞之一在楚史記蘇秦傳云塞鄳阸徐廣曰鄳江夏鄳縣棟謂鄳阸即冥阸也墨子非攻篇曰吳闔閭次注林出於冥隘之徑隘即阸箋曰惠說是也說文邑部鄳字段注云左傳定四年塞大隧直

轅冥阸三者漢東之隘道一曰平靖關亦名西關即冥阸也今在信陽州東南九十里應山縣北六十五里戰國策史記二書或云冥阸或云黽塞或云黽阸之塞或云鄳隘或云冥阸之塞其實黽冥鄳一字阸隘一字段説視惠説尤詳陸氏以亡丁反爲首音正以冥爲鄳之借字而從冥字之音讀之又云本或作寘之致反而列于次陸意作寘者已不爲典要矣

阸於懈反本或作隘音同○箋曰阸本讀於革切此但云於懈反即讀爲隘也阸隘一聲之轉云本或作隘者或又用隘字也詳上

惡子烏路反 **而好**呼報反 **而陳**直覲反下文及注同 **江夏**户雅反 **難而**乃旦反○校勘記云葉抄本乃誤所箋曰臧校改乃爲所北館本同即誤依葉本也傳云難而逃之陸云乃旦反讀同廣韵奴案切之難患也全書類此者多矣乃奴同屬泥紐所屬疏紐所字必譌 **其卒**子忽反下同 **其乘**繩證反 **廣死**古曠反 **雍澨**市制反 **季芊**面爾反楚姓○校勘記云面彌反北宋本葉抄本盧文弨本彌作爾是也校語錄云彌乃爾之譌注疏本盧本不譌箋曰通志堂本爾誤彌臧校改爲爾江校及北館本並同是也面彌二字雙聲不能成反語注疏本所附釋文皆作面爾反今依正 **畀我**必利反世族譜季芊畀我皆平王女也服云畀我季

芉之字　涉睢七餘反下同○十三經音略五云涉睢定四年之睢睢漳哀六年之睢並七餘翻音狙從且與前睢上睢

澨城十年從目者不同從目者今河南睢州從且者今在湖北箋曰成十五年釋文云於睢音雖在脂韻心紐七餘反在魚韻清

紐從目之睢與從且之睢聲韵亦不同也按說文水部沮水出漢中房陵東入江從水且聲廣韵七余切沮又水名在房陵所

謂沮漳集韵千余切沮一曰水名在楚通作睢則此傳之睢即沮之借耳　鍼尹之林反　燧象音遂火燧

以繫象尾　被創初良反　吳句古侯反　剄而古頂反　裹之音果　雲夢如字

又音蒙○箋曰宣四年釋文云夢中音蒙又亡貢反此首音如字即讀亡貢反詳彼　中肩丁仲反　奔鄖

音云　以從才用反下同一音如字　將殺如字又申志反下我殺同○箋曰殺如字讀說文鉉音所八切

又申志反則讀為弒正義本傳文作將弒王與又讀同唯所附釋文仍作殺尚存陸氏之舊　蔓成音萬　不

茹音汝　矜寡古頑反　非知音智　殺女音汝　其衷音忠　又竄七亂反

竄匿女力反　施及以豉反　之辟匹亦反　若難乃旦反　楚竟音境

鑢金音慮氏也金名本又作鑪○攷證云鑢金注疏本作鑪注疏校勘記云鑪金初官於子期氏石經宋本鑪作鑢是也與釋文合案漢書古今人表亦作鑢字校勘記云本又作鑪葉抄本鑪誤鏞字按古今人表作鑢箋曰臧校改鑪為鏞江校及北館本並同即誤依葉本也鑢鑪同是來紐之字一聲之轉故鑢又作鑪鏞字與鑢聲韵絕遠必係譌字若注疏本所附釋文作鑪本又作鑢金名音慮是也姓氏之氏既誤為是非之是又顛倒其文乃後人妄改 使見賢遍反下注敢見同 以約如字又於妙反○箋曰桓三年亦具此二讀詳彼 申包必交反 以荐在薦反

荐數也所角反○箋曰臧校改角為氣按杜注云荐數也正義云釋言荐再也再亦數之義也故陸云所角反讀為頻數之數氣在未韵實譌 草茅舊作茅亡交反今本多作莽莫蕩反下同○攷證云草茅注疏本作莽校勘記云亡交反葉抄本亡作日非亡讀如芒即集韵之謨交切也或謂本作白而寫者誤為日案白茅非同位字箋曰臧校改亡為日北館本同即誤依葉本也亡交反即廣韵之莫交切屬明紐與莽為雙聲故今本作莽日屬日紐白屬並紐皆是譌字 無

厭於鹽反 疆居良反 埸音亦○箋曰臧校改埸為場字從昜聲按陸云音亦其字必從易聲果是昜聲之場

則陸當云直羊反或直良反矣　逮吳音代　取分扶問反　勺飲市灼反又音灼　為之于偽反　同仇音求　經五年　傳五年　周亟紀力反注同　行東野下孟反下桓子行同　璵本又作與音餘○箋曰說文玉部璠字段注云鉉本有篆文璵字云說文闕載依注所有增為十九文之一錯本則張次立補之考左傳釋文云云可證古本左傳說文皆不從玉後人輒加傳文之璵可勿補也徐灝箋云凡物二名者多相因而增其偏旁如與璠增作璵圭璋增作珪璋朱儒增作侏儒蜥易增作蜥蜴案段徐所說是也陸氏隨本作音其所據者為已增偏旁之璵字故云本又作與與本讀餘佇切上聲此但云音餘即讀為璵璠之璵也　璠音煩又方煩反○箋曰顏氏家訓音辭篇云璵璠魯之寶玉當音餘煩江南皆音藩屏之藩案煩說文鉉音附袁切屬奉紐藩鉉音甫煩切即此方煩反屬非紐陸以音煩為首正與大顏所讀相同　斂力驗反　當去起呂反　不狃女九反　彼為于偽反注同　子洩息列反　使僭子念反　逆勞力報反下同　時從才用反下從父昆弟皆從王並同　百乘繩證反注同　于沂魚依反　遂射食亦

反又食夜反○箋曰麾經音辨二辨字同音異云射發弓弩矢也神夜切射指的命中也神亦切神亦即此食亦神夜即此食夜案此二讀之二義亦相因相成故為人名而具二讀 散卒子忽反 堂谿苦兮反下同○攷證云舊苦作芳譪今從孔校改校勘記云芳兮反攷證作苦兮反云舊作芳譪是也箋曰隱三年文十六年昭六年又十三年釋文谿皆苦兮反此作芳乃苦之形近譪字今依正 居麇九倫反下同 暴骨步卜反 以歆許金反 闉音因 輿音餘本又作輿羊汝反○注疏校勘記云闉輿罷石經初刻作輿後改輿釋文云本又作輿箋曰此首音餘為車輿字之本讀羊汝反則為黨與字之本讀通志堂本正文作闉輿輿罷下輿字衍 罷音皮 復失扶又反 葉公舒涉反 從其母如字又才用反 公父音甫 公何藐亡角反一音彌小反○箋曰僖九年彌作妙詳彼 大詛莊慮反 父歜昌欲反 秦遄市專反 焉能於虔反 成臼其九反○校勘記云葉抄本其作具是也箋曰臧校改臼為曰改其為具北館本同即依葉本也案其具同為麾紐之字不必改其九反正為臼杵字之音臧改為曰實非顧千里校云曰字誤顧説是也 聊

屈其勿反又居勿反〇箋曰莊二十八年釋文云二屈求勿反一音居勿反求物即此其物彼為縣名此為山名故同具二讀也　藍尹力甘反　亹亡匪反　其帑音奴　舍音捨又音赦　謀殺申志反〇校勘記云北宋本葉抄本申作式案申亦同位同等字箋曰臧校改申為式江校及北館本並同即依北宋本葉本也案申式皆屬審紐讀為廣韻式吏切之弑耳實勿庸改當仍各本之舊　大難乃旦反　為君于僞反下為身同

無厭於鹽反　遠丈于萬反　以妻七細反　胛洩婢支反下息列反胛洩地名

袒而音但

經六年　祁犂力兮反又力之反〇箋曰昭二十七年與此同詳彼　公為于僞反　圉鄆音運

傳六年　為晉于僞反注同　儋翩丁甘反下音篇

豚澤杜孫反　嬖大夫必計反　之難乃旦反　盤鑑盤又作鞶步丹反又蒲官反下古暫反〇攷證云盤鑑注疏本作鞶校語錄云又蒲官反與莊二十一年同疑後增箋曰杜注云鞶帶而以鏡為飾也今西方羌胡猶然古之遺服如杜解則注疏本作從革般聲之鞶為本字陸氏所見本為同音借字故云盤又作鞶按步丹反在寒韻

蒲官反在桓韻此寒桓脣音已混也步丹蒲官亦反音同而反語有異者亦具列之之例非後增也　為質音致注同

○攷證云為質注疏本正文作為之質　大姒音泰下音似　鄭俘芳夫反　强使其丈反注

同下放此　不復扶又反　其釁許靳反　為之于偽反　欲令力呈反　終

纍力追反又力執反　夫差音扶下初佳反　小惟子位悲反本又作帷亦如字○校勘記云北宋本

葉抄本大字作帷子作帷作作惟是也説詳注疏校勘記注疏校勘記云獲潘子臣小惟子北宋刻釋文惟作帷云本又作惟

石經此處缺呂覽作小帷子與釋文合箋曰藏校改正文從心之惟為從巾之帷又改注文從巾之帷為從心之惟江校及北

館本並同即誤依北宋本葉本也攷羣經音辨四辨字同音異云惟凡思也以追切惟子楚人也音帷春秋傳吳敗楚師獲小惟

子賈昌朝列之于心部而以從巾之帷為直音則彼所見傳文之字必從心作惟此云位悲反正讀如帷陸氏蓋以呂覽寀微

篇之字從巾作帷故云本又作帷亦如字有亦字者即謂亦讀位悲反也阮臧江諸氏俱為北宋本葉本所惑　之帥

所類反　大惕他歷反　於鄀音若　此見賢遍反下文見溷並注同　為戍于偽反下

同 今使所吏反 其憾戶暗反 說子音悅 有難乃旦反下文同 見溷侯溫反又侯困反○箋曰侯困反即說文鉉音胡困切讀如恩爲溷之本讀此以侯溫反爲首而讀如平聲之魂者杜注云溷樂祁子也是爲人名按成十六年釋文杜溷戶昏反又戶本反戶昏即此侯溫彼亦人名也故皆以爲首音 飲之於鴆反 楊楯食允反又音允○箋曰大雅公劉釋文盾也字又作楯順允反又音允順允即此食允本書神禪二紐多混用也詳彼 賈禍音古 爲國于僞反下同 越疆居良反 而使所吏反下同 比趙毗志反 亳社步各反 詛于側慮反 五父音甫 之衢其俱反 姑蕕音由又作猶一音由舊反○箋曰音由即說文鉉音以周切爲蕕猶二字之本讀由舊反則讀去聲杜注云姑蕕周地則一音或依方音所讀注疏本所附釋文無又作猶三字蓋後人不達陸意而刪削 單劉音善

經七年

于鹹音咸 非使所吏反 于沙如字又星和反○箋曰沙如字讀說文鉉音所加切又星和反則讀如莎杜注云陽平元城縣東南有沙亭既爲地名則此又音蓋依方音讀之猶公羊成十二年沙澤之沙釋文亦云素禾

反矣 傳七年 中貳丁仲反 復黨扶又反 瑣素果反 涉佗徒何

反 掇子對反 公斂力檢反又音廉或音慮點反〇箋曰力檢反即説文鉉音良冉切為斂之本讀故為首音

又音廉則讀如蘞慮點反讀同廣韻之力忝切以點在忝韻故綴於末 墮伏許規反 而女音汝下文

同 苫荑始占反〇攷證云苫荑注疏本作夷注疏校勘記云苫夷釋文夷作荑校語錄云荑乃誤字若本作荑不

應無音〇蓋涉苫而加艸耳今經本並作夷箋曰陸氏于從艸之荑有二讀例為之作音如爾雅釋草荑羊而反周易大過稊鄭

作荑音夷若邶風靜女荑則徒兮反衞風碩人柔荑徒奚反豳風七月荑徒奚反此但為苫字作音不為荑字作音則陸氏所

見者與注疏本同作夷以其為常見字不煩作音可知也單行本釋文作荑者乃音苫字從艸而誤加艸耳法説是也

於難乃旦反 黨氏音掌

定下第二十八 杜氏 盡十五年

經八年 皐鼬由又反 國夏戶雅反年末注同 于瓦顏寡反 燕縣音煙

侯柳力九反本或作抑○箋曰公羊穀梁及史記陳世家俱作柳穀梁釋文且為柳字作音云良久反良久與此力九同抑與柳音義迥殊惟形為近柳本常見字陸氏為此傳之柳字作音正以定其形俾與或作抑者有別也　曲濮音卜○校勘記云北宋本葉抄本濮作濮案石經作濮箋曰臧校改濮為濮江校及北館本並同即誤依北宋本葉本也廣韻集韵博木切濮下俱不言有異體字作濮者則濮乃濮之殘耳　不見賢遍反　之璜音黄　封父音甫

傳八年

六鈞音均三十斤為鈞　古稱尺證反　異强其丈反　而傳直專反　子鉏仕居反　與一人俱斃婢世反仆也顔高與一人俱為子鉏所擊而仆　仆也音赴又蒲北反孫炎云前覆曰仆○箋曰成二年亦具此二讀詳彼　偃且如字　射食亦反下同　子鉏中丁仲反下同　頰古協反　殪於計反死也言顔高雖為子鉏所擊偃仆且射子鉏中頰而死言其善射也一讀且音子餘反云偃且人姓名也撿世族譜無此人一讀者非也　乃呼火故反注同○校勘記云葉抄本火作大非也箋曰臧校改火為大北館本同即誤依葉本也呼如字讀荒烏切其義為外息也杜注以大呼釋傳文之呼故讀火

故反讀同曲禮城上不呼之呼釋文于彼云呼火故反號叫也荒火皆屬曉紐大則定紐實火之形近譌字也殿丁電反注同單子音善儋翩丁甘反下音篇伐盂音于○校勘記云伐盂音干北宋本葉抄本盂作盂干作于盧文弨本亦作于不誤案僖二十四年邘國亦曰盂國即此盂也箋曰臧校改盂為盂江校及北館本並同即依北宋本葉本也按盂盂為篆隸之異耳不必改當仍各本之舊好逆呼報反其使所吏反使溷侯溫反又侯困反○箋曰詳定六年大行音太下户郎反一音衡○箋曰尚書禹貢釋文太行户剛反又如字户剛即此户郎如字即讀如衡皆以讀如航為首音者大行山名作音家從其時之方音讀之也盧文弨本太作泰依注疏本所附釋文改然太與泰音同陸書用字不畫一詳禹貢則亦不必改稟丘力甚反之郛芳夫反焚衝昌容反戰車也說文作幢云陷陣車也或濡人于反馬褐户葛反褐馬衣也必復扶又反盡客苦百反苫越式占反僑如其驕反入竟音境中行户郎反鄟澤音專又市轉反本亦作鄟音同○校勘記云北宋本鄟作鄟葉抄本誤鄟箋曰臧校改鄟為鄟北館本同即

誤依葉本也注文云本亦作某者例不得與正文之字同如相同則勿庸云亦作矣江校云陳宋本左傳音義及北宋釋文並作剸北館本同案江說與阮說不符然陳剸皆誤字也從專聲之字無有讀仙韵者是阮氏所稱者爲譌廣韵職緣切市兖切俱無從刀之剸則江氏所稱者亦譌陸云本亦作陳音同者從邑從皀相亂也集韵竪兖切鄟陳地名屬魯或從皀即可爲證又案成二年釋文云取鄟徐音專又市竇反市竇即此市轉互詳彼

涉佗徒何反

焉得於虔反

將歃所洽反

捘衛子對反擠也○十三經音略五云捘子對翻子內翻同音載廣韵子寸翻尊去聲五經文字七旬翻音遂又子內翻箋曰子對反讀如睟在隊韵爲合口載在代韵爲開口周云子對翻音載是依後世平水韵合隊代爲一也校勘記云葉抄本對誤計箋曰臧校改對爲計北館本同即誤依葉本也子計反爲擠字之音下文捘擠也子計反葉本益涉下文而譌

及捥烏喚反○十三經音略五云捥烏喚翻與捥同校勘記云烏喚反北宋本葉抄本盧文弨本烏作鳥是也箋曰通志堂本作烏喚反注疏本所附釋文並同殆阮氏所見之本烏誤爲鳥耳

捘擠也子計反一音子禮反說文云排也○箋曰昭十三年釋文知擠子細反說文云排也一音子禮反子細即此子計詳彼

詬呼豆反恥

也 語之魚據反 為質音致注及下同 羈洩息列反 以從才用反下注從弟下從者同

有難乃旦反 以激古狄反 監帥古銜反 為周報于偽反下同 季

寤五故反 不狃女九反 欲去起呂反 更季氏音庚代也舊古孟反下皆同

禘于大計反 蒲圃布五反 先癸巳悉薦反○箋曰江校改巳為己北館本同按杜注云壬辰先癸巳一日則此為辰巳之字明矣江改非也未知其所據之誤本為何本耳 以鈹普皮反 盾食允反又音允○箋曰大雅公劉釋文云盾也順允反又音允順允即此食允本書神禪二紐多混用也詳彼 夾之古洽反○校勘記云五洽反北宋本盧文弨本五作古是也校語錄云五洽反五乃古之譌箋曰通志堂本古誤五按大雅公劉釋文云夾其古洽反周禮腊人夾臧古洽反又肆師冢人並云古洽反為夾持義之本讀古屬見紐五則屬疑紐故注疏本所附釋文皆作古洽反今據正盧文弨本五作古當亦是依注疏本改 陽越殿丁見反 咋謂仕詐反暫也○十三經音略五云咋仕詐翻音乍牀箋曰臧校改詐為許案集韵助駕切咋暫也即本釋文詐駕俱在禡韵許在語韵實詐之形近譌字

於難乃旦反　圉人魚呂反　以為于偽反　而騁勑領反　射之食亦反下同　不中丁仲反　閭門户臘反　劫公居業反　州仇音求　說甲本又作稅同他活反○箋曰他活反即廣韻他括切讀為解挩之挩字或作脫傳云陽虎說甲如公宮杜注以脫釋傳文說字可證說為借字陸云本又作稅者典籍又借稅為挩也莊九年傳及堂阜而稅之釋文云本又作說同土活反土活他活用字之異且與此正相應互詳彼　得脫徒活反或他活反○箋曰徒活反讀如奪為脫之本讀故為首音他活反則讀為挩廣韻他括切挩解挩或作脫此或音于杜注立文之意亦切　曰嘻許其反懼聲　辨舍上音遍注偏同下如字

于謹音歡　駟歂市專反　鄧析星歷反

經九年　伯蠆勑邁反　分器扶問反

傳九年　向巢舒亮反　衰絰七雷反下田結反下同　舍鍾音捨○校勘記云北宋本葉抄本鍾作鐘注疏校勘記云而子擊鍾何也石經宋本岳本纂圖本毛本鍾作鐘下同葉抄釋文亦作鐘箋曰傳文擊鍾之鍾在舍鍾上阮云下同即謂此江校改鍾為鐘北館本同即依北宋本葉本也按釋樂釋

文云鐘說文作鐘云樂器也以此鍾為酒器今經典通為樂器此傳云擊鐘云舍鐘則釋文通志堂本作鍾為借字如釋樂所作者餘本作鐘為本字江校從宋本必改為本字亦非當仍各本之舊

其邪　似嗟反注同

彤管　徒冬反

邶風　音佩

雖說　音悅

竿旄　音干下音毛

鄘風　音容

蔽芾　方味反蔽芾小貌○校語錄云芳味反芳注疏本作方不誤盧本亦誤芳箋曰召南甘棠釋文芾非貴反方味非貴字異音同方屬非紐芳則屬敷紐故廣韵方味切有芾注引詩傳曰蔽芾小貌即本釋文而芳未切不收芾字今依注疏本所釋文正

召伯　音邵注同

所茇　畔末反草舍也

而祇　音支○校勘記云而祇葉抄本祇作祇亦非當作祇音支注疏校勘記云而祇為名故歸之宋本纂圖本監本毛本祇作祇足利本作祇亦非淳熙本作祇與葉抄釋文合箋曰通志堂本祇誤祇江校改為祇北館本同是也凡氏聲之字在支佳部氐聲之字在脂齊部此音支則必為氏聲阮氏以從示為非者謂音支訓適之字唐石經廣韵皆作衹從衣從氏葢從段玉裁之說也詳小雅我行其野篇及襄二十九年

若麟　本又作驎呂辛反○箋曰魯頌駉篇釋文云驎孫炎音鄰云似魚鱗也此傳杜注云若麟為田獲正義以麟為靈獸則非釋畜之馬也其

作騶者蓋同音通用

俘為芳夫反　**萊門**音來　**天菑**音災　**師罷**音皮　**焉**於虔反〇攷證云焉上似脫君字校語錄引盧說箋曰於虔反為君焉用之之焉即廣韵於乾切之焉何也傳文上有而求容焉係如字讀即廣韵有乾切之焉語助也故不作音此二焉字傳文僅闕六字依釋文全書之例此焉上當有君字盧說是也

頃覆音傾本又作傾下芳服反〇攷證云頃覆注疏本作傾箋曰說文人部傾仄也匕部頃頭不正也徐鉉並音去營切段注傾下云古多用頃為之又注頃下云引伸為凡傾仄不正之偁今則傾行而頃廢專為俄頃頃畝之用矣按如段說則頃傾為古今字此音傾即讀為傾周易否卦傾否侯果注云傾覆也淮南原道篇持盈而不傾注云傾覆也陸見諸書多用傾字故云本又作傾注疏本所附釋文頃傾二字互易非也

鍥苦結反刻也〇校勘記云鍥段玉裁云依爾雅音義引作契為是按郭景純注釋詁云今江東刻斷物為契斷邢疏引傳文及杜注亦並作契是也然五經文字云鍥苦結反見左傳據此則承譌已久矣校語錄云釋詁契絕也音苦計苦結二反又引此契其軸契鍥古今字也則此亦當有苦計一讀箋曰江校本引段校云鍥字譌俗爾雅釋詁音義引作契為是按此說非也阮氏亦為其所惑說文㓞部栔刻也段注云古經多作契左

傳盡借邑人之車契其軸爾雅音義所引如是今左傳荀子作鍥
皆假借字也段注所説是也説文金部鍥鎌也鉉音苦結切可
證今本左傳之鍥不訛俗陸云苦結反正鍥字之本讀故廣韻
苦結切鍥刻也正本釋文而苦計切無鍥釋詁之字作契郭苦
計反顧苦結反故廣韻苦計苦結二切並有契字法氏謂此亦
當有苦計一讀既與傳文作鍥之音不協亦失陸書詳略互見
之意矣 **其軸**音逐 **葱靈**初江反或音怱○注疏校勘記云載葱靈毛本葱作蔥注及下同惠棟云尚書大傳
云未命為士不得有飛軨鄭康成注云如今窻車也軨與靈古
字通阮氏又云按傳之葱字即説文之囱字或作窗此假葱為
之箋曰正義云賈逵云蔥靈衣車也有蔥有靈然則此車前後
有蔽兩旁開蔥可以觀望按孔惠阮之説皆是也此首音初江
反即讀為窗戶之窗或音怱讀倉紅切乃 **輜車**側其反説文云衣車也
蔥字之音義為葷菜故綴於末而云或
為衞于偽反下同 **必娶**七住反○校勘記云北宋本葉抄本住作注箋曰臧校改住為注江校及北館
本並同即依北宋本葉本也按住注皆在遇韻並為建首字釋
文反語用字例不畫一全書娶字反語下字用住者極多此實
不當改 **卿相**息亮反 **於畱**力又反 **所樂**如字又五孝反 **犂彌**力兮反

又譎古穴反　曩者乃黨反嚮也　之難乃旦反下同　如驂七南反騑馬也　之靳居覲反車中馬也本或作如驂之有靳非也〇經義述聞十九云家大人曰作有靳者是也陸本脫去有字反以有有字者爲非誤矣杜注云靳車中馬也猛不敢與書爭言己從書如驂馬之隨靳也正義云說文云靳當膺也則靳是當胸之皮也驂馬之首當服馬之胸胸上有靳故云我之從子如驂馬當服馬之靳如杜說則靳即服馬也驂馬後於服馬故曰如驂之有靳如孔說則靳是當胸之皮也靳在服馬之胸正當驂馬之首故曰如驂之有靳若云如驂之靳則文不成義矣秦風小戎釋文引沈重音義云靳者言無常處游在服馬背上以驂馬外轡貫之以止驂之出引左傳云如驂之有靳如沈說則以靳是服馬背上之游環也貫驂馬之外轡以止驂之出故曰如驂之有靳三說不同而靳上省當有有字自唐石經依釋文刪去有字而各本遂沿其誤鄭風大叔于田正義引此亦作如驂之有靳

與書爭爭鬭之爭又如字　千乘繩證反

不復扶又反　褚師中呂反　其帥所類反注同　事見賢遍反　致禭諸若反〇校勘記云諸志反北宋本葉抄本盧文弨本志作若是也校語錄云志誤哀十五年音諸若反箋曰通志堂本若誤志江

校改為若北館本同即依北宋本葉本是也五經文字示部云禚諸若反見春秋故注疏本所附釋文皆作諸若反今依正盧文弨本作若當亦是依注疏本改 **媢** 武冀反 **杏** 户猛反 **晳** 星歷反 **幘** 音策又音責齒上下相值也說文作䶪音義同○十三經音略五云幘古本作䶪音策又音責說文䶪士革翻賾音齒相值也引春秋傳晳䶪今本作幘杜注用說文明傅氏遜以幘即巾幘近顧氏炎武取之朱氏鶴齡據後漢輿服志幘起於秦駿之當仍從杜舊說為安箋曰段校云許所據左傳作䶪正字今本左傳作幘假借字也按說文齒部䶪齒相值也段注云今左傳作幘譌字也古無幘則述傳時無此字也今按二說不同段注實依輿服志之說陸氏首音策依䶪字之音從杜注之義也又音責乃巾幘字之音蓋作音家有不依注者陸氏附載之耳 **而衣** 於既反 **貍** 力之反 **製** 音制裘也○箋曰臧校改裘為裘按杜注云製裘也正義云說文云製裁也衣貍製謂著貍皮也裁皮著之明是裘矣故以製為裘也是陸云裘也為複述杜注裘實譌字未知臧氏所據之誤本為何本耳 **吾貺** 音況賜也 **令常** 力呈反 **不共** 音恭 **三襚** 音遂○箋曰臧校改襚為禭從示按杜注云襚衣也則此襚必從衣明矣此亦臧氏墨守誤本也 **比殯** 必利反 **故挽** 音晚

親推如字又他回反○箋曰成二年釋文推車昌誰反又他回反此如字讀即昌誰反故皆為首音餘詳彼

經十年　夾谷古洽反又古協反二傳作頰谷音古木反○箋曰古洽反為夾字之本讀故為首音古協反讀作頰依二傳也　鄆音運　讙火官反　汶陽音問　孔子相息亮反　圍郈音后字林下遘反○箋曰昭二十五年與此同詳彼　弄馬魯貢反　暨其器反與也　仲佗徒河反　石彄苦侯反　向魋大回反　靜難乃旦反

傳十年　丘相息亮反注同　兵劫居業反　合好呼報反下同　裔以制反遠也　之俘芳夫反　謀夏戶雅反　不偪彼力反　為愆去連反　遽其據反　辟之婢亦反又音避注同○箋曰禮記曲禮釋文云還辟婢亦反下同還辟逡巡也此首音婢亦反義即與彼同又音避即讀為避廣韻毗義切避迴也按傳云齊侯聞之遽辟之杜注云辟去萊兵也則此二讀之義並通　去萊起呂反　出竟音境　三百乘繩證反　盟詛側據反　茲無還音旋　以共音恭注同　要盟一遙反

犧象許宜反又息河反注同犧象皆尊名○箋曰小雅鼓鐘釋文云犧象素何反犧象皆罇名王音羲魯頌閟宮犧尊鄭素河反王許宜反尊名也素何素河息河字異音同許宜反即讀如羲許彼

秕音鄙穀不成者也字林音匕又作秕又必履反○十三經音略五云秕音鄙字林音匕又作秕又必履翻音並同校勘記云葉抄本鄙誤鄙北宋本秕作秕葉抄本同按作秕不誤說詳注疏校勘記注疏校勘記云用秕稗也諸本作秕釋文云字林音匕或作秕段玉裁曰當作秕即說文粊字惡米也今說文譌作粊箋曰臧校改鄙為鄙北館本同即誤依葉本也玉篇邑部鄙五俱切廣部鄜麌俱切皆讀如虞且非常見字鄙實鄙之形近譌字臧校又改秕為秕江校及北館本並同即誤依北宋本葉本也凡陸書云又作某者其字例不得與正文之字同莊子逍遙遊釋文云秕本又作秕徐甫姊反正以有從禾從米之異故此云又作秕而彼云本又作秕也注疏本所附釋文音匕作音比案廣韵卑履切匕為建首字卑履切雖有比字其注云又毗鼻鄙三音則單行本釋文作匕為長矣

稗皮賣反草似穀者

子盍戶臘反下同

齊為衛于僞反

邯音寒**鄲**音丹

城其西北而守之一本或作城其西北隅

宵熸子潛反

涉佗徒河反○箋曰通志堂本

佗作沱非也泲佗為人姓名前八年通志堂本作泲佗與各本同尚不誤

如植 市力反立也一音值○校勘記云音直北宋本葉抄本作一音值盧文弨本亦有一字箋曰通志堂本值作直臧校改為值江校及北館本並同是也市力反即廣韵之常職切義為立也故為首音音值則讀同廣韵直吏切之植種也故云一音一音與又音同商頌那篇釋文云置我鄭作植字時職反又音值周禮山虞植時力反又音值時職時力皆即此市力若直正之直說文鉉音除力切而廣韵除力切無植字則通志堂本盧文弨本值作直非也注疏本所附釋文皆作一音值按各本俱有一音值之一字據阮氏所說殆彼所據之本漏一字耳

不遄 市專反

若藐 音邈又亡小反○校勘記云音邈又口小反北宋本葉抄本邈作貌口作亡是也校語錄云口小注疏本作亡小是箋曰臧校改邈為貌江校及北館本並同實誤依北宋本葉本也廣韵莫教切無藐而莫角切有可證二本貌乃邈之壞字亡通志堂本誤口臧校改為亡江校及北館本並同亦依北宋本葉本是也僖九年釋文藐妙小反又亡角反亡角即讀如邈妙小亡小用字異而音同故注疏本所附釋文皆作亡小反盧文弨本作亡小反當亦是依注疏本改

射之 食亦反下並注同

劒鋒 芳逢反

向己 許亮反亦作嚮○箋曰嚮

即向背之後出字故廣韻許亮切嚮字注但云與向通用別無訓釋 逆呵呼多反 刺之七亦反 復

圍扶又反 在揚水卒章本或作揚之水卒章○校勘記云北宋本葉抄本揚水作揚水是也案詩揚之

水釋文云或作楊毛傳云揚激揚也箋曰藏校改正文及注文之揚為楊皆從木江校及北館本並同即誤依北宋本葉本也

唐風揚之水釋文不言或作楊毛傳于揚字亦無訓釋鄭箋云激揚之水云云然由鄭箋解為激揚尤可證其字從手不從木

此云本或作楊之水卒章者傳文無之字而唐風有非指揚字從手從木之異也 齊使所吏反注同 為

之于偽反下注為齊同 象兇音凶一音凶勇反○箋曰音凶讀同廣韻許容切之兇恐也凶勇反則讀同廣韻許

拱切之兇擾恐也音異則義亦異 得紓音舒 偪魯彼力反 必倍步罪反 走呼火故

反 介侯犯音界 犯殿丁見反 物識申志反又如字○箋曰申志反讀為旗幟之幟說文

言部識常也鉉音賞職切常即周禮司常之常即此如字讀之音義也然則此二讀之音異則字亦有古今字之殊其義實同

與之數色主反注同 名簿步古反 嬖必計反 遽其居反 富獵力輒反

尾鬣力輒反爾雅舍人注云馬鬉也鬉音子工反○攷證云注疏本鬉作騣下同箋曰說文新附騣馬鬣也從馬㚇聲子紅切鄭珍云漢以前無稱騣者是後世俗語因馬而作騣因毛而作鬉如鄭說騣鬉亦一字異體然俱為後世所作者耳

抶魋勑乙反　盡腫章勇反　有頗普多反　出竟音境　辰為于偽反注猶為同　迋吾求往反又古況反欺也○箋曰鄭風揚之水釋文云迋汝求往反誑也徐又居望反居望即此古況皆讀欺誑之誑此又音殆亦本徐仙民左傳音也互詳鄭風　褚師張呂反　屬與音燭　封疆居良反○校勘記云葉抄本居作君箋曰臧校改居為君北館本同即依葉本也按居君同是見紐字不必改當仍各本之舊

所惡烏路反十一年傳注同一音如字

經十一年

叔還音旋　叔詣曾孫也案世族譜叔還是叔弓曾孫此云叔詣誤也

傳十一年

經十二年

墮郈許規反毀也注及下傳同　毀壞音怪又户怪反○箋曰羣經音辨五辨字同音異云壞自毀也胡怪切壞毀他也音怪胡怪即此户怪杜注云患其險固故毀壞其城是非自毀之義也故陸以音怪為首　公孟彄苦侯反

盂櫜陟立反　墮費音祕　大雩音于　傳十二年　滑于八反○箋曰于八即手八此亦為匣混用也詳隱元年　羅殿丁見反下同　曹竟音境下同　在行户郎反

申句須音劬　樂頎音祈　保障之尚反又音章○箋曰之尚反即說文鉉音之亮切為障之本讀故為首音按廣韵諸良切障隔也則此又音之義亦同

子為不知並如字一本為作偽○孜證云注疏本作偽注疏校勘記云子偽不知諸本作偽釋文作為云一本作偽陳樹華云成九年為將改立君者釋文云本或作偽將也昭二十五年傳臧昭伯之從弟會為讒於臧氏而逃於季氏史記作偽讒臧氏匿季氏是皆為讀偽之證定八年以為公期築室於門外杜注云不欲使人知故偽築室於門外陸氏雖音于偽反依注似應讀為偽也此處傳文作為故杜注云佯不知若本作偽則無煩再注矣案陳說是也箋曰說文人部偽詐也段注云經傳多假為為偽如詩人之為言即偽言左傳為讀偽者不一益字涉於作為則為偽如段說此傳一本為作偽者依杜注之訓解陸氏以如字讀為首正以傳文之字為為也

陽不知也陽本亦作佯音同○孜證云注疏本作佯注疏校勘記云佯不知釋文佯作陽知下有也字按佯陽古多通用箋曰立應

音義十一增一阿含經五十一引漢書注陽謂不真也廣韵與章切佯詐也是二字音義俱同

經十三年　垂葭音加　囿音又　大蒐所求反　比蒲音毗　士吉射食亦反又食夜反○箋曰定五年蓬射亦具此二讀詳彼　朝歌如字

傳十三年　鄍氏古闃反　邴意茲彼命反又音丙○箋曰廣韵陂病切邴又姓左傳魯大夫邴洩兵永切邴又姓左傳晉大夫邴預陂病即此彼命兵永即讀如丙此邴意茲之邴亦人姓也故具上去二讀　傳必張戀反又直專反注同○箋曰張戀反讀同廣韵知戀切之傳郵馬直專反則讀為直孿切之傳轉也傳云傳必數日而後及絳杜注云傳告晉則傳為郵馬之義也故以張戀反為首音　數日所主反　言當丁浪反　衛侯乘繩證反下同　乘廣古曠反　比君必利反　乃介音界　侯輕遣政反　著丁略反　是以為于偽反注同○一音如字箋曰大雅鳧鷖鄭箋云為猶助也釋文于偽反助也如字則為作為之為傳云衛是以為邶鄘故以于偽反為首音如字讀非傳注之義也　而寘之豉反　好不呼報反　其從才用反　說劒他活反注同

不與音預又如字○箋曰音預讀同羊洳切參與之與傳云故不與圍故陸以為首音如字讀說文鉉音余呂切乃黨與之與於傳文之義則稍迂回故為又音　中行戶郎反　知文子音智　相惡如字又烏路反下同　曼多音萬　荀躒力狄反○校勘記云北宋本葉抄本此五字在三字之上非也箋曰江校移此五字在三字之上沈之條之下北館本同即誤依北宋本葉本也攷傳文荀躒在上注文乃云為盟書沈之河傳文三折肱又在下阮說是也　沈之如字又音鴆○箋曰羣經音辨四辨字同音異云沈没也直林切沈投物於水也直禁切直林即此如字讀直禁即讀如鴆平去二讀之義亦異互詳襄十八年沈玉條　三如字又息暫反○箋曰三如字讀蘇甘切為名詞息暫反讀同三思之三為動詞詳襄十年　折之設反　肱古弘反　欲令力呈反　史鰌音秋　於難乃旦反下注同　者鮮息淺反　必與音預注同　始惡烏路反　將去起呂反　宋朝如字　愬音素

經十四年　趙黶於減反　佗人吐何反又徒何反○箋曰吐何反即廣韵之託何切讀如拖透紐徒何反讀如駱駝之駝定紐二音微異　子牂子郎反

皆惡（烏路反）　檇李（音醉，依說文從木○校勘記云北宋本檇作檇與石經合案五經文字亦作檇箋曰北館本改檇為檇即依北宋本也按說文木部檇從木雋聲春秋傳曰越敗吳於檇李木在右雋在左不在下也石經五經文字亦未可為典要又按陸氏云依說文從木隸書從木從才多混殆陸所見之本誤從手而陸氏改作為從木也）　亂　陳（直覲反，下同）　黎陽（力兮反）　于洮（吐刀反）　歸脤（市軫反）　盛以（音成）　蒯（苦怪反）　聵（五怪反○校勘記云葉抄本聵作瞶箋曰聵校改聵為瞶字從目不從耳北館本同即誤依葉本也說文耳部聵從耳貴聲鉉音五怪切廣韻集韻五怪切俱無從目之瞶玉篇目部瞶居畏切廣韻居胃切亦有瞶字居畏居胃則讀如貴與五怪反之音迥異葉本作瞶實聵之形近譌字阮氏不為非臧氏改從誤本並為宋本所惑耳）　比蒲（音毗）　莒父（音甫）

傳十四年

惡董（烏路反）　知文（音智）　盍以（戶臘反）　發難（乃旦反）　與謀（音預）　將焉（於虔反）　莫矣（音暮）　乃縊（一賜反）　背楚（音佩）　陳好（呼報反）　句踐（古侯反）　陳于（直覲反）　三行（戶郎反，下同）

屬劒 之欲反，下同，又之住反。○箋曰：之欲反為屬字本讀，故為首音；又之住反則讀為注。傳云屬劒於頸，杜注云以劒注頸，此又音實本杜解讀之。傳文下有師屬之目，讀屬為之住反，猶今言注目之注矣，二讀之義並通。

自剄 古頂反，本又作刎。○校勘記云：北宋本、葉抄本剄作頸，俟孜案：石經作剄。箋曰：臧校改剄為頸，江校及北館本並同，即誤依北宋本、葉本也。廣韵古挺切剄，斷首，挺頂同在迥韵；又居郢切頸，項也，在靜韵。傳文云不敢逃刑，敢歸死，遂自剄也，是本作斷首之剄，若為頸項之頸，則文不成義。且陸云本又作刎，按說文新附刎，剄也，正以剄刎二字同義，故云本又作刎，若是頸項之頸，亦與刎字不合矣。阮云俟孜殆未知北宋本、葉本之頸為誤字也。

閭廬 户臚反。○校勘記云：葉抄本臚改攎。箋曰：臧校改臚為攎，北館本同，即誤依葉本也。臚攎雖同音，然廣韵盧盍切臘為建首字，且攎有盧盍切、良涉切二讀，故釋文全書于盍部之字用臚為反語下字者極多，無有用從手之攎者。

將指 子匠反

一屨 九具反

於陘 音刑

夫差 音扶

於廷 音庭，本又作庭。○箋曰：說文廴部廷，朝中也；广部庭，宮中也，徐鉉並音特丁切，是廷庭二字音同義近。今注疏本傳文並作庭，其所附釋文遂隨之改為庭，本又作廷矣。

曰唯 惟癸反，舊以水反。○校語錄云唯癸反唯乃惟之譌注疏本盧本不誤惟癸以水亦一部分二類也箋曰昭四年釋文曰唯維癸反徐以水反唯應辭猶𠰻也維癸即此惟癸此云舊即徐仙民所作也詳彼按通志堂本惟作唯非也反語上下字例不得用所切字盧本作惟癸反當亦是依注疏本改法氏一部分二類之說實沿切韻攷之誤詳周南關雎

于脾婢支反**析**星歷反**成**

鮒音附**桃甲**如字本又作姚**為夫人**于偽反**獻盂**音于**婁豬**力侯反字林作𧳜力付反云求子豕也下張魚反豕三毛聚居者〇十三經音略五云婁力侯翻字林作𧳜力付翻音屢𧳜校勘記云字林作𧳜北宋本𧳜作𧳜案作𧳜是也集韻類篇引字林亦作𧳜字是從毋豕而婁聲也箋曰通志堂本及注疏本所附釋文𧳜作𧳜臧校改為𧳜江校及北館本同是也字林攷逸云定十四年釋文作𧳜字考玉篇廣韻有𧳜字無𧳜字惟集韻類篇有𧳜字與𧳜字同𧳜字當為𧳜字之譌任說與阮說同今依正按豕三毛聚居者六字原在下文艾之注末作三毛聚居者五字攷證于彼云舊脫豕字依集韻校補攷說文豕部豬豕而三毛叢居者則此六字為豬之訓非艾之訓也集韻牛益切豛字注云字林豕三毛聚居者一曰豕老謂之豛通作艾蓋宋時釋文已誤今依說文移此

盍歸戶臘反**艾**五蓋反老也字

林作⿰豙又音乂○十三經音略五云乂字林作⿰豙又⿰豙皮訛作音同攷證云⿰豙又舊譌⿰豙皮毛本譌作豭今依宋本改正校勘記云字林作⿰豙皮北宋本葉抄本盧文弨本⿰豙皮作⿰豙又案集韵類篇引字林亦作⿰豙又校語錄云⿰豙皮盧本改⿰豙又是也箋曰通志堂本⿰豙又誤⿰豙皮臧校改爲⿰豙又江校及北館本並同即依北宋本葉本是也字林攷逸云考玉篇廣韵俱無⿰豙皮字集韵類篇引此條作⿰豙又⿰豙皮字當爲⿰豙又字之譌今據改按五蓋反與音乂同此直音與反語並出之例于此亦可見陸元朗之書音義本諸舊製也 豭音加牡豕也

戲陽速許宜反 少君詩照反本亦作小君○箋曰正義云少君猶小君也君爲大君夫人爲小君按陸云本亦作小君正以典籍稱夫人皆爲小君也 將戕在良反殘殺也 以紓音舒 諺曰音彦

於潞音路 籍父音甫○校勘記云葉抄本缺音甫二字箋曰臧校刪音甫二字江校及北館本並同即誤依葉本也若無音甫二字則正文籍父亦衍不當據葉本刪

經十五年 鼷鼠音兮 食

處昌慮反 渠蒢直居反 下昃音側 城漆音七

傳十五年 之贄音至 替也他計反 近亂附近之近下皆同 取費芳味反 而中丁仲反

微知著知之難並如字又音智　其易以豉反　子蠡才何反　為之于偽反　事見賢遍反　蘧音渠　挐女居反又女加反○箋曰僖元年釋文云莒挐女居反又女加反彼為人名此蘧挐為地名故同具二音互詳彼　不祔音附　不克襄息羊反成也

哀上哀公名蔣定公之子益夫人定姒所生敬王二十八年即位謚法恭仁短折曰哀第二十九

杜氏　盡十三年

經元年　得見賢遍反下同　此復扶又反　一處昌慮反　傳元年　而裁才代反又音再注同說文云築牆長版○箋曰莊二十九年才代反上有字林二字餘同皆精從相混也詳彼　圍壘力軌反　周帀子合反○攷證云周帀注疏本作匝箋曰說文六篇帀部帀周也從反㞢而帀也注疏本作匝即帀之俗體　廣丈古曠反○校勘記云葉抄本丈作大非也箋曰臧校改丈為大北館本同即誤依葉本也傳云廣丈高倍注云壘厚一丈高二丈可證傳文實是尺丈之丈丈為大既與傳文之義不協亦與注文所釋者不合　高

陪　並如字高又古報反注同○攷證云高陪注疏本作倍校勘記云北宋本葉抄本陪作倍校語錄云陪乃倍之誤盧本同箋曰江校改陪為倍北館本同即依北宋本葉本也說文人部倍反也鉉音薄亥切段注云引申之為加倍之倍以反者覆也覆之則有二面故二之曰倍按說文阜部陪重土也鉉音薄回切引申為加倍于本義尤近則加倍之字從人作倍者謂為陪之雙聲借字可也是江氏改陪為倍法氏謂陪為誤皆非也當仍各本之舊又按高如字讀說文鉉音古勞切又古報反則讀如廣韵古到切之誥而廣韵此讀不收集韵居号切高度高曰高則讀去聲者為動詞周禮懷方氏釋文云高尚劉古到反此又音實本諸劉昌宗徐仙民輩所作

厚一　户豆反

夫屯　徒門反夫兵也屯守也

故令　力呈反

以辨　扶免反又方免反別也○箋曰天官序官釋文辨本亦作辯徐邈劉昌宗皆方免反別也禮記玉藻注云辨別也釋文云徐扶免反別也然則此二讀皆本舊作義亦不異

別也　彼列反下同

傫纍　力維反

出降　户江反○校勘記云葉抄本江作工箋曰臧校改江為工江校及北館本並同即誤依葉本也杜注云男女各別傫纍而出降此降當讀同廣韵下江切降伏之降若户工反則讀為洚水之洚葉本之工乃江字之殘壞耳

使疆

居良反

夫椒音扶椒又作梆子消反○校勘記云葉抄本梆作松消作工非也箋曰江校改梆為松又改消為工北館本同即誤依葉本也椒消並在宵韻工在東韻窯梆即椒之行草干祿字書云尗叔上俗下正猶爾雅釋詁釋文云俶字又作併也互詳大雅崧高有俶條下

檇李音醉

大湖音泰

甲楯食允反又音允○箋曰大雅公劉釋文云盾也字又作楯順允反又音允順允即此食允本書神禪二紐混用耳詳彼

會稽古外反下古兮反會稽山名

上會稽時掌反

大夫種章勇反

大宰音泰

嚭普鄙反

伍員音云

去疾起呂反本又作去惡

有過古禾反國名注及下同

澆五叫反一音五報反下同○箋曰襄四年釋文云生澆五弔反無他讀五弔即此五叫故為首音廣韻五弔切澆寒浞子名即本釋文一音五報反則讀如傲廣韻五到切不收集韻魚到切乃云澆人名寒浞子即本此又音

殺斟之林反

灌古亂反

斟鄩音尋

寒浞仕捉反○校勘記云寒促北宋本促作浞校語錄云促當作浞箋曰通志堂本浞誤從人作促江校改為浞北館本同是也正義本杜注及所附釋文並作浞襄四年亦作浞且從人之促說文鋜音七玉切乃清紐之字此浞襄四年仕角反論

語寔閒仕提反乃牀紐之字今正盧文弨本作泥當是據注疏本所改

夏同姓 户雅反下注皆同

夏后相 息亮反注及下注同　復爲 扶又反　后緡 亡巾反〇攷證云舊有昏忘亡亮反五字今刪校勘記云昏忘亡亮反北宋本葉抄本無此五字箋曰通志堂本此條下有昏忘亡亮反五字江校刪之云昏亡五字宋本無北館本同即依北宋本葉本是也傳文杜注並無昏忘二字則此五字實衍注疏本所附釋文皆無今據刪

方娠 音震又音身懷妊也〇箋曰昭元年釋文云方震本又作娠之愼反又音申懷妊也其云本又作娠正謂此傳之字作娠之愼反即讀爲震申身同音用字異耳詳彼

自竇 音豆

少康 詩照反〇校勘記云北宋本葉抄本照作召箋曰臧校改照爲召江校及北館本並同即依北宋本葉本也按照召同音不必改當仍各本之舊

之長 丁丈反

甚

澆 音忌毒也　庖正 步交反　妻之 七計反注同　二姚 羊昭反虞姓也　諸綸 音倫

有鬲 音革

之燼 徐刃反又秦刃反〇校語錄云徐刃秦刃此分從邪爲二也他皆不分疑後人所附然秦刃是也箋曰大雅桑柔釋文云蓋才刃反災餘曰蓋本亦作燼同爾雅釋詁蓋本又作燼同徐刃反才刃即此秦刃釋文從邪

多混此又一例耳爲能有是非可言小雅采芑羨卒錢面反餘也又徐薦反法氏于彼謂錢面爲誤與此以秦刃爲是之説皆非且法氏二説亦自相矛盾也證之桑柔釋詁此徐刃秦刃並沿作音家之舊製尤非分從邪爲二也燼字説文火部作㶳徐鉉徐刃切廣韵同可見爲典籍常用故此以爲首　**女艾**上如字又音汝下五蓋反　**諜澆**音牒　**季杼**直呂反　**誘豷**許器反○十三經音略五云豷許器翻音戲　**過戈**並古禾反　**之績**一本作迹○校勘記云北宋本葉抄本績誤續箋曰臧校改續爲績江校及北館本並同即誤依北宋本葉本也復禹之績謂少康復夏禹之功業也故一本作迹若依誤字作續既與一本之迹不協且文不成義矣　**吳難**乃旦反　**務施**始豉反下同○校勘記云葉抄本缺下同二字箋曰江校删下同二字北館本同即誤依葉本也陸云下同者謂傳文下有施不失人之施亦讀始豉反讀同周易雲行雨施之施注疏本所附釋文並有下同二字　**而長**丁丈反下同　**可竢**本又作俟音仕待也○攷證云可竢注疏本作俟注疏校勘記云日可俟也釋文俟作竢云本又作俟字按竢正字也俟假借字也　**介在**音界　**求伯**如字又音霸○箋曰詳莊十七年始伯條　**生聚**才喻反又如字○箋曰昭

三年釋文公聚徐在喻反一音在主反在喻即此才喻在主即如字讀詳彼 爲沼 之兆反池也 汙池

音烏 故復 扶又反 邯鄲 音寒下音丹 逢滑 于八反 土芥 古邁反草也

不艾 魚廢反 㬥骨 步卜反 如莽 亡黨反 孔圉 魚呂反 烝鉏 之承反下仕居

反 不重 直龍反 崇壇 徒丹反 不彤 徒冬反丹漆也 鏤 魯豆反刻也 不觀

古亂反注同 臺榭 音謝 取費 芳味反 天有菑 音災 癘 本或作天無菑癘非 疾

疫 音役 而共 音恭 熟食者分 如字一讀以分字連下句 猶徧 音遍 卒 子忽反

乘 繩證反 與焉 音預 不罷 音皮 陂池 彼宜反 妃嬙 本又作廧或作牆在羊反○孜

證云本又作廧或作嬙舊嬙作牆今依宋本改校語錄云牆盧依宋本改嬙校勘記云本又作廧或作嬙北宋本葉抄本廧作

廧嬙作嬙案錢大昕云說文無嬙字當依石經作牆漢隸爿旁字或變從广廧牆實一字也箋曰通志堂本作本又作廧或作

牆注疏本所附釋文同字本不誤臧校改廧為廧又改牆為嬙江校及北館本並同即誤依北宋本葉本也凡嗇字作啬者皆

俗體干祿字書云墻牆穡穡上俗下正臧江改正體為俗體非也昭三年釋文云嬪嫱本又作嫱在良反正與此相應廣韻在

良切廧與牆同嬪嫱亦猶妃嫱也作廧或作牆為依聲託事作嫱為後出專字陸元朗皆依經傳用字而言錢氏謂說文無嫱

當依石經作牆之說未允盧文弨改牆為嫱亦非　嬪御毗人反　玩好呼報反　夫先自敗

也已夫音扶本或作夫差先自敗者非○孜證云案說苑作夫差箋曰說苑權謀篇作夫差先自敗已可證陸云本或作

本又作與一本作某者不同也　經二年　取鄟火號反又音郭○襄十九年釋文云鄟水好號反徐

音郭好號即此火號二郭字皆當作鄟詳彼　及沂魚依反　易也以豉反　句繹古侯反下

音亦　以要一遙反　于鐵天結反○校勘記云尺結反北宋本葉抄本盧文弨本尺作天案作天是也校

語錄云尺注疏本作天是箋曰通志堂本天誤尺臧校改為天江校及北館本並同即依北宋本葉本是也鐵字說文鋕音及

廣韻皆天結切天屬透紐尺屬穿紐實天之形近譌字　皆陳直覲反　傳二年　伐絞

古卯反　郢也以井反　立女音汝　三揖一入反三揖卿大夫士也　祇辱音支

立適丁歷反下適孫同　大子絻音問喪冠也　衰絰七雷反下田結反　子般音班

先陳直覲反下注同　爰契苦計反又苦結反○箋曰大雅緜篇借契為挈故云苦計反又苦結反詳彼

謀協以故兆絶句　詢可也恩遵反　斬艾魚廢反　欲擅市戰反　而

滅其君滅或作戕音殘○校語錄云戕不能音殘誤也　除詬呼豆反又音苟○箋曰呼豆反即說文鉉音呼

寇切為詬之本讀故為首音廣韵古厚切詬詬恥也即本此又音　作雒音洛　千里百縣縣方百里

縣有四郡郡方五十里　斯役如字字又作廝音同何休注公羊云艾草為防者曰廝汲水漿者曰役蘇

林注漢書云廝取薪者韋昭云析薪曰廝○攷證云斯役注疏本作廝注疏校勘記云去廝役釋文廝作斯云字又作廝也按

說文無廝字作斯乃古本也箋曰史記張耳陳餘列傳有廝養卒集解引韋昭云析薪為廝漢書陳餘傳注引蘇林曰廝取薪

者也公羊宣十二年傳廝役扈養注云艾草為防者曰廝即陸所引何蘇吳之說也公羊史漢之字並作廝為斯役之後出專

字不當以說文無廝字為說且此去廝役為杜注杜生於晉自得用之作斯者亦依聲託事耳　志父音甫杜云志父

趙簡子之一名也服云趙鞅入晉陽以畔後得歸改名志父春秋仍舊猶書趙鞅○校勘記云杜云志父趙簡子之改名也北宋本葉抄本改作一不誤注疏校勘記云志父趙簡子之一名也北宋刻釋文亦作一監本毛本誤改閩本一字本刻箋曰通志堂本一名作改名臧校改為一名北館本同即依北宋本葉本是也江臨段校云改宋槧杜注本作一及觀諸宋刻釋文皆同宜從一名為是北館本同今按正義云簡子名鞅又名志父者服虔云趙鞅入于晉陽以叛既復更名志父云云孔述杜訓為又名志父又引服虔云更名志父則杜注本作一名服云改名陸孔因杜服有小異故並引之以廣異聞若杜注亦同服虔作改名則陸氏孔氏不煩復引服氏之說矣今依正**絞縊**一賜反**以戮**音六**桐棺三寸**禮記云夫子制於中都四寸之棺五寸之椁以斯知不欲速朽也鄭康成注云此庶人之制也案禮上大夫棺八寸屬六寸下大夫棺六寸屬四寸無三寸棺制也棺用難朽之木桐木易壞不堪為棺故以為罰墨子尚儉有桐棺三寸**不設屬**音燭注同次大棺也**辟**步歷反注同親身棺也禮大夫無辟**之重**直龍反下同**王棺四重**禮記云水兕革棺被之其厚三寸杝棺一梓棺二杝棺辟也梓棺二屬與大棺也被水牛及兕之革為一重辟為二重屬為三重大棺為四重

○校勘記云水兕革棺被之杝棺一被水牛及兕之革爲一重葉抄本被之誤破之水誤木杝作柂箋曰臧校改被之爲破之改杝爲柂改水爲木北館本同皆誤依葉本也各本及注疏本所附釋文並與今檀弓之文及鄭注相合釋文且爲被字作音云皮寄反杝羊支反葉本以形近致誤杝柂一字異體亦不必改當仍各本之舊

君再重 君謂侯伯子男侯伯已下無革棺屬與辟爲一重大棺爲再重上公則唯無水革耳兕革與辟爲一重屬爲再重大棺爲三重

大夫一重 大夫唯屬與大棺爲一重今云不設辟者時僭耳非正禮也

樸馬 普卜反○校勘記云北宋本葉抄本卜作角非也箋曰臧校改卜爲角江校及北館本並同即誤依北宋本葉本也樸卜同在屋韵角在覺韵故非

載柩 其又反

爲重 于僞反 郵無恤 音尤 其怯 去業反 百乘 繩證反 牖下 羊九反

麇之 丘隕反麇束縛也注同 吏詰 起吉反 痁作 詩占反瘧疾也 瘧疾 魚略反

禱曰 丁老反一音丁報反○箋曰隱八年一音二字作或字餘同詳彼 在難 乃旦反下注爲難同

自佚 音逸 持矛 亡侯反 絶筋 居銀反○校語錄云廣韵筋銀不同部箋曰廣韵筋在欣部銀在真

部然釋文不分如詩匏有苦葉大昕許巾反北門殷殷本又作慇同於巾反昕殷慇俱在欣部而巾亦在真部也

中

肩　丁仲反

斃于　婢世反本亦作弊○校勘記云北宋本葉抄本弊作獘依說文當作獘下從犬箋曰江校改弊為獘北館本同即依北宋本葉本也隱元年釋文云自斃婢世反本又作弊阮氏亦與此說同皆拘于說文之形體耳詳彼

路　蒲北反

蠭旗　芳恭反旗名

復伐　扶又反

傅傁　素口反又作叟○箋曰傁即叟字喪服經注嫂猶叟也釋文叟作傁素口反廣韵蘇后切叟傁一字異體即本釋文

有知　音智

未艾　魚廢反又五蓋反○箋曰魚廢反讀為刈五蓋反為艾字本讀傳文作艾為刈之雙聲借字故以魚廢反為首音詳周頌思文作艾條

公孫尨　武江反○攷證云公孫尨注疏本作龍注疏校勘記云公孫尨稅焉閩本監本尨作龍非也箋曰毛本亦作尨陸音武江反則作尨為是盧文弨竟統稱注疏本作龍又不以為非皆其疎於攷覈耳

稅焉　始銳反

為

范　于偽反下文為其主同

幕下　音莫

姚般　子姚子般○校勘記云葉抄本姚作般般作緞並非箋曰通志堂本及注疏本所附釋文皆如是作臧校改注文姚為般般為緞北館本同即誤依葉本也傳文上云鄭子姚子般送之

此省二子字云姚般故陸氏釋之云子姚子般承上傳文為注也 林殿丁見反 而射食亦反 伏弢吐刀反弓衣也 嘔血本又作喀烏口反吐也○箋曰嘔喀一字異體集韻於口切歐說文吐也或作嘔喀俱可證 吐也他露反○校勘記云葉抄本露作㤉非也箋曰臧校改露為㤉北館本同即誤依葉本也廣韻湯故切吐歐也即本釋文故哀二十五年釋文云嘔吐下他故反露故皆在去聲暮韻㤉則在平聲仙韻實誤字也 兩靷以刃反

洩庸息列反一音作息引反未詳 中悔丁仲反 經三年 曼姑音萬

為子于偽反 樂髡苦孫反 傳三年 司鐸待洛反 南宮閱音悅

曰庀匹婢反具也 女音汝 命不共音恭 校人戶教反注及下同 乘馬繩證反注及下皆同○校勘記云葉抄本皆作音非也箋曰臧校改皆為音北館本同即誤依葉本也注及下皆同者謂杜注乘馬之乘及下傳文乘車之乘皆與此校人乘馬之乘同讀繩證反義為車乘之乘也注文下文非一乘字故云皆同繩證反即為乘字之音但云下同即可無煩再出音字 脂轄戶瞎反本又作鎋同○箋曰轄鎋猶一字異體廣韻胡瞎切鎋車軸頭鐵

轄上同小雅節南山釋文云鎋字又作轄胡瞎反故此云本又作鎋同且與節南山正互相應

爲駕于僞反

之易以豉反

變難乃旦反

濟濡子細反又子禮反注同○箋曰廣韻子計切濟渡也此傳杜注云濡物於水出用爲濟與渡義近故此以爲首音說文鉉音子禮切其義爲水名非此傳之用也故爲又音

帷幕位悲反下音莫

鬱攸音由鬱攸火氣也○校勘記云葉抄本由誤史火作水箋曰藏校改由爲史改火爲水北館本同即誤依葉本也段校又云案濟濡帷幕鬱攸從之杜注濡物於水出用爲濟則作水氣也是本乃水之譌火字恐係誤改今案傳文上云夏五月辛卯司鐸火火踰公宮桓僖災云云所述者皆火也故杜注云鬱攸火氣也陸亦復述杜解耳段阮皆爲葉本所惑

蒙葺七入反一音子入反○校語錄云丁入反丁乃子之譌箋曰通志堂本盧文弨本子並誤丁按襄三十一年釋文葺牆侵入反一音七入反注疏本所附釋文七入作子入攷工記匠人葺七入反又子入反廣韻七入切葺修補子入切葺茨也故此蒙葺之葺注疏本所附釋文正作一音子入反今依正說文鉉音七入切爲葺之本讀故列于首

以悛七全反次也

縣教音玄

富父音甫

槐音懷

官辯辯具之辯注同○校語錄云二辯字疑當

作辨若作辨則不必音矣箋曰廣韵蒲莧切辨具也辨俗則辨即辨也故周易剝卦釋文亦云辨徐音辨具之辨儀禮聘禮辨

蒲莧反辨具之辨辨字有上去二讀讀符蹇切為辨別之辨此云辨具之辨則讀去聲矣此猶全書於近字或云附近之近閒字

或云閒廁之閒耳法說非也

猶拾音十**瀋也**尺審反汁也北土呼汁為瀋○十三經音略五云瀋尺審翻稱上聲昌枕翻同穿母字箋曰廣韵稱在平聲十六蒸及去聲四十七證其上聲為四十二拯瀋枕則在上聲四十七寢此周氏據後世韵書而言也

去表起呂反注同

之槀古老反注同○校勘記云葉抄本槀作槀按杜注云槀積則字當從禾也箋曰臧校改槀為槀字從木北館本同即誤依葉本也從木作槀者讀苦浩切屬溪紐義為木枯此從禾作槀者古老切屬見紐義為禾稈故杜注以槀積二字連文

所鄉許亮反○攷證云所鄉注疏本作向箋曰向背之字作向為本字作鄉為借字詳大雅公劉篇

槀積子賜反

道還本又作環户關反又音患注同○箋曰傳云道還公宮杜注云閒除道周匝公宮使火無相連杜以周匝釋還則傳文之還為環之同音借字故云本又作環户關反為本讀故為首音又音患則讀同擐甲執兵之擐按周禮夏官敘官釋文環户關反劉户串反儀禮鄉射還其劉户串反一音環户串

反即讀如患則此又音亦本舊製　勑令力呈反　南孺子如住反　共劉音恭　其

鄍芳夫反　惡范氏烏路反注同　經四年　盜殺申志反　蔡侯申今本皆如此案宣十七年蔡侯申卒是文侯也今昭侯是其玄孫不容與高祖同名未詳何者誤也○校勘記云未詳何者誤北宋本葉抄本盧文弨本誤下有也字箋曰通志堂本誤下缺也字臧校增也字江校及北館本並同是也注疏本所附釋文皆有也字與北宋本葉本同今據增江臨段校云王板史記作昭侯甲北館本同案今本史記管蔡世家文侯申生景侯同同生靈侯般般生隱太子昭侯申是隱太子之子孔氏正義引史記同又云世族譜亦然二申必有誤者俱是經文未知孰是又案公羊穀梁亦作申無作甲者此當存疑未可據王板史記以昭侯申之申為甲也　公孫姓音生本又作生或一音性

恥為于偽反　亳社步洛反　頃公音傾　傳四年　也承音懲直升反

公孫翩音篇　而射食亦反下同　文之鍇音楷又音皆又容駭反○十三經音略五云鍇揩誤作楷皆楷客駭翻三音箋曰鍇說文鉉音苦駭切苦駭即讀如楷為鍇之本讀故為首音廣韻古諧切有鍇即本此又音

按音揩與容駭反爲直音與反語並出之例周氏以音揩爲音揩之誤非也廣韵口皆切集韵丘皆切俱無鍇字可證鍇無有讀如揩者　併行步頂反　中肘丁仲反下竹九反　公孫盱況于反　眅普版反字林匹姦反○校勘記云北宋本眅誤販葉抄本作肞亦非也按眅見説文左傳有游眅箋曰臧校改眅爲肞江校改肞爲販北館並同即誤依葉本北宋本也説文目部眅多白眼也從目反聲春秋傳曰鄭游眅字子明鉉音普班切普班即此匹姦襄二十四年釋文云游眅普板反此亦人名也故以爲首音販説文鉉音方願切乃去聲字若從肉之肞集韵薄半切有之云肉也亦去聲字此眅作販作肞皆以形近致譌　葉公始涉反　負函音咸　繒關才陵反　泝江素音　入郢以井反又以政反○校勘記云葉抄政誤豉箋曰臧校改政爲豉北館本同即誤依葉本也文十年釋文云入郢以井反又以政反與此全同公羊定四年莊子天運亦同穀梁定四年政作正左昭二十三年以作餘爲用字之異凡此皆可證此本無誤政在勁韵豉在寘韵亦以形近致譌　單浮餘音善　氏潰户内反　陸渾户門反　豐析星歷反注同　菟和音徒　監尹古銜反　少習詩照反又如字少習

即武闕也○箋曰少如字讀說文鉉音書沼切義爲不多也此少習爲地名故首音依其時方音讀去聲 之難乃旦反 將爲于偽反下注同 以畀必利反與也 楚復扶又反 甯跪其委反

邯鄲降户江反 遂墮許規反 取邢音刑 任音壬 欒力官反 鄗呼洛反郭璞三蒼解詁音臛字林火沃反韋昭呼告反闞駰云讀磽确同○十三經音略五云鄗呼洛翻音郝郭璞三蒼解詁音臛字林火沃翻熇音沃韻敲也韋昭呼告音谷翻音屋韻熇闞駰云讀磽确同謂讀如磽五經文字苦交翻音也箋曰呼洛反即說文鉉音呵各切爲鄗之本讀故爲首音呵各切即讀如臛此亦直音與反語並出也字林火沃反爲沃鐸混用猶公食大夫禮之臛火各反又火沃反也按告在去聲效韻周氏以入聲屋韻當之則呼告反即廣韻之呼木切仍讀如沃韻之熇據後世韻書也闞駰讀如磽确之磽廣韻口交切有鄗云邑名即本闞駰所讀 逆時音止 盂音于

經五年

城毗頻夷反 杵臼昌呂反下求又反

傳五年

惡張烏路反下同 柳朔良久反 夫非音扶 好不呼報反 不去起呂反 以僭子念反後同 爲吉射于偽反 燕

姬於賢反　未冠古喚反　鬻姒音育下音似　子荼音舒又音徒又文加反　嬖必計反　齒長丁丈反　閒於音閑又音閒廁之閒又如字○箋曰閒如字讀古閒切義為中閒之閒按正義云若閒暇於憂虞孔氏以閒暇釋傳文之閒正陸氏首音閑之義也　疾疢勑覲反本或作疹乃結反○校語錄云疹乃不能音乃結疑當作㽷箋曰疹乃胗之籀文説文鉉音之忍切法氏謂當作㽷近是乃結反讀如涅莊子齊物論苶然疲役釋文苶音乃結反其字即從尒薾苶與㽷音義並同故廣韻奴結切無疹傳文云二三子閒於憂虞則有疾疢亦姑謀樂此齊景公之言也謂諸大夫或有疲役當謀閒暇以圖樂耳作疹則文不成義若集韻乃結切既有苶疲貌又有疹疾也蓋宋時釋文已誤丁度等沿之而不察矣　謀樂音洛　寘羣之豉反羣或作諸　於萊音來　公子黔巨廉反又音琴○箋曰周易説卦又作徐此又音當即本徐仙民所作皆以巨廉反為首音者巨廉即説文鉉音巨淹切為黔之本讀且典籍常用也　公子鉏仕居反　不與音預下同　埋亡皆反　而侈昌氏反又尺氏反○箋曰昌尺皆穿紐此反音同而反語有異者亦具列之之例也　惡而烏路反　不解佳賣

反

攸暨許器反息也○攷證云攸暨詩作塈注疏校勘記云民之攸暨石經宋本淳熙本岳本暨作塈注同是也校語錄云暨當從土箋曰大雅假樂之字作塈昭二十一年傳引詩同假樂正義云釋詁呬息也塈與呬古今字也按說文口部呬東夷謂息為呬鉉音虛器切則呬為本字暨塈同音皆呬之借字耳　鮮矣息淺反　不濫力暫反

濫溢音逸　經六年　郲瑕音遐　任城音壬　亢父苦浪反又音剛下音甫○箋曰襄十三年與此同詳彼　廢長丁丈反　立少詩照反　于相莊加反○校勘記云葉抄本莊誤荏箋曰臧校改莊為荏北館本同即誤依葉本也相說文鉉音側加切側莊皆屬莊紐故襄十年之相亦莊加反荏說文鉉音如甚切則屬日紐乃莊之形近譌字　楚子軫之忍反史記作珍　殺荼音試下皆同　傳

六年　復脩扶又反　城父音甫　驂乘繩證反　偃蹇約免反下紀晚反

驕敖五報反　必偪音逼　壺戶臘反下同　去諸起呂反下同　需音須疑也一音懦懦弱持疑也○校勘記云北宋本葉抄本懦作濡是也濡字不重非箋曰臧校改懦為濡刪一懦字江校及北館本並同即誤依

北宋本葉本也江校又云濡當重北館本同江謂當重是也其字作濡亦非說文兩部需須也遇兩不進止須也引申為待為疑故段注云須者待也左傳曰需事之下也皆待之義也段氏所釋者即此傳文陸氏以音須為首從需字本音本義而讀之一音懦讀奴臥切即讀為懦弱之懦故又申之云懦弱持疑也正義云需是懦弱之意懦弱持疑不能決斷是為事之下者陸孔所釋者正同若從水之濡本為水名經典皆用為霑濡無與弱字連文者阮氏以為是則誤信宋本耳　多難乃旦反　鮑牧州牧之牧　乘如繩證反　晏圉魚呂反　五辭本又作辤說文辤不受也受辛宜辤之辝籀文　大冥亡丁反　舍其音捨　夾日古洽反　大史音泰下同　若禜音詠　禳祭如羊反　而寘之豉反　其夭於表反　又焉於虔反　為祟息遂反　竟內音境　睢七餘反○校勘記云睢北宋本葉抄本盧文弨本睢作雎從且是也注疏校勘記云江漢睢漳北宋刻釋文亦作雎石經誤睢家語水經注並引作沮李善注文選登樓賦云雎與沮同箋曰通志堂本雎誤睢字從目江校改睢為雎從且北館本同即依北宋本葉本是也注疏本傳文並作雎從且今依正詳定四年涉雎條

漳 音章 楚昭王知大道矣 本或作天道非 夏書 户雅反下注同此語在尚書五子之歌書無帥彼天常一句下亦微異○校勘記云北宋本葉抄本天作五字按此可證陸氏左傳作帥彼五常今本作天常不同箋曰臧校改天為五江校及北館本並同即誤依北宋本葉本也攷傳文云夏書曰惟彼陶唐帥彼天常杜注云逸書言堯循天之常道杜以天之常道釋天常可證此不作帥彼五常陸氏作一左傳音義宗杜注如有不同必明言之正義云此多帥彼天常一句則孔氏亦作帥彼天常阮氏依誤本為說非也 其行 如字又下孟反尚書作厥道 乃滅而亡 尚書作乃底滅亡 且于 子餘反 上乘 繩證反 闞止 苦暫反 壬也 而林反

洩言 息列反又以製反○箋曰僖二年製作制用字之異詳彼按襄十四年又作徐則此亦本徐仙民所作耳

欲令 力呈反下同 與饋 其位反 差車 所宜反 鮑點 之廉反又如字○箋曰之廉反讀如詹如字讀同說文鉆音多忝切集韵之廉切點人名魯有曾點齊有鮑點正本此首音 女忘 音汝 而折 之舌反又市列反○箋曰桓十一年亦具此二讀其舌作設為用字之異詳彼 而背 音佩後年皆同 故要

一遥反　去鬻起呂反　拘音俱　江説音悦　句竇音鉤下音豆　不匱其位反

多難乃旦反　少君詩照反　長君丁丈反　夫鳺子音扶鳺或作⿰需鳥同○攷證云夫鳺子注疏本作⿰需鳥箋曰鳺即⿰需鳥之俗體詳豳風鴟鴞　於駘他才反又徒來反○箋曰徒來切即説文鈆音徒哀切爲駘字本讀此以他才反爲首音讀如胎者杜注云駘齊邑則駘爲地名作音家依其時之方音讀之也　野幕音莫

殳音殊○校勘記云葉抄本殊誤列箋曰臧校改殊爲列北館本同即誤依葉本也殳説文鈆音市朱切市朱即讀如殊廣韵良辪切集韵力蘖切皆無殳字可證葉抄本實誤　冒亡報反　湻音純　駐中住反

經七年

皇瑗于眷反　于繒才陵反本又作鄫○攷證云于繒注疏本作鄫注疏校勘記云夏公會吳于鄫釋文鄫作繒云本又作鄫陳樹華云穀梁史記吳世家魯世家孔子世家並作繒是所據本有異也箋曰僖十四年釋文云鄫子似綾反本或作繒似綾即此才陵從邪相混也彼云本或作繒此云本又作鄫正以彼用本字此用借字故互爲呼應也詳彼注疏本所附釋文此條繒鄫二字互易則係後人依注疏本改非陸元朗云本又作某本或作某之意矣

傳七年　百牢力刀反　吳過宋古禾反　以後如字又户豆反○箋曰後如字讀說文鉉音胡口切先後之義也又户豆反則讀同婦姒之先後傳云魯不可以後宋非婦姒之義故以如字讀爲首　上物如字一音時掌反注同○箋曰廣韻時亮切上君也猶天子也時掌切上登也升也按杜注云上物天子之牢故以如字讀爲首　道長丁丈反注及下注同　既共音恭　大伯音泰注同　斷髮丁管反　羸以本又作倮力果反○注疏校勘記云羸以爲飾釋文云羸本又作倮倮與王符潛夫論引合按當作羸爲正箋曰羸倮皆裸體字之異體既謂當作羸爲正者拘于說文所載之形耳詳昭三十一年羸而倏　將焉於虔反　惡賢音烏安也注同　無數所主反　不樂音岳一音洛○校勘記云葉抄本洛作各非也箋曰臧校改洛爲各江校同即誤依葉本也音岳讀爲音樂之樂音洛讀爲喜樂之樂典籍無有讀樂如各者故廣韻古落切集韻剛鶴切皆不收樂字葉本之各實洛字之殘壞者　不禦魚呂反　擊柝音託以兩木相擊以行夜也字又作欜同　聞於音問又如字○箋曰音問讀爲聞名之聞禮記少儀釋文聞名徐音問此傳之聞即

聞名之義也故為首音如字讀說文鉉音無分切義為知聲也故云又音　晝掠中救反下音亮　于繹音亦

鄒縣側留反○校勘記云葉抄本側作則非也箋曰臧校改側為則江校同即誤依葉本也側留反即廣韵之側鳩切側屬莊紐則屬精紐廣韵即由切集韵將由切皆無鄒字可證葉本之則乃側之殘　乘韋繩證反下及注同

馮恃皮冰反注同　辟匹亦反注同　振鐸待洛反注同　公孫彊其良反

好田呼報反下同　弋以職反繳射也　田弋之說如字　說之音悅下大說同　彊言霸

說如字一音始銳反○箋曰說如字讀說文鉉音失爇切義為說釋也傳文云彊言霸說於曹伯曹伯從之故以如字讀為首肇經音辨一辨字同音異云說釋也失拙切說舍也音稅此始銳反即讀如稅以其義與傳義不協故云一音一音同或音

而奸音干　揖丘音集一音於入反○箋曰於入反即說文鉉音伊入切為揖之本讀此以音集為首者傳文云宋人伐之晉人不救築五邑於其郊曰黍丘揖丘大城鍾邘此傳之揖非揖讓之義也　鍾邘音于

經八年　褚師中呂反　之詬呼豆反　取讙音歡　及闡尺善反　伯過古禾

反　官使所吏反○校勘記云北宋本葉抄本官作旨是也箋曰藏校改官爲旨江校及館本並同即依北宋本葉本也注疏校勘記云無官使也宋本淳熙本岳本纂圖本足利本官作旨葉抄釋文同文十五年正義引作指使文十五年注疏校勘記云命歸之無指使案哀八年經注指作旨浦鏜正誤作官非也案審文義則以作指使爲長然作官使亦通當仍各本之舊

傳八年　肥殿丁練反下注同　詬之本又作訽呼豆反詈辱也○箋曰襄十七年釋文云而訽呼豆反罵也罵與詈辱之義同彼字作訽故此云本又作訽也　詈辱力智反　吳爲于僞反下注則爲之隱惡同　不狃女九反　死其難乃旦反　曾所在增反　且夫音扶　之行下孟反又如字　所惡烏路反又如字注同○箋曰烏路反讀爲憎惡之惡動詞如字讀烏各切爲善惡之惡名詞傳云不以所惡廢鄉動詞也故以烏路反爲首　之好呼報反下文好焉同○箋曰好如字讀說文鉉音呼皓切上聲義爲美也杜注云不以其私怨惡廢棄其鄉黨之好是此好爲愛好之好故云呼報反讀去聲以別于如字讀也　欲覆芳服反　子泄息列反又作洩○攷證云子泄注疏本作洩箋曰泄洩一字異體詳昭四

年杜泄條與甍婢世反○校勘記云北宋本葉抄本婢作裨案婢亦同位同等字箋曰臧校改婢為裨江校及北館
本並同即誤依北宋本葉本也按說文鉍音裨府移切為輕重交互實屬邦紐甍眂祭切婢便俾切皆屬並紐阮氏謂婢裨為
同位同等字非也北宋本葉本作裨乃婢之形近誤字子洩率絕句故道險絕句吳竟音境
僑田其驕反拘鄮音俱下同之漚烏豆反管古顏反水玆音玄本亦作滋
子絲反濁也字林云黑也○校勘記云水滋本亦作玆北宋本葉抄本滋玆互易是也又按說文引左傳何故使吾水玆校語
錄云水滋本亦作玆正文疑當作玆注內本亦作玆之玆當作滋箋曰通志堂本作水滋本亦作玆臧校互易滋玆二字江校
及北館本並同即依北宋本葉本是也說文玄部玆黑也春秋傳曰何故使吾水玆段注云釋文曰玆音玄本亦作滋宋本如
是今本玆滋互易非也本亦作滋子絲反此俗加水作滋因誤認為滋益字而入之之韵也按段說是也子絲反為滋益字之
音故注文本亦作滋之滋不當作玆讀如玄者乃玆字以是知正文必作玆今依宋本及段阮法諸家之說改正道
之音導澹臺待甘反○箋曰臧校改待為持按論語雍也釋文云澹臺徒甘反廣韵徒甘切澹漢複姓孔子弟子

有澹臺滅明徒待皆屬定紐持則屬澄紐持實待之形近誤字　內應應對之應　析朱鉏星歷反注及下同　泗上音四　私屬音燭　於幕庭亡博反　設格更百反　令士力呈反　試躍羊灼反　與焉音預注同　任行音壬　三遷息暫反　析歜户皆反本又作骨　而爨七亂反　及虧去危反　吳輕遣政反　負載如字謂載書或音戴○箋曰傳云景伯負載造於萊門杜注云以言不見從故負載書將欲出盟正義曰劉炫云負載器物欲往質於吳今知負載是負載書者周禮司盟掌盟載之事此上有將盟之文下即云負載之事劉以負載謂背負器物然景伯魯之大夫親自負物不近人情而規杜過非也按陸與孔之意正同皆依杜注謂載為載書故如字讀作代切為首音戴讀都代切即讀為荷戴之戴乃劉炫輩所釋傳文載字之義也陸云或者謂有此一讀耳不為典要也　造於七報反　萊門音來　為質音致下同　復求扶又反　妻之七計反　魴侯音房　前為于偽反　荐之本又作栫在薦反○攷證云荐之注疏本作栫注疏校勘記云栫之以棘釋文栫作荐注同云本又作栫惠棟云說文以柴木壅也

從木存聲本又作洊釋文作薦音在薦反校勘記云在薦反北宋本葉抄本薦誤蔍箋曰臧校改薦為蔍北館本同即誤依北宋本葉本也從艸鹿聲之蔍玉篇廣韻有之讀如鹿蔍實薦之譌字

荐雍也於勇反○攷證云注疏本雍作擁注疏校勘記云栫雍也釋文亦作雍岳本監本毛本作擁非也箋曰傳文云囚諸樓臺栫之以棘杜注云栫擁也按陸云於勇反讀同廣韻於隴切之壅塞也集韻委勇切壅塲塞也通作雍故穀梁僖九年釋文亦云雍於勇反塞也按禮記內則女子出門必擁蔽其面鄭注云擁猶障也則注疏本杜注有作擁者未可云非

使女音汝 **千乘**繩證反注及下同

故諷方鳳反 **愬**音素 **於潞**音路 **麇之**丘隕反束縛也

經九年

雍丘於勇反

傳九年

公孟綽昌灼反本又作卓同 **武子賸**以證反○攷證云武子賸舊作賸今從注疏本改校勘記云武子賸盧文弨本作賸與石經合校語錄云賸盧從注疏本改賸箋曰通志堂本賸誤賸注疏本傳文及所附釋文並作賸此字從貝朕聲說文在貝部鉉音以證切通志堂本作賸誤字也今依正

作壘力軌反 **塹成**七豔反 **郲張**古洽反又音甲○箋曰古洽反即說文鉉音工洽切為郲之本讀故

為首音又音甲則為洽狎二韵不分猶全書之咸銜二部混用也歃血之歃宣七年襄二十五年皆云所洽反又所甲反亦可為證此亦直音反語並出之例

城邗音寒○校勘記云葉抄本邗作邘非是箋曰臧校改邗為邘北館本同即誤依葉本也說文邑部邘周武王子所封在河內野王是也從邑于聲鉉音況于切邗國也今屬臨淮從邑干聲一曰邗本屬吳鉉音胡安切此傳云吳城邗溝通江淮杜注云今廣陵邗江是陸元朗云音寒則城邗之字必從干聲葉本從于聲以形近致譌

射陽食夜反又音亦○攷證云舊作食亦反譌今改正校勘記云食亦反盧文弨本亦作夜非也校語錄云食亦盧改食夜箋曰漢書地理志臨淮郡射陽應劭曰在射水之陽顏師古不為射字作音則當如字讀說文鉉音食夜切各本作食亦反者涉下文又音亦之亦而誤今依盧氏改正又音亦之義為無射九月律之射非地名射陽之讀音也故云又而列于次

可游音由　可馮皮冰反　之需音須　以祉音恥　儆音景　經十年　不與音預　書殺申志反　孟彄苦侯反　傳十年　郯子音談○箋曰通志堂本郯誤剡按廣韵徒甘切郯國名即此從邑之郯也若從刀之剡讀以冉切其義為削也利也讀時染切其義

為縣名屬會稽郡今依注疏本傳文及所附釋文改正盧文弨本亦從邑作郯是也

于鄎 音息

兵并 必政反

人殺 申志反

襲重 直龍反又直用反○箋曰廣韵直容切重複也疊也柱用切重更為也傳文云事不再令卜不襲吉杜注云襲重也則此重為重複之重故以直龍反為首于杜解之義尤切

取犂 力兮反又力之反○箋曰兮在齊韵此亦釋文齊之二韵來紐不分也

及轅 音袁一音于眷反○箋曰轅說文鍇音丙元切丙元即讀如袁為轅之本讀故為首音于眷反則讀同廣韵王眷切為去聲而廣韵此讀不收按傳文云於是乎取犂及轅杜注云祝阿縣西有轅城蓋轅為地名作音家有據其時之方音讀之也集韵于眷切轅地名在齊春秋傳取犂及轅即本此釋文耳

名隰 音習本或作濕音同○校語錄云濕即沸漯之漯之正字當音他合反此音習誤二十三年傳同箋曰杜注云犂一名隰正義曰犂即犂丘也二十三年傳稱齊晉戰于犂丘二十七年曰隰之役是犂一名隰按二十三年杜注云犂丘隰也闕本隰作濕釋文亦作濕云音習本又作隰隰說文鍇音似入切是陸氏皆云音習從隰字之本讀此云本或作濕者二十三年之字作濕也陸氏左傳音義宗杜注法氏實有未憭

來復 扶又反

壽夢 音蒙

少子 詩照反

經十一年　轅頗破可反又普多反○箋曰廣韻普火切頗字注云又普波切無訓釋普火即此破可普波即此普多故公羊釋文云袁頗破多反穀梁云轅頗破河反皆無此首音一讀以此平上二讀之義無殊也　艾陵五葢反　公與伐音預下同

傳十一年　齊為于偽反　無丕普悲反○攷證云無丕注疏本作平箋曰丕平一字乃篆隸之異詳僖二十六年茲平條　一子守手又反　從公如字又才用反　御諸魚呂反本又作禦○攷證云御諸注疏本作禦箋曰御本讀牛倨切此但云魚呂反即已讀為禦矣　竟音境注同　自度待洛反　封疆居良反注同　二子之不欲戰也宜絕句　黨氏音掌　强問其文反　而共音恭　不成丈夫也本或作大夫非○箋曰傳文云武叔曰是謂我不成丈夫也退而蒐乘杜注云蒐閱案此乃武叔盛怒之言也故退而蒐乘備戰是傳文本作丈夫其或作大夫者以形近致譌注疏本所附釋文非下有是字通志堂本盧文弨本則無　蒐乘所求反下繩證反○校勘記云所求反北宋本葉抄本求作留箋曰臧校改求為留江校及北館本並同即依北宋本葉本也按求留同在尤韻不

必改當仍各本之舊 閱音悅 孟孺子而住反 彘直利反 邴洩音丙又彼命反○箋

曰定十三年邴意茲之邴亦具此二讀詳彼 管周父音甫 年少詩照反 徒卒子忽反注

同 雩門音于 繇役本或作徭同音遙○校勘記云北宋本葉抄本徭作傜是也箋曰臧校改徭為傜北

館本同即依北宋本葉本也按大雅民勞釋文云繇役本亦作徭音遙與此相同此與民勞云本或作徭本亦作徭者周禮天

官敘官注云此民給徭役者釋文云徭役音遙其字從彳各本並同盧阮皆無說阮氏于此以作傜為是于民勞以作徭為誤

者實迷于宋本也餘詳民勞臧校改徭為傜亦未深攷今仍通志堂本及注疏本所附釋文之舊 陳瓘古喚反

涉泗音四 為殿丁練反 抽矢勑留反 策其初革反本或作筴○箋曰魯頌閟宮釋文

乃筴初革反其字即作筴按筴為策之隸變猶刺之作剌耳 誰不如如字一音而庶反注同○箋曰僖四年釋

文不如依字讀或一音而據反而據即此而庶一音即又音詳彼 惡賢音烏注同 宵諜音牒 齊

人遁徒困反 諜閒閒廁之閒 語人魚據反 能默本亦作嘿亡北反○校勘記云葉抄

本北誤比箋曰臧校改北為比北館本同即誤依葉本也昭十五年釋文云靜默亡北反本或作嘿同按嘿即默之俗體詳昭

十五年葉本北作比以形近致譌　其嬖必計反　童本亦作僮音同○攷證云注疏本作僮注疏校勘記云釋

文僮作童云本亦作僮案說文童子字作僮禮記作與鄭重汪踦鄭注云重當為童春秋傳曰童汪踦箋曰說文人部僮未冠

也從人童聲辛部童男有罪曰奴奴曰童女曰妾從辛重省聲是童重皆為僮之借字故禮記檀弓釋文云隣重依注音童周

易蒙卦釋文云童字書作僮鄭云未冠之稱注疏本所附釋文此條童僮二字互易是後人依注疏本傳文改之非陸元朗之

舊也　汪烏黄反　錡魚綺反　乘繩證反　無殤音商八歲至十九為殤　用矛亡侯反

皆陳直覲反　轅咺況阮反　稻醴音禮以稻米為醴酒　粱糗起九反糗乾飯也以粱米為之

一音昌紹反○校勘記云北宋本葉抄本以粱作以梁非也箋曰臧校改以梁為以粱北館本同即誤依北宋本葉本也從木

作梁者為棟梁之梁實稻粱字從米者之殘壞也按糗說文鉉音去九切去九即此起九為糗之本讀故為首音昌紹反則讀

作麷尚書費誓釋文云糗去九反一音昌紹反詳彼　腶脯丁亂反字亦作鍛加薑桂曰脯也○校語錄云脯也脯上疑脫腶

字箋曰正義引內則鄭玄注云腶脩捶脯施薑桂也法說是也各本曰下並漏腶字陸云字亦作鍛者禮記昏義釋文云段丁亂反本又作腶或作鍛同加薑桂曰腶脩實則腶鍛皆段脩之段之分別文耳

為郊 于偽反

于嬴 音盈

公孫夏 戶雅反

虞殯 必刃反

陳子行 如字又戶郎反○箋曰行如字讀說文鉉音戶庚切義為行步戶郎反則讀為行列之行杜注云子行陳逆也是為人名故作音家有二讀陸氏備載之而不改耳

具含玉 戶暗反本又作哈○箋曰文五年釋文云含本亦作哈戶暗反說文作琀云送終口中玉詳彼

公孫揮 許韋反

問遺 唯季反○校勘記云葉抄本唯作惟箋曰臧校改唯為惟北館本同即依葉本也按唯惟同屬喻紐不必改當仍各本之舊

王卒 子忽反

八百乘 繩證反

兵從 才用反又如字○箋曰才用反讀為廣韵疾用切之從隨行也如字讀同廣韵疾容切之從就也杜注云公以兵從正隨行之義故以才用反為首

勞公 力報反

甲劍鈹 普悲反

寘之 之豉反

新篋 苦協反

褽以 音尉薦也一本作褽之以玄纁○攷證云注疏本有之字

玄纁 許云反本亦作勳

加組 音祖

不衷 音忠善也

饋賂其位反，或作餽，下音路。○箋曰：禮記檀弓「君有饋焉」，釋文云「本又作饋，其位反，遺也」，故此云或作餽。典籍中饋、餽二字通用無別，是以廣韵求位切云「饋，餉也。餽，上同」。說文此二字義別，食部云「饋，餉也」，「餽，吳人謂祭曰餽」。若依說文，饋賂之饋或作餽者，為借字。是豢音患，養也。也夫音扶。爲沼之兆反。其泯亡軫反。盤庚步干反。之誥古報反。不共音恭，注同。則劓魚器反。殄大典反。無俾必爾反。易種章勇反，注同。從橫子容反。育長丁丈反。使於所吏反。屬其音燭，注及下同。屬鏤力俱反，又力侯反。屬鏤，劍名。○箋曰：廣韵力朱切：「鏤，屬鏤，劍名。」又盧豆切，其落侯切無鏤，而盧侯切有鏤，此又力侯反之侯原誤候，今據改。此以力俱反為首音者，史記吳世家「屬鏤」正義云：「鏤，力于反。」力于即此力俱，為屬鏤之讀音。鏤，說文鋊音盧侯切，雖為鏤字之本音，而其義非屬鏤，故以力侯反為又音。墓檟古雅反，木名。脩守手又反。子朝如字。妻之七計反。於犂力兮反。孔姞其乙反，又其吉反。○箋曰：其乙、其吉字異音同，詳小雅都人士。向魋徒回反。於鄖音云。少

禘詩照反下大計反　子慭魚覲反一作整征領反　而飲於鴆反　遂聘匹政反

夏戊戶雅反下同戊音茂　故篕音軌　遽止其據反　度其待洛反注及下同　之

難乃旦反　別其田如字一音彼列反○箋曰別如字讀說文鉉音憑列切屬並紐廣韻皮列切別離也即其

義彼列反則讀同廣韻方列切分別之別屬邦紐別離為原為一而今分之分別則早已分為二故此二讀之義微異杜注云

今欲別其田及家財各為一賦故言田賦是此二讀之義俱通也　施取尸豉反　斂從力豔反

貪冒亡北反一音莫報反○箋曰亡北讀作墨成十二年亦具此二讀詳彼　無厭於豔反　經十

二年　諱取七喻反又如字本或作娶○弜證云諱取注疏本作娶箋曰周易姤卦釋文云娶七喻反本亦作取

按說文女部娶取婦也鉉音七句切又部取捕取也鉉音七庾切此首音七喻反即讀為嫁娶之娶依經文之本字本義讀之

櫜皐章夜反或一音託○箋曰音託為櫜字之本讀此云或一音託而以章夜反為首者櫜皐為地名作音家依其

時之方音讀之也春秋地理考實云彙纂今江南廬州府巢縣東北六十里有柘皋鎮漢之櫜皋縣春秋吳邑也今按章夜反

正讀如柘後世名柘皋鎮猶存六代時讀音之舊也漢志九江郡橐皋孟康曰音拓姑即此一音所本逡音峻又七倫反遒音因又音巡○校語錄云又音巡未詳漢志晉灼音酋箋曰漢志九江郡浚遒晉灼曰音酋熟之酋師古曰浚音峻遒音才由反晉書地理志浚遒作逡遒按七倫反為逡字本讀此以音峻為首與漢志顏注之讀同亦作音家依其時之方音讀之也因說文鉉音似由切屬邪紐酋才皆屬從紐遒本讀如酋而此云音因者從邪相混陸氏沿舊製而未改之耳巡說文鉉音詳遵切與因雙聲集韵松倫切遒逡遒縣名在淮南正本此又音繇音遙螽音終傳十二年取于七喻反本亦作娶與弔音預注同不絻音問放絰大結反故去起呂反奉贄音至以要一遙反注同尋重直龍反寒歇許謁反且姚子餘反之斃婢世反不摽敷蕭反又普交反擊也○箋曰臧校改擊為擊按杜注訓摽為擊陸正本杜注臧校非也此首音敷蕭反讀同廣韵撫招切之摽字統云擊也又普交反則讀同廣韵匹交切之數擊也國狗音苟之瘈吉世反狂也噬也市制反齧五結反本或作嚙○箋曰玉篇口部嚙五狡切

齧也正作齩以嚙為齩之俗體傳文云國狗之瘈無不噬也杜注云嚙齧也按齧齩二字雙聲今人正謂狗齧人為狗齩人矣

藩衛方元反注及下同　籬也力知反○孜證云注疏本無也字　歸饟許氣反　以

難乃旦反注同　子盍户臘反　不為于偽反　是墮許規反注及下皆同　嚭說音悅下同　乃舍音捨釋也又音赦○箋曰音捨即讀為捨釋之捨說文手部捨釋也鉉音書冶切亼部舍市居曰舍鉉音始夜切始夜即讀如赦傳云大宰嚭說乃舍衞侯是舍赦音義亦同　效夷户教反　蟄者直立反○孜證云注疏本直力反誤官本直切反更誤箋曰蟄說文鉉音直立切立在廣韵二十六緝力在二十四職猶平聲蒸侵之不相混也若切在十六屑相距更遠矣

隙地去逆反　閒田音閑一本作閒地一音如字○箋曰閒如字讀古閑切義為中閒之閒按傳文云宋鄭之閒有隙地焉杜注云隙地閒田傳文又云子產與宋人為成曰勿有是杜注云俱棄之俱棄之則其田空置故陸以音閑為首讀為閒暇之閒如字讀與傳義不協故廁于末

彌作亡支反又亡爾反○箋曰亡支反即廣韵武夷切為彌字本讀故為首音又亡爾反則讀同廣韵之綿婢切此彌作為邑名作音家又有依其時之方音

讀之**頃丘**若頴反又音傾○箋曰項說文鉉音去營切本讀如傾此以苦頴反為首音而讀上聲者頃丘邑名作音家依方音讀之也**玉暘**勑亮反一本作王暘○攷證云一本作王暘王即古玉字舊作士謁今從宋本改正校勘記云一本作士暘士非也葉抄本作壬北宋本音義作王校語錄云士盧改王即古玉字箋曰王暘通志堂本作士暘臧校改士為壬北館本同即誤依葉本也江校云宋本釋文作壬宋本左傳作王北館本同按王玉為篆隸之異陸云一本作王暘正以著其字形異而實同也作士者為王字之殘壞葉本作壬又為王之形近誤字也今依北宋本盧文弨本改正**嵒**五咸反○校勘記云葉抄本嵒作壘非也箋曰臧校改嵒為壘北館本同即誤依葉本也說文玉篇土部皆無壘字廣韻五咸切集韻魚咸切俱有嵒無壘可證葉本從土作壘實誤**戈**古禾反**鍚**音羊一音星歷反○攷證云錫或作錫故有星歷一音校勘記云葉抄本錫作錫寀石經作錫注疏校勘記云錫石經宋本岳本纂圖本閩本監本毛本錫作錫是也下同監本鄭取錫誤鄭取錫箋曰錫從易聲讀如羊從易聲則讀星歷反此以音羊為首其字必從易作錫陸云一音星歷反蓋六代時已有從易作錫之本而作音家為之注音者故云一音蓋不以為是列于次以著其異也**為之**于偽反**今倒**丁老反

為别如字又彼列反○箋曰詳前十一年别其田條 經十三年 男成音城本或作戍○校勘記云本或作戍盧文弨本作戍作作戌北宋本作戈葉抄本作戍字按當作戍箋曰通志堂本作戍作作戌毛刻注疏本所附釋文同非也凡注文云本或作某者例不得與正文之字相同江校云宋釋文戌宋左傳戌北宋本戈北館本同按臧校改成為戍北館本同即依葉本是也攷公羊傳作戍注疏本所附釋文云男戍本亦作成即謂此傳及穀梁傳之字作成也若公羊釋文單行本作成云本亦作戍致左傳公羊釋文不相應當是後人所改此云本或作戍之戍字作戌作戈者皆戍之殘壞今依葉本及公羊釋文改正 近濟附近之近 自去起呂反 其僭子念反 星孛步内反 乃見賢遍反 陳夏戶雅反 區夫烏侯反 故復扶又反

傳十三年 使徇似俊反 成讙火官反 郜延古報反或古毒反○箋曰古報后即説文鉉音古到切為郜之本讀故為首音古毒反即廣韵古沃切之郜彼注云國名又音誥此傳郜延是人名故具二音 為虛並如字或音墟非 單平公音善 不與音預 二隧音遂注同道也 謳陽烏侯

反 自泓烏宏反 姑蔑亡結反 之旗音其 大末音泰孟康云大音闥 屬徒音燭注同 地守手又反下注同 復戰扶又反 王惡烏路反注同 自剄古頂反 爭畝所洽反又所甲反○箋曰宣七年與此同詳彼 為長丁丈反注下同 大伯音泰 日旰古旦反 德輕遣政反○校勘記云葉抄本德輕誤倒箋曰江校移德輕二字北館本同即誤依葉本也各本傳文德字皆在輕字上 見晉侯如字又賢遍反○箋曰見如字讀說文鉉音古電切義為視也賢遍反則讀同廣韻胡甸切之見露也即讀為今之現字傳文云吳人將以公見晉侯即視之義也故以如字讀為首傳文又云子服景伯對使者曰王合諸侯則伯帥侯牧以見於王釋文云以見賢遍反無如字讀與此又音同謂呈現于王之前也 對使所吏反 以見賢遍反 於吳有豐芳中反 八百乘繩證反下及注同 六人從才用反 户牖音酉 坐為才臥反 恐之丘勇反 不共音恭 而祇音支○校勘記云而祇葉抄本作而衹按當作祇箋曰通志堂本作衹江校改為祇即誤依葉本也按杜注訓適陸云音

支則其字作衹從衤氏聲本不誤阮氏謂當從衣氏聲作衹者從段玉裁之説也詳小雅我行其野篇

繠兮而捶反又而水反〇十三經音略五云蘂而捶翻音蕊又而水翻音同並日母箋曰廣韵捶在四紙水在五旨此釋文紙旨不分也

一盛音成又市政反注同〇箋曰音成讀同説文鉉音氏征切杜注云一盛一器也謂盛物之器也故以音成為首市政反則讀同廣韵承正切之盛多也讀作豐盛之盛

與禍户葛反

之父如字又音甫

睨之五計反視也

麤則本或作麄七奴反〇校勘記云葉抄本或作又箋曰通志堂本作或作臧校改或為又江校及北館本並同即依葉本也注疏本所附釋文並作又然釋文全書或作與又作實同如陸于大雅板篇云吟本又作唸同用又字于禮記檀弓云吟本或作唸則用或字是臧江俱不必改當仍各本之舊也此云本或作麄者檀弓釋文云麄本又作麤七奴反彼即用麄字也

以呼火故反

殺其丈夫直兩反本或作大夫誤〇箋曰傳文云殺其丈夫而因其婦人以婦人與丈夫為對文則其字必作丈故為之注音云直兩反以定其字形也其或作大夫者以形近致譌

悖惑補内反

哀下第三十　　杜氏　盡二十七年

經十四年　西狩手又反冬獵也　獲麟呂辛反又力珍反瑞獸也解見詩音○十三經音略五云麟呂辛撮口呼力珍齊齒呼二翻同此麟字音微有不同耳箋曰呂力同屬來紐辛珍並在真韻呂辛力珍實為用字之異且詩麟之止釋文云呂辛反爾雅釋獸麐字林力人反本又作麟牝麒也一音力珍反可證此呂辛力珍俱本舊製　嘉瑞常恚反　無應應對之應　中興丁仲反　小邾射音亦　句繹古侯反下音亦　寘于之豉反○校勘記云寘于葉抄本作真于非也箋曰臧校改寘為真江校及北館本並同即誤依葉本也之豉反正寘字之音非真字之音也真為常見字經文果作真亦不煩為之作音矣葉本之真乃寘之殘壞耳　宗豎上主反　宋向舒亮反　魋徒回反　子狂其迋反○攷證云注疏本狂作狂迋作廷譌校勘記云子狂北宋本葉抄本盧文弨本狂作狂說詳注疏校勘記注疏校勘記云莒子狂卒石經宋本淳熙本岳本作狂與葉抄釋文合案錢大昕云考古書無狂字校語錄云其迋反鄭風揚之水迋音求往反徐又居望反襄二十八年迋音于況反往也定十年迋音求往反

又古況反據此則迋有三音不可用為疊韻若依求往一讀則與其字同紐更不成切相臺本圈上聲亦非疑此當為其往反而謫箋曰通志堂本狂誤狂凡壬聲之字在侵鹽添部不得用陽唐部之字為反語下字錢大昕謂古書無狂字尤足以證作狂之謫臧校改狂為狂字從王聲江校及北館本並同即依北宋本葉本是也今依正按其迋反之迋非常見字故釋文全書無有用迋為反語下字者且迋往字形相似法謂為其往反之謫則讀同廣韻之求往切近是各本作迋實誤

趙鞅於文反 復入扶又反 星孛步內反

傳十四年

鉏商仕居反 要我於妙反又一遙反注同○校勘記云葉抄本一作於箋曰臧校改一為於北館本同即依葉本也按一於同屬影紐故注疏本所附釋文並作一遙反此不必改當仍各本之舊廣韻於笑切要約也於笑即此於妙傳文云使季路要我吾無盟矣故陸以為首音一遙反則讀為今之腰字非傳義也 千乘繩證反年內同 闞止苦暫反 憚之大旦反 驟顧仕救反數也 數顧所角反 而遺唯季反○校勘記云葉抄本盧文弨本唯作惟箋曰臧校改唯為惟江校及北館本並同即依葉本也按唯惟同屬喻紐不必改注疏本所附釋文作唯盧文弨本亦作

唯皆與通志堂本同**之潘**芳袁反注皆同米汁也**沐**音木**米汁**之十反**介達**音界媒介也亦
因也**長而**如字又丁丈反○箋曰長如字讀說文鉉音直良切為長短之長丁丈反則為長幼之長傳文云有陳豹
者長而上僂謂陳豹軀榦高長而肩背僂也故以如字讀為首**上僂**力主反**與之言政說**音悅
立女音汝**我遠**如字又于萬反○箋曰遠如字讀說文鉉音雲阮切為遥遠之遠于萬反則讀為廣韻于願切
之遠離也傳文云我遠於陳氏矣杜注云言已疏遠是遥遠之義也故以如字讀為首**數人**所主反**廩**
丘力甚反**子芒盈**音亡**在幄**於角反帳也**之處**昌慮反**御之**魚呂反本
亦作禦○攷證云御之注疏本作禦下十七年同箋曰御本讀牛倨切去聲此但云魚呂反即已讀為禦矣**檀臺**
大丹反**大史**音泰**將為**于偽反下文逆為余請下注為公同**需**音須疑也**屬徒**之欲
反**攻闈**音韋**弇中**於檢反又音淹○箋曰於檢反即說文鉉音一儉切為弇之本讀故為首音又音淹為別
讀故廣韻央炎切不收弇字若集韻衣廉切弇弇中隘道即本此又音**狹路**音洽○校勘記云北宋本狹作俠似

非箋曰北館本改狹為俠即誤依北宋本也攷毛詩葛屨釋文云陋音洽本或作狹依字應作陜爾雅釋宮又云陜户夾反說文云隘也從𨸏夾聲俗作狹故廣韻矦夾切云狹隘陜陋並上同從人之俠說文鋏音胡頰切則讀如協典籍皆用為任俠之義與杜注用狹為狹隘之義無涉北宋本狹作俠以形近致譌。

及彤 音而

撟命 本又作矯居表反○攷證云撟命注疏本作矯命校勘記云橋命盧文弨本作撟命是也箋曰通志堂本撟誤橋字從木江校改橋為撟北館本同是也鈕匪石亦校云橋當是撟之譌盧文弨本作撟當是依注疏本杜注改按說文手部撟一曰撟擅也陸云本又作矯者典籍多借矯為撟也公羊僖三十三年傳矯以鄭伯之命而犒師焉何注云詐稱曰矯呂覽悔過篇乃矯鄭伯之命以勞之高注云擅稱君命曰矯大戴記曾子立事篇云非其事而居之矯也皆用矯字

出雍 於用反

務施 式豉反

數請 所角反

以鞌 音安

余長 丁丈反注同

少長 詩照反

所惡 烏路反

迹人 子亦反

有介 音界大也

麇 九倫反獐也本又作麋亡悲反

難以 乃旦反下文及注同

子頎 音祈

騁而 勑領反

祇取 音支

欲質 音致注及下同

乃舍 音赦又音捨注

同夏后户雅反之璜音黄惡之烏路反阮氏苦庚反或音剛○箋曰苦庚反

即說文鉉音客庚切為阮字之本讀故為首音或音剛從阮字之偏旁亢字讀故廣韻古郎切不收集韻居郎切阮地名此傳

云卒於魯郭門之外阮氏集韻益即本此或音丘輿音餘三日齊側皆反本又作齋○箋曰齊本讀祖

兮切此但云側皆反即已讀為齋戒之齋矣伐齊三如字又息暫反○箋曰三如字讀說文鉉音蘇甘切平聲

名詞息暫反則讀同廣韻蘇暫切之三三思去聲動詞傳云孔丘三日齊而請伐齊三當以如字讀之義為長故陸以為首音

子洩息列反將圍魚呂反為成于僞反從者不得入才用反有

司使所吏反注同恨恚一瑞反弗内如字又音納袒音但免音問于衢其俱

反聽共音恭注同經十五年高無丕普悲反大雩音于公孟

彄苦侯反傳十五年桐汭如鋭反既斂力驗反下同造于七報

反下文同介將命音界下文注皆放此嚭勞力報反水潦音老廩然力甚反頃

動貌 隕大夫于敏反下同 以重直用反下注同 寡君敢辭上介絶句 芋尹于付反 荐伐在偏反 備使所吏反盡芋尹蓋辭同 共音恭注同 積子賜反又如字注同○箋曰廣韻子智切積委積也子智即此子賜名詞又資昔切積聚也即此如字讀之義則為動詞按傳云廢日共積杜注云廢行道之日以共具殯斂所積聚之用杜解謂以共具殯斂則為名詞故以積子賜反為首 具殯必刃反○校勘記云北宋本葉抄本具誤且箋曰臧校改具為且江校及北館本並同即誤依北宋本葉本也杜注云以共具殯斂所積聚之用則此當為具備之具北宋本葉本作且乃具字之殘壞 積聚才喻反又如字○箋曰文十六年釋文云聚才住反又如字才住即此才喻上去二讀之義實同詳彼 草莽亡黨反 内之如字又音納 陳瓘古喚反 過衛古禾反 既斲陟角反 喪公室息浪反下并注皆同 故為于僞反下文齊為衛故為請於伯姬并注同 有背音佩 將焉於虔反 同好呼報反 冠氏如字又古喚反 自濟子禮反 禚媚諸若反○校勘記云葉抄本諸作詩非也箋曰臧校改諸為詩北館本同

即誤依葉本也桓二年經夫人姜氏會齊侯于禚定九年傳齊侯致禚媚杏於衞釋文皆云諸若反玉篇示部禚之若切齊地名諸之皆屬照紐詩則屬審紐葉本諸作詩以形近致譌　于羸音盈　孔圉魚呂反　蒯苦怪反　聵魚怪反○箋曰臧校改聵爲瞶字從目北館本同按定十四年釋文云蒯苦怪反聵五怪反正此傳之蒯聵也定十四年之葉抄本即誤從目臧校即改爲瞶詳彼疑此亦臧氏迷信葉本也　生悝苦回反　渾良夫户門反　長而美舊丁丈反又如字　使之所吏反又如字○箋曰使如字讀說文鉉音踈士切義爲令也所吏反即廣韻之踈吏切廣韻此讀注云又色里反無訓釋則此上去二讀之義同　無與音預　外圃布五反　而乘繩證反下及注同　欒寧力丸反　姻妾音因　杖戈直亮反又音丈○箋曰直亮反讀爲廣韻直亮切之仗器仗也名詞又音丈即說文鉉音直兩切義爲持也動詞此傳云孔伯姬杖戈而先依傳文之意似與如字讀之義爲近　輿豭音加　被甲皮寄反　迫孔悝本又作叔悝　於廁初吏反　强盟其丈反　故劫居業反　欲令力呈反　炙未章夜反下同　名獲上照

反注同 其難乃旦反注及下皆同 復入扶又反 有使所吏反 焉用於虔反

若燔音煩 必舍音捨又如字 盂黶音于下於減反 斷纓丁管反〇校勘記云下管

反北宋本葉抄本盧文弨本下作丁是也校語錄云下管反下

當作丁箋曰通志堂本丁誤下臧校改為丁江校及北館本並

同即依北宋本葉本是也注疏本所附釋文皆作丁管反即廣

韵之都管切讀如短下管反則同廣韵之胡管切讀如緩下實

丁之形近誤字 去之起呂反 瞞成莫干反 褚師中呂反〇攷證云此與成三年音同注疏

本作申呂反譌校勘記引盧說又云案文弨是也箋曰成三年

作中呂反與此同亦即昭二十六年之張呂反中張皆屬知紐

申則屬審紐中作申者以形近致譌 經十六年 子還成音旋 夏四月己丑

孔丘卒孔子作春秋終於獲麟之一句公羊穀梁經是也弟子

欲記聖師之卒故採魯史記以續夫子之經而終於此

丘明因隨而作傳終於哀

公從此已下無復經矣 魯襄二十二年生至今七十三也

本或作魯襄二十三年生至今七十

二則與史記孔子世家異此本非也 傳十六年 鄢武子

於晚反○箋曰江校云晚宋本左傳作虔北館本同按注疏本所附釋文皆作於虔反於虔反讀如焉平聲於晚反則讀如偃上聲廣韵於乾切鄢字注云人姓又鄢陵地名而於㥏切鄢字注但訓為地名不云人姓此鄢武子之鄢為人姓則以注疏本所附者為長

肸也許乙反　**逋**布吴反　**竄**七亂反　**寘諸**之豉反　**其衷**音忠

單平公音善　**余嘉乃成世**絶句　**之休**許虯反注及下同美也　**公誄**力軌反說文云謚也　**旻天**亡巾反　**不弔**如字又音的至也○箋曰昭二十六年釋文云羣不弔如字舊丁歷反丁歷即讀如的如字讀多嘯切詳彼　**不憖**魚覲反且也　**俾屏**必爾反下必領反　**煢煢**求營反

在疚久又反病也　**尼父**音甫　**言喪**息浪反　**則愆**起虔反　**飲孔悝**於鴆反　**令人**力呈反　**反祏**音石藏主石函　**西圃**布五反　**石函**音咸　**許公為**如字人姓名　**返祏**音反本亦作反○攷證云返祏注疏本作反注疏校勘記云許公為反祏諸本作反釋文作返云本亦作反按說文返字下出彶篆云春秋傳返从彳今左傳不見有彶字蓋班固所謂多古字古言許慎所謂用古文

者盡為轉寫改易矣箋曰阮氏所說者與說文返字段注所說者全同段注又云反覆也覆復同如段說則反返二字音同義通陸云本亦作反者謂返還之返典籍通用反覆之反也注疏本所附釋文返反二字互易非陸意矣 人爭爭鬬之爭 先射食亦反下同 三發如字一音廢○箋曰發如字讀說文鉉音方伐切發射之義也傳文云射三發皆遠許為此一音廢即讀為廢謂其不中也按小雅賓之初筵釋文云發徐音廢則此一音或即徐仙民所作 皆遠于萬反 之殪於計反 車從才用反又如字注同 於槖音託 城父音甫 華氏户化反 使諜徒協反○攷證云使諜注疏本作諜箋曰諜為諜之俗體徒協反為徐仙民輩所作之音並詳宣八年秦諜條 葉公始涉反 邊竟音境下同 衛藩方元反注同 好復言呼報反 告女音汝 如卵來管反 而長丁丈反 楚國第大細反次第也 乃不復扶又反 不悛七全反 有熊音雄 宜僚者本或作熊相宜僚相音息亮反 與之言說音悅 其喉音侯 不為利于偽反下同 諂勑檢反 威惕佗歷反

不泄息列反又以制反○攷證云不泄注疏本作洩箋曰傳二年亦具此二讀泄作洩葢洩即泄字並詳彼鎧苦代反杖直亮反而劫居業反以袂彌世反抉豫章烏穴反無聚才住反下同○校勘記云葉抄本下作注非也箋曰臧校改下同為注同江校及北館本並同即誤依葉抄本也陸云下同者謂下文傳云且有聚矣之聚與此契庫無聚之聚同讀才住反義皆為積聚之聚耳杜注實無聚字阮氏以葉本下作注為非是也徼幸古堯反無饜於豔反後庇必利反又音祕○箋曰必利反即讀如祕此亦反語與直音並出之例也圉公陽魚呂反不冑直又反以幾音冀本或作冀○箋曰幾本讀居衣切此云音冀即讀為冀也傳云日日以幾杜注云冀君來則陸氏正本杜解為音訓得艾魚廢反一音五蓋反注同○箋曰魚廢反讀為嬖說文辟部嬖治也鉉音魚廢切傳文云若見君面是得艾也杜注云艾安也安與治義近艾為嬖之雙聲借字此以魚廢反為首音從本字之音讀之五蓋反為艾字之音說文艸部艾冰臺也鉉音五蓋切與傳注之義不協故云一音謂有此一讀耳不為典要也夫有方于反或音扶○箋曰方于反讀為丈夫之夫音扶讀防無切謂人

人也詳昭七年故夫條

奮心方問反

將旌音精

以徇似俊反○校勘記云葉抄本似作以非也箋曰臧校改似為以北館本同即誤依葉本也爾雅釋言釋文云徇本又作侚並辭峻反似辭皆屬邪紐以則屬喻紐葉本作以乃似之殘壞

箴尹之林反

使與國人如字與謂與發也一本作與羊汝反○攷證云注疏本作與箋曰注疏本所附釋文作使與國人與羊汝反一本作使與國人如字與謂與發也互易與與二字與單行本釋文不同則係後人依注疏本改臧校改謂為請按謂作請則不詞請實謂之形近譌字未知臧氏所據之誤本為何本也

而縊一賜反

微之如字匿也爾雅云匿微也

微匿女力反

生拘音俱

而長丁丈反注同

將烹普庚反○攷證云將烹石經作亨後人加以四點案襄十六年乃亨伊戾昭二十年以亨魚肉並作亨注疏校勘記云不言將烹宋本烹作亨石經初刊同後人妄增四點非是箋曰烹即亨煮字之俗體俗加灬于下以別于亨通之亨耳名南采蘋釋文云亨也本又作烹同普更反煮也老子德經音義云烹普庚反不當加火陸氏隨本作音據采蘋德經音義典籍中用字亦有不當加火而加火者

王孫燕烏賢反又烏練反

頯黃求龜反舊求悲反○十三

經音略五云頯求龜翻音逵渠音近舊求悲翻音葵蹺音平近同羣母字而兩音有別故釋文兩收箋曰臧校改頯為頯北館本同按說文頁部頯從頁弃聲廾部弃從廾肉讀若逵徐鉉並音渠追切臧氏所據之誤本夕殘為夕耳又按龜悲同在脂韵此求龜求悲字異音同陸以求龜為首者典籍常用也周南兔罝左傳隱九年宣十二年爾雅釋草之逵字尚書舜典莊子秋水之夔字大雅桑柔之騤字釋文並云求龜反皆可為證周氏謂此為兩音而有別非也 於葉始涉反 嬖人

必計反 大叔音泰 人比毗志反 弗去起呂反 輿豭音加 而強其丈

反

傳十七年 虎幄於角反 幄幕武博反 成絶句 求令名

者絶句 應為應對之應 乘衷甸時證反說文作佃云中也春秋傳乘中佃一轅車也 兩牡

茂后反 袒裘音但 御之魚呂反下同 笠澤音立 夾水居洽反 而陳直覲反

左右句古侯反注同 卒子忽反注及下注同 相著直略反 鼓譟素報反 并力

如字又必政反○箋曰廣韵府盈切并合也即此如字讀之音義必政反則讀同廣韵畀政切之并專也杜注云左右句卒為

聲勢以分吳軍而三軍精卒并力擊其中軍故得勝也此平去二讀之義俱通然合力擊吳承三軍精卒下于取勝之意尤切
故以如字讀為首　以難乃旦反　使椓中角反訴也　其處昌慮反　國觀工喚
反　陳瓘工喚反　齊柄彼命反　其聚才住反注及下注邑聚同　積聚子賜反
問帥所類反　皆相息亮反注及下而相國并注同○校勘記云并注同北宋本葉抄本注誤經箋曰臧校改
并注同之注為經北館本同即誤依北宋本葉本也左氏傳自哀公十六年四月孔丘卒後已無經文下文傳云王子而相國
過將何為杜注云過相將為王也陸謂此傳注之相並讀息亮反其義皆為輔相之相也　今復扶又反　率
賊所類反本又作帥下同○箋曰率帥為古今字典籍通用故小雅采薇釋文云命將率下所類反本亦作帥同詳彼
鄀俘音若下芳夫反　卝蓼本又作鄝音了○箋曰桓十一年釋文云卝蓼音了本或作鄝同按蓼皆鄝之同音
借字也詳彼　封畛之忍反一音真○箋曰周頌載芟篇一音真作徐又音真詳彼　不謟本又作謟佗刀
反疑也○攷證云本又作謟徒刀反注疏本作不謟案詩天降謟德亦從水舊徒刀作佗刀今從注疏本改錢馥釋文攷證札

記云案注疏本誤也佗刀反乃謟字若徒刀反則為陶字矣何為其從之注疏校語錄云佗刀反佗盧從注疏本改徒箋曰陶注疏校勘記云天命不謟釋文亦作謟云本又作慆案石經此處缺張衡西京賦云天命不慆李善注云慆與謟音義同按如阮說則注疏本傳文皆作從言之謟無有從水作慆者盧說失實且昭二十六年傳天道不謟釋文云不謟本又作慆他刀反疑也杜注兩訓謟為疑者本爾雅釋詁此云本又作慆者以張平子賦用從水之慆也宋刊注疏本所附釋文與通志堂本並作佗刀反與昭二十六年及釋詁音義皆同即廣韻之土刀切佗土屬透紐徒則屬定紐故廣韻土刀切有謟慆慆諸字而徒刀切則無盧文弨改此佗刀為徒刀實依誤本非也互詳昭二十六年

有慽 本又作慼戶暗反○注疏校勘記云令尹有慽於陳石經慽字左半殘缺釋文云本又作慼是也箋曰慽為慼恨之後出專字隱三年釋文云不慽本又作慼同胡暗反恨也胡暗即此戶暗詳彼

君盍 戶臘反

舍焉 音捨又音赦注同○箋曰哀十三年亦具此上去二讀詳彼

公孫朝 如字

鶉火 音純

枚卜 亡杯反

之觀 工喚反注同

之虛 去魚反下文同

濮陽 音卜

被髮 皮義反○箋曰江校改髪為髮北館本同按傳文云被髮北面而譟各本並同皮義

（反為被字作音讀同廣韵平義切之被覆也故注疏本所附釋文皆云被皮義反且不出髮字江氏所據誤本髮作髲以形近致譌）之瓜（古華反○箋曰臧校改華為雅按古華反為瓜字之音大雅緜篇釋文亦云瓜古華反説文銍音及廣韵並同古雅反則讀如檟廣韵古雅切集韵舉下切皆無瓜字可證瓜字不讀上聲未知臧氏所據誤本為何本也）并數（必政反下所主反）懼難（乃旦反下文而難作同）其繇（直又反）竀尾（勑呈反赤也○十三經音略五云竀敕呈翻赬同方羊與將亡韵賓與蹌韵哀十七年繇辭箋曰説文赤部䞓赤色也赬䞓或從貞廣韵丑貞切赬赤色俗作赬説文䞓字段注云哀十七年左傳作竀假借字也按段説是也説文穴部竀正視也徐鉉竀二字並敕貞切則此傳之竀為䞓之同音借字周氏所舉之赬乃䞓之俗體）衡流（華盲反又如字○箋曰華盲反讀為縱橫之橫杜注云橫流方羊不能自安杜解以橫代衡者衡橫為古今字凡經傳衡字注疏家多以橫代之也）方羊（蒲郎反注同）

裔焉（以制反）闔門（戶臘反）塞竇（音豆）復伐（扶又反）叔向（許丈反）怙亂（音戶）般師（音班下同）自鄄（音絹）從子（才用反）而隊（直類反）折（之設反）

股音古　己氏音紀又音杞○攷證云又音祀舊祀作杞今從宋本錢馥釋文攷證札記云案此則宋本非也校勘記云葉抄本盧文弨本杞作杞校語錄云音杞注疏本同盧氏改為音杞詳略二十五年箋曰臧校改杞為杞北館本同即誤依葉本也文七年釋文云戴己音紀一音杞盧文弨亦誤改杞為杞不僅與姓譜廣韻集韻諸書不合且與商頌長發音義相違也並詳文七年此亦盧阮臧諸人之迷信宋本耳　髡之苦存反　呂姜髢大計反又庭計反髮也○校語錄云庭計與大計同據君子偕老天官追師曲禮音義並止定紐一讀惟莊子天地篇讀透定二紐則此庭當為透紐字之譌箋曰大計切庭計字本不誤此亦反音同而反語用字有異者即具錄之之例也廣韻特計切集韻大計切並有髢字而此二書之他計切皆無髢字亦可證髢字不讀透紐若莊子天地釋文云髢大細反司馬云髢髮也又吐帝反郭音毛李云髢髮也其吐帝反讀為鬄髮之鬄音毛讀作髢首音大細反乃髢字之音故陸以司馬云髮也列又吐帝反之上凡三音三字三義與此髮也二字在大計庭計二反語之下者迴別法氏混而為一蓋未審陸氏列音義先後有別之恉也　髮也皮義反　與女音汝下同　其焉於虔反　諸潞音路　平公教如字一本作鷔五報反又

五刀反○校勘記云平公敎北宋本葉抄本敎作敬按作敬是也説詳注疏校勘記注疏校勘記云平公敎也釋文敎作敬云一本作驁案史記作驁司馬貞曰世本及譙周皆作敬宋本淳熙本足利本同箋曰臧校改敎爲敬江校同江校又云史記作驁司馬貞曰世本及譙周皆作敬北館本同按史記齊太公世家田敬仲完世家並作驁漢書古今人表作齊平公驁王先謙補注云驚當作驁則陸云一本作驁者與史漢同然齊世家索隱云系本及譙周皆作敬誤也單行本索隱誤上有蓋字司馬貞以作敬者爲誤字則此杜注之敎字共作敬者亦爲誤字矣通志堂本及注疏本所附釋文並是敎字阮臧江爲北宋本葉本所臧耳

東莞音官

武伯相息亮反

鄅衍以善反

石魋徒回反

鄅也音云○校勘記云鄅地北宋本葉抄本地作也案當作也説詳注疏校勘記箋曰通志堂本鄅也作鄅地盧文弨本同臧校改地爲也江校及北館本同即依北宋本葉本是也宋刊注疏本杜注云發陽鄅也在十二年十二年經杜注云鄅發陽也廣陵海陵縣東南有發繇亭正義云鄅即發陽一地二名也則此杜注本作鄅也也作地者以形近致譌今正阮氏謂説詳注疏校勘記實則彼所據宋本杜注已作也字故注疏校勘記無説矣

曼姑音萬

彘也直例反

皇

瑗于眷反　子麇九倫反　鄭般仕咸反　愠而紆問反怒也　不與音預
杞姒音似　適子丁歷反　名令力呈反　傳十八年　皇緩户管反
從子才用反　圍鄾音憂　將卜帥所類反　燧象音遂　皆爲于僞反
遂固于委反　於析星歷反　能蔽志必世反注同斷也尚書能作克克亦能也　昆命
于龜本或依尚書作昆命于元龜○攷證云注疏本有元字　蔽斷丁亂反下同　傳十九
年　至冥亡丁反　于敖五刀反　三種章勇反　敬王崩故也案傳敬王崩在此年世本亦爾世族譜云敬王四十二年崩敬王子元王十年春秋之傳終矣據此則敬王崩當在哀公十七年史記周本紀及十二諸侯年表敬王四十三年崩子元王仁立則敬王是魯哀十八年崩也六國年表起自元王及本紀皆云元王八年崩子定王介立定王元年是魯哀之二十七年則與杜預世族譜爲異又世本云魯哀公二十年是定王介崩子元王赤立則定王之崩年是魯哀二十七年也衆說不同未詳其正也　傳二十年　廩丘力甚反　爲

鄭于偽反下為降同　于艾五蓋反　以說如字又音悅　親昵女乙反○攷證云親昵注疏本作暱箋曰昵與暱同襄二年釋文云誰暱本又作昵女乙反故廣韵尼質切云暱近也昵上同　有質如字信也

先造七報反　犯閒閑廁之閒　諸夏戶雅反　不共音恭　在難乃旦反

簞音丹笥也　笥絲嗣反　問遺唯季反　句踐古侯反　溺人乃歷反

史黯於減反　謗言博浪反

傳二十一年

遣使所吏反　為公于偽反年末及注同　之皋古刀反緩也　數年所主反注同　不覺音角又古孝反○箋曰音角讀說文鉉音古岳切杜注以不知釋傳文之不覺故陸以音角為首古孝反則讀同廣韵古孝切睡覺之覺非傳意也故為又音而列於次

高蹈徒報反　令齊力呈反　先期悉薦反　將傳中戀反遽其據反　比其必利反

傳二十二年

甬東音勇　會稽古外反下古兮反　句章九具反如淳音拘韋昭亦音拘○箋曰九具反即說文鉉音九遇切為句字本讀故為首音漢書地理志會稽郡句章師

古無音蓋亦如字讀與陸列為肴之意同也陸又引如淳韋昭漢書音音拘者句章為地名如淳輩或依其時之方音陸引之以廣異聞耳　洲也音州水中可居曰洲　焉能於虔反　乃縊一賜反

傳二十三年　與有音預　執紼音弗　輿人音餘衆也　不腆他典反　旌繁步干反注同○箋曰杜注云繁馬飾繁纓也則繁即鞶在桓韵干在寒韵此亦釋文寒桓不分也　御之魚呂反　及壘力軌反　以守手又反　宗祧他彫反○校勘記云葉抄本宗作宇非也箋曰臧校改宗為宇北館本同即誤依葉本也注疏本傳文並作宗祧若作宇祧則不詞葉本作宇實宗之形近譌字　犂丘力兮反　溼也音習本又作隰○攷證云溼也注疏本作隰校語錄云溼當音他合反見十年傳箋曰哀十年杜注云犂一名隰釋文云音習本或作溼即謂此杜注之字作溼也此云本又作隰謂十年及二十七年之字作隰也隰說文鉉音似入切故陸氏于三處皆云音習法氏之說非也互詳哀十年　涿聚丁角反　始使所吏反

傳二十四年　汶陽音問　欲徼古堯反　令繕市戰反

反　萊章音來　天奉扶用反　又焉於虔反　讆言户快反過也謂過謬之言服云

僞不信言也字林作讏云夢言意不慧也音于例反○十三經音略五云讆户快翻音話字林作讏于例翻音衛説文有讏無

讆讏于歲翻與于例同翽又廣韵火怪翽音近箋曰例爲開口于例讀如衛者此爲釋文開口合口相混惠棟校云讏又音藝古囈字廣

韵于歲切讏寐言即此于例反也讏説文鍇音于歲切與字林之音同廣韵魚祭切寱睡語讏上同囈亦同即惠氏所舉者寱

説文鍇音牛例切是讀如藝者乃寱之本讀　𩞁臧許器反　大史音泰注同　毋嬖必計反

釁夏許靳反下户雅反　女爲音汝　娶於七住反下同　孝惠娶於商商宋

也定公名宋是哀公之父故釁夏爲諱而稱商也　孝公稱尺證反又如字　始惡烏路反注同

適郢以并反適郢越王句踐之太子名　親説音悦　將妻七計反　大宰嚭普美反

納賂音路　傳二十五年　藉圃布五反　褚師張吕反　韤亡伐

反足衣也○舊亡作户譌今改正校勘記云盧文弨云舊本亡作户譌案徐本自作亡不作户也箋曰各本俱作亡注疏本所

附釋文亦同無有作户者殆盧氏所據之本或譌爲户耳

見君賢遍反

有創初羊反

嗀之許角反又許各反嘔吐也○十三經音略五云嗀釋文許角許各二翻許角覺韵曉母音如熇許各藥韵曉母音如壑王氏肯堂云今人謂引物從喉而出之其音與壑同箋曰嗀説文鉉音許角切爲嗀字本讀故陸以爲首作音家又有混用鐸韵之各字爲反語下字者陸氏附之于次所以著其異猶今日方音中亦有讀角各爲一音也

嘔吐於口反下他故反

抵徒音紙○攷證云抵徒舊作抵徒今從宋本改宋本正文亦同校勘記云抵徒北宋本葉抄本抵作抵是徒作徙非也段玉裁云抵音紙抵不音紙也抵側擊也凡言抵者皆手中有物如抵掌而談是以右手側擊左手之掌抵几是以手側擊几抵壁於谷是以壁側擊谷此欲擊而手中無物故曰抵徒手校語錄云抵徒抵當作抵盧刻不改抵爲抵而改徒爲徙甚不可解箋曰臧校改抵爲抵江校及北館本並同即依北宋本葉本是也臧校又改徒爲徙江校及北館本亦並同則誤依北宋本葉本也江臨段校云抵音紙抵不音紙抵側擊也凡言抵者皆手中有物如抵壁於谷是也衞侯手中無物故曰抵徒手又按如如抵掌而談是以右手側擊左手之掌抵几是以手側擊几抵壁於谷是以壁側擊谷此欲擊而無著故曰抵徒宋本釋文宋本左傳作徙皆誤

北館本同今按江臨段校與阮氏所引段説大同小異凡從氏聲之字在支佳部故抵説文鉉音諸氏切即讀如紙凡從氏聲
之字在脂齊部故抵説文鉉音都禮切則讀如邸陸氏但云音紙則杜注之字本從氏作抵矣從手二字不成詞則從當為徒
矣凡作抵從者皆以形近致譌盧臧江墨守宋本故上字作抵下字作從上字是而下字則非段阮法之説是也　屈
肘竹九反○攷證云竹九反舊斤九反譌今依成二年改正校勘記云斤九反北宋本斤作竹是也校語錄云斤字誤此知
紐字盧據成二年改竹箋曰通志堂本竹誤斤段校改為竹即依北宋本是也斤九雙聲不成反語禮記深衣莊子田子方讓
王爾雅釋畜釋文皆作竹九反即説文鉉音及廣韵之陟柳切今正注疏本所附釋文皆作女九反女九則讀如狃女亦竹之
譌字　必斷丁管反　亥乘時證反　公文要一遥反　夏丁戶雅反　其
帑音奴　飲公於鴆反　大叔音泰　從孫甥如字又才用反注同　少畜詩照反
優狡音憂下古卯反　拳彌音權　俳優皮皆反　甚近附近之近下注皆同　喪
邑息浪反　譟以素報反○校勘記云葉抄本素作息箋曰臧校改素作息北館本同即依葉本也按素息皆屬

心紐不必改當仍各本之舊 鄄子士音絹 禦之魚呂反後放此 彌援音袁 欲令力呈反○箋曰臧校改呈為程北館本同按程說文鋥音他丁切在青韵令呈則同在清韵且程非常見字釋文全書無有用程為反語下字者未知臧氏所據之劣本為何本耳 而易以豉反 閒也閒廁之閒下注內閒為君閒皆同

適泠力丁反 城鉏仕居反 以鉤古侯反本或作拘同注同 之卒子忽反

陳名直覲反 揮音暉 彼好呼報反 先道音導注同 共評音平又音病○箋曰廣韵符兵切評評量即此音之義也廣韵皮命切評平言即此又音之義也按周官小宰釋文云月平劉音病則此又音或即劉昌宗徐仙民輩所作 難面乃旦反 弗內如字又音納 五梧音吾 鄟重直龍反又直用反

為祝之六反又之又反注同○箋曰羣經音辨一辨字同音異云祝主贊詞者也之六切祝贊詞也之又切按傳云武伯為祝杜注云祝上壽酒是傳謂武伯為主贊詞者也故陸以之六反為首音 上壽時掌反下音授又音受○箋曰壽字上去二讀之義同詳隱十一年 惡郭烏路反○校勘記云北宋本葉抄本路作洛按注云

訾毀其貌故讀如孟子雖有惡人之惡箋曰臧校改路為洛江校及北館本並同即依北宋本葉本也按烏路反讀為憎惡之惡動詞也烏洛反讀為善惡之惡名詞也傳云惡郭重曰何肥也杜注以訾毀其貌釋之則惡當為動詞北宋本葉本之洛實路之形近譌字故注疏本所附釋文皆作烏路反注疏校勘記亦未言當讀為惡人之惡此乃阮氏曲從宋本為說耳

訾毀 音紫

請飲 於鴆反注同

獲從 才用反又如字

劬勞 其居反○攷證云其俱反舊其是反譌今改正校勘記云盧文弨本居作俱是也校語錄云居當作俱箋曰通志堂本其居反注疏本所附釋文居作俱盧文弨即依注疏本所附者改居為俱按廣韵居在魚韵俱在虞韵然釋文魚虞不分則不當改亦無是非可言也

以激 古歷反

之數 所角反

不樂 音洛

公孫 音遜本又作遜○箋曰孫本讀思魂切此云音遜即讀為遜遁之遜也又云本又作遜者經傳或用本字也詳昭二十五年

傳二十六年

樂茷 扶廢反

君愎 皮逼反

很也 胡懇反

掘褚 其勿反又其月反本或作搰胡忽反○箋曰說文手部掘搰也鉉音衢勿切搰掘也鉉音戶骨切衢勿即此其勿戶骨即此胡忽掘搰說文互訓其義同故掘地之掘或有作

搰者又其月反則讀同廣韵其月切之掘穿也亦即隱元年之闕地其月反也唯闕為門闕字掘乃本字彼用借字耳

國幾音祈又音機○箋曰僖十四年亦具此二讀詳彼　守陴毗支反　申重直龍反下同

設守手又反　恐公丘勇反　公子黚起廉反　相之息亮反　令苟力呈反注同○箋曰臧校改苟為荀按傳文云令苟有怨於夫人者報之則荀乃苟之形近譌字未知臧氏所據之誤本為何本也

為悼公于偽反　遂復扶又反　從昆才用反　欒溷戶門反又戶困反○箋曰定六年釋文云見溷侯溫反又侯困反彼溷即此溷為一人戶門與侯溫戶困與侯困皆字異音同詳彼　朱鉏仕居反

樂輓音晚　惡之烏路反下注惡其同　欲去起呂反　連中如字一音輦○箋曰連如字讀說文鏈音力延切一音輦者杜注云連中館名則作音家或依其時方音讀如上聲耳　興空澤如字興發也或作輿非

沃宮烏毒反　六子畫音獲　劫之居業反　少寢詩照反注下同　大宮音泰　惑蠱音古○校勘記云北宋本葉抄本惑作或案惑正字或假借字箋曰臧校改惑為或

江校及北館本並同即誤依北宋本葉本也注疏本傳文並作惑無有作或者故注疏校勘記于此無一言北宋本葉本作或為惑之殘壞若傳文用借字作或則陸氏當云本亦作惑矣此亦阮氏曲從宋本為說不可信也 又匿 女力反

所弑 申志反 北首 手又反注同 咮加 張又反鳥口 復盟 扶又反 唐盂 音于 子潞 音路 使徇 似俊反 無別 彼列反注同 於使 所吏反 孫於陳 音遂本亦作遂下及注除孫莊子皆同○箋曰詳昭二十五年公孫條 甯武 乃定反 宛濮 於阮反下音卜

傳二十七年

駘上 他來反又音臺○箋曰駘說文鉉音徒哀切讀如臺此以他來反為首則讀如胎蓋傳文之駘為地名作音家依其時方音讀之也 封竟 音境 三子皆從 如字注同或才用反非也 此夫 音扶 臨難 乃旦反 多忘 亡亮反本又作妄下文放此○孜證云多忘注疏本作妄箋曰傳文云季康子卒公弔焉降禮注云禮不備也注言公之多妄傳文又云三桓亦患公之妄也故君臣多閒是本字皆當作妄亂之妄其作遺忘之忘者為借字故陸云本又作妄注疏本所附釋文忘妄二字互易乃後人依注疏本改

騶歂市專反　屬孤子音燭注同　乘車繩證反注及下皆同　涿聚中角反○校勘記云中角反葉抄本作中用中用反上二字衍文也箋曰臧校增中用二字于中角反上北館本同即誤依葉本也中用讀如廣韵竹用切之湩涿字無是讀用實角之殘壞移寫者正之為中角因誤為中用中角反而衍中用二字耳

隰之

役音習　多難乃旦反　未女音汝下同　毋廢音無　傍河蒲浪反　徑音經○校語錄云葉抄本徑作俓箋曰臧校改徑為俓北館本同即誤依葉本也集韵堅靈切俓行過也無從人之俓陸云音經即讀為經過之經今注疏本杜注作經濟陰至高平入濟字已作經故其所附釋文遂删去此條矣阮氏不以葉本作俓為非亦彼之迷信宋本也

濟陰子禮反下同　國參七南反　成子衣於既反　製音制衣也　兩杖

戈直亮反又音丈○箋曰哀十五年與此同具上去二讀詳彼　於阪音反一音扶版反○箋曰秦風車鄰釋文云阪有音反又扶板反皆以音反為首者阪說文鉉音府遠切為阪字之本讀也按襄十六年釋文一音作徐又則此又音當亦係徐仙民輩所作

衷焉音忠善也　中行户郎反　輕車遣政反　以厭於甲反又

於輒反○箋曰於甲反讀作壓成十六年釋文云晨壓於甲反徐於輒反此又音亦徐仙民所作詳彼**有為**于偽反下為鄭同**三思**息暫反又如字**之侈**昌氏反又尺氏反○箋曰昌尺同屬穿紐此二反語字異音同**去之**起呂反下而去同**之衢**其俱反**有陘**音刑**因孫**音遜下同**而好**呼報反**卑下之**戶嫁反一本卑作早○攷證云卑下之注疏本卑作早箋曰注疏本傳文云知伯愎而好勝早下之則可行也陸氏所據之本早作卑見有作早下之本故云一本卑作早以著其異卑早二字形近卑下與早下于傳義並通注疏本所附釋文作早一本作蚤恐非陸氏之舊早蚤古字通若如注疏本所附陸氏當云本或作蚤矣**梏**戶結反**柣**大結反**俘**芳夫反**鄬**戶圭反**魁**苦回反**壘**力軌反**適子**丁歷反**不悛**七全反○校勘記云葉抄本悛作俊非也箋曰臧校改悛為俊江校及北館本並同即誤依葉本也傳文云知伯不悛趙襄子由是甚知伯謂知伯愎而不改故趙襄子毒之也作俊傑之俊則不詞且七全反正悛字之音小雅小旻左傳隱六年成十三年襄四年昭三年釋文並可為證果從人作俊當為子峻反而俊為常見字陸氏不煩作音矣**甚知伯**其冀

反毒也　遂喪息浪反下同　後序○孜證云後序毛本不載官本有之而不載音義注疏校勘記云後序宋本正義淳熙本明萬歷監本注疏並載此序十行本閩本失刊毛本仍之　申杼時汝反又直呂反○校勘記云葉抄本申誤甲校語錄云杼段校本作抒是箋曰臧校改申爲甲北館本同即誤依葉本也後序云余自江陵還襄陽解甲休兵乃申杼舊意阮元注疏校勘記云杼段玉裁校本作抒是也今按申作甲則不詞甲實申字之殘壞杼當作抒從手作俗抒寫從才從木相亂文六年傳難必抒矣注云抒除也釋文云必抒直呂反又時呂反時呂即此時汝亦即廣韻之神與切蓋釋文神禪不分文六年之抒北宋本葉本亦誤從木作抒段校此杼從手作抒是也並詳文六年　汲郡音急　簡編必仙反又布千反下同○箋曰周頌有瞽釋文編小又必緜反字林聲類韻集並布千反必緜即此必仙此亦先仙不分也詳彼　科斗苦禾反科斗蟲名形似科斗○孜證云疑形似上當有古文二字校語錄引盧說箋曰尚書序釋文云科斗上苦禾反科斗蟲名蝦蟇子書形似之彼尚有書字盧氏謂此當有古文二字是也　彖象吐亂反　繫辭戶計反　殤叔音傷　大歲音泰　周赧王女版反　齊湣王亡謹反一音亡

中反　足見賢遍反　儀父音甫　守手又反本亦作狩○箋曰守本讀書九切上聲此但云手又反即讀為獵狩之狩陸云本亦作狩者作守為借字而桓四年經公狩于郎哀十四年經西狩獲麟皆用本字釋文並云手又反

數條所主反　洞澤大弄反一音童○箋曰洞説文銑音徒弄切徒弄即此大弄為洞字本讀故為首音一音童讀平聲者後序云戰于洞澤則洞澤為地名作音家依其時之方音讀之也　為洞古熒反又音螢又音迴○箋曰古熒反讀如扃集韵消熒切洞大洞地名此洞亦為地名故為首音後序云又稱衛懿公及赤狄戰于洞澤疑洞當為洞即左傳所謂熒澤也此又音螢即讀為熒澤之熒從閔二年傳文之字作熒也又音迴即説文銑音戶褧切説文水部云洞滄也滄寒也與後序所稱之義不協故廁于末　熒澤音熒　之甗魚輦反又音言一音彥○箋曰大雅公劉三篇之甗亦具此三讀詳彼　仲壬而林反　居亳步博反　大甲音泰　中分並如字又丁仲反○箋曰後序云大甲潛出自桐殺伊尹乃立其子伊陟伊奮命復其父之田宅而中分之則此中當如字讀陟弓切又丁仲反讀同廣韵陟仲切之中當也則與後序之義乖故為又音　而相息亮反下同　老叟素口

反

昬忘亡亮反　**爲其**于僞反　**粗有**才故反又音麤○箋曰才故反讀如祚去聲廣韻昨誤切集韻存故切皆無粗字此才故之故疑當作古羣經音辨三辨字同音異云粗略也在古切粗大也七奴切此序之粗正粗略之意也通志堂本盧文弨本作才故反俱誤

經典釋文集説附箋卷二十終